Verhandlungen

des

Zehnten deutschen Juristentages.

Herausgegeben

von

dem Schriftführer-Amt der ständigen Deputation.

Zweiter Band.

Berlin, 1872.
Commissions-Verlag von J. Guttentag.

Inhalts-Verzeichniß.

Stenographische Berichte.

	Seite
Erste Plenarsitzung am 29. August 1872	3
Erste Sitzung der ersten und zweiten Abtheilung am 28. August	31
Zweite Sitzung der ersten und zweiten Abtheilung am 29. August	52
Erste Sitzung der dritten Abtheilung am 29. August	89
Zweite Sitzung der dritten Abtheilung am 30. August	118
Erste Sitzung der vierten Abtheilung am 29. August	175
Zweite Sitzung der vierten Abtheilung am 29. August	198
Dritte Sitzung der vierten Abtheilung am 30. August	220
Vierte Sitzung der vierten Abtheilung am 30. August	249
Zweite Plenarsitzung am 31. August	273

Stenographische Berichte.

Erste Plenarsitzung

des

Zehnten Deutschen Juristentages

zu Frankfurt a./M. am 29. August 1872

im Saalbau.

(Beginn: Vormittags 9 Uhr.)

(Auf Vorschlag des Herrn Generalstaatsanwalts Dr. Schwarze wird Herr Professor Dr. Gneist durch Acclamation zum Vorsitzenden gewählt.)

Präsident Professor Dr. **Gneist**: Meine hochverehrten Herren Collegen! Die hohe Ehre, die Sie mir wiederholt ertheilen, könnte in meiner Person höchstens dem Wollen, nicht dem Vollbringen gelten.

Ich weiß aber wohl, daß diese Ehre nicht der Person gebührt, sondern daß es eine Ehre ist, die Sie der Deutschen Rechtswissenschaft gewähren. Wir haben Zeiträume gehabt, in welchen die Rechtswissenschaft entschlossen mit klarem Bewußtsein die Fackel des Fortschritts vorantrug, um die Fortbildung unseres Rechts und namentlich seine Gemeinsamkeit zu schaffen. Wir haben aber auch Zeiträume gehabt, in welchen die Praxis, durch das Leben belehrt, durch seine Bedürfnisse angeregt, kühn neue Bahnen betreten, und es der Wissenschaft nicht leicht gemacht hat, zu folgen. Es wäre vermessen, mit einem Worte aussprechen zu wollen, in welcher dieser Alternativen wir heute eigentlich leben. Aber ich glaube, in dem Anerkenntniß werden wir alle übereinkommen: wir haben es stets als ein Unglück für unsere Rechtszustände empfunden, wenn die eine Seite hinter der andern allzuweit zurückgeblieben war. Ich glaube, daß, soweit unsere Kräfte reichen, wir beiden Aufgaben in einer Person genügen müssen, daß es kein höheres Glück für beide Seiten giebt, als den häufigen Austausch zwischen Praxis und Wissenschaft, in gleichem Maße, wie ich den Austausch zwischen Richteramt und Advokatur für nothwendig, für eines der nächsten, ernstlich zu erstrebenden Ziele halte. Ich nehme also die mir zugedachte Ehre, — die höchste, die der Berufsgenosse vom Berufsgenossen erhalten kann, — mit dem herzlichsten Danke an als einen Ausdruck der Meinung, daß hier Wissenschaft und Praxis untrennbar zusammengehören und daß diese Zusammengehörigkeit eine unserer nationalen Eigenthümlichkeiten ist.

(Hierauf erfolgt die Constituirung des Büreaus und die Verlesung eines Schreibens des Herrn Geheimraths Professor v. Wächter zu Leipzig.)

Präsident (fortfahrend). Indem ich zu der Uebersicht und Vertheilung der Geschäfte des diesmaligen Juristentages übergehe, möchte ich mit ein paar Worten an das nämliche Stadium unserer vorjährigen Verhandlungen erinnern.

Meine Herren! Unsere vorjährige Geschäftsführung begann in einer Stimmung, die tief bewegt, tief ergriffen von den gewaltigen Ereignissen, welche unser Vaterland geeinigt haben, auch unverkennbar dem Charakter des vorjährigen Juristentages sich aufprägte. Irre ich nicht, so beginnt unsere diesjährige Verhandlung in einer ruhigen Stimmung, wie sie erzeugt wird durch das sichere Bewußtsein, das lange Erstrebte wirklich zu besitzen, — durch das Bewußtsein, daß die Sehnsucht unserer Jugend, daß unser Ideal zur Wirklichkeit geworden ist. Diese Gewißheit giebt uns die Möglichkeit und legt uns die Verpflichtung auf, von jetzt an mit Consequenz, mit Ausdauer, mit Besonnenheit uns denjenigen Aufgaben zu widmen, die uns die Verfassung des deutschen Reiches in ihrem Eingange so schön bezeichnet als das Ziel der „gemeinsamen Wohlfahrt des deutschen Volkes", — des Ausbaus der Werke des Friedens, unter denen obenansteht die Rechtschaffung. Und eben darin fällt uns Juristen zu ein großer bedeutungsvoller Theil der Mitarbeit an den Werken des Friedens und der Wohlfahrt. Die Ziele haben sich geklärt, vereinfacht und vertieft — auch für uns. Es ist schwer, in der unendlichen Mannigfaltigkeit berechtigter Bestrebungen in Deutschland ein kurzes Wort dafür zu finden. Ich wage es aber auszusprechen: Das Ziel, zu dem auch unsere heutige Versammlung eine Station bildet, ist die reale Wiederherstellung des deutschen gemeinen Rechts. Ja, meine Herren, — des deutschen gemeinen Rechts, welches wir Jahrhunderte hindurch gehabt haben als das stärkste unter den realen Banden der Vereinigung unseres Vaterlandes. Wir haben jenes gewaltige Gut auch in wesentlichen Beziehungen gewahrt, aber unvollständig. Innerhalb der mit unendlicher Mühe errungenen Einheit waren uns allmälig verloren gegangen die Lebensfactoren, ohne die ein gemeines Recht auf die Dauer verkümmern muß: die gemeinsame Gesetzgebung und die gemeinsame Rechtsprechung. Es hat dieser Mangel bereits Menschenalter gedauert. Die lebendige Reichsgesetzgebung ist uns sogar fast zwei Jahrhunderte verloren gewesen, und es ist gewiß der stärkste Beweis für den Einheitstrieb der Nation, daß sie trotz der mangelnden treibenden Kräfte die nothdürftigste Einheit des Rechts immer noch zu bewahren vermochte. Das gemeine Recht wurde allmälig ein sympathisch Gemeinsames: aber es blieb doch ein Gemeingut, es blieb es, wie die Sprache des deutschen Volks. Es war gewissermaßen ein Geist ohne den Körper. Wenn Eins sein soll, so halte ich diesen Zustand mit allen seinen Gebrechen immer noch für glücklicher, als den umgekehrten Zustand einer formellen mechanischen Einheit ohne den Geist der Einheit. Aber wir wollen nicht verkennen, daß jener unnatürliche Zustand, der für jeden Juristen beim ersten Beginn wie beim Ende seiner Lebensthätigkeit die Frage, ob es ein „gemeines Recht" überhaupt gebe, zum Problem machte — daß dieser Zustand nur erhalten wurde um den Preis eines überwuchernden Partikularismus in unserem Recht, wie in unseren Dialekten. Diesen überwuchernden Partikularismus können wir nur überwinden durch den Lebensfaktor aller Rechtsbildung, durch die gemeinsame Gesetzgebung in dem weit gespannten Rahmen des deutschen Reichs und durch gemeinsame Rechtsprechung.

Um dieses Ziel zu erreichen, ist in dem wieder verjüngten Deutschen Reich die Macht vorhanden, die Einsicht vorhanden und der Wille vorhanden. Auch die deutsche Reichsverfassung unterscheidet sich von den früheren Versuchen dadurch, daß sie aus praktischen Gesichtspunkten heraus entwickelungsfähige Formen gegeben hat. Sie hat sich bewährt in dem Sinne, daß wir lang und schwer Versäumtes haben rasch nachholen können. Die Gesetzgebung hat in einem Jahre leisten können, was wir früher in Jahrzehnten nicht erlangen konnten. Wir können aber nicht verhehlen, daß in der heutigen Lage der Verfassung eine brüchige Stelle sich befindet, über welche wir hinaus müssen, weil sie jeden bedeutungsvollen Fortschritt hemmen muß, — es ist das der nicht glückliche Versuch, eine Reichsgesetzgebung über das Obligationenrecht zu schaffen und das sonstige Privatrecht vorläufig ausschließen und auf den stets streitigen Boden der Competenzerweiterung bringen zu wollen!

Meine Herren! Jeder von uns, mag er das Recht aus der Wissenschaft, mag er es aus dem Leben kennen, muß anerkennen, daß diese Halbheit für das deutsche Rechtsleben unerträglich ist. Auch in der Landesgesetzgebung hat eine solche Trennung sich nie halten können. Man kann Obligationen und Sachenrecht nicht trennen, ebenso wenig wie „Soll und Haben" im Geschäftsleben. Wir werden diese brüchige Stelle überwinden müssen und zwar mit der Ausdauer, mit der das deutsche Einheitswerk bisher gediehen ist.

(Beifall.)

Wir haben die Seitenflügel des künftigen Gebäudes unseres gemeinen Rechts, — die Flügel, „wo die Wohnungsnoth am größten war", — bis jetzt ausgebaut. Wir haben Strafrecht, Handelsrecht, Wechselrecht gebaut, aber man meinte immer noch von gewisser Seite: das große Frontgebäude lasse sich nicht bauen.

Meine Herren! Haben wir die Flügel des Gebäudes, so wird in dem heutigen Strome der Dinge auch das Hauptgebäude zu Stande kommen, wenn wir in deutscher Weise durch Fundamentirung und soliden Aufbau der Stockwerke, durch Schaffung des Nothwendigen an erster Stelle, weiterschreiten. Ich zweifle nicht, wir werden es, so Gott will, erleben, es wird vor uns vollendet stehen: Ein allgemeines deutsches Gesetzbuch.

(Beifall).

Wir sind keine Nation, die in solchen Dingen sich überstürzt. Es ist naturgemäß, daß wir nach jedem gemeinsamen Gesetzeswerke zunächst die Empfindung haben, es sei viel Berechtigtes verloren gegangen, was uns früher Besonders war. Auch die Wissenschaft opponirt gegen die „Verflachung" des Rechtes durch die Gesetzgebung. Allein das, was im Augenblick, im Strafgesetzbuch oder sonst, als Verflachung erscheint, ist nicht schlechter, als das, was auch die früheren besten Reichsgesetze uns gegeben haben. Seien wir nicht bange: die Vertiefung findet sich von selbst, sie findet sich in Wissenschaft und Praxis unabänderlich und sicher, wenn nur erst das Einheitsband des Gesetzes da ist. Daß in diesen gemeinsamen Werken der Gesetzgebung keine ernste Gefahr ist, daß das deutsche Reich niemals an der Gefahr übermäßiger Centralisation gelitten hat, zeigt uns unsere ganze Vergangenheit, dafür bürgt uns die Besonnenheit der Nation und der conservative Charakter unseres Berufs, der nun und nimmermehr leichtsinnig aufgeben wird, was wirklich ein Recht der örtlichen Besonderheit hat. Mögen wir auf dem Wege des Reichsgesetzes noch so weit gehen, darüber können wir uns nach dem ganzen Gange der Geschichte beruhigen: die Masse unserer Rechtsbildungen wird immer mehr oder weniger territoriale Verschiedenheiten darbieten, die Rechtsprechung, die Verfassung unserer Gerichte werden immer eine provinzielle Selbstständigkeit behaupten. Nur das nothwendige Knochengerüste müssen wir haben zur vollständigen Regenerirung des gemeinen Rechts in der ganzen Gesetzgebung des ganzen Privatrechts.

Zu den Bausteinen in dieser Richtung aber können wir vielleicht unsere ganze heutige Tagesordnung rechnen.

(Hierauf folgt die Vertheilung der Berathungsgegenstände an die Abtheilungen.)

Präsident (fortfahrend): Unser nächster Gegenstand ist die Entgegennahme des Berichts über den Gang der Rechtsgesetzgebung im deutschen Reiche, den Einzelstaaten und in Oesterreich, den für dieses Jahr, Herr Obertribunalrath von Köstlin zu erstatten übernommen hat.

Obertribunalrath **von Köstlin**: Meine Herren! Auf dem vorjährigen Juristentag äußerte der verehrte Präsident desselben: „wir wissen, daß das Werk der deutschen Staatseinheit und der wesentlichen Rechtseinheit ein gesichertes ist." Das seitdem abgelaufene Jahr giebt uns hievon die erfreuliche Bestätigung. Wesentliche Fortschritte in der Rechtsentwickelung hat die Reichsgesetzgebung gebracht, die Landesgesetzgebungen waren an ihrem Theile in treuer Mitarbeit thätig und in Oesterreich sind zahlreiche und wichtige Gesetze publicirt worden.

I.

Reichsgesetzgebung.

Durch die deutschen Reichsgesetze über das Postwesen und das Posttaxwesen vom 28. Oktober 1871 ist die Einheit auf diesem Gebiete des Verkehrslebens hergestellt. Mit dem Reichsgesetz vom 4. December 1871, betreffend die Ausprägung von Reichsgoldmünzen, ist der Anfang einer gemeinschaftlichen Gesetzgebung über das Münzwesen gemacht und durch die hiebei von dem Reichstag gefaßten Resolutionen auf Vorlegung eines definitiven Münzgesetzes, eines Gesetzes über das Bankwesen und eines die Ausgabe und Einziehung von Staatskassenscheinen regelnden Gesetzes sind auch diese Materien in Fluß gebracht. Die umfangreichen Vorarbeiten für eine gemeinsame Gesetzgebung über das Versicherungswesen wurden durch die Kriegsereignisse unterbrochen; seitdem sind dieselben durch das Material aus den süddeutschen Staaten vervollständigt worden und es soll nach der im November v. J. von dem Präsidium des Reichskanzleramts abgegebenen Erklärung unverzüglich an dessen Bearbeitung gegangen und hierdurch dem allerseits lebhaft empfundenen Bedürfnisse entsprochen werden.

Im Gebiete des Privatrechts ist sodann hervorzuheben das am 21. December v. J. publicirte Reichsgesetz, betreffend die Beschränkungen des Grundeigenthums in der Umgebung von Festungen.

Seit einer Reihe von Jahren waren die Beschwerden über die Härte der Rayongesetzgebung, von welcher eine Entschädigungspflicht des Fiskus nicht anerkannt war, von der Tagesordnung der preußischen Landesvertretung und des Norddeutschen Reichstages nicht verschwunden, und mit Schmerzen warteten die Einwohner der deutschen Festungen, reichlich über eine Million, auf die endliche Erledigung der für sie überaus wichtigen Frage. Der Grundsatz der Entschädigungspflicht des Staates für die in der nächsten Umgebung von Festungen mit Rücksicht auf deren Vertheidigungsfähigkeit gebotenen Beschränkungen in der Benutzung des Grundeigenthums ist nunmehr für das deutsche Reich gesetzlich festgestellt. Bisher war dieser Grundsatz nur in den Niederlanden gesetzlich anerkannt.

§ 34 des Gesetzes bestimmt, daß die Entschädigung nur für die in Folge dieses Gesetzes eintretenden Beschränkungen geleistet werde, schließt also eine von manchen Seiten gewünschte Rückwirkung aus. Die Entschädigung (§ 35) besteht im Ersatz derjenigen Verminderung des Werths des Grundstücks, welche für den Besitzer dadurch entsteht, daß dasselbe fortan Beschränkungen unterliegt, denen es bisher nicht unterworfen war. Die Entschädigung wird (§ 36) in Rente gewährt; falls jedoch die Werthsverminderung mindestens $^1/_8$ des bisherigen Werths beträgt, nach der Wahl des Besitzers entweder in Kapital oder in Rente; die letztere beträgt 6 Prozent des Entschädigungskapitals und wird auf die Dauer von 37 Jahren gewährt. Der Entschädigungsanspruch ist (§ 39) binnen einer sechswöchigen Präclusivfrist nach Feststellung des Rayonplans einzureichen. Wird die Entschädigungspflicht von der Commandantur bestritten oder hält sich der Besitzer durch den von der Civilverwaltungsbehörde nach Vernehmung von Sachverständigen festzustellenden Betrag der Entschädigung beschwert, so steht ihm der Rechtsweg offen (§ 40). Die Klage ist gegen den durch die Commandantur vertretenen Reichsfiskus bei dem Gerichte einzureichen, in dessen Bezirk das betreffende Grundstück belegen ist (§ 42). Das Gericht hat das Ergebniß der Beweisaufnahme nach freier Ueberzeugung zu würdigen. —

Der Schulze'sche Gesetzesentwurf, betreffend die privatrechtliche Stellung von Vereinen, wurde beim Reichstag im April d. J. wieder eingebracht, von einer Commission amendirt, kam aber nicht mehr zur Berathung.

Weiter war die Thätigkeit des Reichstags durch die Seemannsordnung und das Gesetz über die Verpflichtung deutscher Kauffahrteischiffe zur Mitnahme hilfsbedürftiger Seeleute in Anspruch genommen. Beide Gesetze wurden noch am Schlusse der Session nach den Vorschlägen der Commission angenommen, sind jedoch noch nicht zur Verkündigung gelangt, da wegen mehrfach erhobener Bedenken vom Bundesrath beschlossen wurde, noch die Erklärung der Seeuferstaaten einzuholen.

Gleichfalls vom Reichstag nach langen Debatten angenommen, aber bis jetzt noch nicht verkündigt ist das Gesetz über die Verhältnisse der

Reichsbeamten. Es steht zu erwarten, daß auf den Grund dieses Gesetzes, (in welchem die Anforderungen des öffentlichen Dienstes wie die berechtigten Ansprüche der Beamten gebührend beachtet und insbesondere für das Disciplinarverfahren die wünschenswerthen Garantieen gegeben sind,) auch die bezügliche Gesetzgebung der einzelnen deutschen Staaten geregelt wird.

Die Ausdehnung der Competenz des Reichs auf das gesammte bürgerliche Recht bezweckt der vom Reichstag mit überwiegender Mehrheit angenommene Lasker'sche Gesetzesentwurf. Die Sache ist beim Bundesrath in Behandlung, welcher um so mehr Veranlassung hat, sich neuerdings schlüssig zu machen, als vom Reichstag am Schlusse der Session auf Völks Antrag die Erwartung ausgesprochen worden ist, daß dem Reichstag bei dessen nächstem Zusammentritt Gesetzentwürfe über die Einführung der obligatorischen Civilehe und über Ordnung der Civilstandsregister vorgelegt werden. Welcher Seite die Stimme des deutschen Juristentages in dieser Frage zufällt, darüber wird ein Blick in dessen seitherige Verhandlungen keinen Zweifel übrig lassen.

Im Gebiete des Strafrechts erging das Gesetz vom 10. December 1871 (§ 130a des Str.-Ges.-Buchs) zum Schutz des öffentlichen Friedens gegen Mißbrauch des geistlichen Berufs; zugleich mag hier das demselben Zweck gewidmete Gesetz vom 4. Juli d. Jrs. betreffend den Orden der Gesellschaft Jesu, erwähnt werden. — Sodann wurden durch das die Gewerbeordnung in Bayern einführende Reichsgesetz vom 12. Juni d. Jrs. einzelne Strafbestimmungen der deutschen Gewerbeordnung (§ 145 bis 150) abgeändert, um den wünschenswerthen Einklang mit dem System des Reichsstrafgesetzbuchs herzustellen. — Die wichtigste Erscheinung in diesem Gebiete aber ist das Militärstrafgesetz vom 20. Juni d. Jrs. Durch dasselbe werden die vier bisher geltenden Militärstrafgesetzbücher von Preußen, Bayern, Sachsen, Württemberg aufgehoben, und auch auf diesem Gebiete gleiches Recht und Gesetz eingeführt. Bei der Aufstellung des Entwurfs wurden die in Preußen geltenden materiellen Strafgesetze im Wesentlichen zur Grundlage genommen. Leitender Gedanke sollte hiebei sein, „das Gesetz dem Strafgesetzbuch für das deutsche Reich thunlichst zu assimiliren und dadurch mit den Anforderungen der heutigen Strafrechtswissenschaft in Einklang zu bringen, beides aber nur insoweit als die besonderen Bedürfnisse des Heeres, namentlich die als oberstes Gesetz geltende Rücksicht auf die Erhaltung der Disciplin in demselben, damit vereinbar erschienen." Der Entwurf fand wegen seines vom Civilstrafgesetzbuch weit abweichenden Inhalts beim Reichstag von Anfang an wenig Beifall. Die schwierige Aufgabe, ihn entsprechend umzuarbeiten, wurde von der Commission in 26 Sitzungen in Gemeinschaft mit den Vertretern des Bundesraths gelöst. Seitens der Regierung wurde die Abänderung einiger weniger der gefaßten Beschlüsse zur Bedingung der Annahme gemacht. Die Debatte bei der zweiten Berathung im Reichstag drehte sich hauptsächlich um die Strafe des strengen Arrests; um nicht das ganze Gesetz zu Fall zu bringen, nahm die Mehrheit das vorgeschlagene Compromiß an. Zugleich wurde übrigens beschlossen, den Reichskanzler aufzufordern eine sachverständige und umfassende Untersuchung darüber anstellen zu lassen, welche Einwirkung auf die Gesundheit die Vollziehung des mittleren und strengen Arrests ausübe, ob und in wie weit nachtheilige Wirkungen wahrzunehmen sind, welche mit der besonderen Art der Ernährung und des Aufenthalts zusammenhängen, und das Ergebniß zur Kenntniß des Reichstags zu bringen.

Das Gesetz darf wohl unbedingt als das beste dermalen bestehende Militärstrafgesetzbuch bezeichnet werden. Es kann nicht die Aufgabe dieser Berichterstattung sein, auf den Inhalt seiner 166 Paragraphen des Näheren einzugehen. Eine Bestimmung aber verdient hervorgehoben zu werden, diejenige des § 150, wonach der Mangel der dienstlichen Genehmigung auf die Rechtsgültigkeit der von einer Person des Militärstands geschlossenen Ehe ohne Einfluß sein soll. In Preußen und Württemberg waren solche ohne Consens der militärischen Vorgesetzten geschlossenen Ehen bisher nichtig; jetzt ziehen dieselben nur noch Festungshaft bis zur Dauer von drei Monaten nach sich, zugleich kann auf Dienstentlassung erkannt werden.

In Gemäßheit des Einführungsgesetzes tritt das Militärstrafgesetzbuch am 1. October d. Jrs. im ganzen Umfang des Bundesgebietes in Wirksamkeit. Nach § 3 kann eine Bestrafung in Gemäßheit desselben nur auf Grund eines gerichtlichen Erkenntnisses erfolgen. Leichtere Vergehen können im Disciplinarweg geahndet werden, jedoch nur mit gelindem oder Stubenarrest bis zu 3 Wochen, mit mittlerem Arrest bis zu drei Wochen oder mit strengem Arrest bis zu 14 Tagen.

An das Militärstrafgesetzbuch wird sich eine gegenwärtig in der Bearbeitung begriffene Disciplinarstrafordnung für das deutsche Heer anschließen.

Die Reichsgesetzgebung über das gerichtliche Verfahren, über das Notariatswesen und über die Presse hat das vorbereitende Stadium noch nicht überschritten. Der Entwurf der Civilproceßordnung ist zu Ende des vorigen und Anfang dieses Jahrs durch die vom Bundesrath einberufene Commission, bestehend aus zehn Regierungsbevollmächtigten, einer Revision unterzogen worden. Ueber den Entwurf der Strafproceßordnung, der Concursordnung, der Notariatsordnung und des Preßgesetzes ist noch nichts Sicheres in die Oeffentlichkeit gedrungen. Wie bekannt, ist von einigen Regierungen der Wunsch ausgesprochen worden, daß schon beim ersten Aufbau der Gesetze über gemeinsame Bestimmungen bezüglich der Gerichtsverfassung und der gerichtlichen Institutionen den am meisten betheiligten Staaten eine Mitwirkung durch persönlichen Zusammentritt und eingehende mündliche Berathung ihrer Bevollmächtigten ermöglicht werde. Dem Vernehmen nach stehen solche Berathungen im Laufe dieses Herbstes bevor.

Im Gebiete des internationalen Rechts ist die Reichsgesetzgebung nicht müßig gewesen. Durch die Consular-Convention mit Nordamerika vom 11. December 1871, durch die Deklaration vom 11. Januar 1872, betreffend die Ausdehnung der Preußischen Consular-Convention mit den Niederlanden auf die Consuln des deutschen Reichs, durch die Consularconventionen mit Spanien und Italien vom 12. Januar und 7. Februar d. Irs., durch welche die mit dem Norddeutschen Bund abgeschlossenen Conventionen auf das ganze deutsche Reich ausgedehnt wurden, sodann durch den am 2. März d. Irs. mit Portugal abgeschlossenen Handels- und Schifffahrtsvertrag sind die Beziehungen des deutschen Reichs mit diesen Staaten zum Schutze des deutschen Handels und Verkehrs geordnet. Eine Vereinbarung mit Schweden und Norwegen vom 11. Juni d. J. garantirt den Deutschen in diesen Staaten in Betreff der Bezeichnung oder Etikettirung der Waaren, ihrer Verpackung, der Muster, Fabrik- oder Handelszeichen den gleichen Schutz wie den Inländern und umgekehrt; und Art. 11 der Zusatzübereinkunft zum Friedensvertrag mit Frankreich vom 12. October 1871 hat die bezügliche Bestimmung des Vertrages zwischen dem Zollverein und Frankreich vom Jahr 1862 wieder hergestellt.

Durch das Gesetz vom 1. Juli d. J. über die Gebühren und Kosten bei den Consulaten des deutschen Reichs ist auch in dieser Materie gleiches Recht hergestellt.

Von besonderem Interesse sind die mit Italien und England abgeschlossenen Auslieferungsverträge vom 31. October 1871 und 14. Mai 1872. Seit vielen Jahren hatten die deutschen Regierungen den Abschluß eines solchen Vertrags mit England vergeblich erstrebt: dem deutschen Reiche ist er gelungen. Beide Verträge sichern die Auslieferung flüchtiger Verbrecher wegen Verbrechen und bedeutenderer Vergehen mit Ausnahme der politischen, auf Grund eines Haftbefehls oder Strafurtheils des zuständigen Gerichts und der italienische Vertrag außerdem die Stellung von Zeugen und Leistung sonstiger Rechtshilfe in Strafsachen. In beiden Verträgen ist der Grundsatz anerkannt, daß der Angehörige des ersuchten Staats nicht ausgeliefert werden kann. Nach dem Vertrag mit Italien kann in dringenden Fällen unter Berufung auf das Vorhandensein eines binnen 20 Tagen nach der Verhaftung beizubringenden Haftbefehls oder Strafurtheils in kürzester Weise, selbst auf telegraphischem Wege, die Verhaftung des Auszuliefernden bewirkt werden. Der englische Vertrag bestimmt, daß die Auslieferung nur erfolgt, wenn von dem Richter nach vorläufiger Untersuchung des Straffalls die Beweise genügend erfunden werden um nach den Gesetzen des ersuchten Staats die Verweisung zur Hauptuntersuchung zu rechtfertigen oder darzuthun, daß der Auszuliefernde mit der von den Gerichten des ersuchenden Staats verurtheilten Person identisch ist. Werden die Beweise nicht binnen 2 Monaten von der Ergreifung an beigebracht, so ist der Ergriffene auf freien Fuß zu setzen.

Wegen des Abschlusses eines Auslieferungsvertrags mit der Schweiz auf Grund des italienischen Vertrags sind Unterhandlungen eingeleitet, desgleichen wegen Abschlusses eines Uebereinkommens mit Rußland Behufs der Sicherstellung des Nachlasses der beiderseitigen Landesangehörigen.

Von der Reichsgesetzgebung wende ich mich zn den wichtigeren gesetzgeberischen Arbeiten der einzelnen deutschen Staaten auf den von dem Juristentag behandelten Rechtsgebieten.

II.

Einzelne Staaten des deutschen Reichs.

Preußen.

Das Gesetz vom 15. Februar 1872 regelt die Ablösung der Reallasten im Gebiete des Regierungsbezirks Wiesbaden und in den zum Regierungsbezirk Kassel gehörigen vormals Großherzoglich Hessischen Gebietstheilen.

Dieselbe kann sowohl von Berechtigten als auch von Verpflichteten beantragt werden und erfolgt ohne Rücksicht auf frühere Willenserklärungen, Verjährung oder Judikate. Der nach bestimmten Vorschriften zu ermittelnde Jahreswerth der abzulösenden Leistungen bildet die Ablösungsrente; der Verpflichtete ist befugt, dieselbe durch Baarzahlung ihres zwanzigfachen Betrags oder in vier einjährigen Terminen mit fünfprozentiger Verzinsung des Rückstands, zu tilgen. Bei mehreren Verpflichteten mit solidarischer Haftbarkeit hört diese Haftbarkeit mit der Ausführung der Auseinandersetzung auf. Mit Ausnahme fester Geldrenten dürfen Reallasten einem Grundstück nicht mehr auferlegt werden. Kapitalien können hinfort einem Grundstück nur bis zu einem Zeitraum von 30 Jahren unkündbar auferlegt werden.

Ein Königlicher Gnadenerlaß vom 28. Februar 1872 bestimmt, daß die Vorschrift des § 32 des Strafgesetzbuchs für das deutsche Reich, wonach die Dauer des Verlusts der bürgerlichen Ehrenrechte bei zeitiger Zuchthausstrafe höchstens 10 Jahre beträgt, auch auf die noch unter der Herrschaft des Preußischen Strafgesetzbuchs verurtheilten Personen Anwendung finden soll; wonach diese Personen mit Ablauf des von der Verbüßung, der Verjährung oder dem Erlasse der ihnen auferlegten Freiheitsstrafe zu berechnenden zehnjährigen Zeitraums ohne Weiteres wieder in den Besitz der bürgerlichen Ehrenrechte gelangen. —

Durch den Krieg mit Frankreich hervorgerufen ist das Gesetz vom 2. April 1872, betreffend die Todeserklärung von Personen, welche an diesem Krieg Theil genommen haben. Dem Gesetz unterliegen nicht blos die Combattanten, sondern alle, welche in einem Amts- oder Dienstverhältniß oder zu Zwecken freiwilliger Hilfsleistung sich bei den Truppen befunden haben. Voraussetzung der Todeserklärung ist, daß die betreffende Person in dem Kriege vermißt worden und daß seit dem Friedensschluß keine Nachricht von ihrem Leben eingegangen ist. Competent ist das Gericht, bei welchem der Vermißte während des Krieges zuletzt seinen allgemeinen Gerichtsstand gehabt hat. Der Nachweis wird nach den allgemeinen Regeln des Prozesses geführt; außerdem hat derjenige, welcher die Todeserklärung beantragt, zu beschwören, daß er von dem Leben des Vermißten keine, beziehungsweise keine anderen als die angezeigten Nachrichten erhalten habe. Als Todestag ist in dem von dem Gericht ohne öffentliche Vorladung des Vermißten oder sonstige Förmlichkeiten auszusprechenden Erkenntniß der 30. Juni 1871 festzusetzen.

Zum größten Theil war die Session des preußischen Landtags mit Berathung der Kreisordnung ausgefüllt; dieselbe ist, wie bekannt, noch Entwurf geblieben, da sie in der vom Abgeordnetenhause beschlossenen Gestalt nicht die Zustimmung des Herrenhauses erlangt hat.

Dagegen sind die langjährigen Reformbestrebungen auf dem Gebiete der Grundeigenthums- und Hypothekengesetzgebung in den am 5. Mai 1872 publicirten, mit dem 1. October in Wirksamkeit tretenden Gesetzen, betreffend den Eigenthumserwerb und die dingliche Belastung der Grundstücke, und betreffend die Grundbuchsordnung zum Abschluß gediehen. — Eine tiefgreifende Reform des Hypothekenrechts in formeller und materieller Beziehung war zumal im Hinblick auf die Hypothekennoth in den östlichen Provinzen, seit Jahren als unabweisbares Bedürfniß anerkannt. Die Prinzipien der Publizität, Spezialität und Legalität hatten sich, wie die Regierungsmotive anführen, nicht ganz bewährt: Die Publizität leistete nicht genug, denn der Inhalt des Hypothekenbuchs war nicht die ausschließliche Erkenntnißquelle; nach der dem allgemeinen Landrecht eigenthümlichen Theorie der Schlechtgläubigkeit im Sachenrecht kam noch die anderweitige Kenntniß des Erwerbers oder Gläubigers eines Grundstückes von dem nicht aus dem Hypothekenbuch ersichtlichen Recht eines Dritten in Betracht. Die Spezialität leistete nicht genug, weil das bestehende Recht noch die Eintragung von Forderungen mit unbestimmtem Betrag zuließ und weil das Hypothekenbuch keine sichere Auskunft über die Größe des Pfandobjekts enthielt. Die Legalität aber leistete zu viel, weil der Richter auch dafür verantwortlich gemacht war, nicht in die Augen fallende Mängel des Instruments über das Rechtsverhältniß, aus welchem die Eintragung oder Löschung nachgesucht wurde, zu bemerken. — Die Ziele der Reformbestrebungen gingen deshalb dahin, die Duplizität der Rechte auf das Grundstück in- und außerhalb dem Grundbuch zu beseitigen, die Bedeutung der Eintragung für den Rechtserwerb zu steigern und dadurch die nöthige Grundlage für einen sicheren Immobiliarkredit, die klare Festigkeit des Eigenthums am Grundstück, die Gewißheit der Größe und Identität desselben zu finden, sodann die Hypothek als dingliches Recht loszulösen von dem persönlichen Schuldverhältniß, zu dessen Sicherung sie bestellt wird: sie sollte aus einem accessorischen Recht eine selbstständige Realobligation werden; ihre Gültigkeit sollte nicht von der Gültigkeit der Schuld abhängen, sondern sie sollte ihre nur durch den formalen Akt der Eintragung bedingte Gültigkeit in sich selbst tragen. In Verfolgung dieser Ziele wurde von der Regierung der Standpunkt der Gesetzesvorlage dahin bezeichnet: an die Stelle der bisher in Preußen geltenden Rechtssysteme — des allgemeinen Landrechts, des rheinischen Rechts und des gemeinen Rechts — ein neues, allgemein gültiges Recht zu setzen, welches sich auf die heutige Entwickelung des Rechts- und Culturlebens stütze, den Forderungen des heutigen Verkehrs gerecht werde, und die Grundlage für eine allgemeine deutsche Gesetzgebung bilden könne. Welch einschneidende Umgestaltung des seitherigen Rechts durch das Gesetz über den Eigenthumserwerb und die dingliche Belastung der Grundstücke, Bergwerke und selbstständigen Gerechtigkeiten bewirkt wird, möge ein rascher Ueberblick über die hauptsächlichsten Bestimmungen dieses höchst bedeutsamen Gesetzes darthun. Der erste Abschnitt: „von dem Erwerb des Eigenthums an Grundstücken" führt wesentliche Aenderungen der bisherigen Prinzipien über den Erwerb von Grundstücken im Falle freiwilliger Veräußerung ein: während bisher die Erwerbung des Grundeigenthums Uebergabe und Eintragung im Grundbuch zur Voraussetzung hatte, ist diese Duplizität jetzt aufgehoben und die unbedingte Intabulationstheorie angenommen: Die Erwerbung erfolgt durch die Eintragung allein, ohne Uebergabe; während bisher zur Besitztitelberichtigung der urkundliche Nachweis des demselben zu Grund liegenden Rechtsgeschäfts gehörte, geschieht jetzt die Eintragung lediglich auf den Grund der gleichzeitigen Erklärung des Veräußerers, daß er die Eintragung auf den Erwerber bewillige, und des Erwerbers, daß er die Eintragung beantrage: Auflassung; bisher hatte die bona fides bei Collision sich gegenüberstehender Rechte einen entscheidenden Einfluß, jetzt bestimmt das Gesetz § 4: die Kenntniß des Erwerbers eines Grundstücks von einem älteren Rechtsgeschäft, welches für einen Anderen ein Recht der Auflassung dieses Grundstücks begründet, steht dem Eigenthumserwerb nicht entgegen. — Im zweiten Abschnitt: „von den dinglichen Rechten am Grundstück" ist der Grundsatz vorangestellt, daß dingliche Rechte am Grundstück, welche auf einem privatrechtlichen Titel beruhen, nur durch Eintragung gegen Dritte Gültigkeit erlangen und durch Löschung dieselbe verlieren. In Anlehnung an § 4 wird der Grundsatz festgehalten, daß der Inhalt des Grundbuchs die alleinige Erkenntnißquelle ist und durch ein außerhalb dieses Inhalts liegendes Wissen nicht erschüttert wird. Die Rangordnung der auf demselben Grundstück eingetragenen Rechte bestimmt sich nach der Reihenfolge der Eintragungen, die letztere nach der Zeit der Vorlegung des Antrags. — Der dritte Abschnitt handelt von dem Rechte der Hypothek und der Grundschuld. Parallel dem Eigenthumserwerb, der nach dem Gesetz nicht in dem Veräußerungsvertrag, sondern in der Auflassungserklärung seinen Rechtsgrund hat, bestimmt das Gesetz nicht das Schuldverhältniß, sondern die im Antrag ausgedrückte Bewilligung des Eigenthümers als den Grund zur Eintragung der Hypothek. Ohne oder gegen den Willen des Eigenthümers darf keine Hypothek eingetragen werden, außer wenn eine höhere Macht (— Rechtskraft, Exekutionsrecht) diesen Willen zu brechen oder zu ersetzen berechtigt ist. Das Consensprinzip hat hiemit seinen bestimmten Ausdruck gefunden. Die Bewilligung kann mit Angabe eines Schuldgrundes unter Vorlegung der Schuldurkunde (Hypothek), oder ohne Angabe eines Schuldgrundes (Grundschuld) geschehen. Die Eintragung hat auf den Namen eines bestimmten Gläubigers zu erfolgen, wodurch der Hypothek der Charakter eines Inhaberpapiers entzogen ist. Als Consequenz des Princips der Selbstständigkeit der Hypothek führt der § 27 den Grundsatz ein, daß der Eigenthümer auf seinen Namen Grundschulden eintragen, sich Grundschuldbriefe ausfertigen lassen und auf dritte Personen die vollen Rechte eines Grundschuldgläubigers übertragen kann. Mit dem Grundschuldbrief können Zins-Quittungsscheine ausgegeben werden; nur der Inhaber des fälligen Scheines ist gegen dessen Aushändigung zur Empfangnahme der Zinsen berechtigt. — Gegen die Klage aus einer Grundschuld läßt das Gesetz Einreden nur soweit zu, als sie dem Beklagten gegen den Kläger unmittelbar zustehen, oder aus dem Grundschuldbrief sich ergeben, oder soweit die Thatsachen, auf welche sich dieselben gründen, dem Kläger beim Erwerb der Grundschuld bekannt gewesen sind. Gegen die Klagen aus einer Hypothek können Einreden aus dem persönlichen Schuldverhältniß einem Dritten, welcher ein Recht auf die Hypothek gegen Entgelt erworben hat, nur entgegengesetzt werden, wenn sie ihm vorher bekannt geworden sind oder sich aus dem Grundbuch ergeben. Einreden gegen das Verfügungsrecht des Klägers aus der Person seines eingetragenen Autors sind sowohl gegen die Klage aus einer Grundschuld als gegen die aus einer Hypothek unzulässig. Bei Grundschulden ist Blanko-Abtretung zulässig.

Im Anschluß an das Gesetz bestimmt die Grundbuchsordnung die Einrichtung der öffentlichen Bücher und das bei Eintragungen, Umschreibungen und Löschungen zu beobachtende Verfahren. Die äußere Einrichtung der Hypothekenbücher und ihre Eintheilung in Blätter für jedes einzelne Grundstück mit Titel und drei Rubriken ist beibehalten. Als wichtige Aenderungen aber sind hervorzuheben, daß fortan die Grund- und Gebäudesteuerbücher überall die Grundlage für die Güterbücher bilden, um hierdurch eine consequentere Durchführung des Spezialitätsprinzips zu erreichen, daß im Interesse der Beschleunigung die Grundbuchsachen nicht mehr durch Collegien, sondern durch Einzelrichter bearbeitet werden, daß das Grundbuchamt — mit ganz wenigen unerheblichen Ausnahmen — nur noch auf Antrag zu verfahren hat, daß manche Formen im Interesse eines leichteren und übersichtlicheren Verkehrs vereinfacht, insbesondere den Hypotheken-Urkunden eine einfachere und zweckmäßigere Form gegeben worden ist.

Bei jedem Stadt- und Kreisgericht und jeder selbstständigen Kreisgerichtsdeputation wird ein Grundbuchamt, bestehend aus dem Grundbuchrichter, einem Buchführer und den erforderlichen Schreibern und Unterbeamten, gebildet. Für größere Städte und Kreise ist die Errichtung mehrerer Grundbuchämter vorbehalten. Die Beamten des Grundbuchamts haften für jedes Versehen, soweit für den Beschädigten von anderer Seite her Ersatz nicht zu erlangen ist. Soweit der Beschädigte nicht vom Grundbuchbeamten Ersatz erhalten kann, haftet ihm für denselben der Staat. Beschwerden über Verfügungen des Grundbuchrichters gehen an das Appellationsgericht, bei dessen Entscheidung es bewendet.

Zugleich mit dem Gesetz über das Eigenthum an Grundstücken und der Grundbuchsordnung ist ein Gesetz, betreffend die Stempelabgaben von gewissen, beim Grundbuchamt anzubringenden Anträgen, und ein Gesetz über die Form der Verträge, durch welche Grundstücke zertheilt werden, erschienen; durch letzteres werden die besonderen Formvorschriften über Parzellirungsverträge beseitigt und diese den allgemeinen Vorschriften über den Eigenthumserwerb an Grundstücken unterstellt.

Aus den übrigen deutschen Staaten sind größere und selbstständige Justizgesetze nicht zu vermelden.

Im Königreich Sachsen und in Sachsen-Meiningen

erfolgte durch die Gesetze vom 22. Mai und 20. Februar d. Jrs. die Aufhebung des Lehenverbands. Umfassende Organisationsgesetze im Gebiet der Verwaltung unterliegen im Königreich Sachsen der ständischen Berathung.

Aus Sachsen-Weimar

ist das Gesetz vom 20. December 1871, betreffend die Verbürgung der Ehefrauen für ihre Ehemänner anzuführen. Dasselbe hebt die bisherigen besonderen Vorschriften, welche erfahrungsgemäß den bezweckten Erfolg nicht gehabt haben, auch den gegenwärtigen Bildungs- und Verkehrsverhältnissen nicht mehr entsprechen, auf und bestimmt, daß die Gültigkeit der Verbürgung einer Ehefrau für ihren Ehemann nur durch die allgemeinen Voraussetzungen, unter denen die Ehefrauen rechtsbeständige Verträge abschließen können, bedingt ist.

In Mecklenburg-Schwerin

erschien unterm 31. Januar 1871 eine Verordnung, betreffend die Bevormundung minderjähriger Ehefrauen; dieselbe bestimmt: Unbeschadet der dem Ehemann nach statutarischen Bestimmungen am Vermögen der Ehefrau zustehenden Rechte verbleiben minderjährige Ehefrauen unter väterlicher Vormundschaft oder der bereits vor ihrer Verheirathung angeordneten Altersvormundschaft und werden beim Wegfall der väterlichen Vormundschaft einer Altersvormundschaft unterstellt. Die eheliche Vormundschaft ist aufgehoben.

In Hamburg

ist durch ein Gesetz vom 11. September 1871, — nachdem im Jahre 1869 neben der gemeinrechtlichen Testamentsform mit 7 Solennitätszeugen das gerichtliche Testament zugelassen worden war, nunmehr auch die Errichtung von Testamenten vor zwei Notaren gestattet worden. Ein Gesetz vom 20. December 1871 hebt in Uebereinstimmung mit dem Beschluß des VII. Juristentags das Institut der beeidigten Makler auf.

Aus Lübeck

ist zu berichten, daß in Folge eines Conflikts zwischen der Lübecker und Reichsstempelbehörde am 18. September 1871 ein Gesetz ergieng, zufolge dessen Hypothekwechsel, wofern sie den gesetzlichen Erfordernissen eines eigenen Wechsels entsprechen, der allgemeinen deutschen Wechselordnung unterliegen.

Im Großherzogthum Hessen

wurde durch das Gesetz vom 4. August 1871, betr. die verbindende Kraft der Immobiliar-Verträge bestimmt, daß solche Verträge nur verbindliche Kraft haben, wenn sie von den Contrahenten dem zuständigen Ortsgerichtsvorsteher angezeigt und von letzterem oder dem Gerichte protokollirt worden sind. Diese Bestimmung gilt auch, wenn die Betheiligten den Vertrag erfüllt haben und erstreckt sich auf pacta de contrahendo und auf solche Verträge, durch welche eine Strafe für den Fall des Rücktritts ausbedungen worden ist. Die Vorschrift, daß Immobiliarveräußerungsverträgen erst nach erfolgter richterlicher Bestätigung verbindliche Kraft beizulegen sei, ist aufgehoben.

In Baden

erschien zur Beseitigung mehrfach entstandener Zweifel und zur Beförderung des Verkehrs das Gesetz vom 30. März 1872 über die Faustpfandverträge der Credit- und Vorschußvereine. Nach L. R. S. 2074 Abs. 1 müssen nämlich Faustpfandverträge, sofern der Werth des Gegenstandes den Betrag von 75 fl. erreicht, öffentlich beurkundet oder, wenn nur in einer Privaturkunde abgefaßt, in ein öffentliches Buch eingetragen werden, und ist ferner in L. R. S. 2078 Abs. 2 dem Gläubiger verboten, sich durch den Faustpfandvertrag ermächtigen zu lassen, im Falle der Säumniß des Schuldners das Pfand sich anzueignen oder über dasselbe ohne die gesetzlichen Formen zu verfügen. Wie schon durch anderweite gesetzliche Bestimmungen für Institute, welche gegen sonst zu befürchtende Mißbräuche hinreichende Gewähr bieten, z. B. für öffentliche Pfand- und Leihhäuser, für Kaufleute (D. HGB §§ 309, 311) jene Beschränkungen beseitigt worden, so war durch § 11 Abs. 4 des Bad. Gesetzes vom 11. Februar 1870 über das Genossenschaftswesen auch für die Faustpfandverträge zwischen den Credit- und Vorschußvereinen und ihren Mitgliedern eine begünstigende Fürsorge getroffen.

Nachdem aber dieses Gesetz durch das in Wirksamkeit getretene Reichsgesetz vom 4. Juli 1868, welches über die Faustpfandverträge der Genossenschaften keine Bestimmung enthält, beseitigt worden, so entstand die Frage, ob jene besondere landesgesetzliche Vorschrift neben dem allgemeinen Reichsgesetze noch zu Recht bestehe und ist zur Lösung der den fraglichen Verkehr hemmenden Zweifel sowie im Anschluß an das deutsche Handelsgesetzbuch deshalb durch das erwähnte Gesetz verordnet, daß die Vorschriften beziehungsweise Verbote in L. R. S. 2074 Abs. 4 und 2078 auf Faustpfandverträge der Credit- und Vorschußvereine, bei welchen entweder der Pfandbesteller kein Kaufmann ist oder die Schuld nicht aus einem beiderseitigen Handelsgeschäfte herrührt, keine Anwendung finden; indeß muß der Tag des Abschlusses dieser Verträge, der Namen des Entleihers, der Betrag der Schuld sowie die Gattung und Beschaffenheit des Pfandstückes durch Eintragung in ein besonderes Buch des Vereins beurkundet werden.

Zum Zwecke der Vereinfachung und Kostenersparung sowie im Hinblick auf die zu erwartende deutsche Gerichtsverfassung wurden durch landesherrliche Verordnung vom 1. Mai d. J. an neben mehreren Bezirksämtern 12 Amtsgerichte und 4 Kreisgerichte aufgehoben.

Aus Württemberg

sind die Gesetze vom 28. März 1872 über die Aufhebung des Verbots der Trauung im Ausland, und vom 9. April 1872 über die religiösen Dissidentenvereine anzuführen.

Nach der seitherigen Gesetzgebung war die von einem Württemberger außerhalb Württembergs ohne Erlaubniß der inländischen Behörden des Oberamts, geschlossene Ehe nichtig, und hiervon eine Ausnahme nur zugelassen, wenn die Ehe am Wohnort oder Geburtsort der ausländischen Braut nach erfolgter Anzeige und Proklamation im Heimathort eingegangen wurde. Diese Bestimmung ist durch das ersterwähnte Gesetz aufgehoben. —

Das zweite Gesetz erklärt die Bildung religiöser Dissidentenvereine von einer staatlichen Genehmigung unabhängig und garantirt solchen Vereinen das Recht der freien gemeinsamen Religionsübung im häuslichen und öffentlichen Gottesdienst sowie der selbstständigen Ordnung und Verwaltung ihrer Angelegenheiten. Nur dürfen dieselben mit den Geboten der Sittlichkeit oder mit der öffentlichen Rechtsordnung nicht in Widerspruch treten. Die Regierung kann im Wege der Verordnung den Mitgliedern solcher Vereine an Stelle des Eides den Gebrauch einer anderen Betheuerungsformel gestatten.

Durchgreifende Aenderungen in der Gesetzgebung der süddeutschen Staaten erfolgten durch die Einführung der deutschen Reichsgesetze: Die deutsche Gewerbeordnung ist in Württemberg und Baden seit dem 1. Januar d. Jrs. in Wirksamkeit und wird in Bayern mit dem 1. Januar 1873 in Kraft treten. Mit letzterem Tage erhält das Gesetz über den Unterstützungswohnsitz in Württemberg und Baden Geltung. — Unser Interesse wendet sich vorzugsweise dem Vollzug der Einführung des mit dem 1. Januar d. Jrs. in Bayern, Württemberg und Baden in Wirksamkeit getretenen deutschen Strafgesetzbuchs und den diesfalls in den letzten Tagen des vorigen Jahres erschienenen Gesetzen zu. Die gesetzgebenden Factoren waren sämmtlich bemüht, den Art. 2 des Einführungsgesetzes zum Strafgesetzbuch zur Wahrheit zu machen. Allerseits war darüber kein Zweifel, daß das Landesstrafrecht, soweit es im Reichsstrafgesetzbuch enthaltene Materien betrifft, mit dem Inkrafttreten des letzteren von Rechtswegen beseitigt, also die Landesgesetzgebung nicht in der Lage ist, die außer Wirksamkeit tretenden landesgesetzlichen Vorschriften formell zu beseitigen. Dieser Standpunkt hat in den Motiven der Gesetze, im Art. 1 des Bayrischen Gesetzes vom 26. December 1871, und im Eingang des Badischen Gesetzes vom 23. December 1871 seinen Ausdruck gefunden. Zur Herbeiführung eines klaren, für alle Betheiligten übersehbaren Rechtszustands wurde es aber in den 3 Staaten für geboten erachtet, die Frage, welche landesstrafrechtliche Bestimmungen ihre Geltung verlieren, beziehungsweise neben dem Reichsstrafgesetzbuch fortbestehen, nicht lediglich der Beurtheilung der Gerichte im Einzelfall zu überlassen, sondern im Gesetz die schwierige Festsetzung der Grenze vorzunehmen, unter dem Vorbehalte, daß es dem Richter überlassen bleibt, vorkommenden Falls zu prüfen, ob nicht einzelne im Gesetz als fortbestehend bezeichnete oder im Gesetz nicht erwähnte Bestimmungen als durch das Reichsstrafgesetzbuch außer Wirksamkeit gesetzt anzusehen sind. Demgemäß sind im Bayrischen Gesetz die Art. 1—3 bestimmt, eine vollständige Uebersicht über das vom 1. Januar 1872 an noch geltende Landesstrafrecht zu geben. — Das badische Gesetz bezeichnet in den Art. 1—14 diejenigen Landesgesetze welche vollständig außer Wirksamkeit treten, und führt die einzelnen gesetzlichen Bestimmungen auf, welche im Gebiete des Strafrechts und Polizeistrafrechts als theilweise aufgehoben, beziehungsweise abgeändert zu betrachten sind; zu lebhaften Erörterungen gab hierbei der Art. 14, VII. Anlaß, durch welchen die Eigenschaft des Kirchenamts als eines öffentlichen Amtes und hiernach die Anwendung der §§ 31, 34, 35 des Reichsstrafgesetzbuchs festgestellt wird. — Das Württembergische Gesetz enthält in Art. 1 diejenigen Landesgesetze, welche außer Wirksamkeit treten, auch insoweit sie Materien betreffen, die nicht Gegenstand des Reichsstrafgesetzbuchs sind; die in einzelnen Bestimmungen abgeänderten Gesetze sind in den Motiven bezeichnet.

Bei Regelung der Zuständigkeit der Strafgerichte wurde in den 3 Gesetzen zwar der Grundsatz der Dreitheilung: Die Verbrechen vor die Schwurgerichte, die Vergehen vor die Bezirksgerichte (Strafkammern), die Uebertretungen vor die Amtsgerichte (Stadt- und Landgerichte) — vorangestellt; aber eine Anzahl schon bisher vor die Schwurgerichte gewiesener Vergehen verblieb denselben und im Interesse des practischen Bedürfnisses wurde die Competenz der Mittel- und Amtsgerichte erweitert und hierbei nicht blos die **in thesi** angedrohte Strafgröße, sondern auch das im einzelnen Fall verwirkte Strafmaß als das entscheidende Moment aufgestellt.

1. Vor die Schwurgerichte gehören:

a) nach dem Bayrischen Gesetz: die in §§ 80 bis 92, 102, 130a des Strafgesetzbuchs bedrohten Verbrechen und Vergehen, die mittelst eines Preßerzeugnisses verübten Verbrechen und Vergehen, (mit Ausschluß der im Weg der Privatanklage zu verfolgenden Beleidigungen), und alle mit einer im höchsten Maaß die Dauer von 5 Jahren überschreitenden Freiheitsstrafe oder mit höherer Strafe bedrohten Verbrechen, außer den Verbrechen des Meineides, des § 176, des schweren Diebstahls, des Diebstahls im Rückfall, der Hehlerei, des wiederholten Betrugs;

b) nach dem Württembergischen Gesetz: die von Amtswegen zu verfolgenden Preßvergehen, die in den §§ 85, 86, 95, 107, 115,1, 116,2, 128, 129 des Strafges.-B. bedrohten Vergehen und sämmtliche Verbrechen, diejenigen des Diebstahls, Betrugs, der Hehlerei, Urkundenfälschung und Unterschlagung (§ 351) jedoch nur, wenn nach den Umständen des Falls eine höhere als 4jährige Zuchthausstrafe verwirkt ist;

c) nach dem Badischen Gesetz: sämmtliche Verbrechen, diejenigen des Diebstahls, Betrugs und der Fälschung von Privaturkunden aber nur, wenn nach den Umständen des Falls Zuchthausstrafe von mehr als 3 Jahren begründet erscheint, sodann die Vergehen der §§ 95, 97, 102, 107—111, 115, 116, 127 bis 131 des Str. Ges. Buchs und sonstige mittelst der Presse verübte Vergehen (mit Ausnahme der Fälle des §. 184 des Str. G. Buchs und der Veröffentlichungen in Kriegszeiten), sofern der Staatsanwalt die Klage erhoben, oder sich derselben angeschlossen hat;

2. vor die Bezirks- (Kreis-) Gerichte verweist

a) das Bayrische Gesetz sämmtliche nicht vor die Schwurgerichte gehörige Verbrechen und alle Vergehen, für welche keine andere Zuständigkeit begründet ist,

b) das Württembergische Gesetz die Verbrechen des Diebstahls, Betrugs, der Hehlerei, Urkundenfälschung und Unterschlagung (§ 351), wenn nach den Umständen des einzelnen Falls nicht eine höhere als 4jährige Zuchthausstrafe verwirkt ist, oder dieses Strafmaß nur wegen Zusammenflusses oder Rückfalls überschritten wird, sodann die nicht vor die Schwurgerichte gehörigen Vergehen, soweit sie nicht mit einer Strafe von höchstens 3 Monaten Gefängniß oder 100 Thalern bedroht sind, und den Fall des § 121 Abschn. 2 des Str.-Ges.-Buchs;

c) das Badische Gesetz die oben bezeichneten Verbrechen, wegen welcher nur bis auf Zuchthaus von 3 Jahren erkannt werden kann, und die sämmtlichen Vergehen, wofern sie nicht vor die Schwurgerichte und Amtsgerichte gehören;

3. die Stadt- und Landgerichte (Oberamts-Amtsgerichte) sind zuständig

a) nach Bayrischem Gesetz für die mit Freiheitsstrafe bis zu 3 Monaten oder Geldstrafe bis zu 100 Thalern bedrohten Vergehen und Uebertretungen, für Beleidigungen (§ 285) ohne Thätlichkeit; sodann für Hausfriedensstörung, Körperverletzung mit Arbeitsunfähigkeit bis zu 5 Tagen, Diebstahl, Unterschlagung (Hehlerei), Betrug, wenn der Werth 10 Thaler, und Sachbeschädigung, wenn der Schaden 50 Thaler nicht übersteigt; findet das Gericht hier eine seine Competenz übersteigende Strafe oder eine Buße von mehr als 100 Thalern angemessen, so hat es sich für unzuständig zu erklären und es tritt das für Vergehen vorgeschriebene Verfahren ein;

b) nach Württembergischen Gesetz sind die Oberamtsgerichte zuständig für die Uebertretungen, soweit deren Aburtheilung den Gerichten zusteht, für die mit einer Strafe von höchstens 3 Monaten Gefängniß oder höchstens 100 Thalern bedrohten Vergehen und wofern im einzelnen Fall keine höhere Strafe verwirkt ist, für die Fälle der §§ 113, 134, 136, 276, 293, 296 des Str.-Ges.-B., für Beleidigungen, wenn sie nicht durch die Presse verübt sind, oder unter § 197 fallen, für Körperverletzungen mit Arbeitsunfähigkeit bis zu 7 Tagen, einfachen Diebstahl, Unterschlagung (Hehlerei) Betrug, wenn der Werth 6 Thaler, Sachbeschädigung, wenn der Schaden 30 Thaler nicht übersteigt;

c) nach Badischem Gesetz gehören vor die Amtsgerichte die sämmtlichen Uebertretungen und, wofern im gegebenen Fall nur bis zu 3 Monaten Gefängniß oder 300 fl. Geldstrafe zu erkennen ist, die Vergehen der §§ 113, 123, 134 bis 138, 148, 183, 184, 185 bis 200 (mit Ausnahme des § 197), 223 und 230, 240 und 241, 276, 285—291, 292, 293, 296, 299, 303, 318, 327,1,

328_1, 330, sodann Diebstahl, Unterschlagung, Hehlerei, Betrug bis zum Betrag von 50 fl., sowie unter der obigen Voraussetzung weitere in besonderen Gesetzen mit Strafe bedrohten Vergehen.

Das Bayrische Gesetz enthält neben den erforderlichen Uebergangsbestimmungen und Ergänzungen mehrfache Abänderungen des Verfahrens. Art. 72 schreibt die Stellung der Frage an die Geschworenen dahin vor: ob sich der Angeklagte derjenigen Handlungen schuldig gemacht habe. welche den Gegenstand der Anklage bilden; Art. 73 verlangt in den betreffenden Fällen bei Strafe der Nichtigkeit die Stellung der Frage an die Geschworenen, ob mildernde Umstände vorhanden seien, desgleichen in den Fällen des § 20 die Frage, ob die Handlung aus einer ehrlosen Gesinnung entsprungen sei. Die weiter im Gesetz enthaltenen Bestimmungen über das Verfahren in Uebertretungssachen, über die Strafverfolgung wegen Beleidigungen, über das Verfahren in Zollstrafsachen, in Preßstrafsachen, über den Strafvollzug in der Pfalz, über die Untersuchungshaft und über Disciplinarstrafsachen sind mit Redactionsänderungen aus früheren, durch das Reichsstrafgesetz außer Wirksamkeit getretenen Gesetzen, insbesondere dem Strafgesetz und Einführungsgesetz von 1861 übertragen. Größtentheils neu sind die Bestimmungen der Art. 110 bis 125 über das Verfahren bei Einziehung und Beschlagnahme und über die Zuerkennung von Bußen.

Das Württembergische Gesetz beschränkt sich auf die nothwendigsten Uebergangsbestimmungen und enthält Strafdrohungen nur bezüglich des Bankerotts von Nichtkaufleuten und der Entwendung von ungehauenem Waldholz. Art. 20 bestimmt, daß auf Antrag bei Vermeidung der Nichtigkeit den Geschworenen in den zutreffenden Fällen die Fragen vorzulegen seien, ob mildernde Umstände vorhanden seien, beziehungsweise ob die Handlung aus einer ehrlosen Gesinnung entsprungen sei. Diese Fragen können auch von Amtswegen gestellt werden. Ist der Angeklagte noch nicht 18 Jahre alt oder taubstumm, so muß bei Vermeidung der Nichtigkeit gefragt werden, ob er die zur Erkenntniß der Strafbarkeit seiner Handlung erforderliche Einsicht besessen habe.

Das Badische Gesetz erklärt in Art. 20 gleichfalls die Geschworenen für berufen, darüber zu entscheiden, ob mildernde Umstände, sowie in den Fällen des § 20 des Reichsstrafgesetzes, ob die Voraussetzungen zum Aussprechen der Zuchthausstrafe vorhanden seien; weiter bestimmt dieser Artikel: in Fällen, in welchen das Gesetz die Annahme mildernder Umstände zuläßt, darf die Stellung einer bezüglichen Frage nicht verweigert werden, und können die Geschworenen auch ohne besonders an sie gestellte Fragen mildernde Umstände für vorhanden erklären. Das Badische Gesetz enthält noch eine Reihe von Vorschriften über Privatanklage, Anschließung, Kosten bei Antragsvergehen, über Polizei-, Forst-, Finanz-Strafverfahren, endlich die erforderlichen Uebergangsbestimmungen. Hervorzuheben ist der Art. 19, betreffend die Amtsvergehen. Derselbe bestimmt, daß vorbehaltlich fürsorglicher Maßregeln in eilenden Fällen die strafgerichtliche Verfolgung eines öffentlichen Beamten wegen einer dienstlichen Handlung nicht eingeleitet werden darf, bevor die dem Beamten vorgesetzte Dienstbehörde gehört worden ist, und daß, wenn diese die Verfolgung für nicht gerechtfertigt hält, eine Entschließung des Staats-Ministeriums auf Vortrag des Justiz-Ministers einzuholen ist. Nach dem Gesetz von 1851 hatte eine solche Verfolgung nur mit Genehmigung des Staats-Ministeriums eintreten können, wofern nicht die zuständige Dienstbehörde selbst sie veranlaßte oder zugab. Die jetzige Fassung des Gesetzesartikels, zu welchem am 22. Februar d. J. eine Vollzugsverordnung erschienen ist, kam erst nach langwierigen Verhandlungen zu Stande.

Gleichzeitig mit den bisher besprochenen Gesetzen wurde in Baden am 27. December eine Zusammenstellung der in Geltung bleibenden Bestimmungen des früheren Polizeistrafgesetzes und in Bayern am 26., in Württemberg am 27. December 1871 ein neu revidirtes Polizeistrafgesetz publicirt zur Ergänznng des 29. Abschnitts des Reichsstrafgesetzes in den der Landesgesetzgebung vorbehaltenen Theilen. Beide Gesetze gehen von der Auslegung aus, daß im Bereich des Polizeistrafrechts unter dem Wort „Materie" im § 2 Abschn. 1 des Einführungsgesetzes nur eine specielle Strafdrohung zu verstehen sei. Das bayrische Polizeistrafgesetzbuch enthält mit wenigen Abänderungen die Bestimmungen des früheren Gesetzes von 1861 unter Weglassung der im Reichsstrafgesetzbuch bedrohten Uebertretungen; das zwölfte Hauptstück „Erwerbs- und Gewerbspolizei" ist aus den in der deutschen Gewerbeordnung behandelten Materien unter möglichster Assimilirung mit dieser zu dem Zweck formirt worden, um bei der bevorstehenden Einführung der Gewerbeordnung in Bayern diesen Abschnitt einfach aufheben zu können. — Mit der im Württembergischen Polizeistrafgesetz gegebenen Zusammenstellung der neben dem Strafgesetzbuch in Geltung bleibenden, seither in alten und und neuen Gesetzen zerstreuten Strafbestimmungen aus dem Gebiet der Polizei wurde einem längst gefühlten Bedürfniß entsprochen.

Neben diesen Acten der Gesetzgebung wurden in den einzelnen Staaten Vollzugsvorschriften in Betreff der Stellung unter polizeiliche Aufsicht, der Vollziehung der Freiheitsstrafen, der vorläufigen Entlassung von Strafgefangenen, der Unterbringung jugendlicher Verbrecher in einer Erziehungs- und Besserungsanstalt 2c. erlassen.

Aus Bayern ist noch zu erwähnen das Gesetz vom 28. April 1872, betreffend die durch die Einführung des deutschen Strafgesetzbuchs bedingten Abänderungen der Bayrischen Militärstrafgesetze. Soweit das Gesetz sich auf das Militärstrafrecht bezieht, will es dasselbe lediglich dem System des deutschen Strafgesetzbuchs anpassen und wird dieser Theil mit der Einführung des deutschen Militärstrafgesetzbuchs in Bälde wieder außer Kraft treten. In prozessualer Beziehung wurde die Gelegenheit zu einigen Reformen benützt, z. B. bezüglich der Bildung der Geschworenenliste, des Recusationsrechts.

Sodann ist zu berichten, daß auf Grund des Reichsgesetzes über das Urheberrecht die Bildung literarischer und musikalischer Sachverständigenvereine erfolgt ist in Hamburg und Sachsen-Weimar unter Anschluß von Coburg und Gotha in Bayern, und gemeinschaftlich in Württemberg, Baden und Hessen.

Der Geltungsbereich unserer Reichsgesetze erstreckt sich mehr und mehr auch über

Elsaß-Lothringen.

Das deutsche Strafgesetzbuch, das Rechtshilfegesetz, das Wechselstempelsteuergesetz, die Gesetze über das Postwesen, über die Inhaberpapiere auf Prämien und das Rayongesetz sind bereits eingeführt und mit dem 1. October werden die deutsche Wechselordnung, das deutsche Handelsgesetzbuch, das Militärstrafgesetzbuch und das Gesetz über die privatrechtliche Stellung der Erwerbs- und Wirthschaftsgenossenschaften in Wirksamkeit treten. Der deutschen Rechtswissenschaft, Gesetzgebung und Rechtsprechung ist die hohe Aufgabe gestellt, deutsches Recht in den wieder gewonnenen Reichslanden wieder aufleben zu lassen.

Durch die Bestellung des Bundesoberhandelsgerichts zum obersten Gerichtshof für Elsaß-Lothringen ist die Garantie für einheitliche Rechtsprechung und Rechtsentwicklung gegeben. An die Stelle des während des Kriegs eingetretenen Gerichtsstillstands ist seit Erlassung des Gesetzes vom 14. Juli 1871 über Abänderungen der Gerichtsverfassung eine geordnete Justizverwaltung getreten. Verschiedene durch die Erfahrung in deutschen Rechtsgebieten bewährte und mit den Principien der künftigen deutschen Prozeßordnungen im Einklang stehende Einrichtungen sind mit diesem Gesetze eingeführt worden. An die Stelle der Appellhöfe in Metz und Colmar trat ein einziges, in zwei Senate getheiltes Appellationsgericht mit dem Sitz in Colmar: 12 kleinere Tribunale erster Instanz wurden zu 6 Landgerichten zusammengezogen, die Sprengel der Handelsgerichte in Metz, Straßburg, Colmar und Mühlhausen wurden erweitert und 3 Schwurgerichtshöfe gebildet.

Die Zahl der Friedensgerichte wurde von 93 auf 75 reducirt. Seit dem 1. October 1871 ist die Thätigkeit des Appellationsgerichts und der 6 Landgerichte in geregelten Gang gekommen; obwohl überwiegend mit deutschen Beamten besetzt, haben sich dieselben die Anerkennung der Bevölkerung zu verschaffen gewußt und gleiches Vertrauen kommt den deutschen Advokaten entgegen. Bei den Civilgerichten wird von den einheimischen Advokaten bis jetzt überwiegend in der noch für einige Jahre zugelassenen französischen Sprache plaidirt.

Die §§ 16 und 18 des Organisationsgesetzes bezwecken die Beseitigung der mit deutschen Rechtsanschauungen unverträglichen Verkäuflichkeit der Aemter der s. g. ministeriellen Beamten, — Anwälte, Notare, Gerichtsvollzieher, Gerichtsschreiber und commissaires priseurs — und bestimmen, daß nach Ablauf von fünf Jahren die Befähigung zur Anstellung als Richter, Anwalt oder Notar nur durch Zurücklegung eines dreijährigen juristischen Studiums auf einer Universität und durch Ablegung zweier juristischer Prüfungen erworben werden kann, zwischen welchen eine Vorbereitungszeit von $3^1/_2$ Jahren im praktischen Dienst eintritt. — Das Gesetz vom 10. Juni 1872 regelt das Verfahren bezüglich der Entscheidung der Inhaber verkäuflicher Stellen; die Entschädigungsanträge sind bei Verlust des Anspruchs innerhalb bestimmter Frist anzumelden; der aus der Landeskasse zu leistende Entschädigungsbetrag wird durch eine Commission, bestehend aus einem Richter, einem Beamten der Enregistrementsverwaltung und einem von den Betheiligten gewählten Mitglied ermittelt. Bezüglich der Vorbereitung zum höheren Justizdienst und der juristischen Prüfungen enthält das Regulativ vom 17. Februar 1872 die näheren Bestimmungen. Eine besonders wichtige Aenderung tritt hierdurch für die Friedensrichter, zu deren Amt lediglich ein gewisses Alter erforderlich war, und für die Anwälte und Notare ein, welche — im Gegensatz zu den Mitgliedern der Magistratur und Advocatur — nach der Französischen Gesetzgebung nur des Nachweises praktischer Geschäftsgewandtheit bedurften. — Durch ein Gesetz vom 10. Juli 1872 wird die Anstellung als Gerichtsschreiber und Gerichtsvollzieher von der Erstehung einer zweijährigen Vorbereitungszeit auf den betreffenden Kanzleien und der Ablegung einer Prüfung abhängig gemacht.

Außer der Gesetzgebung von Elsaß-Lothringen, welche — wie bekannt — bis zum 1. Januar 1874 durch den Kaiser unter Zustimmung des Bundesraths ausgeübt wird, habe ich noch den unterm 3. Juli d. J. nach dem Vorgang des Vertrags des deutschen Reichs mit Belgien abgeschlossenen Auslieferungsvertrag zwischen Elsaß-Lothringen und Luxemburg anzuführen.

Bei den vielfachen nahen Beziehungen zwischen beiden Ländern erschien die Regelung dieser Angelegenheit, nachdem der früher zwischen Frankreich und Luxemburg in Kraft gewesene Vertrag nicht mehr angerufen werden konnte, als ein dringendes Bedürfniß und der Wunsch, dieselbe gemeinschaftlich für das deutsche Reich zu ordnen, mußte zurücktreten, da in diesem Fall der Abschluß des Vertrags auf den Wiederzusammentritt des Reichstags hätte ausgesetzt werden müssen. Die Rechtsgemeinschaft zwischen Elsaß-Lothringen und dem deutschen Reiche hat im Vertrag dadurch ihren Ausdruck erhalten, daß das Auslieferungsverbot nicht auf die Angehörigen von Elsaß-Lothringen beschränkt, sondern allgemein auf Deutsche erstreckt und daß die Auslieferung wegen Rechtshängigkeit des Falls in einem andern deutschen Staat ausgeschlossen, beziehungsweise vertagt ist.

III.

Wie wir die Entwickelung deutschen Rechtslebens an der Westgrenze des deutschen Reichs, in Elsaß-Lothringen, mit unseren besten Wünschen begrüßen, so finden wir durch eine Reihe von Gesetzen aus letzter Zeit die alte Gemeinschaft des Rechtslebens mit

Oesterreich

dokumentirt.

Unter den Organisationsgesetzen, welche seit dem letzten Bericht im Kaiserstaat publicirt worden sind ist — neben dem Gesetz vom 21. Juli 1871 über den Wirkungskreis der Bergbehörden, dem Gesetze vom 13. März 1872, wodurch die Pensionsfähigkeit der Gefangenen-Aufseher und ihrer Wittwen eingeführt wird, und dem Gesetz vom 1. April 1872, betreffend eine Abänderung des Gesetzes über die Gewerbegerichte, — das Gesetz vom 1. April 1872, betreffend die Handhabung der Disziplinargewalt über Advokaten hervorzuheben. Die Aufsicht über Advokaten und Advokaturkandidaten wird unter der obersten Anfsicht des Justizministers, durch die aus den Advokatenkammern zu wählenden Disziplinarräthe ausgeübt. Dieselben werden auf 3 Jahre gewählt, bestehen aus 7, beziehungsweise 9 oder 15 Mitgliedern nebst einem Anwalt und Substituten, und versehen ihr Amt unentgeltlich. Der Disziplinarrath schreitet von Amtswegen ein wegen Verletzung der Berufspflichten oder Beeinträchtigung der Ehre und des Ansehens des Standes durch das Benehmen eines seiner Mitglieder. Zunächst ist Beschluß zu fassen, ob Grund zur Disciplinarbehandlung vorhanden ist, dann findet eine mündliche Verhandlung Statt, zu der nur 3 Vertrauensmänner des Beschuldigten und mit dessen Zustimmung die sämmtlichen Mitglieder der Advokatenkammer Zutritt haben. Der Beschuldigte kann einen Vertheidiger beiziehen und 2 Mitglieder des Disciplinarraths ohne Angabe eines Grundes ablehnen. Die Disciplinarstrafen sind schriftlicher Verweis, Geldstrafe bis 300 fl., Einstellung der Ausübung der Advokatur bis zu der Dauer eines Jahres, Streichung aus der Liste.

Im Straferkenntniß ist anzugeben, ob die Verurtheilung wegen Verletzung der Berufspflichten oder wegen unwürdigen Benehmens oder in beiden Richtungen erfolgt ist. Gegen dasselbe steht das Rechtsmittel der Berufung an den obersten Gerichtshof zu:

1. Dem Beschuldigten, wenn das Urtheil auf Geldstrafe über 50 fl., Einstellung der Praxis oder Streichung aus der Liste lautet,
2. Dem Anwalte der Advokatenkammer, und
3. Dem Oberstaatsanwalt, soweit es sich um ein Disziplinarvergehen handelt, durch welches Berufspflichten verletztw urden.

Der Justizminister kann den Disciplinarrath unter gleichzeitiger Anordnung einer Neuwahl auflösen. —

Im Gebiete des Privatrechts erschien am 25. Juli 1871 die schon auf dem vorjährigen Juristentag angezeigte Notariatsordnung und am gleichen Tage das allgemeine Grundbuchgesetz.

Die Notariatsordnung bestimmt als den Wirkungskreis der vom Staate bestellten Notare die Aufnahme, Ausfertigung, Verwahrung von Urkunden, Uebernahme von Geldern und Werthpapieren zur Ausfolge an Dritte oder Behörden, und gestattet denselben auch die Abfassung von Eingaben außer Streitsachen. Die vom Notar aufgenommene Urkunde ist eine öffentliche. Executionsfähig sind Notariatsakte, in welchen eine Schuld an Geld oder anderen vertretbaren Sachen festgestellt ist und in welchen die Personen der Betheiligten, Rechtstitel, Gegenstand und Zeit der Leistung genau bestimmt sind, wenn zugleich der Verpflichtete in der Urkunde deren sofortiger Vollstreckbarkeit zugestimmt hat (§ 3). Zur Erlangung einer Notarsstelle ist die Absolvirung der rechts- und staatswissenschaftlichen Studien, die Erstehung der theoretischen Prüfungen und der Notariats-, Advokaten- oder Richteramtsprüfung und vierjährige Verwendung im praktischen Justizdienst, worunter mindestens 2 Jahre bei einem Notar, erforderlich (§ 6). Die Führung der Advokatur oder eines besoldeten Staatsamts, mit Ausnahme des Lehramts, kann mit dem Amte des Notars nicht vereinigt werden (§ 7.) Die Amtswirksamkeit erstreckt sich auf den Sprengel des Gerichtshofs erster Instanz für welchen der Notar ernannt wird (§ 8). Die Ernennung erfolgt durch den Justizminister, in der Regel nach Ausschreibung eines Concurses, auf Vorschlag der Notariatskammer und nach Erstattung eines Gutachtens durch den Gerichtshof erster Instanz und durch das Oberlandesgericht. Der Notar hat eine Caution von 1000 bis 8000 fl. zu leisten und eintretenden Falls bei Gefahr des Verlusts des Amts zu ergänzen. Er ist für jede auch blos aus Versehen begangene Unrichtigkeit verantwortlich. Zu dem Notariatsakt sind 2 Zeugen oder statt derselben ein zweiter Notar beizuziehen, wenn ein Erbvertrag oder eine andere letzwillige Anordnung errichtet wird, oder wenn eine Partei nicht schreiben kann, der Sprache nicht kundig, blind, taub oder stumm ist; das Kanzleipersonal des Notars ist von der Mitwirkung als Aktszeugen ausgeschlossen. Letzwillige Anordnungen, welche vor zwei Notaren oder vor einem Notar und zwei Zeugen mündlich errichtet oder schriftlich übergeben worden, sind — wofern die gesetzlichen Vorschriften beachtet werden, den gerichtlichen letzwilligen Anordnungen gleich zu achten (§ 70). — Für jeden Sprengel eines Gerichtshofs erster Instanz, für welchen wenigstens 15 Notarsstellen errichtet sind, ist von den im Sprengel wohnenden Notaren, dem Notarencollegium, durch geheime Wahl eine aus dem Präsidenten und 4 oder 6 (in Wien 8) Mitgliedern bestehende Notariatskammer zu bestellen. Derselben liegt ob die Wahrung der Ehre und Würde des Standes und die Vertretung der Standesinteressen. Sie hat die Disziplin über die Notare und Notariatskandidaten des Sprengels zu handhaben, bei Berufsstreitigkeiten derselben unter sich oder mit Parteien vermittelnd einzuschreiten, Gutachten in Gesetzgebungsfragen und bei Besetzung von Notarsstellen zu erstatten, die ökonomischen Angelegenheiten zu besorgen und ist befugt, bis zur Dauer von 6 Wochen Urlaub zu ertheilen. Gegen Beschlüsse oder Verfügungen der Kammer ist eine Beschwerde an das Oberlandesgericht und im Fall nicht gleich lautender Entscheidung an den obersten Gerichtshof eingeräumt. — Die Notariatskammern sind, unter der Oberaufsicht des Präsidenten der Gerichtshöfe erster und zweiter Instanz und des Justizministers, zunächst zur Beaufsichtigung der Notare in ihrem amtlichen Wirken und standesmäßigen Verhalten berufen (§ 153). Sie können Mahnungen und Rügen ertheilen. — Disziplinarstrafen, bestehend in schriftlichem Verweis, Geldstrafe bis 500 fl., Suspension bis zu einem Jahr, Entsetzung vom Amt, — werden vom Oberlandesgericht nach Anhörung des Oberstaatsanwalts ausgesprochen. — Das Gesetz enthält eingehende Vorschriften über die einzelnen Geschäfte der Notare, über die von denselben zu führenden Verzeichnisse und verfügt die Einrichtung von Notariatsarchiven mit den erforderlichen Beamten auf Kosten der Staatskasse. — Die Notariatsgebühren bestehen in einem Geschäftshonorar, das entweder nach dem Werthe des Gegenstandes in

5 Klassen oder in einem fixen Betrag bemessen wird, im Zeithonorar, in der Entfernungsgebühr nebst Reisekosten und in der Schreibgebühr. —

Durch das im Anschluß an die Notariatsordnung unterm 25. Juli 1871 erlassene Gesetz, betreffend das Erforderniß der notariellen Errichtung einiger Rechtsgeschäfte ist für Kauf-, Tausch-, Renten- und Darlehnsverträge zwischen Ehegatten und für Schuldbekenntnisse eines Ehegatten gegen den andern, sodann für Bestätigungen über den Empfang des Heirathguts, für Schenkungsverträge ohne wirkliche Uebergabe, endlich für Urkunden über Rechtsgeschäfte unter Lebenden, welche von Blinden, Tauben oder Stummen errichtet werden, der Notariatszwang eingeführt, indem durch dieses Gesetz die Aufnahme eines Notariatsakts als Bedingung der Gültigkeit der Rechtshandlung vorgeschrieben ist. —

Das allgemeine Grundbuchgesetz vom 25. Juli 1871, näher ausgeführt durch eine Instruktion vom 15. Januar 1872, handelt im ersten Hauptstück von der Einrichtung der Grundbücher im Allgemeinen: Das Grundbuch, bestehend aus einem Hauptbuch und einer Urkundensammlung ist öffentlich, seine Einsicht ist in Gegenwart eines Grundbuchbeamten Jedermann gestattet. Die Erwerbung, Uebertragung, Beschränkung und Aufhebung der dinglichen Rechte und Lasten, des Wiederkaufs- und Vorkaufsrechts und des Bestandrechts wird nur durch die Eintragung in das Hauptbuch erwirkt. Das 2. Hauptstück betrifft die Eintragungen in die Grundbücher, das 3. handelt von dem Verfahren in Grundbuchssachen. —

Die Eintragungen sind entweder

1. Einverleibungen (unbedingte Rechtserwerbungen oder Löschungen, — Intabulationen oder Extabulationen), welche ohne besondere Rechtfertigung, oder
2. Vormerkungen, welche nur unter der Bedingung ihrer nachträglichen Rechtfertigung wirken, oder
3. bloße Anmerkungen zur Ersichtlichmachung persönlicher Verhältnisse oder zur Begründung bestimmter, nach dem Gesetz damit verbundener Rechtswirkungen (§ 8, 20).

Die Rangordnung einer Eintragung richtet sich nach der Einreichungszahl der Eingabe; Eintragungen in Folge gleichzeitig eingereichter Eingaben stehen sich in der Rangordnung gleich. Der Hypothekargläubiger ist ermächtigt, einer gleichzeitig oder später eingetragenen Hypothekarforderung den Vorrang einzuräumen (§ 29, 30).

Die Einverleibung kann nur auf Grund öffentlicher Urkunden oder solcher Privaturkunden geschehen, auf welchen die Unterschriften gerichtlich oder notariell beglaubigt sind. — Die Eintragungen werden außer den im Gesetz bestimmten Fällen nicht von Amtswegen, sondern nur auf Ansuchen der Parteien oder Behörden, nach erfolgter formeller und materieller Prüfung durch das Grundbuchgericht in Gemäßheit eines schriftlichen Auftrags des letzteren vorgenommen.

Durch ein weiteres Gesetz vom 25. Juli 1871 ist das Verfahren bei Anlegung, Ergänzung, Wiederherstellung oder Aenderung von Grund- oder Bergbüchern bestimmt.

Ein Gesetz vom 19. Juni 1872, betreffend die Geltendmachung von Ansprüchen im Wechselprozeß auf Grund von Wechselerklärungen, welche von Bevollmächtigten abgegeben sind, bestimmt, daß Wechselerklärungen, welche nicht vom Aussteller selbst, sondern von einem Anderen mit dessen Namen unterschrieben sind, nur dann sich zur Geltendmachung im Wechselverfahren eignen, wenn der Aussteller seine eigene Unterschrift mit einem auf die Bevollmächtigung hinweisenden Zusatz beigefügt hat und außerdem die von demselben unterschriebene oder mit seinem gerichtlich oder notariell beglaubigten Handzeichen versehene Vollmacht beigebracht wird.

Zur Durchführung des Art. 9 des Staatsgrundgesetzes vom 21. December 1867 über die richterliche Gewalt wurde das Gesetz vom 12. Juli 1872 erlassen. Jener Artikel lautet:

> Der Staat oder dessen richterliche Beamte können wegen der von den letzteren in Ausübung ihrer amtlichen Wirksamkeit verursachten Rechtsverletzungen außer den im gerichtlichen Verfahren vorgezeichneten Rechtsmitteln mittelst Klage belangt werden.

Das Ausführungsgesetz giebt dem Beschädigten diese Schadensersatzklage gegen den richterlichen Beamten (wozu auch die als Gerichtscommissäre abgeordneten Notare, nicht aber die Staatsanwälte gehören) oder gegen den Staat oder gegen Beide. Der Beamte haftet als Hauptschuldner, der Staat gleich einem Bürgen und Zahler (§ 1). Ist die Klage gegen einzelne schuldtragende richterliche Beamte gerichtet, so wird zur Begründung derselben gegenüber jedem Beklagten der Beweis erfordert, daß der Rechtsverletzung die Uebertretung einer Amtspflicht von Seiten der einzelnen Beklagten zu Grund liege. Wird die Klage gegen den Staat allein erhoben, so genügt der Beweis, daß die Rechtsverletzung nur durch Uebertretung einer Amtspflicht von Seiten richterlicher Beamter des Gerichts, von welchem die Amtshandlung ausging, erfolgen konnte (§ 2). Wird der Ersatzanspruch aus einem Beschlusse eines Collegialgerichts abgeleitet, so können die schuldtragenden richterlichen Beamten allein oder zugleich mit dem Staat nur dann belangt werden, wenn dieselben dem Kläger im Weg eines strafgerichtlichen Verfahrens bekannt geworden sind (§ 3). Für die in einer Rathsversammlung beschlossene Entscheidung haften alle Stimmführer, welche für dieselbe gestimmt haben; bei unvollständiger oder unrichtiger Darstellung des Berichterstatters sind sie, wofern sie die ihnen gesetzlich obliegende Sorgfalt nicht außer Acht gelassen haben, von aller Haftung frei (§ 6). Hat der Staat in Folge einer solchen Klage Ersatz geleistet, so kann er bei dem Prozeßgerichte verlangen, daß den Beamten, deren Verschuldung durch ein straf- oder disciplinargerichtliches Erkenntniß festgestellt ist, die Leistung des Rückersatzes mittelst Zahlungsbefehls aufgetragen werde; kann ein Zahlungsbefehl wegen Verschiedenheit zwischen dem im Ersatzprozeß ergangenen Urtheil und dem straf- oder disciplinargerichtlichen Erkenntniß nicht erlassen werden, so hat der Staat seine Ersatzansprüche — unter Ausschluß des administrativen — im ordentlichen Rechtsweg zu verfolgen.

Es kann auch behufs des Rückersatzes der Gehalt bis zu $^1/_3$, jedoch so, daß immer der Betrag von 380 fl. noch frei bleibt, in Beschlag genommen werden, und es sind während des Prozesses auf Verlangen die zulässigen Sicherstellungsmittel zu bewilligen.

Im Bereich des Strafrechts, des Strafverfahrens und Gefängnißwesens (kann ein Gesetz vom 27. Juli 1871, betreffend die Regelung der s. g. polizeilichen Abschaffung und des Schubwesens erwähnt werden. — Sodann) ist anzuführen das Gesetz vom 23. Juli 1871, welches die durch eine A. H. Entschließung vom 28. Februar 1860 zugelassene außerordentliche Berufung und Beschwerde gegen gerichtliche Entscheidungen in Strafsachen beschränkt, den obersten Gerichtshof von der Ueberbürdung mit außerordentlichen Revisionsgesuchen in Uebertretungsfällen entlastet und die Behandlung der Strafaufschubs- und Gnadengesuche regelt. — Das Gesetz vom 1. April 1872, betreffend die Vollziehung von Freiheitsstrafen in Einzelhaft und die Bestellung von Strafvollzugscommissionen läßt die ganze Strafe in Einzelhaft vollziehen, wenn sie durch höchstens achtmonatliche Anhaltung in der Zelle verbüßt werden kann oder wenn das Urtheil eine höchstens achtzehnmonatliche Freiheitsstrafe verhängt und der Verurtheilte Besserung in Aussicht stellt. In allen übrigen Fällen soll der Sträfling während des ersten Theils der Strafzeit und zwar mindestens durch 8 Monate und nicht über 3 Jahre in Einzelhaft gehalten werden. Durch körperliche Gebrechen oder sonst für die leibliche oder geistige Gesundheit des Gefangenen zu besorgende Nachtheile wird die Anwendung der Einzelhaft ausgeschlossen. Nach Verbüßung von 3 Monaten in Einzelhaft gelten für deren weiteren Vollzug 2 Tage als 3 Tage, auch wenn beim Gottesdienst, Spaziergang und in der Schule eine vollständige Absonderung nicht bewerkstelligt werden kann. Ueber Beschäftigung, Unterricht und Besuche während der Einzelhaft sind die entsprechenden Vorschriften gegeben. — Zur Mitwirkung bei Ausführung des

Gesetzes wird an dem Sitz des Gerichtshofs erster Instanz eine ständige Strafvollzugscommission bestellt, um das Gefängniß mindestens einmal in jedem Monate zu untersuchen, vorgekommene Anstände zu beseitigen und über Beschwerden der Sträflinge zu entscheiden. Die Commission besteht aus dem Gerichtsvorsteher, dem Staatsanwalt, einem Rathe des Gerichtshofs und aus zwei vom Justizminister auf die Dauer von 3 Jahren ernannten, nicht im Staatsdienst stehenden Vertrauensmännern, nebst einem Protokollführer. Ihre Beschlüsse können vom Justizminister abgeändert werden.

Im Gebiete des internationalen Privat- nnd Strafrechts sind anzuführen: ein Uebereinkommen mit der Württembergischen Regierung vom 16. December 1870 / 3. Juli 1871 bezüglich der Staatsangehörigkeit der beiderseitigen Unterthanen, ein Staatsvertrag zur Regelung der Staatsbürgerschaft und eine Consularconvention mit Nordamerika, eine Convention mit Nordamerika zum Schutz der Handelsmarken und ein Handels- und Schifffahrtsvertrag mit Spanien.

Umfassende gesetzgeberische Arbeiten sind in Oesterreich im Gange: bezüglich der Sicherstellung und Execution auf Bezüge aus dem Arbeits- oder Dienstverhältnisse, bezüglich der Erwerbs- und Wirthschaftsgenossenschaften, bezüglich des Geschäftsbetriebs auswärtiger Versicherungsgesellschaften in Oesterreich. Im Justizministerium vorbereitet werden Gesetzesentwürfe über Commanditgesellschaften auf Aktien und Actiengesellschaften, über das Versicherungsrecht, über das Mahnverfahren mit bedingtem Zahlungsbefehl, über das Verfahren in Bagatellsachen. — Die neue Strafprozeßordnung mit Geschworenengerichten, facultativer Voruntersuchung und ausgedehnter formeller Vertheidigung sammt Einführungsgesetz wurde im Abgeordnetenhause angenommen und kam im Herrenhause im Juni zur ersten Lesung. In Verhandlung beim Abgeordnetenhause sind Vorlagen über die widerrufliche Entlassung der Sträflinge, über Bildung der Geschworenenlisten, über zeitweise Einstellung der Wirksamkeit der Geschworenengerichte. Der Entwurf eines neuen Strafgesetzbuchs ist bei dem Justizministerium in Bearbeitung: im Allgemeinen ist das deutsche Strafgesetzbuch hiebei zum Vorbild genommen worden.

Es ist ein reiches Bild der Rechtsentwickelung, welches dieser Bericht aus einer kurzen Spanne Zeit, freilich nur fragmentarisch aufzurollen hatte. Die wichtigsten Materien der Rechtsgesetzgebung sind in Deutschland und

Oesterreich in Arbeit. Möge es unserer Versammlung vergönnt sein, tüchtige Bausteine zum Werk zu liefern!

Präsident: Meine Herren! Wir sind unserem Herrn Berichterstatter für den klaren und mühevollen Gang seiner Darstellung zu großem Danke verpflichtet, den ich in Ihrem Namen wohl hiermit abstatten darf.

(Bravo!)

Weiter liegt dem Plenum noch ein Gegenstand vor, der in dem Protokoll der letzten Plenarsitzung auf S. 340 erwähnt ist, ein Antrag „das Plenum des neunten deutschen Juristentages giebt seiner ständigen Deputation den Wunsch zu erkennen,

in Zukunft die Tagesordnung dahin zu treffen, daß zwischen dem Schlusse der Berathungen und dem Endtermine der Gerichtsferien mindestens zwei Tage zur Rückreise freibleiben.“

Der Antrag ist statutenmäßig an die Deputation zur Berathung gekommen, ich habe über den Verlauf derselben kurz Rechenschaft zu geben Die Deputation erkennt die Berechtigung des Wunsches an. Sie erkennt an, daß viele Mitglieder in weiten Entfernungen naturgemäß diesen Wunsch hegen müssen. Aber wie in vielen menschlichen Dingen handelt es sich um eine Collision der Interessen: Gegenüber steht eine übergroße Zahl deutscher Juristen, deren Gerichtsferien sich nominell auf 6 Wochen thatsächlich auf 4 oder 3 Wochen beschränken und die auf das Lebhafteste bitten, die Sitzungen möglichst an den Schluß der Gerichtsferien zu legen, da sie kaum im Stande sind, von 3 oder 4 Wochen Erholungszeit noch eine ganze Woche den Geschäften des Juristentags zu widmen. Ich glaube diese Collision der Interessen wird sich auf die wünschenswertheste Weise bald gelöst haben. Die Erfahrung aller mitteleuropäischen Länder zeigt nämlich, daß wir zwei volle Monate Gerichtsferien haben können. Es kommt noch dazu, daß Lokalinteressen berücksichtigt werden müssen, daß namentlich bei der diesjährigen Vorbereitung der Sitzungen uns gesagt wurde, es sei wegen der Collision mit der Frankfurter Messe eher wünschenswerth, ein oder zwei Tage später die Versammlung abzuhalten. Ich kann soviel versichern: Die ständige Deputation wird immer versuchen jene verschiedene Interessen zu vermitteln, soweit sie zu vermitteln sind. Ich kann unseren besten Willen dazu versprechen; ich bitte aber uns keine bindende Vorschriften zu geben, schon wegen der sehr häufig eintretenden lokalen Interessen.

Wenn der Gegenstand nicht weiter aufgenommen wird — ich glaube der Herr Antragsteller ist auch nicht anwesend — so kann ich zu der Frage übergehen, ob aus der Mitte der geehrten Versammlung noch heute Anträge zu stellen sind? — In diesem Falle bitte ich sich zum Worte zu melden. — Da dies nicht geschieht, meine Herren, so bleibt mir nur noch übrig, der geehrten Versammlung zum Schluß einige nachrichtliche Mittheilungen zu geben.

(Geschieht, ingleichen die Vertheilung der eingegangenen Druckschriften. Hierauf erstattet Herr Geheimer Justizrath Borchardt den am Schlusse dieser Verhandlungen abgedruckten Kassenbericht.)

Präsident Dr. **Gneist**: Meine Herren! Sie überzeugen sich, daß unsere Finanzen immer noch gut stehen, und daß wir, wie jeder solide Verein, uns schon seit Jahren auf eigenen Füßen befinden.

Ich schließe die heutige 1. Plenarsitzung des 10. Juristentages.

(Schluß nach 1/4 12 Uhr.)

Erste Sitzung der ersten und zweiten Abtheilung am 28. August 1872.

Beginn Vormittags 11 1/2 Uhr.

Präsident Dr. **Albrecht** aus Hamburg: Wir haben zuerst über die Frage zu berathen:

> Soll, auch abgesehen von Handelssachen, die Giltigkeit der Verträge von der Beobachtung der schriftlichen Form unabhängig sein?

Ich bitte den Referenten, das Wort zu nehmen.

Referent Obertribunalsdirector **v. Kübel** aus Stuttgart: Meine verehrten Herren Collegen! Die Gesetzgebungsfrage, über welche ich Ihnen zu referiren übernommen habe, ist von der ständigen Deputation dahin formulirt worden:

> Soll, auch abgesehen von Handelsverträgen, die Giltigkeit der Verträge von der Beobachtung der schriftlichen Form unabhängig sein?

Es sind über diese Frage zwei Gutachten erstattet worden, die Ihnen gedruckt vorliegen; das eine von Herrn Professor Hofrath Dr. Harum zu Wien, das andere von Herrn Hof- und Gerichtsadvokat Dr. von Feistmantel daselbst.

Diese beiden Gutachten bejahen die gestellte Frage im Allgemeinen, beide jedoch mit Vorbehalt der Zulässigkeit von Ausnahmen für gewisse Arten von Verträgen, und es werden als solche Ausnahmen beispielsweise Schenkungen, Ehe- und Erbverträge genannt; Herr von Feistmantel übrigens mit dem weiteren Anfügen, daß, wo Ausnahmen aus Gründen der öffentlichen Sicherheit zu statuiren seien, es an der bloßen Schriftlichkeit nicht genüge, sondern die Errichtung einer gerichtlichen oder notariellen Urkunde vorgeschrieben werden müsse. Ich meines bescheidenen Theils stehe auf demselben Standpunkt.

Was zunächst die Frage im Allgemeinen betrifft, so wird von Herrn Hofrath Dr. Harum m. E. mit Recht hervorgehoben, daß die Bejahung der uns heute gestellten Frage sich als eine nothwendige Consequenz eines schon auf dem V. Deutschen Juristen-Tage gefaßten Beschlusses darstellen werde. Damals handelte es sich um die Frage: „ob es für das deutsche bürgerliche Verfahren geboten, oder auch nur zweckmäßig sei, die Zulässigkeit des Zeugenbeweises auf Rechtsgeschäfte von verhältnißmäßig nur geringem Betrage zu beschränken,“ ob also, m. a. W., das diesfällige System des französischen Rechts zur allgemeinen Norm auch der Deutschen Gesetzgebung erhoben werden solle; und es hat sich die vierte Abtheilung des V. Juristentages mit großer Majorität, im Einklang mit dem Antrage des damaligen Herrn Referenten und mit zweien der damals erstatteten Gutachten, sowohl gegen die Nothwendigkeit als gegen die Zweckmäßigkeit jener Beschränkung des Zeugenbeweises, also gegen die Adoptirung des französischen Rechts-Systems ausgesprochen. Wenn nun auch die hiermit entschiedene Frage nur die Beweislichkeit der Rechtsgeschäfte betraf, also eine Frage, nach meiner Ansicht wenigstens, des materiellen Prozeßrechts, und wenn auch die schriftliche Form der Rechtsgeschäfte damals auch nur mit Rücksicht auf die Bevorzugung des Urkundenbeweises vor dem Zeugenbeweise in Frage stand, während es sich jetzt um die rein civil-rechtliche Frage handelt, ob die Giltigkeit der Verträge von der schriftlichen Form abhängig gemacht werden solle, so war, wie ich glaube, die letztere Frage indirekt doch schon in der ersten mit inbegriffen. Wie schon auf dem 5. Juristentage anerkannt wurde, werden durch die Ausschließung des Zeugenbeweises für Rechtsgeschäfte die Parteien fast mit Nothwendigkeit zur schriftlichen Errichtung ihrer Rechtsgeschäfte gedrängt, wie denn auch die bezüglichen Bestimmungen des französischen Rechts diesen indirekten Zwang wesentlich bezwecken und in der Praxis zu denselben Ergebnissen wie eine direkte Vorschrift der urkundlichen Form der Verträge geführt haben. Der 5. Deutsche Juristentag hat aber selbst diesen indirekten Zwang verworfen, es hat derselbe ausgesprochen, daß nicht einmal die Beweislichkeit eines Rechtsgeschäfts an die schriftliche Form gebunden sein solle, und man wird daher, ohne mit dem früheren Beschluß in Widerspruch zu gerathen, meines Erachtens jetzt nicht für einen direkten Zwang zur schriftlichen Eingehung von Verträgen sich aussprechen, und die Giltigkeit derselben durch die schriftliche Form bedingen können. Im

Wesentlichen sind es, wie in dem Gutachten des Herrn Hofraths Harum hervorgehoben wird, auch dieselben Gründe, welche für den direkten Zwang zur schriftlichen Eingehung von Verträgen geltend gemacht werden, wie sie früher für den indirekten Zwang angeführt und gewürdigt worden sind. Man hat für die Beschränkung des Zeugenbeweises und die darin liegende indirekte Nöthigung zur schriftlichen Form der Verträge vorzugsweise die Förderung der Rechtssicherheit und die Verhütung von Prozessen, beziehungsweise, wenn solche dennoch entstehen, deren Abkürzung und Vereinfachung geltend gemacht, sofern die Beurkundung ebensowohl eine Gewähr für die Ernstlichkeit des Willens der Parteien biete, als die Existenz des Vertrags den Zeitpunkt seines Abschlusses, sowie dessen Inhalt und Bedingungen klar stellen und ebendaher das sicherste und zuverlässigste Beweismittel für das beurkundete Rechtsgeschäft abgebe, während der Zeugenbeweis bei der in der menschlichen Natur begründeten Unzuverlässigkeit der Erinnerung, bei der Schwäche des menschlichen Gedächtnisses und bei der Möglichkeit der Einwirkung sonstiger Einflüsse als ein höchst unsicheres, ja gefährliches Beweismittel sich darstelle, dessen Benutzung zudem zur Verwicklung und Verschleppung der Prozesse beitrage und namentlich auch mit dem Mündlichkeitsprinzip sich schwer vereinigen lasse. Mit gutem Grunde ist jedoch dem entgegengestellt worden, daß die Vortheile, welche in der schriftlichen Form gefunden werden wollen, keineswegs in dem behaupteten Maße sich daraus ergeben. Denn die Urkunde — wurde gesagt — fixire zwar das Geschriebene, biete aber keine sichere Gewähr dafür, daß das Geschriebene auch dem wirklichen Willen und den wirklich getroffenen Verabredungen der Parteien entspreche; dunkle, undeutliche und absichtlich oder unabsichtlich verkehrte Fassungen, welche zu einer von dem Gewollten ganz verschiedenen Auffassung und Auslegung führen, seien erfahrungsgemäß nicht selten; oft sei das Wesentliche vergessen und auch Fälschungen seien nicht ausgeschlossen, sodaß die Forderung der schriftlichen Form leicht zu einer Verletzung der materiellen Wahrheit führen könne. Die in dieser Forderung gelegene Beschränkung der natürlichen Freiheit — wurde gesagt — sei daher nicht gerechtfertigt und es liege darin eine nicht zu billigende Bevormundung des Bürgers und eine Verletzung von Treu und Glauben, die der deutschen Sitte und Rechtsanschauung von der Verbindlichkeit des bloßen Worts (ein Mann ein Wort) widerspreche. Außerdem wurde betont, daß durch die freie Beweiswürdigung den Nachtheilen des Zeugenbeweises weit wirksamer als den angeführten Uebelständen des Urkundenbeweises begegnet werden könne. Dafür, daß es dem Rechtsbewußtsein des deutschen Volkes widerspreche, sich überall etwas Schriftliches geben zu lassen und daß etwaige die Einführung einer solchen Sitte bezweckende Vorschriften sich in Deutschland nicht einbürgern werden, wurde schon auf dem 5. Juristentage insbesondere auf die Erfahrungen in Preußen hingewiesen; es wurde in dem Gutachten des Herrn Professors Dr. Hinschius hervorgehoben, daß die Bestimmungen des preußischen Landrechts über die Schriftlichkeit nicht in das Volksbewußtsein übergegangen seien, daß statt der erwarteten Rechtssicherheit ein Heer von Streitfragen und von Prozessen über Fragen, die in Ländern des gemeinen und französischen Rechts ganz und gar nicht bekannt seien, entstanden seien, und daß der Ausgang dieser Prozesse sich in den meisten Fällen gegen den redlichen auf Treue und Glauben bauenden Kontrahenten kehre und dem unredlichen Mitkontrahenten zum Vortheil gereiche.

Diese, wie bemerkt, schon auf dem 5. Juristentage hervorgehobene Erfahrung wird auch in dem uns jetzt vorliegenden Gutachten des Herrn Hofraths Dr. Harum wiederholt betont, und in der That ist man somit, wie bekannt, in der Verurtheilung des von dem preußischen allgemeinen Landrechte angenommenen Systems heutzutage einig. Die Erfahrungen in Preußen sind aber meines Erachtens für unsere heutige Berathung von der größten Bedeutung; denn bei der uns heute vorliegenden Frage handelt es sich im Wesentlichen, wie ich glaube, eben darum, ob das Prinzip des preußischen Landrechts hinsichtlich des Erfordernisses der Schriftlichkeit bei Verträgen für die deutsche Gesetzgebung adoptirt werden solle? Der Gesetzgeber hat sich aber, wie ich glaube, vorzugsweise an die im Rechts- und Verkehrsleben gemachten Erfahrungen zu halten, und diese haben meines Erachtens unsere Frage schon entschieden. Ich kann meinestheils den in Preußen gemachten Erfahrungen vollständig übereinstimmende aus meiner engeren Heimath Württemberg anfügen, welche gleichfalls meines Bedünkens beweisen, daß die Vorschrift der schriftlichen Form, weit entfernt, die davon erwartete Rechtssicherheit herbeizuführen und Prozesse zu verhüten, daß sie vielmehr das Gegentheil zu bewirken geeignet ist. Während in Württemberg der Regel nach die schriftliche Form zur Gültigkeit von Verträgen nicht erfordert wird, hat man aus anderem Anlaß im Jahre 1853 ein Gesetz erlassen, in welchem für alle Kauf- und Tausch-Verträge, welche Gebäude oder Grundstücke zum Gegenstand haben, die schriftliche Form als Bedingung ihrer Gültigkeit vorgeschrieben wird. Dieses Gesetz hat in ähnlicher Weise, wie dies bezüglich der Vorschriften des preußischen Landrechts in Preußen der Fall war, auch in Württemberg zahllose Streitigkeiten hervorgerufen, jede württembergische Präjudiciensammlung, die Sie nachschlagen, wird Ihnen zeigen, daß eine besondere Rubrik der aus diesem Gesetze entstandenen Streitfragen darin enthalten ist, und es wird die fragliche Gesetzesbestimmung sowohl im Verkehrsleben wie in der Gerichtspraxis als eine wirkliche Calamität empfunden, und es werden das wohl alle die verehrten Herren Collegen aus Württemberg bestätigen. Auch die in Württemberg gemachten Erfahrungen führen daher zu einer Bejahung unserer Frage.

Angesichts dieser Erfahrungen wird es kaum noch einer eingehenden Widerlegung der für die schriftliche Form geltend gemachten Argumente bedürfen. Wie schon bemerkt, sind diese Argumente im Wesentlichen dieselben, welche auch für den indirekten Zwang zur Beurkundung der Rechtsgeschäfte geltend gemacht worden sind, und es werden deshalb auch in Uebereinstimmung mit dem Gutachten des Herrn Dr. von Feistmantel die behaupteten Vortheile der Schriftlichkeit unter den zwei Gesichtspunkten zusammengefaßt: Gewähr des Ernstes des Vertragswillens und Sicherung des Beweises für den ganzen Inhalt des Rechtsgeschäfts. Herr von Feistmantel bestreitet jedoch theils die Existenz, theils das Gewicht dieser angeblichen Vortheile und eben damit die daraus für die Forderung der Schriftlichkeit gezogenen Folgerungen. Er geht mit Recht davon aus, daß im Allgemeinen kein genügender Grund zu einer Bevormundung der Parteien in Beziehung auf die Form ihrer Rechtsgeschäfte vorliege, vielmehr der Regel nach Jedem zu überlassen sei, die ihm zweckmäßigste Form des Vertragsschlusses selbst zu wählen.

Der Behauptung, daß die Schrift den Ernst des Willens gewährleiste, wird in dem Gutachten des Herrn von Feistmantel entgegengehalten, daß dieselbe nur den Willen zu einem Vertragsabschlusse überhaupt, nicht aber den Willen für den Inhalt einer bestimmten Urkunde unzweifelhaft manifestire, da gar viele Urkunden auf Treue und Glauben unterschrieben werden, während absichtliche und unabsichtliche Undeutlichkeiten und Mißverständnisse aus den verschiedensten Gründen bei der schriftlichen Abfassung vorzukommen pflegen. Der weiteren Behauptung sodann, daß durch die Schrift ein sicheres zuverlässiges, Inhalt, Umfang und Zeitpunkt des zu Stande gekommenen Rechtsgeschäfts genau fixirende Beweismittel gewonnen werde, wird entgegengehalten, daß die Schriftlichkeit weder gegen den Irrthum noch gegen absichtliche Lüge hinreichenden Schutz gewähre und in allen jenen vielen Fällen, wo die Urkunde in Folge absichtlicher oder unabsichtlicher Ungenauigkeit, Unvollständigkeit oder Unrichtigkeit nicht den wirklichen Willen der Parteien enthielte, der Beweis der Wahrheit im Prozeß wirklich erschwert und oft unmöglich gemacht werde. Der Vortheil der Schriftlichkeit, der somit in einer Verminderung und Vereinfachung der Prozesse gefunden werden wolle, gehe daher, soweit er vorliegt, häufig auf Kosten des materiellen Rechts.

Gewiß ist meines Erachtens jedenfalls, daß die Bedeutung der Schriftlichkeit für die Rechtssicherheit vielfach überschätzt worden ist, und die daran sich knüpfenden Nachtheile die immerhin nicht zu läugnenden einzelnen Vortheile überwiegen.

Es kommt aber noch dazu, wie in dem von Feistmantel'schen Gutachten mit Recht hervorgehoben wird, daß, was für den Ausschluß der Schriftlichkeit in Handelssachen geltend gemacht wird, der Hauptsache nach auch für die Verträge des bürgerlichen Lebens gilt. Wie das moderne Leben in allen seinen Richtungen nach Freiheit ringt, verlangt auch der Nichthandelsverkehr eine freie und ungehemmte Bewegung, und es müßte der Zwang der Schriftlichkeit, wie ich glaube, von dem Volke im großen Ganzen nur um so mehr als eine drückende Last empfunden werden, als die Geläufigkeit und Sicherheit im schriftlichen Ausdruck dem Handwerker und Landmann gewiß viel seltener zu Gebote steht, als dies beim Kaufmann der Fall zu sein pflegt und daß deshalb Urkunden dieser genannten Volksklassen allen den hervorgehobenen Nachtheilen und Uebelständen in vorzugsweisem Maße ausgesetzt sein müssen.

Ich bin daher im Einklang mit den erstatteten Gutachten der Ansicht, daß die gestellte Frage im Allgemeinen nur bejaht werden kann.

Nun läßt sich aber, wie ich glaube, nicht läugnen, daß es Verträge giebt, für welche aus Gründen der öffentlichen Sicherheit schützende Formen erforderlich erscheinen. Wo dies aber der Fall ist, wird man, wie ich glaube und wie auch in dem von Feistmantel'schen Gutachten hervorgehoben worden ist, in Beachtung der hervorgehobenen Mängel und Uebelstände der schriftlichen Form sich nicht mit der einfachen Schriftlichkeit begnügen können, sondern die Errichtung einer gerichtlichen oder notariellen Urkunde fordern müssen, wodurch jenen Mängeln und Uebelständen der bloßen Schriftlichkeit im Wesentlichen begegnet werden kann. Es stimmen hiermit auch die neueren Gesetzgebungsarbeiten im Allgemeinen überein, welche in dem von Feistmantel'schen Gutachten zusammengestellt worden sind und auf welche ich daher verweisen zu dürfen glaube, da ja dieses Gutachten den Herren vollständig bekannt ist.

Für welche Verträge ausnahmsweise eine schützende Form, also eine Schriftlichkeit im angegebenen Sinn, als nothwendig zu erachten sein mag und im einzelnen Falle zu erachten ist, hierüber glaube ich in Erörterung nicht eintreten zu sollen, da eine Einigung hierüber in dieser verehrten Versammlung nicht leicht zu erzielen sein dürfte, auch die Aufgabe des Juristentags wohl nur in der Feststellung der Prinzipien, nicht aber in der Berathung von Detailfragen zu suchen sein wird. Ich glaube daher diese Frage ganz auf der Seite lassen zu dürfen, wie sie auch die vorliegenden Gutachten auf der Seite gelassen haben.

Allem diesem nach glaube ich Ihnen folgende Sätze zur Annahme vorschlagen zu dürfen:

1. Die Giltigkeit von Verträgen soll auch abgesehen von Handelssachen, von der Beobachtung der schriftlichen Form unabhängig sein.
2. Soweit aus Gründen der öffentlichen Rechtssicherheit für einzelne Verträge die schriftliche Form ausnahmsweise für nöthig zu erachten ist, ist die Errichtung einer gerichtlichen oder notariellen Urkunde vorzuschreiben.

Präsident eröffnet die Berathung über die gestellten Anträge. Es nimmt zuerst das Wort:

Rechtsanwalt **Makower** aus Berlin: Meine Herren! Ich bitte zunächst bei der Abstimmung den Antrag des Herrn Referenten zu theilen, denn ich würde den ersten Theil bejahen, den zweiten Theil, so allgemein wie er gefaßt ist, verneinen. Die Gesetzgebungsfrage habe ich selbst bei der Deputation angeregt. Sie merken daher, daß die Frage eigentlich dahin gerichtet ist, ob bei einer späteren Codification des Obligationenrechts das System des Preuß. Landrechts beibehalten werden, oder ob man dieses System aufgeben soll. Den Herren wird es allen bekannt sein, daß fast alle Gesetzgebungen darauf hinarbeiten, daß im Effect schriftliche Verträge vorhanden sind, die rheinische Gesetzgebung in dem Wege, daß sie zwar nicht die Giltigkeit der Verträge davon abhängig macht, aber den Beweis durch Zeugen erschwert, die landrechtliche Gesetzgebung dadurch, daß sie die Giltigkeit der Verträge von der Beobachtung der schriftlichen Form abhängig macht. Diese unsere Gesetzgebung ist, nachdem sie sich als sehr mangelhaft in vielen Beziehungen erwiesen hat, — da man doch die Giltigkeit gewisser mündlicher Nebenverträge, wenn sie die Essentialien des Geschäftes betreffen, nicht leugnen konnte, ohne ein schreiendes Unrecht zu begehen, — durch das Handels G. B. durchbrochen worden. Nach demselben ist bei Handelsgeschäften die Giltigkeit der Verträge durch schriftliche Abfassung oder andere Förmlichkeiten nicht bedingt, so daß im Geschäftsverkehr die allererheblichsten Verträge in mündlicher Form giltig errichtet werden können.

Zur Anregung der gestellten Frage bestimmte mich nur der Wunsch, vom Juristentage, also nicht blos von Preußischen Juristen sondern auch von anderen Mitgliedern desselben einen Ausspruch zu hören: Geht es auch für den gewöhnlichen Verkehr, ohne daß das öffentliche Interesse Schaden leidet, daß man alle Verträge, auch wenn sie mündlich geschlossen worden sind, im Princip als giltig erachtet?

Ich glaube, daß bei uns viele Juristen der Meinung sind, man könne den Schritt, wie er im Handelsrecht gemacht ist, auch für das allgemeine bürgerliche Recht thun.

Der Herr Referent hat an diese Frage eine weitere geknüpft, nämlich die: wenn es nothwendig sein soll für gewisse Verträge die Schriftlichkeit beizubehalten, ob man dann nicht auch eine bestimmte feierliche und — wie ich gleich hinzufügen will — kostspieligere Form für dieselben vorschreiben will? In der zweiten Beziehung möchte ich die Frage nicht so entscheiden wie der Herr Referent, denn die öffentliche Form wird meistentheils des Beweises wegen gewünscht, die schriftliche Form kann aber ohne alle Rücksicht auf den Beweis aus anderweitigen Motiven, wünschenswerth erscheinen. Prüft man die einzelnen Fälle, so kann man sehr wohl gesetzgeberisch anordnen, daß ein bestimmter Vertrag nur in schriftlicher Form gelten soll, ohne daß man irgendwie nöthig hat, zugleich eine öffentliche Beurkundung für nothwendig zu erklären. Mir fällt eine Frage ein, die auf früheren Juristentagen vielfach ventilirt worden ist, die des Anerkennungsvertrages. Damals haben namhafte Herren in unserer Mitte — ich erwähne z. B. Herrn Geheimrath v. Wächter, einen Mann, auf dessen Urtheil wir sehr Rücksicht zu nehmen haben — sich dafür erklärt, die Giltigkeit und Klagbarkeit eines bloßen Anerkennungsvertrages anerkennen zu wollen, unter der Bedingung, daß er schriftlich errichtet worden ist. Nun, meine Herren, wenn man in diesem Falle eine notarielle oder gerichtliche Form verlangen wollte, so würde Jedermann sagen: Das ist ein pures Superfluum, denn es ist kein vernünftiger Grund denkbar, weshalb man die Parteien, hierbei an den Notar oder die Gerichte weisen sollte. Damit gäbe man den größten Theil der Vortheile der ganzen Bestimmung wieder auf, denn es ist nicht überall leicht an das Gericht oder zum Notar zu gelangen.

Ich bitte den ersten Theil des Antrags des Herren Referenten anzunehmen, den zweiten abzulehnen.

Advocat Dr. **Reinganum** aus Frankfurt a./M.: Ich wollte schon vorher einen Antrag in der Richtung stellen, wie Herr Makower ihn gestellt hat. Im Ganzen würde es wohl das Beste sein, die schriftliche Form nicht vorzuschreiben außer in wenigen Fällen, wie namentlich bei Testamenten. Denn auffallender Weise ist ja bei letzten Willensmeinungen vielfach Schriftlichkeit kein Erforderniß; es giebt ein fideicommissum heredi praesenti injunctum und ein solches kann den größten Theil einer Erbschaft umfassen. Was die Verträge betrifft, so haben schon die Römer ihre stipulatio gehabt, welche keine Schriftlichkeit erforderte, und von den neueren Völkern leben ja viele, wiewohl Verträge massenweise bei ihnen abgeschlossen werden, und das Gebot der Schriftlichkeit bei ihnen nicht besteht, in ganz geordneten Rechtsverhältnissen. Das französische Recht fordert bei Geschäften über 300 Franken die Schriftlichkeit des Beweises halber, um den Zeugenbeweis zu vermeiden und überflüssig zu machen, dasselbe bestimmt ferner: der Akt, durch welchen eine Schenkung gemacht wird, muß in notarieller Form gemacht werden; sollte man da glauben, daß ganz bedeutende Schenkungen giltig ohne alle schriftliche Form bestehen? — das ist der Fall, wenn sie sogleich vollzogen werden, während bei uns nach dem gemeinen Rechte Schenkungen, auch wenn sie schriftlich errichtet sind, ungiltig sind, wenn der Betrag derselben 500 alte Dukaten oder 2400 Gulden übersteigt und nicht eine gerichtliche Insinuation darauf gesetzt ist. Es zeigt sich also, daß im französischen Recht der Gedanke der ist: wenn Jemand eine Urkunde über eine Schenkung errichtet, so soll sie in notarieller Form errichtet sein; wenn er aber aus der Hand schenkt, giebt und sogleich tradirt, so gilt die Schenkung ohne Rücksicht auf die Summe als eine giltig vollzogene. Dieses Beispiel, scheint mir, beweist, daß es eine gefährliche Klippe ist, mit der Schriftlichkeit sich so die Hand zu binden. Man sieht ja auch die größten Verträge entweder durch einen Handschlag oder durch ein Wort abschließen, und wenn wir durch den Fußboden dieses Saals hinuntersehen könnten in die Effektensocietät, welche da unten ihr Geschäftslokal hat, so würden wir sehen, daß Geschäfte über Hunderttausende ohne Schriftlichkeit, nur mit einer kleinen Notiz, die Jeder selbst sich macht, abgeschlossen werden. Man kann sagen, daß die Schriftlichkeit von Nutzen ist, um die Bedingungen für die Kontrahenten selbst zu fixiren. Da sollte man aber in den Schulen die jungen Leute darauf hinweisen, daß sie sehr gut thun würden, sich der Schriftlichkeit für sich selbst mehr zu bedienen, als es gewöhnlich geschieht. Ein großer Theil der Mißverständnisse und der Prozesse entsteht dadurch, daß die Leute sich selbst täuschen über Gegenstände, Zeit, Summen. Wenn sie die Sachen sich gehörig notiren würden, hätten sie für ihr Gedächtniß das beste Beweismittel und zugleich die Möglichkeit, einen gutgläubigen Eid zu leisten, während jetzt oft Eide geleistet werden in verwirrtem Sinn, aus Irrthum und mit Gefahr für den Schwörenden. Was nun diese gerichtliche und notarielle Form betrifft, so sind beide Formen solche, welche eigentlich aus einer Bevormundung des Volks entsprungen sind, und der deutlichste Beweis hierfür ist der, daß man in den größeren Städten, wie z. B. hier, von einer notariellen und gerichtlichen Form der Verträge in Wirklichkeit Nichts weiß. Wenn Jemand hier einen Vertrag schließt, so schreibt er ihn selbst, oder er läßt ihn durch einen Rechtskundigen oder durch einen Rechtsfreund niederschreiben, und wenn dann noch Etwas dazu kommen soll, so wird eine notarielle Beglaubigung der Unterschrift hinzugefügt. Das ist aber keine eigentliche notarielle Form; denn ein Polizeikommissär könnte ebensogut die Beglaubigung hinzufügen, die Wirkung würde dieselbe sein. Und was die gerichtliche Form anlangt, so ist sie offenbar eine übertriebene

Ueberladung der Gerichte mit Akten der freiwilligen Gerichtsbarkeit. Das Protokolliren von allen möglichen Verträgen führt ja bei einem ausgedehnten Verkehr zu den größten Unzuträglichkeiten und Schwierigkeiten, abgesehen noch von den unnöthigen Kosten. Ich stimme darum ganz mit dem Antrage des Herrn Makower überein, daß in unserem Beschluß die Erwähnung der gerichtlichen oder notariellen Form ganz beseitigt wird.

Rechtsanwalt Dr. **Kielmeyer** aus Stuttgart: Ich glaube, es ist von Herrn Collegen Makower nicht genug gewürdigt worden, daß nach Ansicht des Herrn Referenten nur für solche Verträge die schriftliche Form gelten soll, bei welchen die öffentliche Rechtssicherheit interessirt ist. Der Kreis dieser Verträge wird immer ein verhältnißmäßig sehr geringer sein; es werden das Erbverträge, Eheverträge, hypothekarische Akte und ähnliche Verträge sein, bei welchen in der That nicht bloß die Kontrahenten, sondern ein unbestimmter Kreis von weiteren Personen interessirt ist. Wo aber die öffentliche Rechtssicherheit wirklich in Betracht kommt, da, glaube ich, genügt es nicht, daß man sagt: ein solcher Vertrag soll schriftlich gemacht werden, vielmehr wird man in solchen Fällen auch einen richtigen, klaren und über die gewöhnlichen Anfechtungen und Chikanen hinausgehenden Vertrag vorlegen müssen. Ich glaube, daß noch ein anderes Moment hinzukommt. Wo die öffentliche Rechtssicherheit betheiligt ist, da liegt es auch im Interesse, daß der schriftliche Vertrag aufbewahrt werde. Denn was nützt es, daß der Ehevertrag schriftlich abgefaßt wird, wenn die Eheleute ihn eine Stunde nachher zerreißen. Das öffentliche Interesse ist dabei betheiligt, daß nicht bloß die beiden Eheleute, sondern das ganze Publikum, oder doch Jeder, der ein rechtliches Interesse daran hat, noch nach Jahren, noch nach dem Tode der Eheleute weiß: was haben diese beiden Eheleute unter sich für ein Güterverhältniß statuirt? Ich glaube also durch dieses Beispiel — und nur solche Beispiele hat ja, wenn ich den Herrn Referenten richtig verstanden habe, sein Antrag im Sinne — gezeigt zu haben, daß mit der bloßen Vorschrift, ein Vertrag müsse schriftlich sein, der öffentlichen Sicherheit nicht gedient ist, wenn nicht dafür gesorgt wird, daß er auch aufbewahrt wird. Das wird bei gerichtlichen und notariellen Akten der Fall sein. Unter einem notariellen Akte, glaube ich, wird aber wohl der Herr Referent nicht blos eine beliebige schriftliche Urkunde mit dem Stempel irgend eines Notars oder Commissärs verstanden haben, sondern eine Urkunde, die in der gehörigen notariellen Form aufgenommen und ebenso natürlich auch irgendwo aufbewahrt wird. Wenn man den Kreis der Verträge, für welche die Schriftlichkeit vorgeschrieben wird, so einschränkt und so motivirt, wie es der Herr Antragsteller gethan hat, so glaube ich, darf die Schriftlichkeit nicht bloß eine leere Form sein, sondern dann muß sie wirklich dem Zwecke genügen, für welchen sie vorgeschrieben ist, dem Zwecke, der öffentlichen Rechtssicherheit zu dienen. Herr College Makower hat auch kein Beispiel anzuführen vermocht, bei welchem die öffentliche Rechtssicherheit in der That betheiligt ist, bei dem von ihm angeführten Anerkennungsvertrag schlägt das Motiv der öffentlichen Rechtssicherheit nicht durch, und da hat er ganz Recht, wenn er für solchen Vertrag die Forderung der gerichtlichen oder notariellen Beurkundung verwirft. Der Herr Referent will ja für einen solchen Vertrag die Schriftlichkeit nicht eingeführt wissen; er würde nicht zu den Ausnahmefällen gehören, für welche der Herr Referent die schriftliche Form und zugleich die gerichtliche oder notarielle Beglaubigung verlangt.

Ich erlaube mir nun noch eine kurze Bemerkung. Wir in Württemberg haben eine Art von Verträgen, für welche die Schriftlichkeit vorgeschrieben ist: das sind Verträge über Liegenschaftserwerbungen. Es ist das ein unglückliches singuläres Gesetz, und es hat, wie ich glaube, seitdem dasselbe bei uns eingeführt ist, die Zahl der Prozesse über Liegenschaftsverträge sich gerade verdoppelt. Der Grund ist ganz gewiß nur der, weil hier alles der ungeschickten Handhabung der Parteien überlassen bleibt. Mündlich wissen die Leute ganz gut auszusprechen, was sie wollen, wenn man ihnen aber einerseits vorschreibt, ihren Willen schriftlich auszusprechen und andererseits es ihrer Willkür und ihrem Ungeschick überläßt, wie sie es machen wollen, dann ist die Schriftlichkeit gar nichts, als eine Quelle von Prozessen, die am allerbesten vermieden werden und nur vermieden werden, wenn man die Schriftlichkeit zugleich mit der schützenden Form eines notariellen oder gerichtlichen Aktes umgiebt. Auf Grund der Wahrnehmungen, die wir in Württemberg mit den schriftlichen Verträgen gemacht haben, die der Willkür der Parteien überlassen sind, sage ich, und ich glaube, das werden wohl auch die meisten meiner Collegen aus Württemberg, die dieselben Wahrnehmungen gemacht haben, sagen: soll der mündliche Vertrag nicht gelten, sondern nur der schriftiche, so führt es zu allen möglichen Chikanen, wenn nicht dafür gesorgt wird, daß er in der richtigen Form gemacht werde.

Rechtsanwalt **Gierse** aus Münster: Meine Herrn! Ich habe dreißig Jahre als Anwalt unter der Herrschaft des allgemeinen Landrechts gelebt, und wollte aus meiner Erfahrung ein kleines Zeugniß, was leider gegen meinen speziellen Collegen Herrn Makower spricht, ablegen. In aller dieser Zeit habe ich nicht einen einzigen Nutzen der schriftlichen Verträge kennen gelernt, und zwar aus dem einfachen Grunde — und das ist der Punkt, weshalb ich auch die gerichtliche Form der Verträge, oder die notarielle, um der Ueberbürdung der Gerichte vorzubeugen, will — weil nach meinen Erfahrungen wenigstens 80 Hundertstel der Verträge gar nicht von den Parteien formulirt geschrieben werden, sondern geschrieben werden von den Commissionären und den Winkelkonsulteuten auf dem Lande; in der Stadt ist das natürlich vielfach anders, am meisten natürlich in einer so kultivirten und wohlhabenden Handelsstadt. Man darf überhaupt bei dieser Frage nicht viel an das Handelsgesetzbuch und Handelsverträge denken, und zwar aus dem Grunde, weil diese ja nicht schriftlich geschlossen werden; denn die Notizen, die sich der Börsenmann auf der Börse macht — deren Edition kann verlangt werden — das sind schriftliche Anerkenntnisse; und außerdem sind ja die Handlungsbücher. Bei weitem zum größten Theile werden die Handelsgeschäfte gemacht durch Correspondenz oder sie werden in die Handlungsbücher eingetragen, und das ist ein sehr leichtes Beweismittel. Gerade aus diesem Grunde, weil die Leute, die Parteien, zum weitaus größten Theile ihre Verträge nicht selber schreiben und dazu auch gar nicht im Stande sind, darum wünsche ich, daß, wenn es erforderlich ist, einen Vertrag schriftlich zu formuliren und ihn späteren Zeiten zu überliefern, er dann auch gerichtlich oder notariell gemacht werde. Und zwar noch aus dem anderen Grunde, weil, wenn Prozesse entstehen aus bloß schriftlichen Verträgen — und es entstehen, das kann ich durchaus bestätigen, eine Unmasse von Prozessen aus schriftlichen Verträgen — dieselben um so querer liegen, weil sich das Wort doch nicht wegnehmen läßt, die Ausdrucksweise paßt aber nicht in das Gesetz, und so ist der Richter in der allergrößten Verlegenheit und man erlebt alle Tage die verschiedenartigsten Urtheile. Das Beispiel von dem Anerkennungsvertrage, welches Herr Makower angeführt hat, kann ich in keiner Weise anerkennen, und zwar aus dem Grunde, weil das eine spezielle Bedeutung hat. Wenn ein Anerkenntniß eines Rechtsgeschäfts abgegeben werden soll, so weiß das die Partei, sie ist darauf vorbereitet, es ist ein spezieller Act behufs des Anerkenntnisses, wenn er auch mündlich erfolgt, und Uebervortheilungen und Uebereilungen sind da am allerwenigsten denkbar. Ich stimme daher mit dem Votum des Herrn Referenten.

Advokat-Anwalt **Franken** aus Cöln: Meine Herren, ich bin ein kleiner Praktiker des rheinisch-französischen Rechts und kann aus voller Ueberzeugung den Gründen des Herrn Collegen Makower beitreten. Ich möchte aber an die geehrte Versammlung auch noch das Gesuch stellen, sich nicht bei dieser Gelegenheit zu verirren in die Spezialitäten, in die man eingehen müßte, wenn man hinsichtlich der Form einen entscheidenden Rechtsausdruck geben wollte. Sie müssen, meine Herren, offenbar das ganze Gebiet überschauen und die einzelnen Rechtsgeschäfte tariren, um beurtheilen zu können, ob eine schriftliche Form nöthig ist oder nicht in dieser allgemeinen Frage. Man sagt, die öffentliche Rechtssicherheit soll entscheidend sein. Aber wo steckt die öffentliche Rechtssicherheit, wer giebt mir das Kriterium an, wo bei Geschäften die öffentliche Rechtssicherheit prinzipiell maßgebend ist? Das ist immer sehr relativ; bei dem einen Geschäft kommt die öffentliche Rechtssicherheit zur Sprache, bei dem andern nicht; das richtet sich ganz nach den Fällen. Meine Herren, wir verirren uns in eine Casuistik, wenn wir im Allgemeinen hier die Frage aburtheilen wollen, ob und bei welchen Geschäften eine schriftliche Form nothwendig ist. Nun aber heute, wo wir unvorbereitet sind, soweit zu gehen, daß wir feststellen wollen, ob die Form eine notarielle oder gerichtliche oder die Privatform ausreichend sein solle, dazu sind wir in der That nicht vorbereitet. Wenn die Resolution mit dem Zusatze, wie ihn der Herr Referent vorgeschlagen hat, in die Welt hineinkommt, so wird man einfach fragen: was ist damit gemeint? welche Geschäfte sind es, welche notariell aufgenommen werden müssen, und die anderen, welche von Privatpersonen aufgenommen werden dürfen? Meine Herren! Denken Sie doch an die Bestimmungen des französischen Rechts, wo Geschäfte schriftlich aufgenommen werden müssen und dabei doch noch die eine oder andere Form dem Parteiwillen unterbreitet ist. Testamente müssen natürlich von Jemand, der nicht schreiben kann, in einer öffentlichen Form aufgenommen werden, Testamente können aber im richtigen Momente von Jemand, der schreiben kann, autographisch gemacht werden, und wer sagt Ihnen, daß das nicht äußerst zweckmäßig ist, es zum Theil den Parteien zu überlassen? Wie kann man, wenn man den letzten Willen in einem Krankheitsfalle machen will, immer den Notar oder das Gericht zur Hand haben? Kann man noch schreiben, meine Herren, so muß das autographische Testament eben dieselbe Giltigkeit haben als das gerichtliche Testament.

Dann habe ich noch einen andern Fall. Vergleiche werden bei uns schriftlich gemacht, Vergleiche, die Prozesse zu Ende führen. Wollen Sie mit einem Male dafür eine öffentliche Form, einen notariellen Akt verlangen? Mit Nichten, meine Herren, man muß den Moment, die Parteien zu vergleichen, schnell erfassen, man muß sie zusammenbringen und nun fixiren, was sie wollen, wodurch sie den Prozeß zu Ende führen, und da genügt die private Form.

Also, meine Herren, alle die Fälle werden Sie heute unvorbereitet nicht zum Abschluß bringen können, und das würde von Ihnen geschehen, wenn Sie das Princip annehmen wollten, welches der Herr Referent zum Vortrag gebracht hat. Deshalb, meine Herren, schließe ich mich mit voller Ueberzeugung dem Antrage an, daß der Juristentag nur dasjenige beantworten wolle, was ihm vorliegt, nämlich, ob nicht die schriftliche Form bei Rechtsgeschäften überhaupt unnöthig sei.

Referent Obertribunalsdirektor **von Kübel** aus Stuttgart (zum Schluß):

Was die erste Frage oder den ersten Theil meines Antrags betrifft, so glaube ich hierüber Nichts mehr beifügen zu sollen; in dieser Beziehung habe ich nicht gehört, was meinem Antrage entgegengehalten worden wäre. Was nun aber den zweiten Theil meines Antrags betrifft, so glaube ich für meinen Theil, daß aus den Gründen, auf welche ich den ersten Theil meines Antrags gestützt habe, von selbst sich ergiebt, daß die einfache Schriftlichkeit dem Gesetzgeber sich zur Vorschrift nicht empfiehlt; denn wenn es richtig ist, daß die einfache Schriftlichkeit entschiedene und überwiegende Nachtheile in ihrem Gefolge hat, so glaube ich, kann der Gesetzgeber doch unmöglich für einzelne Fälle eine solche Schriftlichkeit vorschreiben. Wenn entgegengehalten worden ist, einmal, es werden die Verträge vertheuert, es werden die Gerichte belästigt, es werde das Publikum gleichsam dadurch belästigt, daß es zum Notar oder zum Gerichte gehen müsse, so glaube ich, ist, wie schon von Seiten des Herrn Dr. Kielmeyer bemerkt worden ist, übersehen, daß es sich hier nur um ganz wenige Ausnahmen handeln kann und daß es sich meines Erachtens nur um solche Ausnahmen handeln kann bei welchen ein besonderer Schutz außer der Schriftlichkeit nothwendig ist. Es ist in dieser Beziehung auf Erbverträge z. B. hingewiesen worden, bei welchen dieses Moment zu beachten ist. Es ist von Seiten des letzten geehrten Herrn Redners, des Herrn Franken, lebhaft darauf hingewiesen worden, daß man sich hier in eine Casuistik verirren würde, wenn man den zweiten Theil meines Antrags annehmen wollte. Ich habe nun gleich speciell im Laufe meines Vortrags gesagt, daß darüber, welche Verträge sich dazu eignen, mit einer besonders schützenden Form umgeben zu werden, hier nichts ausgesprochen werden könne; ich glaube aber, daß dies eine ganz wesentlich andere Frage ist als diejenige Frage, deren Entscheidung ich der hohen Versammlung im zweiten Theile meines Antrags vorgeschlagen habe und ich glaube, wenn man davon ausgeht, wie ich davon ausgehe, daß nur eine verschwindend kleine Zahl von Fällen, bei welchen nicht der Einzelne allein in Betracht kommt, sondern bei welchen die Rücksicht auf das sonstige Publikum weiter noch in Betracht kommt, wenn man es auf diese Fälle beschränkt, daß man dann gar kein Bedenken haben kann, auch die Form, welche ich für nothwendig halte, anzunehmen. Daß die bloße schriftliche Form für einzelne Verträge nur als nothwendig sich herausstellen soll, muß ich meinestheils ganz entschieden bestreiten. Ich kann nämlich den Fall, den Herr College Makower hervorgehoben hat, den Fall von den Anerkennungsverträgen nicht hierher zählen, und ich konnte an diesen Fall umso weniger denken, als schon der letzte, der IX. deutsche Juristentag sich gegen die Ansicht ausgesprochen hat, daß hier, in diesen Fällen eine Schriftlichkeit erforderlich sein sollte. Ich glaube daher mich darauf beschränken zu dürfen, an meinem Antrage festzuhalten, auch in Beziehung auf den zweiten Antrag, wenn ich auch zugebe, man könnte für sich allein das Princip aussprechen. Allein ich halte es für eine nothwendige Folge dessen, was man im ersten Theile ausspricht, daß man sogleich sagt: da man doch Ausnahmen zugeben muß, so kann, wann und wo solche Ausnahmen zutreffen, hier eine schriftliche Form nur in der Weise zugelassen werden, daß der Schutz einer notariellen oder gerichtlichen Urkunde gegeben wird.

Präsident: Ehe wir zur Abstimmung schreiten, möchte ich darauf aufmerksam machen, daß möglicherweise ein Mißverständniß in dieser Versammlung obwaltet. Der Antrag wie er vom Herrn Referenten gestellt ist, lautet:

1. Die Giltigkeit von Verträgen soll, auch abgesehen von Handelssachen, von der Beobachtung der schriftlichen Form unabhängig sein.
2. Soweit aus Gründen der öffentlichen Rechtssicherheit für einzelne Verträge die schriftliche Form ausnahmsweise für nöthig zu erachten ist, ist die Errichtung einer gerichtlichen oder notariellen Urkunde vorzuschreiben.

Jetzt wird beantragt, diese beiden Anträge nicht zusammen, sondern getheilt zur Abstimmung zu bringen, weil Viele von den Herren der Meinung sind, daß die Abtheilung nur den ersten dieser Sätze, nicht aber den zweiten annehmen müßte. Von den Herren, welche diese Meinung ausgesprochen haben, haben aber mehrere, und namentlich der letzte Herr Redner, sich dahin ausgesprochen, daß sie den ersten Satz dahin verstehen, daß von der allgemeinen Regel, daß die Giltigkeit von Verträgen von der Beobachtung der schriftlichen Form unabhängig sein solle, Ausnahmen zulässig sein sollten. Wenn aber der erste Satz allein angenommen würde, so würde jede Ausnahme ausgeschlossen sein.

Rechtsanwalt **Makower** aus Berlin: Ich beantrage in den ersten Satz die Worte einzuschalten: „in der Regel."

Präsident. Dadurch würde allerdings die Schwierigkeit beseitigt.

Ich werde nun die Frage so stellen, daß ich zuerst den ersten Satz mit dem Makower'schen Amendement zur Abstimmung bringe; wird er angenommen, so erledigt sich der Antrag des Herrn Referenten; wird er abgelehnt, so stelle ich diesen letzteren, und zwar beide Theile desselben, zur Abstimmung.

Herr Makower schlägt also vor, den Antrag so zu fassen:

> Die Giltigkeit von Verträgen soll, auch abgesehen von Handelssachen, von der Beobachtung der schriftlichen Form in der Regel unabhängig sein.

Diejenigen Herren, welche diesen Antrag annehmen wollen, bitte ich sich zu erheben.

(Geschieht.)

Es ist die ganz überwiegende Majorität; dadurch erledigt sich der ursprüngliche Antrag des Herrn Referenten.

(Schluß der Sitzung.)

Zweite Sitzung der ersten und zweiten Abtheilung am 29. August 1872.

(Beginn Vormittags 9 Uhr.)

Präsident Dr. **Albrecht**. Ueber unseren gestrigen Beschluß die Schriftlichkeit der Verträge betreffend, hat sich Herr Obertribunalrath v. Kübel auf meine Anfrage bereit erklärt, dem Plenum zu referiren. Wenn Sie dies genehmigen —, so haben wir uns noch darüber schlüssig zu machen, ob der Beschluß unserer Abtheilung dem Plenum nur zur Kenntnißnahme oder zur ferneren Berathung und Beschlußfassung mitgetheilt werden soll. Ich glaube, da wir über das Princip der Sache ziemlich einverstanden waren, können wir uns bei der bloßen Mittheilung des Beschlusses wohl beruhigen. Sind sie damit einverstanden?

— Ja! —

Sodann möchte ich vorschlagen, über die Civiljury zu verhandeln.

Referent Professor **Marquardsen** aus Erlangen: Meine geehrten Herren Collegen! Der Gegenstand, den wir jetzt behandeln sollen, ist in eine etwas eigenthümliche Lage dadurch gebracht, daß vielleicht eine Stunde später eine andere Abtheilung des Juristentags die principale Frage des Schwurgerichtes in Strafsachen zu erörtern hat, und daß sowohl von uns als von der anderen Abtheilung schließlich eventuelle Anträge an die eine gemeinschaftliche Plenarversammlung des Juristentags ergehen werden. Wenn ich bei dem Bilde bleiben darf, dessen sich gestern unser verehrter Präsident des

Juristentags selber bedient hat, so scheint es mir ungefähr so auszusehen, als wenn der Bauherr zu gleicher Zeit das Hauptgebäude einreißen und einen Flügel dazu aufbauen wollte. Ich persönlich halte nicht dafür, daß in der That Civil-Jury und Geschwornen-Gericht in Strafsachen sich so verhalten wie ein bloßes Flügelgebäude zum Hauptgebäude. Meine alte Ueberzeugung geht dahin, daß in der That Schwurgerichte sowohl in Civil- als Strafsachen eigentlich den Unterbau eines im modernen Staate wünschenswerthen, in anderen Staaten seit Jahrhunderten bewährten Aufbaues der Rechtsordnung ausmachen; aber nach der in Deutschland vorwaltenden Meinung glaube ich ganz gewiß recht zu sagen, daß in der That es heißen würde, einen Flügelbau aufführen, während das Schicksal des großen Hauptstocks des Gebäudes in Frage steht.

Ich will mich einfach damit begnügen, daran zu erinnern, daß als ich am Schlusse des Reichstages durch die Aufforderung meines verehrten Freundes und Collegen Gneist dazu kam, das Referat über die Civil-Jury zu übernehmen, ich mich nachher sehr gewundert habe zu erfahren, daß auf dem Juristentag auch das Schicksal des Schwurgerichts in Strafsachen in Frage gestellt werden sollte. Nach meiner Auffassung muß ich bemerken, daß es mir fast so vorkam, als wenn man die Pferde zugleich hinten und vorn an den Wagen spannen wollte. Daß das nicht ein wünschenswerther Fortschritt im Resultate ist, das werden wir alle zugestehen. Aber wir können die Sachlage nicht ändern, und meine Pflicht als Ihr Referent ist es auch vollständig auf dieselbe einzugehen, wie ich sie vor mir finde.

Sie ist nun nach einer anderen Seite hin, wie ich glaube, eine nicht unwillkommene. Allerdings muß ich Ihnen sagen, daß nach meiner Auffassung diese ganze Frage der Civil-Jury in Deutschland viel zu lang geruht hat, als daß ich einer großen Anzahl von Herren zutrauen könnte, voll fester Ueberzeugung schon ein entschiedenes Ja und Nein darüber auszusprechen. Es sind fast 20 Jahre ins Land gegangen, seitdem dieser Gegenstand in der betreffenden Literatur in Angriff genommen wurde. Verschiedene Momente der juristischen Entwicklung und auch der staatlichen Nichtentwickelung haben aber dahin geführt, diesen Gegenstand eine Zeitlang vollständig ruhen zn lassen. Nichtsdestoweniger befinden wir uns gegenwärtig zwei Gutachten gegenüber, von denen ich sagen muß, daß sie wenigstens für mein Urtheil und meine Kenntniß, soweit sie noch dazu tritt, eine genügende Basis für eine Entscheiduug abgeben können: es sind das die Mittheilungen der Herren Professoren v. Bar und Brunner, welche Sie in den Verhandlungen des IX. deutschen Juristentags für 1870 finden. Wenn ich mich etwas ausführlich auf diese Gutachten beziehe, so habe ich dazu verschiedene Gründe.

Zunächst ist es mir sehr erwünscht, zu sehen, daß in dieser wichtigen Frage die beiden Gutachten wesentlich übereinstimmen. Wir haben also eine gewisse Präsumtion der übereinstimmenden Meinungen für die Schlüsse, zu welchen die beiden Herren kommen. Dann — was am Ende weniger ins Gewicht fiele — bin ich auch persönlich mit den wesentlichsten Gedanken, welche die Herren entwickeln, einverstanden. Ein Weiteres ist dann noch, daß diese Gutachten doch schon zwei Jahre hinter uns zurückliegen und das unglückliche Schicksal gehabt haben — vielleicht würde der Verleger dies ein glückliches nennen — daß dieser Band der Verhandlungen vollständig vergriffen ist. Es hat schon die größte Mühe gekostet, noch ein zweites Exemplar von diesem Band zu erhalten. Manche der Herren sind vielleicht nicht in der Lage gewesen, sich noch in der neuesten Zeit mit dem Inhalt vollständig bekannt zu machen.

Wie gesagt, beide Herren gehen in den Hauptkonklusionen ebenso wie in den Hauptgesichtspunkten, welche sie dazu führen, vollständig Hand in Hand.

Ich kann, indem ich mich zunächst zu dem Gutachten des Herrn Prof. von Bar wende, natürlich die allgemeinen Gesichtspunkte bei Seite lassen, wo er von dem anerkannten Prinzip spricht, daß nach der Auffassung der Deutschen Juristenwelt eine Betheiligung des Laienelements an der Rechtssprechung im Allgemeinen zugestanden und als wünschenswerh erklärt wird. Der ganze Streit, den wir gegenwärtig führen und noch weiter führen werden über Schöffengerichte und Schwurgerichte in Strafsachen, ist ja auch nur eine Unterabtheilung, eine Frage, in der wir einig sind. Es handelt sich darum, in welcher Form wir die Betheiligung von Nichtjuristen bei der Rechtsprechuog für wünschenswerth halten. Er fragt sich dann aber, wie es komme, daß man in Bezug auf Straf-Prozeß so ziemlich allgemein, wenigstens in früherer Zeit, sich für das Institut der Jury entschieden habe, und sucht die Differenzpunkte auf, welche möglicherweise es haben dahin bringen müssen, daß in Bezug auf die Civil-Jury nicht in in gleicher Weise vorgegangen ist, obgleich in einem Lande, das als die Heimath des Geschworenen-Gerichts anzusehen ist, wir Civil-Jury und Straf-Jury in gleich entwickelter Weise thätig sehen. Er macht uns zunächst darauf aufmerksam, daß in der That im Strafverfahren, wenn ich den allgemeinen Ausdruck gebrauchen soll, die Zurechnung einen so wesentlichen Faktor als Grundlage der ganzen Entscheidung ausmacht, die innere Seite des Verbrechens, wie wir es nennen können, und daß dasjenige, was diesem im Civilprozeß, im materiellen Civilrecht entspricht, viel weniger ins Gewicht fällt. Das ist gewiß zum großen Theile wahr. Wir haben ja keinen Zweifel darüber, daß das, was wir dolus und culpa in beiden Gebieten nennen, in Bezug auf das Strafrecht eine ganz andere Bedeutung hat, als im Gebiete des Civilrechts, wo die rein objektiven Momente das weitaus maßgebende sind. Nichtsdestoweniger muß anerkannt werden, daß die Frage nach der Intention, nach dem, was man wollte, doch auch vielfach in die Verhältnisse des Civilrechts, Verbindlichkeiten namentlich, die aus Verträgen sich ergeben, hineinspielt. Ganz absolut also — darin bin ich mit Prof. von Bar einverstanden — ist diese Unterscheidung nicht festzuhalten, nur ist zuzugestehen, daß in der That dieses Moment im Strafrecht und Strafprozeß eine mehr hervorragende Rolle spielt.

Ein zweiter und — wie ich ebenfalls zugeben muß — sehr wichtiger Gesichtspunkt ist der: im Straf-Recht stehen wir in der einen oder anderen Form des Ausdrucks doch immer vor der großen Frage: Ist der Angeklagte schuldig oder ist er nicht schuldig? Nichtschuldig stellt sich uns ja nur dar als die Negative des nicht ausdrücklich schuldig zu Findenden. Wir haben hier nicht zwei ganz positive Behauptungen, wo die eine mit derselben Sicherheit hergestellt werden muß wie die andere, sondern im Straf-Recht ist in der That nur eine Frage: Ist er schuldig? und alles andere, was nicht ausdrücklich dem „schuldig" entspricht, ist das Gegentheil. Im Civil-Recht, im Civilprozeß ist eine solche Scheidung nicht vorhanden. Hier handelt es sich regelmäßig um eine positive Feststellung, die mit festen Beweismomenten eruirt werden muß; es kann sich der Civilrichter nicht auf ein solches Nichtwissen, Nichtüberzeugtsein von einer noch dazu ziemlich deutlich hervorspringenden Thatsache zurückziehen, er muß also in einem solchen Falle sein positives Urtheil sprechen. Nun ist man der Meinung, daß für eine solche Thätigkeit allerdings das Laienelement vielleicht weniger geeignet sein könnte als das Element der Juristen.

Ein weiterer von Herrn von Bar geltend gemachter Grundsatz ist der, den wir auch alle kennen, daß wir mit der Regel des in dubio pro reo, in dubio pro mitiore im Straf-Recht und Strafprozeß über viele Entscheidungen hinwegkommen, welchen Sätzen in dieser Weise im Civil-Recht nichts entspricht.

Er weiß dann auch noch geltend zu machen und spricht hier im Sinne derjenigen, welche sich mißtrauisch dem Institut der Civiljury gegenüber verhalten, daß in Beziehung auf die Entscheidung in civilrechtlichen Fragen eine gewisse Stätigkeit der Erkenntnisse nothwendig sei und daß diese Stätigkeit der Erkenntnisse, eine gewisse Gewöhnung, in den wesentlich gleichen Fällen auch immer gleich zu entscheiden, doch von dem Stande des geschulten Richterpersonals weit anders zu präsumiren, von ihm viel sicherer zu erhalten ist, als von dem wechselnden Herbeiziehn von Laienelementen, sei es nun der einen oder anderen Form, ganz speziell aber in der Gestalt der Civiljury.

Diese Momente, die er als **rationes dubitandi** gegen seine eigene Grundauffassung aufführt, machen ihn keineswegs blind gegen die Vorzüge, von denen er glaubt, daß er sie bei dem Institut der Civil-Jury erkennen muß, und da kommt er auf einen Punkt, der mir für die an einem anderen Orte zu entscheidende Frage eigentlich der kardinale zu sein scheint.

Bar — und in demselben Sinne äußert sich später Brunner — ist nämlich der Meinung, daß die Arbeitstheilung zwischen dem juristischen Element, vertreten durch den rechtsgelehrten Richter, und dem Laienelement, den Verhältnissen des gewöhnlichen erprobten Lebens angehörigen Laenelement, das eigentliche A. und O. für eine richtige Behandlung namentlich der Beweisfragen im Prozeß ist. Sie sehen, das ist am Ende eigentlich des Pudels Kern in jenem Streit, wenn wir auf das Schöffen- und Schwurgericht auch in Strafsachen kommen. Sie wissen, auf der einen Seite wird geltend gemacht: diese Theilung ist eine vollständig falsche, eine mechanische, sie schneidet Thätigkeiten aus einander, welche vollständig zusammengehören; während auf der anderen Seite behauptet wird: gerade diese Trennung, diese Arbeitstheilung halten wir für den richtigeren Prozeß, um in den zur Verhandlung stehenden Beweisthatsachen zur richtigen Entscheidung zu kommen. Wie Bar das ausdrückt, so sagt er: Das allgemeine Moment, die Wahrnehmung und Festhaltung und im einzelnen Falle auch die richtige Stellung und Zurherrschaftbringung der allgemeinen Regel soll der rechtsgelehrte Richter üben; die Vertretung, das Zurgeltungbringen der individuellen Momente des einzelnen Falls erwartet er besser von dem Laienelement, das er heranzieht, von den Geschworenen, die also dem Richter in dieser Weise ergänzend zur Seite stehen.

Nun wird aber sowohl von Bar als auch von dem Mitgutachter Brunner das allergrößte Gewicht darauf gelegt, was auch meines Erachtens an erster Stelle betont werden muß, daß diese Arbeitstheilung durchaus keine mechanische sein soll, daß es also nicht ein Gegeneinanderstellen des juristischen und des nichtjuristischen Elementes sein soll, sondern daß ein gegenseitiges Aufeinanderwirken trotz der Trennung, doch zwischen der Geschworenenbank einerseits und dem Richteramt andererseits einzutreten hat. Es wird in Bezug darauf in den verschiedenen Theilen der betreffenden Gutachten ganz besonders verwiesen auf die anerkannte Bedeutung der sogenannten **examens of charge** der englischen Richter, welche in diesen ihren Auseinandersetzungen in der That, wie Brunner sowohl als Bar betonen, das Beste leisten, was man zur Aufhellung und Klarstellung juristischer Gesichtspunkte für ein Laienpublikum thun kann.

Es ist von beiden Herren als eine ganz ausgesprochene Ueberzeugung geltend gemacht worden, daß, wenn wir von Richtern und Geschworenen reden, die also in dieser Nebeneinanderstellung zusammenwirken sollen, man immer nur einen Richter im Auge hat; nicht ein Richtercollegium soll neben dem Schwurgericht stehen, sondern ein einziger Richter, der mit seiner ganzen Persönlichkeit eintritt, natürlich dann auch der äußeren Stellung nach etwas anderes sein muß, als wenn wir unter deutschen Verhältnissen die Richter der ersten Instanz in eine solche Stellung bringen wollen. Auch dieser Punkt scheint mir von nicht geringer Bedeutung für die andere Frage zu sein. Denn was ich von meinen Freunden, die in Beziehung auf die Schöffenfrage anderer Meinung sind, als ich, höre, so legt ein großer Theil von ihnen Gewicht darauf, daß auch bei ihnen nur ein einziger Richter eintrete, daß neben den nicht rechtsgelehrten Geschworenen nur ein einziger Richter das juristische Element darstelle. Man will auch hier das juristische Element aus einem Munde, mit einer Kraft auf die Geschworenen wirken lassen, um sich nicht der Gefahr auszusetzen, daß vor einem gemischten Gerichte etwa vor den Laien eine Controverse zwischen den verschiedenen juristischen Beisitzern eintreten würde. Insofern ist also, wie Sie sehen, die ganze Auffassung von der Erinnerung an den englischen Richter gefärbt, und das ist der rothe Faden, der bei beiden Gutachten durch Alles sich hindurchzieht. Man denkt sich im Wesentlichen eine Betheiligung des Laienelements als Civiljury auf Grundlage des Englischen Verfahrens, auch namentlich mit denjenigen Hilfsmitteln und Rechtsmitteln, welche im Englischen Prozeß bei etwa falsch erscheinenden Verdikten oder einer falschen Belehruug über die Rechtssache von Seiten des Richters eintreten.

Es wird dann von Bar noch weiter hervorgehoben, daß auch abgesehen von der, wie er glaubt, besseren Qualifikation der Geschworenen für die Behandlung und Beurtheilung der individuellen Fragen des Beweisrechts, sehr häufig auch die Rechtsanwendung in den Händen von Geschworenen besser aufgehoben wäre, nämlich in solchen Fällen, wo es sich um das arbitrium boni viri handelt. In solchen Fällen — meint er — wird die gereifte Lebenserfahrung von Männern, die mitten in den Geschäften stehen, besser das Rechte zu treffen wissen, als der Richter, der der eigenen Erfahrung gemäß nicht so vollständig orientirt ist und nach dem bisherigen Verfahren auf die Mitwirkung von Sachverständigen hingewiesen ist.

Er betont dann noch weiter, daß bei der Rechtsprechung Laien heranzuziehen uns eine größere nationale Färbung des ganzen Rechtsverfahrens und auch sogar der Praxis des materiellen Rechtes geben würde. Er sagt, es sei nicht zu verkennen, daß bei den Juristen eine Neigung vorherrsche, zu sehr zu spezialisiren, während man unter der Mitwirkung, d. h. einer wohl controlirten, durch die Autorität des Richters eingezäunten Mitwirkung der Geschworenen dahin gelangen würde, daß das Recht, mit dem wir zu verhandeln haben, mehr einen nationalen Charakter erhält — wie er sich da ausdrückt: „nach den Rechtsregeln soll schließlich doch das Leben überhaupt und nicht etwa blos der Stand der Juristen sich richten.“ Er meint, daß insofern auch die allgemeine Sehnsucht nach einem auf nationaler Grundlage beruhenden Rechte eine wesentliche Förderung dadurch erlangen werde, wenn schon jetzt in der Rechtsanwendung das nationale Element, dem — wie er etwa meint, — die Blässe des juristischen Gedankens nicht angekränkelt ist, bei der Entscheidung auch in bürgerlichen Rechtsstreitigkeiten mitwirke.

Weiter betont er dann noch — und das würde allerdings davon abhängen, ob wir die Jury in Strafsachen behalten oder nicht — daß es ein sehr nützliches Correlat der Geschworenengerichte in Strafsachen sein werde, wenn diejenigen Grundsätze über das Verhältniß zwischen Richtergewalt und Geschworenengewalt, welche nothwendig im Civilprozeß zur Anwendung kommen müssen, wenn gesunde Resultate dabei sich erzeugen sollen, auch einen sehr wohlthätigen Einfluß auf das Verhältniß zwischen Richtern und Geschworenen im Srafprozeß haben würden. Er will, daß diese französische Auffassung von der Omnipotenz der Jury, dieser Gegensatz, den man ganz offenbar s. Z. nicht bloß in Frankreich hat hineintragen wollen, sondern auch hineingetragen hat, dieser Zwiespalt, dieser Mißstand, den wir alle anerkennen, auch im Strafprozeß dann wesentlich beseitigt werden würde, wenn Geschworene im Civilprozeß ebenfalls thätig sind und dort ein wesentlich anderes Verhältniß zwischen der richterlichen Gewalt und zwischen den Geschworenen eintritt.

Von den französischen Autoritäten, welche sich s. Z. über die Einführung oder Nichteinführung der Jury in Frankreich haben vernehmen lassen, spricht sowohl v. Bar als Brunner mit nicht gerade gar zu großem Respekt, und diese Auffassung theile ich durchaus. Ich glaube in der That, es ist sehr zu beklagen, daß auch wir die Jury in Strafsachen auf dem Umwege über Frankreich bekommen haben; es will mir scheinen, als wenn man damals in Frankreich das englische Schwurgericht in Strafsachen sehr wenig und die Jury in Civilsachen gar nicht gekannt habe. Dagegen aber darf man sich auf einen Namen beziehen, der im Urtheil eine ganze Reihe von anderen aufwiegt: es ist der berühmte Alexius von Tocqueville, den wir ja so oft in Fragen des öffentlichen Rechtes mit der allerschärfsten Auffassung der Dinge, den allerfeinsten Bemerkungen und Commentaren darüber treffen. Dieser ist es vor allen Dingen gewesen, der die große Bedeutung der Civiljury hervorgehoben hat, namentlich auch in dem Sinne, daß er sagt: die Strafjury steht der großen Masse der Bevölkerung, namentlich demjenigen Theil, der als der wohlangesehene, wohl bestandene doch immer den eigentlichen Tragpfeiler einer Nation abgiebt, durchaus nicht so nahe, als die Thätigkeit der Civilgeschworenen. Das sind Dinge, in welche auch der Beste von uns jeden Tag verwickelt werden kann, dagegen ist nicht anzunehmen, daß, wenn wir eine große Versammlung von Männern sind, gerade unter uns so und so viele Candidaten sind, die auf der Anklagebank erscheinen werden.

Eine weitere Bemerkung, die bei dieser Gelegenheit gemacht wird, ist die, daß, wenn man auch für einen Theil der Civilsachen die Geschworenen einführt, dann die Wirkung dieses Verfahrens sich auch in Bezug auf jede andere etwa untergeordnete Form des Prozeßverfahrens äußert. Das ist eine Wahrnehmung, die wir auch im Strafprozeß gemacht haben: es richten sich, soweit das eben geschehen kann, Gang und Charakter eines Verfahrens in minder wichtigen Dingen mit weniger ausführlichen Ceremonien und den Paraphernalien des eigentlichen Prozesses dem Charakter nach wesentlich nach den Grundsätzen, welche in dem Verfahren maßgebend sind, in welchem die wichtigeren Strafsachen behandelt werden.

Was nun die Frage der unmittelbaren Einführung in Deutschland anbelangt, so meint v. Bar, daß allerdings hier wesentliche Schwierigkeiten aus dem Wege zu räumen seien. Er hebt namentlich hervor, — das ist eine Partie, bei der ich um so lieber auf sein Urtheil provocire, weil ich mich ja selber nicht für einen Civilprozessualisten ausgeben kann — daß unser ganzes Verfahren, auch in der Form, wie es jetzt in dem Entwurfe der ja möglicherweise der Deutschen Reichsprozeßordnung zur Grundlage dienen wird, enthalten ist, viel zu formlos sei, um ein solches Einsetzen des Geschworenenelements an einer bestimmten Stelle zuzulassen, wie das die Voraussetzung des englisch-amerikanischen Prozesses und des Prozesses in all den großen Ländern und Colonien ist, die das englische und amerikanische System befolgt haben. Er sagt: es fehlt uns diese Cäsur des Prozesses, wie sie im Römischen Prozesse vorhanden war, wie wir sie aber auf Grund des französischen Verfahrens mehr und mehr verwischt haben.

Ein zweites Moment, auf welches er hinweist, worin namentlich die Gefahr und Schwierigkeit liegt, aus dem heutigen Zustand des Deutschen Prozesses zu einer Civiljury zu gelangen, ist das, daß er sagt: es versteht sich von selbst, daß, wenn man das System der Parteieide hat, man nicht wohl auf das Urtheil einer Jury rekurriren kann. Das stimmt bekanntlich vollständig mit dem Standpunkt des Englischen Rechts überein, wo in den eigentlichen Streitigkeiten solche Parteieide vollständig unzulässig sind. Unter dieser Wahrnehmung, von der er meint, daß allerdings im nächsten Augenblicke schwerlich Abhilfe geschehen könne, ist er dann der Ansicht, daß mit seinem Vorschlag er gleichsam nur erst prüfen und an einem Theil des Verfahrens die Civiljury zur Einführung bringen will.

Seine Gesichtspunkte faßt er, was die praktische Behandlung anlangt, zusammen, indem er sagt: Vor allen Dingen müssen diejenigen, welche Freunde einer Einführung der Civiljury sind, wünschen, daß die neue Struktur des Verfahrens nicht so angelegt wird, daß die Einführung dieses Instituts unmöglich gemacht wird. Namentlich betont er dabei die ganze Frage der Rechtsmittel, die Nichtigkeitsbeschwerde, vor allen Dingen aber auch das System der Parteieide, das allerdings — wie ich ja von früheren Juristentagen weiß — partiell wenigstens adoptirt worden ist. Er will also vor allen Dingen eine Garantie haben, daß man durch Neuerungen die spätere Einführung der Civiljury nicht ganz unmöglich mache.

Unmittelbar geht sein Vorschlag dahin, daß man für Liquidationen eines erlittenen Schadens die Jury jetzt schon einführen solle. Er sagt — und ich glaube, daß er damit die Meinung sehr vieler Civilprozessualisten, sowohl Praktiker als Theoretiker, ausspricht — daß es eigentlich die crux unseres Deutschen Civilprozesses sei, in solchen Entschädigungsfragen zu einer richtigen, den Richter selber beruhigenden überzeugenden Entscheidung zu kommen. Ich will noch hinzufügen, wir sind auf diesem Gebiete der Deutschen Nation auch von Reichswegen etwas schuldig, da wir durch das im vorigen Jahre beschlossene Gesetz über Entscheidungen bei gewerblichen Anlagen u. s. w. dem Richter und auch dem Landes-Oberhandelsgericht eine neue Last aufgehalst haben, eine Materie, von der Bar glaubt, daß sie sich zur Aburtheilung durch eine Jury ganz besonders eignen würde, und hierin bin ich auch seiner Meinung. Ich will bemerken, daß auch Länder, die sonst das Institut der Civiljury nicht haben, doch in Bezug auf Entscheidungen bei Expropriationen und dgl. auf den Gedanken der Civiljury zurückgekommen sind. Beiläufig gesagt, ist das eine Auffassung des französischen Rechts, wo gesagt wird, man brauche die Jury nur im Interesse der Freiheit, und die Freiheit sei zu wahren einmal im Criminalprozeß und zweitens bei dem Expropriationsverfahren. In diesen beiden Fällen stehe der einzelne Bürger dem Staate gegenüber und in diesen beiden Punkten müsse der Bürger seinem Mitbürger zu Hilfe kommen — eben eine Auffassung, die vollständig französisch ist.

Ein sehr heikler Punkt muß jetzt von mir berührt werden, — wir haben die Ehre, den Präsidenten des Hamburger Handelsgerichts als unseren Vorsitzenden zu begrüßen — es ist das der Vorschlag, auch in Handelssachen die Jury einzuführen. Der Gegenstand ist auf früheren Juristentagen ziemlich ausführlich behandelt worden, es haben aber weder mein verehrter College v. Bar noch Professor Brunner sich veranlaßt gesehen, diesen Gegenstand vollständig bei Seite zu lassen. Sie sind der Meinung, daß, wenn man das Verhältniß zwischen dem rechtsgelehrten Richter und der Handelsjury sich so denkt, wie es in England und Amerika, vor allen Dingen aber in der mehr ausgeprägten und auf längerer Erfahrung beruhenden Rechtsordnung in England sich findet, in einem solchen Falle ein Verfahren vor Richter und Handelsjury sogar noch den Vorzug verdient vor einem — wie wir ja wissen, vielfach noch anerkannten System unseres modernen Handelstribunals, wo rechtsgelehrte Richter und Richter aus dem Handelsstand zusammenwirken. Da kämen wir in der That principiell wieder auf die große Frage zurück, ob eine solche Cäsur zwischen dem richterlichen Element und dem Laienelement auch hier angebracht wäre, oder ob wir mehr der Schöffentheorie nachgehend hier die Zusammensetzung des Tribunals beibehalten sollen. Bar geht davon aus, daß auch hier in der That ein Vorzug des Systems der Jury nachzuweisen ist, indem er glaubt, daß die Behandlung auch der kaufmännischen Rechtsfragen dann eine richtigere sein werde, wenn der Richter in seiner Belehrung und der fortwährenden Einwirkung auf die Geschworenen sowohl während des Verfahrens als am Schlusse desselben den eigentlichen juristischen Stand der Controverse zusammenfaßt. Ich bemerke dabei, es kommt ja auch in Handelssachen sehr viel die Frage der Intention vor, die Frage des erlittenen Schadens. Dieses Moment also, welches an der Hand meines Collegen v. Bar Ihnen vorzuführen ich mir erlaube, spielt ebenfalls mit bei der Entscheidung der Frage, ob ein aus rechtsgelehrten Richtern und aus Handelsbeisitzern componirtes Handelstribunal den Vorzug verdiene oder aber die Jury in Handelssachen, wie sie vom Herrn Collegen v. Bar hier vorgeschlagen wird.

Es macht uns sowohl Brunner als v. Bar darauf aufmerksam, daß man nicht zweifeln könne, daß ein reichhaltigeres Material an Handelsfragen und Handelssachen nicht vorkomme als an den Gerichtshöfen von England und daß in diesem commerziell so ausgeprägten Lande man mit dem System der Geschworenen in Handelssachen einverstanden sei. Dabei dürfte allerdings eine Bemerkung nicht zu unterlassen sein, nämlich die, daß wenn wir in Deutschland bei der Zusammensetzung unserer Handelsgerichte von einem Zusammentreten von rechtsgelehrten Richtern und Laien reden wir unter den Laien ja eigentlich die Sachverständigen meinen, nicht die Laien im gewöhnlichen Sinne des Worts, die also von den Sachen keine specielle Kenntniß haben, sondern daß wir kaufmännische Beisitzer wollen. Nun stellt allerdings in England die Sache sich so, daß Sie kaum jemals einen irgendwie handelsrechtlichen Fall entscheiden sahen, ohne daß man eine Spezialjury dazu einruft, und diese Spezialjury entspricht allerdings ihrer Zusammensetzung nach im Wesentlichen ganz demjenigen, was wir als den Grundstock betrachten, aus dem wir uns unsere Handelsrichter nehmen. Insofern also würde das Material der Richter, welches in der einen Form als Civiljury, in der anderen Form als Beisitzer des rechtsgelehrten Richters wirkt, vollständig dasselbe sein. Wenn Sie also gegen die Civiljury einwenden: ja wir müssen sachverständige Urtheiler in der Thätigkeit der Jury haben, so ist die Antwort darauf: die Meinung derjenigen, welche sogar für diesen kritischen Punkt Ihnen die Jury empfehlen, ist vollständig von dem gleichen Gedanken getragen, man denkt sich dabei in der That sachverständige geschworene Richter aus dem Kaufmannsstand in seiner verschiedensten Gestalt.

Das ist, wie gesagt, das Gutachten, welches von Bar Ihnen empfiehlt und ich will mir erlauben, nur noch seine zusammengefaßten Schlußworte Ihnen mitzutheilen. Er sagt also: Mein Gutachten geht dahin:

Die Einführung ist zu empfehlen:

1. für Liquidationen eines erlittenen Schadens,
2. in Handelssachen als Ergänzung der Handelsgerichte, beziehungsweise als Ersatz der Handelsgerichte zweiter Instanz.

Darüber muß ich mir noch ein Wort erlauben. Er ist nämlich der Meinung, daß eventuell man die gewöhnlichen Handelsgerichte vorwiegend als Vermittelungsgerichte auffassen könnte und daß dann in einem solchen Falle, wo also durch die Mitwirkung des Handelsgerichts ein Einverständniß der Parteien nicht erzielt wird, die eigentliche Entscheidung in der zweiten Instanz durch ein so componirtes Gericht von einem Richter mit Geschworenen eintreten soll. — Dagegen erscheint mir — sagt v. Bar — die Einführung der Civiljury in umfassenderer Weise zur Zeit nicht rathsam. Er beschränkt also ausdrücklich seinen Vorschlag auf die vorhin angegebene allgemeine Construktion des Verfahrens, so daß wir uns nicht die Thüre selber verschließen. Dann aber, was die unmittelbare Befürwortung anbelangt, will er nur für die Frage vom erlittenen Schaden in seinen verschiedenen Gestalten und für Fragen des Handelsrechts die Einführung der Civiljury befürworten.

Das zweite Gutachten, was Professor Brunner abgegeben hat, ist etwas weiter angelegt, in dem Sinne daß er namentlich auch auf die historische Entwickelung des Schwurgerichts überhaupt und auf das Schicksal und Geschick unserer Beweislehre näher eingeht. Das sind Gegenstände, welche diejenigen Herren, welche sich der Auseinandersetzungen näher erinnern, dort mit ebensoviel Scharfsinn als Eleganz vorgetragen finden. Ich glaube aber nicht, daß wir für die unmittelbare Entscheidung diese noch so gelungenen historischen Auseinandersetzungen nothwendig brauchen, und ich wenigstens finde mich nicht veranlaßt, darauf hier näher einzugehen. Was darin gesagt worden, ist meinem Urtheil gemäß, soweit ich wie gesagt, über die speciellen civilprocessualischen Punkte urtheilen kann, durchaus sachgemäß, aber dieser Theil der Auseinandersetzungen scheint mir heutzutage nicht von besonderem Einfluß sein zu können. Ich will nur gleichsam im Nachtrag auf einige Momente aufmerksam machen, die von Brunner noch hervorgehoben werden.

Er hat mit sehr guter Kritik, wie ich schon vorhin andeutete, die Art und Weise der Einführung der Jury in Frankreich besprochen, dann aber bemerkt er namentlich, es sei durchaus falsch, wenn man sich vorstelle, daß etwa in England — und die Grundsätze und Gewohnheiten dieses Landes dominiren, wie gesagt, bei beiden Gutachtern — man die Jury in Civilsachen als ein Stück Alterthum betrachte, als einen Rock, den man nicht ausziehe, weil man ihn anhat, als ein Stück, das schon zu Zeiten König Heinrichs II., wie die Herren alle wissen, in England gegen das Duell eingeführt worden sei. Da betont er namentlich, daß im Jahre 1830 schon in Schottland, in einem Lande, wo wir, was das materielle Recht anbelangt, ja auf der civilistischen Basis stehen ganz ähnlich wie unser gemeines deutsches Recht, in einem Lande, wo der bisherige Prozeß vielfach mit unserem gemeinrechtlichen Prozeß verwandt war, die Civiljury eingeführt wurde, und — wenn ich die Bemerkung hinzufügen darf — die Schotten sind bekanntlich sehr vorsichtige Leute, die sich gewiß drei, vier Mal besonnen haben, ehe sie eine solche Veränderung im Verfahren haben eintreten lassen. Außerdem meine ich, sollte man auch nicht außer Acht lassen, daß die Civiljury sich in all den neuen Colonien und Ländern eingebürgert hat, wo zum Theil wesentlich andere Verhältnisse, als wie sie in England selber vorliegen, im Laufe der Zeit sich entwickelt haben. Auch hier redet man nicht davon, daß an die Abschaffung der Civiljury gedacht würde. Man findet also auch in Ländern, die in manchen Richtungen viele Aehnlichkeit mit unseren Verhältnissen haben, daß das Institut der Englischen Civiljury sich vollständig bewährt.

Ich kann nicht die Bemerkung unterlassen, daß in England selber zwar eine Zeit lang eine Stimmung gegen die Civiljury vorhanden gewesen ist, daß dies aber ein vollständig vorübergehender Moment war, und da ich unmittelbar aus England komme und über diese Frage bei den besten Stellen mich befragt habe, so kann ich mit der besten Autorität sagen: in der Ueberzeugung des Juristenstandes von England — und von dem rede ich vor allen Dingen, da ich ja die Ehre habe zu Juristen zu sprechen — steht die Civiljury vollständig fest. Man hat auch in dem letzten Jahrzehnt gar kein Bedenken getragen, in solche Prozeduren, die bis dahin die Jury nicht hatten, das Juryelement hineinzutragen. Es ist das der Fall gewesen bei dem Gerichtshof, welcher über Ehescheidungen zu entscheiden hat, da ist auch die Aburtheilung durch eine Jury eingeführt worden, es ist das geschehen bei der neuen Umgestaltung des Admiralitäts-Gerichtshofes; es ist geschehen bei dem Gerichtshof, welcher das ganze Verlassenschaftswesen zu ordnen hat — in allen diesen Theilen des Englischen Rechtswesens hat man im Laufe der letzten 10, 5 Jahre die Jury neueingeführt.

Es wird allerdings auch von Professor Brunner mit aller Energie betont, daß man sich die Mitwirkung von Richter und Geschworenen in Civilsachen niemals in der oppositionellen Form des Schwurgerichts, wie wir es in Deutschland gewohnt gewesen sind, zu denken habe, daß in der That die volle autoritative Gewalt des Richters neben und über den Geschworenen stehe.

In Folge dessen kommt nun Brunner, der etwas weniger bedenklich ist als College v. Bar, zu dem Vorschlag:

1. Die Aufnahme der Civiljury in das deutsche Prozeßrecht erscheint als wünschenswerth.
2. Für Schädenprozesse und Handelssachen ist die Anwendung der Jury als Norm hinzustellen.
3. Im Uebrigen ist ein concurrirendes Verhältniß zwischen der schwurgerichtlichen und richterlichen Entscheidung der Beweisfragen in der Weise anzustreben, daß die Anwendung der Civiljury im einzelnen Falle von der Initiative der Prozeßparteien abhängig gemacht wird.

Es soll also — Sie sehen, das ist die Cautel, die Brunner vorschlägt — abgesehen von den Gebieten, wo er annimmt, daß auch jetzt gleich die Jury verwendet werden könnte, die Sache in die Hände der Parteien selber gelegt werden, es soll gleichsam ein Element des Compromisses in solchen Fällen, die nicht in die eben bezeichneten Kategorieen gehören, mit in die Anwendung der Civiljury hineingetragen werden.

Wenn ich zum Schluß noch meine Stellung zur Frage kurz bezeichnen will, so habe ich mir schon anzudeuten erlaubt, daß ich glaube, es habe die Discussion über diese Frage in Deutschland etwas lange geschlummert, und es ist daher mit einer gewissen Befangenheit, wenn ich mich von diesen beiden vorliegenden Gutachten für das Brunner'sche erkläre. Ich glaube in der That, wenn Sie jetzt daran gehen wollen die Civiljury einzuführen, daß in der Form, wie der Gegenstand hier von Brunner formulirt wird, am ehesten das richtige Ziel erreicht werden könnte. Persönlich aber würde ich es ganz begreiflich finden, wenn der Juristentag eben weil, wie ich betonte, dieser Gegenstand in seinen detailirten Fragen uns so lange aus dem Gedächtniß entschwunden ist, weil wir in der That anerkennen müssen, daß die Vorfrage wesentlich die ist, ob in diesem oder jenem anderen Punkte gerade das Verfahren so oder anders organisirt wird, einer Entscheidung der betreffenden Frage gegenwärtig sich noch entziehen würde. Meine persönliche Ueberzeugung, wie sie noch durch andere Erfahrungen und Anschauungen getragen wird, würde mich dahin führen, mein Gutachten so abzugeben, wie es der College und Gutachter Brunner gethan hat; aber ich würde es wie gesagt durchaus am Platze finden, wenn der Juristentag gegenwärtig und auch mit Rücksicht auf die Frage, die uns unmittelbar noch bevorsteht, sich noch mit einem „non liquet!" begnügen wollte. Das ist natürlich ein Argument was — wie ich zum Schluß noch anführen muß — sich erledigen würde, wenn die Entscheidung über die Jury in Strafsachen so ausfällt, wie ich wünsche, daß sie ausfällt. Es wird nämlich geltend gemacht, man könne die Geschworenen nicht auch noch mit dem Dienst in Civilsachen beschweren, wenn die Geschworenengerichte in Strafsachen beibehalten werden. Beschließt der Juristentag, daß die Geschworenengerichte dort aufhören, dann ist es möglich, daß Sie die Geschworenen in die Civiljury hereinziehen.

(Bravo!)

Präsident: Die von dem Herrn Referenten gestellten Anträge verstehe ich dahin, daß der Herr Referent principaliter die Aussetzung der Beschlußfassung beantragt. Wenn man aber die Entscheidung nicht aussetzen wolle, dann wünscht er, daß man sich so ausspreche, wie Professor Brunner in seinem Gutachten gethan.

(Zustimmung des Referenten.)

Ich eröffne nunmehr die Debatte über diese Anträge.

Rechtsanwalt **von Groddeck** aus Bromberg: Meine Herren! Ich darf wohl annehmen, daß es sich hier um die wesentlich selbe Frage handelt, welche drüben in der III. Abtheilung entschieden wird: Schöffen oder Geschworene, oder aber Verwerfung des Laienelements? Ich stelle mich auf den Standpunkt, daß diese letzte Alternative, Verwerfung des Laienelements im Civilprozeß, beim Juristentag von vornherein nicht ein Vorurtheil für sich hat, sondern daß der Juristentag in seiner ganzen Richtung geneigt sein wird, dem Laienelement eine Stelle, eine wirksame Stelle auch im Civilprozeß zuzuweisen, davon ausgehend, daß Recht und Rechtspflege wesentlich ein Element der Volksentwicklung ist und daß, wenn auch Einzelne in der Wissenschaft und Praxis vermöge der Arbeitstheilung sich besonders damit zu befassen haben, es keinen, keinen Gegenstand in der Welt giebt, der mehr als das Recht in unmittelbarem Besitze des Volks sein muß, von ihm ja geübt wird, und daß es also auch in dem Verständniß der Entscheidungen, die dabei vorkommen, sich selbst üben muß, damit es in der Uebung des Rechts auch vorwärts kommen kann. Ich glaube aber nicht, daß die beiden

Abtheilungen, welche heute im Criminalverfahren und im Civilverfahren darüber berathen, ob Schöffen, d. h. ein Collegium von Richtern und Laien zusammengesetzt, oder Geschworene, d. h. zwei Collegien, eins von Richtern, das andere von Laien gebildet, in irgend eine Collision gerathen können. Die beiden Fragen haben meines Erachtens eine so grundverschiedene Bedeutung, daß man in der That sehr wohl auf der einen Seite, wie ich es thun will, sich ganz entschieden im Criminalverfahren für Geschworene entscheiden kann, und auf der anderen Seite im Civilprozeß das Schöffenprinzip empfehlen kann. Ich beabsichtige, folgende Anträge zu stellen:

> Nur auf Antrag einer der beiden Parteien sind im Civilprozeß zu dem Richtercollegium bei der mündlichen Verhandlung in denjenigen Instanzen, welche Thatfragen zu entscheiden haben —

es wäre vielleicht besser zu sagen: —

> welche nicht nur Rechtsfragen zu entscheiden haben, mit vollem Stimmrecht zwei Schöffen zuzuziehen, von denen das Richtercollegium je einen aus einer von beiden Parteien aufzustellenden Vorschlagsliste zu wählen hat.

Ich stimme zuvörderst mit Brunner und dem Herrn Referenten überein, daß es nur dem Belieben einer von beiden Parteien freizugeben ist, die Zuziehung von Schöffen zu verlangen und daß diesem Antrage dann von dem Richtercollegium genügt werden muß. Ich gehe dabei davon aus, daß alle Rechtsentwicklung lediglich ein Kampf zwischen Freiheit und Beschränkung ist. Die Freiheit muß beschränkt werden, damit sie bestehen kann, sie muß aber, damit sie Freiheit bleibe, so wenig als möglich beschränkt werden. Bei allen Institutionen also, bei welchen es sich darum handelt, daß ein Zwist geschlichtet werden soll, ist meines Bedünkens das Nächste, daß man den Parteien die Möglichkeit einer Einigung von vornherein so nahe als möglich bringt, daß man ihnen also einen Einfluß auf die Herstellung desjenigen Collegiums gestattet oder derjenigen Collegien gestattet, welche ihren Zwist entscheiden, welche festsetzen sollen, was sie denn eigentlich gewollt haben.

Ich glaube, daß es auch aus anderen Gründen sich empfiehlt, diese Beschränkung für die Zuziehung des Laienelements in allen Fällen festzuhalten. Ich sehe nicht ein, warum der Apparat, der immer kostspielig, zeitraubend, deshalb kostspielig — denn, Jedem ist ja Zeit Geld — unbesehen angewendet werden soll, auch da, wo die Streitenden kein Bedürfniß dafür fühlen. Werden wir uns doch darüber klar, daß in der eigentlichen Rechtsfrage das Laienelement immer nur eine mehr oder weniger untergeordnete Mitwirkung haben wird. Es mag ein Richter oder es mögen drei Richter unter den Laien sitzen: es ist gewiß, daß immer die richterliche Autorität entweder des einen ganz überwiegt oder der Majorität der zwei oder aber des besonderen Scharfsinns des einen, der in der Opposition ist, einen ganz überwiegenden Einfluß haben wird und daß von der Selbstständigkeit des Urtheils in Bezug auf eigentliche Rechtsfragen nicht zu viel zu erwarten ist.

Ich meine aber auch weiter, daß in Beziehung auf die Rechtsfragen Laien in der That nicht vollständig geeignet sind, maßgebende Urtheile abzugeben; denn nach dem, was Gneist in seiner neusten Schrift „über den Rechtsstaat“ hervorgehoben hat, ist bei dem Recht das gleiche Maß die Hauptsache, das gleiche Maß, welches nicht eine einzelne Frage bedingt, von ihrem besonderen Standpunkte aus ins Auge faßt, sondern welches eben diese Frage in ihrem Zusammenhang mit allen Fragen, die uns vorgelegen haben, ins Auge faßt und die Stelle herausfindet, welche gerade diese Frage einzunehmen hat. Das können unmöglich Laien, welche nur alle Jahre ein- oder alle 2 Jahre einmal dazu kommen. Das können sie ebenso wenig, als sie ein richtiges Maaß in Bezug auf die Strafabmessung einhalten können.

Auch dazu gehört ein Erfassen, ein Sichhineinleben in eine Menge von Fällen, um zu entscheiden, wo man dem einzelnen Falle seine Stufe anweist.

Ich meine also, Laien sind in der That auch nicht vollständig in der Lage, vorzugsweise maßgebende Urtheile über die Rechtsfragen abzugeben.

Soll man nun deshalb — es könnte so scheinen, als käme ich darauf hinaus — gerade Geschworene nehmen und deshalb gerade die Thatfragen allein einem Geschworenen-Collegium überweisen und die Rechtsfragen dem gelehrten Richter? — In Criminalsachen scheint mir die Sache ganz anders zu liegen, dort handelt es sich darum, ob eine größere Zahl von Mitbürgern die Ueberzeugung gewinnen kann, daß mit dem strafrechtlichen dolus, mit dem Bewußtsein, Unrecht zu thun, eine Handlung begangen ist, welche das Strafgesetz charakterisirt und von deren Charakteristik in der Frage den Geschworenen die nächste Kenntniß gegeben wird. So einfach aber liegt die Sache nicht. Es handelt sich bei den Criminalgeschworenen ja nicht so sehr wesentlich darum, daß sie Beweismaschienen sind — denn auch als Beweismaschiene würde ich den Richter genau ebenso hochachten als die Geschworenen, vielleicht noch höher; der Richter wird noch eher im Stande sein, die leider bis jetzt in Deutschland noch so sehr vernachläßigte inductive Logik, welche für uns überhaupt maßgebend ist, zu studiren, als der Laie, welcher die Logik zwar im Leben vielfach übt, aber keineswegs so zu verfolgen im Stande ist. Deshalb würde ich es aufs Aeußerste beklagen, wenn in dem Schwurgericht etwa das System angenommen würde, die Frage in lauter einzelne zu zerspalten, was freilich für das Verständniß der Geschworenen viel einleuchtender wäre und in manchen Beziehungen auffallende Verdikte verhüten würde; denn die Geschworenen würden dadurch Beweismaschienen werden, während sie dem Wesen nach, dem deutschem Bewußtsein nach Eideshelfer sein sollen. Sie sollen in die Seele, in das Gewissen des Angeklagten urtheilen, ob er das Schuldbewußtsein gehabt hat, welches das Strafgesetzbuch erfordert.

Ganz anders im Civilprozeß. Wenn man auch einzelne Dinge herausgreifen kann, ob einmal mehr culpa, einmal mehr dolus war, also Bewußtsein, so spaltet sich das in der Fragestellung in eine Menge von Einzelheiten, die, wenn man selbst die Klaggründe zusammenfassen, wenn man die Exceptionen der verschiedensten Art, soweit sie sich auf Thatsachen beziehen, zusammenfassen wollte, in eine unendliche Wirrniß führen würden. Die formulae, welche der praetor dem judex zu stellen hatte, würden wahrscheinlich nicht leichter, sondern unendlich schwerer zu verstehen sein, als die Fragen, welche gegenwärtig der Criminalrichter den Geschworenen stellt. Und das ist der Hauptgrund, meine Herren, hier, wo es sich um Mein und Dein handelt, um Beibehaltung oder Trennung der Ehe handelt, um Familienrechtsverhältnisse, darf man unmöglich die Klippe so scharf stellen. Bei den Geschworenen hilft eben das in dubio mitius, hilft das in dubio pro reo, aber in Civilsachen heißt es scharf den Nagel auf den Kopf treffen, und die Gefahr würde unendlich sein, aus dem Gewirre von Fragen eine richtige, klare und sichere Antwort zu finden. Ich glaube, daß die Richtercollegien, welche die Frage zu stellen hatten, unendlich vielmehr Zeit auf die Formulirung der Fragen verwenden würden, als sie bisher auf die Findung des ganzen Erkenntnisses verwendet haben. Das ist also der Hauptgrund, weshalb ich meine, daß Schöffen an Stelle der Geschworenen einzuführen seien. —

Ich muß positiv noch einen Grund anführen, weshalb ich glaube, daß es gut ist, Schöffen einzuführen, denn es könnte aus dem bisher Gesagten geschlossen werden, ich wäre gegen die Zuziehung des Laienelements. Jeder Prozeß, jeder Rechtsstreit spielt ein Stück Leben, welches sich vollzogen hat, noch einmal ab.

Wir wissen nun alle, welchen ungeheuren Unterschied es macht, ob man in den Verhältnissen eingewöhnt ist, ob man es klar übersieht oder erst durch eine Menge von Einzelheiten sich klar gemacht sehen soll, mögen diese Einzelheiten schriftlich oder mündlich vorgetragen werden. In Schriftsätzen führt es zu einer wahren Unendlichkeit, und wir Advokaten wissen von unendlichen Prozessen, in welchen wir, getäuscht durch das Conferiren mit der Partei, uns vollständig ins Leben hineingedacht haben und nun versäumen, in dem Detail, wie es uns klar geworden ist, es auch dem Richter in dem

Schriftsatze klarzulegen, indem wir uns einbilden, der Richter verstehe es ebenso gut, und nachher ergiebt sich, wir haben etwas ausgelassen, der Richter bewegt sich in Mißverständnissen. Also ich meine, zur Abkürzung der Sache und zur vollständigen Klarlegung dient es, wenn der Richter die Berufsgenossen der Parteien, diejenigen, welche das ganze Lebensbild, aus dem sich der Streit abbildet, aus eigener Wahrnehmung kennen, nicht etwa bloß als Sachverständige vor sich hat, bei welchen er eine genaue Befragung allzeit herbeiführen kann, sondern auch als Mitrichter unter sich hat, damit dann, wenn das Richtercollegium sich schlüssig machen soll, auch dieses ganze volle Lebensbild mit dem Ausdruck, der daraus gewonnen wird, nicht bloß die thatsächliche Ueberzeugung, sondern auch die rechtliche Ueberzeugung ihren Einfluß gewinnt. Das ist der positive Grund, weshalb ich Ihnen an Stelle der Schwurgerichte in Civilsachen die Zuziehung von Schöffen empfehle, und zwar wiederum nur auf Antrag, weil ja auch in Handelssachen, wo so schon im Allgemeinen die Zuziehung von Laien empfohlen worden ist, es eine ganz überwiegende Zahl von Prozessen giebt, wo es ganz gleichgiltig ist, ob Laien mitwirken, in denen die Thatfragen gar nicht streitig sind, in denen auch die Rechtsfragen gar nicht so komplizirt sind, daß es eines Eingehens in das Lebensbild bedarf, sondern in der That die Fragen offen liegen. Ich denke namentlich an die Un- und Ueberzahl von Prozessen, wo die Parteien gar nicht uneins sind, sondern wo es sich darum handelt, daß Einer noch nicht bezahlen will und so und solange Ausflüchte sucht. Wenn nun einmal Schöffen, und zwar auf Antrag zugezogen werden müssen, so fragt es sich, wieweit man dadurch der Würde des Gerichts möglicherweise Eintrag thut. Man kann einmal nicht im Juristentage die ganze Menge von Cautelen mit in die Beschlüsse hineinziehen, welche erforderlich sind, um die Würde des Richters zu wahren, damit nicht Personen zu dem Richtercollegium hinzugebracht werden, mit welchen der Richter nicht würdig zusammensitzen kann. Nach alledem mag die Andeutung genügen in dem Antrage, den ich zu stellen beabsichtige, daß das Richtercollegium auf die Auswahl der Schöffen auch Einfluß haben soll, während allerdings — das habe ich nicht hineingeschrieben, ich setze es aber voraus — in derselben Weise wie bei den Schwurgerichten die Kategorie von Personen schon bezeichnet ist, aus welchen überhaupt die Schöffen genommen werden sollen. Ich beantrage, daß eine Vorschlagsliste von den Parteien vorgelegt wird und aus den Vorschlagslisten je einer von dem Richter gewählt werden muß. Ebenso gehören nicht hinein detaillirte Cautelen für die Fälle, wenn die Vorschlagslisten unvollständig, ungenau oder unrichtig sind; das würde den Juristentag zu weit führen; aber soweit, wie ich den Antrag formulirt habe, glaube ich, kann der Juristentag auch gehen. Mein Antrag geht also dahin:

Nur auf Antrag einer der beiden Parteien sind im Civilprozeß zu dem Richtercollegium bei der mündlichen Verhandlung in denjenigen Instanzen, welche nicht nur Rechtsfragen zu entscheiden haben, mit vollem Stimmrecht zwei Schöffen zuzuziehen, von welchen das Richtercollegium je einen aus einer von beiden Parteien aufzustellenden Vorschlagsliste zu wählen hat.

Referent Professor **Marquardsen** aus Erlangen: Ich habe absichtlich mich nicht auf die Frage geworfen, ob etwa statt der Geschworenen Schöffen bei dem Civilgericht eingeführt werden sollten, weil dies nicht in der Frage enthalten war, die mir zum Referat zugewiesen wurde. Nun darf ich vielleicht noch zwei Worte hinzufügen im Interesse des abwesenden Herrn Professor Brunner, weil dieser gerade über den Punkt, den der Herr Vorredner behandelt hat, ob man Schöffen statt Geschworenen hinzunehmen könnte, sich eine kurze Aeußerung erlaubte. Ich glaube, die Abwesenden sollen nicht Unrecht haben. Er bemerkte nämlich in Bezug auf diese Vorfrage:

„Das Princip der Arbeitstheilung, auf dessen richtiger Anwendung der Werth der Jury beruhte, ist in den Schöffengerichten, welche aus Juristen und Laien bestehen, bei Seite gesetzt. Bei ihnen kommt alles auf den faktischen Einfluß an, welchen der Rechtsgelehrte auf die Laien ausübt. Während bei der Civiljury die Einflußnahme des Richters unter der Controlle der Oeffentlichkeit und der Parteien steht, ist eine derartige Garantie bezüglich der Rolle, welche der Jurist im Berathungszimmer den Laien gegenüber spielt, in keiner Weise vorhanden. Während die Geschworenen für die Entscheidung der Thatfrage die ausschließliche moralische Verantwortlichkeit tragen, wird bei den Schöffengerichten die Verantwortlichkeit bezüglich der Beweis- und Rechtsfragen von Juristen und Laien zugleich übernommen. Die dadurch ermöglichte Ueberwälzung der Verantwortlichkeit führt nur allzuleicht zu mattherziger Halbheit und zur Oberflächlichkeit, denn es fehlt der mächtigste Sporn, der Sache mit ganzer Seele auf den Grund zu gehen. Der Verfall der deutschen Schöffengerichte, welche durch das Eindringen geschulter Juristen zersetzt wurden, giebt einen deutlichen Fingerzeig, wohin es mit dem Laienelemente kommt, wenn es sich ohne feste Abgrenzung der Arbeitsgebiete mit Rechtsgelehrten in die Rechtsprechung theilen muß."

Präsident: Es hat sich Niemand weiter zum Wort gemeldet, und wird daher die Debatte als geschlossen zu betrachten sein. — Referent hat soweit ich verstanden habe, uns vorgetragen, daß er für die Abtheilung eine Beschlußfassung zur Zeit nicht für ganz angemessen erachtet, weil es der Abtheilung an der genügenden Vorbereitung fehle, daß aber auch die Frage, ob Schöffen- oder Schwurgerichte in Criminalsachen eingeführt werden sollen, erst entschieden sein müsse, ehe man zur Beantwortung der vorliegenden

Frage gehe, daß aber, falls die Abtheilung nicht die Aussetzung der Frage beschließen wolle, dieselbe sich für die Auffassung des Herrn Professor Brunner erklären möge. Habe ich den Herrn Referenten so richtig verstanden?

(Wird bejaht.)

Dann würde der principale Antrag etwa folgendermaßen lauten:

In Rücksicht darauf, daß es zur Zeit an einer genügenden Vorbereitung für die Entscheidung der Frage über die Einführung der Civiljury in den deutschen Civilprozeß fehlt, die Entscheidung auch von derjenigen über die zur Zeit ventilirte Frage, ob in Strafsachen an Stelle der Geschworenengerichte Schöffengerichte zu setzen, abhängig ist, setzt die Abtheilung die Beschlußfassung über die angeführte Frage aus.

(Nachdem der Referent mit dieser Fassung sich einverstanden erklärt hatte und die Versammlung übereingekommen war, für den Fall der Ablehnung dieses dilatorischen Antrags die Discussion wieder zu eröffnen und eine materielle Debatte über die vom Referenten adoptirten Anträge des Professor Brunner und den Grodbeck'schen Antrag stattfinden zu lassen, wird der Antrag auf Aussetzung des Beschlusses in obiger Fassung mit großer Majorität angenommen, und ferner beschlossen, dies dem Plenum durch Herrn Professor Marquardsen als Referenten zur Kenntnißnahme mittheilen zu lassen.)

Präsident **Albrecht**: Wir gehen zu dem Antrage des Herrn Dr. Jacques betreffend das internationale Wechselrecht über. Herr Geheimrath Borchardt hat das Wort:

Referent Geheimer Justizrath **Borchardt** aus Berlin: Der vorliegende Antrag des Dr. Jacques in Wien

„Der deutsche Juristentag spricht als seine Ueberzeugung aus:

Die Herstellung eines gemeinsamen Wechselrechtes aller europäischen Staaten, sowie der Vereinigten Staaten von Nord-Amerika entspricht dem heutigen Stande der Wissenschaft und ist ein Bedürfniß des internationalen Handelsverkehrs und Credites.

Der Juristentag beauftragt seine ständige Deputation, eine Denkschrift in diesem Sinne an die kaiserlichen Regierungen von Deutschland und Oesterreich zu dem Ende zu richten, damit durch die Initiative derselben die Einsetzung eines internationalen Delegirten-Congresses und die Durchführung der Codification des gemeinsamen Wechselrechts erzielt werden möge."

zerfällt in zwei Theile.

Der Juristentag soll im ersten Theil die Nothwendigkeit eines internationalen Wechselrechts aussprechen und im zweiten Theile die Kaiserlichen

Regierungen von Deutschland und Oesterreich zur Herbeiführung eines solchen auffordern.

Ich erlaube mir deshalb die Bitte: mir zu gestatten, bei der nachfolgenden Erörterung die beiden Theile von einander abgesondert behandeln zu dürfen und werde mich demgemäß zunächst zu dem ersten Theil des Antrags wenden.

Meine Herren! Der Handelsverkehr verbreitet sich ohne Rücksicht auf die verschiedenen Landesgrenzen über die ganze Erde und hat seinen hauptsächlichsten Vermittler in dem Wechsel gefunden, welcher wie das Geld und die Münze von Hand zu Hand, von einem Lande zu dem anderen wandert und leider auch öfters seinen Rücklauf nimmt, und vorzugsweise alsdann die verschiedenen, in dem Wechsel eingegangenen Verbindlichkeiten der Beurtheilung der verschiedenen Gesetzgebungen der einzelnen Länder, in welchen die resp. Verbindlichkeiten eingegangen sind, unterwirft. —

So gerechtfertigt schon hierdurch einerseits das Streben nach einer gemeinsamen und einheitlichen Gesetzgebung für das Wechselrecht erscheint, so hat dasselbe doch andererseits sich nur erst in geringem Maße verwirklicht.

Den bedeutsamsten Anfang hierzu hat Deutschland gemacht, welches durch Unterstützung der politischen Ereignisse des Jahres 1848 eine und dieselbe Wechsel-Ordnung in allen Deutschen Staaten eingeführt und damit 40 verschiedene Wechsel-Ordnungen beseitigt hat.

Ferner ist das Bedürfniß in den Staaten, in welchen noch verschiedene Wechsel-Gesetze gelten, anerkannt.

So in England, welches durch die

Act. 19 und 20 Victoria l. 60 vom 21. Juli 1856,
Act. 19 und 20 Victoria l. 97 vom 29. Juli 1856 und
Act. 9 Georg IV. l. 24 vom 19. Juni 1828,

dahin strebt die Wechsel-Gesetze Schottlands und Irlands mit dem englischen in Einklang zu bringen.

Ferner in Italien, welches nach der Vereinigung der verschiedenen italienischen Staaten das HGB. von 1865 für das ganze Königreich mit alleinigem Ausschluß der Provinzen Mantua und Venedig eingeführt hat.

Ferner in der Schweiz, welche eine gemeinsame Wechselgesetzgebung für sämmtliche Cantone, allerdings bisher vergeblich, in dem Concordats-Entwurf vom Jahre 1856 angestrebt hat. Denn dieser Entwurf ist bisher nur in 6 Cantonen und auch in diesen noch mit verschiedenen Modificationen erst zum Gesetze erhoben worden.

Hierzu kommt endlich, daß auch gewichtige Stimmen des Auslandes, namentlich in Frankreich, England, Holland, Italien, Scandinavien und der Schweiz sich für die Nothwendigkeit eines internationalen Wechselrechts erklärt haben.

Wenn schon nach diesen Vorgängen wohl unbedingt der jetzt beantragte Ausspruch motivirt erscheint, so ist es derselbe noch mehr, wenn wir die neuesten politischen Ereignisse betrachten. —

Während nämlich im Jahre 1870 und 1871 die Deutschen Krieger einen großen Theil von Frankreich besetzt hatten und später auch noch die Belagerung von Paris erfolgte, hat die damalige französische Regierung die sogenannten Moratoriengesetze erlassen, welche insbesondere, was hier in Betracht kommt, die Verfall- und Protest-Frist der Wechsel wesentlich abgeändert und namentlich wiederholt prolongirt haben.

Wenngleich schon bei ähnlichen politischen Ereignissen, sowie auch bei besonderen Naturereignissen, wie z. B. Ueberschwemmungen, die Verfall- resp. Protestfristen der Wechsel durch Special-Gesetze verlängert worden sind, weil **factisch** die mit dem Wechsel vorzunehmenden essentiellen Handlungen, insbesondere rechtzeitige Präsentation und Protest-Erhebung sowie Notification unmöglich waren, so ist doch wohl niemals die Verlängerung der Fristen in einer solchen enormen Ausdehnung erfolgt, wie in diesem französischen Moratorium und ist wohl auch hierin der hauptsächlichste Grund zu suchen, daß nicht eine friedliche Abwickelung und Lösung der Regreß-Verbindlichkeiten aus dem rückläufigen Wechsel stattgefunden hat nnd daß die Entscheidungen der Gerichte häufig angerufen worden sind und diese Entscheidungen um so mehr verschieden ausfielen und ausfallen mußten, als sie verschiedenen Staaten angehörten und die streitigen Fragen somit nach den resp. verschiedenen Landesgesetzgebungen zu beurtheilen waren.

Wir können hier von der Kritik dieser Entscheidungen, welche dieselben erfahren haben, um so mehr absehen, als es sich hier nur um die Feststellung der Thatsache selbst, der verschiedenen höchsten Entscheidungen und des dadurch hervorgerufenen Bedürfnisses eines einheitlichen Gesetzes handelt und mag nur hier nebenbei erwähnt sein, daß auch in einem ähnlichen früheren Falle zur Zeit der Regierung Napoleon's I. in Betreff des mit Spanien ausgebrochenen Krieges der Appell-Hof zu Paris wiederholt in ähnlicher Weise wie das Reichs-Oberhandelsgericht erkannt und den Einwand der vis major verworfen haben soll.

Wenn aber sonach, wie ich glaube nachgewiesen zu haben, das Bedürfniß eines internationalen Wechsel-Rechts feststeht, so fragt es sich doch noch, ob die Ausführung, der Erlaß eines solchen möglich. Und auch diese Frage möchte ich bejahen. Weder die Anzahl der vorhandenen Gesetze noch deren materieller Inhalt steht dem entgegen. Denn

I. die Zahl anlangend, so bestehen im Ganzen nur 3 große Gruppen der Wechselgesetze, nämlich:

1. das französische. Der Code Napoléon vom Jahre 1807, welchem Aegypten, die Argentinische Republik, Belgien, auch noch in dem neuesten Gesetz vom 20. Mai 1872, Bolivia, Brasilien, Chili, Columbien, Costa-Rica, St. Domingo, Ecuador, Griechenland, Haiti, Holland mit seinen Colonien, die großbritannischen Besitzungen von Unter-Canada, Malta und Mauritius, ferner Italien mit dem Kirchenstaat, jedoch mit Ausschluß der Provinzen Mantua und Venedig, Mexiko mit Yucatan, Monaco, Nicaragua, Peru Portugal mit seinen Colonien, Rumänien, das russische Polen, Salvador die 7 Schweizer Cantone Bern (der neue, vormals französische Cantonstheil), Freyburg, Genf, Neuenburg, Tessin, Waadt und Wallis, endlich Serbien, Spanien mit seinen Colonien, die Türkei, Uruguay und Venezuela gefolgt sind.
2. Der Deutschen Wechsel-Ordnung, welche jetzt auch in Elsaß-Lothringen eingeführt ist und auch in Oesterreich (allerdings mit Ausschluß von Ungarn) gilt, und noch in den Provinzen Mantua und Venedig in Kraft geblieben ist, sind die Wechselgesetze von Finnland, Schweden und den 6 Schweitzer Cantonen, Aargau, Baselstadt, Bern (alter Cantonstheil) Luzern, Schaffhausen und Solothurn nachgebildet worden.
3. Großbritannien mit seinen Colonien und auswärtigen Besitzungen (ausgenommen die bereits oben genannten, sowie die Cap-Colonie mit Natal, Ceylon und Helgoland) und die verschiedenen Staaten der Nord-Amerikanischen Union besitzen nur einzelne, im wesentlichen übereinstimmende Wechselgesetze, welche auch auf den Hawaischen Inseln und der Republik Liberia Annahme gefunden haben.

Hierbei mag noch erwähnt werden,

4. daß besondere Wechselgesetze in Dänemark mit seinen Colonien, in Rußland, in den 4 Schweizer Cantonen Appenzell, Außer-Rhoden, St. Gallen-Stadt, Glarus und Zürich, ferner in Norwegen und Ungarn bestehen, sowie endlich, daß die alte Wechselordnung von Bilbao noch in Guatamala, Honduras und Paraguay gilt.

Dem Umfange und der Einwohnerzahl nach so gelten die Grundsätze des französischen Wechsel-Rechts (ad 1) und die des englischen (ad 3) jedes auf einem Gebiete von ungefähr 500,000 □ Meilen mit 240,000,000 Bewohnern, die Grundsätze des Deutschen Wechselrechts (ad 2) auf einem Gebiete von ungefähr 33,000 □ Meilen mit 75,000,000 Bewohnern, während die schließlich erwähnten besonderen Wechselgesetze ein Gebiet von ungefähr 400,000 □Meilen mit nur 90,000,000 Einwohnern umfassen.

II. Die materiellen Verschiedenheiten dieser Wechsel-Gesetze selbst anlangend, so dürfen als wesentliche nur folgende zu erachten sein:

1. die Wechselfähigkeit ist jetzt fast durchweg eine allgemeine, nur die Majoritätstermine sind noch verschieden, jedoch prävalirt hier bereits das 21. Lebensjahr.
2. Die Erfordernisse der Wechselurkunde weichen vorzugsweise darin von einander ab, daß
   a) die deutsche und russische Wechselordnung die in den Context der Urkunde selbst aufzunehmende Bezeichnung derselben „als Wechsel" für wesentlich halten, während fast alle übrigen Wechselgesetze davon abstrahiren.
   b) Die Angabe der Valuta wird fast nur in dem französischen und den meisten demselben nachgebildeten Gesetzen verlangt.
   c) Die deutsche, französische und russische Wechselordnung verbieten die Wechsel au porteur.
   d) Nach der deutschen Wechsel-Ordnung kann die Verfallzeit nicht auf uso, welches auch im Auslande immer ungebräuchlicher wird, festgesetzt werden.
   e) Beschränkungen Rücksichts der Wechselsumme finden sich nur im englischen und nordamerikanischen Recht.
   f) Die distantia loci, welche die deutsche Wechselordnung noch bei dem trassirteigenen Wechsel fordert, scheint jetzt auch in Frankreich nicht mehr nothwendiges Erforderniß zu sein.
   g) Bei mehreren Exemplaren desselben Wechsels verlangen die meisten ausländischen Gesetze noch die Aufnahme der s. g. cassatorischen Clausel.
3. Rücksichts der Uebertragung der Wechsel wird das Blanko-Giro wohl nur noch in dem französischen und den meisten demselben nachgebildeten Gesetzen als ein unvollständiges (Procura) Indossament erachtet. Die Hauptstreitfrage bleibt nur die Wirkung des Indossaments nach Verfall.
4. Die Pflicht, den Wechsel dem Bezogenen zur Annahme zu präsentiren, ist jetzt fast überall nur auf Sichtwechsel beschränkt und die Form der Annahme selbst meistens an die Schriftlichkeit gebunden.
5. Rücksichts des Regresses Mangels Annahme des noch nicht fälligen Wechsels stehen sich die Systeme, ob nur Sicherstellung, wie das deutsche und französische Recht annehmen, oder sofortige

Zahlung, wie das englische und nordamerikanische Recht gestatten, zu fordern sei, noch schroff gegenüber.

6. Der Regreß Mangels Zahlung ist fast überall springend gestattet, jedoch häufig an die Notifikationspflicht, durch welche auch wesentlich die Verschiedenartigkeit der Wechselverjährungsfristen herbeigeführt wird, geknüpft.

7. Die Respekttage und die Personal-Exekution werden immer mehr abgeschafft.

Betrachten wir diese hauptsächlichsten Abweichungen der verschiedenen Wechselgesetze, so ist nicht zu verkennen, daß die sämmtlichen Abweichungen weder in dem eigentlichen Wesen des Wechsels begründet noch durch etwaige locale Verhältnisse als nothwendig bedingt erscheinen. Diese Abweichungen sind vielmehr lediglich aus dem jedesmaligen Standpunkte der Rechtswissenschaft zur Zeit des betreffenden Gesetzerlasses und mit Rücksicht auf das fortgeschrittene Bedürfniß des zunehmenden und sich weiter ausdehnenden Handelsverkehrs hervorgegangen.

Wenn schon hierdurch die Verwirklichung des dem universellen Charakter des Handels entsprechenden Gedankens und Wunsches eines internationalen Wechselrechts nicht als Unmöglichkeit erscheint, so verschwinden die Schwierigkeiten der Ausführung noch mehr, sobald berücksichtigt wird, daß in jüngster Zeit das Bedürfniß nach Verbesserung der älteren Wechselgesetze resp. einer Codification derselben in einigen Staaten z. B. in New-York, Rußland und in England, wenigstens für Indien, durch neue Entwürfe zu Wechselgesetzen zum Ausdrucke gekommen und daß auch Versuche zur Herstellung allgemeiner Grundsätze Rücksichts der viel schwierigeren Materie der Havarie grosse unternommen worden sind.

Die Berathung einer internationalen Wechsel-Ordnung endlich anlangend, so würde sie wohl nur in einer von den verschiedenen Regierungen zu berufenden internationalen Conferenz möglich sein, jedoch möchte es sich wohl auch hier empfehlen und die Sache empfehlen und die Sache erleichtern, wenn nur Vertreter der bedeutenderen Staaten hinzugezogen werden, da die kleineren Staaten dem moralischen Einfluß eines dort gewonnenen Resultats sich nicht würden entziehen können.

Ich würde zum Schluß der Betrachtung des ersten Theils des mir zur Berichterstattung überwiesenen Antrags, mich noch, wie Parieu bei dieser Frage gethan, auf den Wunsch Cicero's beziehen können.

„Nec erit alia lex Romae, alia Athenis,
sed et omnes gentes una lex continebit,“

wenngleich derselbe wohl nur auf das Naturrecht zu beziehen sein dürfte.

So eindringlich ich Ihnen hiernach die Annahme des ersten Theils des Antrags des Herrn Jaques nur empfehlen kann, so muß ich mich doch gegen den zweiten Theil desselben aussprechen, weil derselbe eine Abweichung des bisherigen Verfahrens des Juristentages herbeiführen würde und hierzu meines Erachtens auch dadurch, daß zum ersten Male dem Juristentage ein internationaler Antrag vorliegt, keine Veranlassung geboten wird, und die wohl gegenwärtig vorliegenden Schwierigkeiten zur Herbeiführung eines internationalen Wechselrechts nicht zu verkennen sind.

Hof- und Gerichtsadvokat Dr. **Jaques** aus Wien: Die eigenthümlichen Einwirkungen, welche die französischen Moratoriengesetze dadurch geübt haben, daß die Entscheidungen der einzelnen Staaten in ganz divergirender Weise sich ergeben haben, sind die erste Veranlassung zu meinem Antrag gewesen. Es schien mir ein unhaltbarer Zustand dadurch entstanden zu sein, daß durch die Entscheidungen der obersten Gerichtshöfe in Leipzig und Zürich die Aufrechthaltung des Regresses verworfen war, während durch die Entscheidung der höchsten Gerichtshöfe zu Wien und Turin die Aufrechthaltung des Regresses festgestellt worden war; dadurch konnte Jemand, der selbst Regreß leisten mußte, des Regresses verlustig gehen. Dieser eigenthümliche Hiatus ist die Veranlassung zu meinem Antrage. Ich habe aber diesem Antrage im ersten Augenblicke selbst mißtraut, weil ich weiß, daß weit gegriffene Fragen immer etwas Bedenkliches haben; man kann dann die praktischen Verhältnisse vollständig verkennen. Ermuthigt zu diesem Antrage hat mich die sehr werthvolle Arbeit des Herrn Referenten. Also der Antrag kehrt nun zu seinem Vater zurück; ich würde ihn nicht gestellt haben, wenn ich nicht durch die Abhandlung, welche die Einleitung zu dieser höchst schätzbaren Zusammenstellung der Wechselgesetze aller Länder bildet, die Ueberzeugung gewonnen hätte, daß solche Verschiedenheiten, welche mit den nationalen Bedürfnissen und nationalen Rechtsanschauungen einzelner Länder in Bezug auf die Wechselgesetzgebung zusammenhängen, nicht vorhanden sind. Die Verschiedenheiten, wie das Empfangsbekenntniß der Valuta, das Blankogiro oder die Nichtzulassung des Blankogiros, insoweit sie die Frage zum Gegenstande haben, ob das Giro als eine Cession anzusehen sei oder nicht, ob ein Antrag nur auf Sicherstellung oder auf Zahlung gestellt werden solle, ob die vis major eine zuläßige Einrede sei oder nicht, ob springender Regreß zuläßig sei oder nicht, ob Notifikationspflicht bestehen solle oder Regreßklage mit kurzer Verjährungsfrist: alle diese Verschiedenheiten sind nicht im Wesen des Wechsels begründet und sind auch nicht durch lokale oder nationale Verhältnisse herbeigeführt; wie der Herr Referent dargestellt hat, sind sie juristisch-technischer Natur und hängen von dem Stande der juristischen Wissenschaft ab, und es liegt daher kein Grund vor, an der Verschiedenheit der Wechsel-ordnungen festzuhalten. Ich will dabei konstatiren, daß die Schöpfung des deutschen Wechselrechts wesentlich im Zusammenhange mit den Leistungen steht, die auf dem Gebiete des amerikanischen Wechselrechts schon vorangegangen waren. Ich möchte noch sagen, daß wohl auf keinem Gebiete das praktische Bedürfniß sosehr zur Einheit hindrängt, als auf dem Gebiete des Obligationenrechts überhaupt, und speziell auf dem Gebiete des Wechselrechts. Wenn man hier verschiedene nationale Gesetzgebungen hat, so kommt mir das beinahe so vor, als wenn Jemand, der die Absicht hätte, sich für eine Weltumseglung vorzubereiten und sich das zur Lebensaufgabe zu machen, nur eine einzige Sprache lernen oder in Nationaltracht herumgehen wollte; dieser würde seine Aufgabe erschweren, vielleicht unmöglich machen, während der, der jene Reise beabsichtigt, seinen Zweck fördern wird, wenn er sich mit fremden Sprachen vertraut macht. So kommt es mir auch mit dem Wechsel vor. Der Wechsel ist seiner Natur nach ein Kosmopolit; geben wir ihm die Farbe eines bestimmten Landes, so hemmen wir seine Cirkulation, schaden wir demjenigen, was mit der Wesenheit des Wechsels im innigsten Zusammenhange steht. Deshalb schien mir, daß auf diesem Gebiete früher als auf jedem anderen und gerade im gegenwärtigen Augenblicke wohl einzig und allein auf diesem Gebiete, der Gedanke eines internationalen Rechts als praktisch angesehen werden kann.

Das genügt für den ersten Theil des Antrags, den der Herr Berichterstatter zu dem seinigen gemacht hat. Was nun den zweiten Antrag anlangt, meine Herren, so möchte ich sagen: es sind zwei verschiedene Gesichtspunkte, die hierbei in Frage kommen, und ich will versuchen, ob sie sich nicht durch ein Amendement vereinigen lassen. Den Traditionen des Juristentages widerspricht es, daß er sich an die Regierungen wendet, und wenn auch jetzt zum ersten Male die Frage eines internationalen Rechts auf dem Juristentage erörtert wird, so soll er doch von seinen Traditionen nicht abgehen. Das hat gewiß viel für sich, obwohl ich sagen muß: der Gedanke für diese Absicht oder für diesen Beschluß liegt darin, daß es den Juristentag vielleicht diskreditiren könnte, wenn er Vorschläge machte, die von Seiten der Regierungen nicht sofort acceptirt würden. Nun, meine Herren, ich muß sagen: wenn es sich um Vorschläge handelt, die der Zukunft angehören, denen gewiß die Zukunft gehört, und wenn diese zum ersten Male Ausdruck finden, so diskreditirt man sich wohl kaum, wenn man diesen Gedanken ausgesprochen hat, und wenn auch eine längere Zeit darüber vergeht, ehe er zur Durchführung kommt.

Wir könnten sagen anstatt: „Der Juristentag beauftragt seine ständige Deputation, eine Denkschrift u. s. w.“: „Der Juristentag stellt seiner ständigen Deputation anheim, im geeigneten Zeitpunkte eine Denkschrift u. s. w. zu richten." Dadurch erreichen wir zweierlei: wir wahren für den richtigen und opportunen Zeitpunkt unserer ständigen Deputation das Recht der Iniatiative, und andererseits engagiren wir nicht die Autorität und den Credit des Juristentages in einem Augenblicke, wo wir noch nicht die vollkommene Ueberzeugung haben, daß der Antrag sofort zur praktischen Durchführung werde gebracht werden können. Ich glaube also, daß es zweckmäßig sein dürfte, den zweiten Theil nicht vollkommen fallen zu lassen, sondern ihn in einer im Ganzen ziemlich unschädlichen und, wie ich glaube, nützlichen Form zum Ausdruck zu bringen.

Rechtsanwalt **Niemeyer** aus Warburg: Ich möchte nicht nur den zweiten Theil des Antrags auf das Wärmste unterstützen, sondern mir erlauben, ihn noch zu erweitern. Der Wechsel ist schon seiner Genesis nach nicht ein Kind eines Landes allein, sondern er ist gerade aus dem internationalen Verkehr zwischen Deutschland und Italien entstanden. Also schon seine Geburt deutet hin auf die Vollendung, die ihm durch diese Anträge verschafft wird. Ich halte es nicht nur für praktisch, unseren Regierungen von Deutschland und Oesterreich die Initiative zu empfehlen, sondern ich beantrage, hinzuzusetzen, daß der Juristentag auch den Regierungen von England, Frankreich, Italien, Amerika und Spanien Kenntniß gebe von dem Antrage, der bei der deutschen und österreichischen Regierung gestellt ist, damit das ganze Ausland wisse, daß der deutsche Juristentag zuerst die Initiative ergriffen habe, und mit Rücksicht auf Frankreich, damit Frankreich wisse, daß deutsche Wissenschaft und Jurisprudenz von 1870 Nichts weiß.

Advokat-Anwalt **Franken** aus Cöln: Meine Herren! Es handelt sich nur um die Formfrage. Ich glaube, meine Herren, wir wollen weder als Juristentag, noch durch unsere Deputation, noch durch irgend ein anderes Organ wie dasjenige, welches der Juristentag in sich selbst trägt, unsere Beschlüsse zur Geltung bringen. Der Juristentag muß so hoch stehen, daß man voraussetzt, es nehmen auch andere Regierungen, es nehmen auch andere Mitglieder der Wissenschaft Notiz von dem, was hier vorgeht, und wir haben nicht nöthig, meine Herren, uns den Regierungen und zwar einzelnen Regierungen mit Anträgen zu nähern. Wer von den Verhandlungen des Juristentages, insbesondere in einer so internationalen Frage, wie diese Wechselfrage ist, keine Notiz nimmt, der hat kein Interesse für die Sache, dem wird es auch nicht dienlich sein, daß er den Antrag zugeschickt erhält. Ich glaube, meine Herren, daß wir ja nicht von dem Grundsatze, der auch bei dem ersten Juristentgge durchschlagend war, abweichen dürfen; wir haben uns hier zu beschäftigen als eine beschließende Fachgenossenschaft, von deren Existenz man durch die Presse erfährt, von deren Existenz man überhaupt durch die gewöhnlichen Verkehrsmittel Notiz nimmt, und deshalb ist es höchst überflüssig, einen Weg ausfindig zu machen, den Regierungen Vorschläge zu unterbreiten. — Die Regierungen beschäftigen sich auch nicht damit, sondern die Leute, die in der juristischen Carriere an der Spitze stehen. Wenn Beschlüsse nicht durch sich selbst wirken, so haben sie auch keine Wirkung durch Unterbreitung, und wir können also alle Schritte auf eine Initiative einfach fallen lassen. Ich möchte daher den Vorschlag auch zu dem meinigen machen, den der Herr Referent vertreten hat, von der Art und Weise der Verbreitung des Beschlusses nicht das Geringste in den Antrag aufzunehmen.

Rechtsanwalt **Makower** aus Berlin: Ich bin der Ansicht des Herrn Borchardt, daß Sie zwar den ersten Theil des Antrags annehmen, den zweiten aber fallen lassen. Der Grund, weshalb die ständige Deputation meines Wissens seit Beginn des Juristentages abgelehnt hat, mit Regierungen in Beziehung zu stehen, war der, um das Vertrauen der eigenen Mitglieder zu behalten, damit sich nicht das Mißtrauen errege, in der ständigen Deputation säßen Agenten der Regierungen. Herr Dr. Jaques schüttelt den Kopf; ich will ihm gleich ein Beispiel aus Oesterreich vorführen. In einer Schrift, die aus Oesterreich ergangen ist, und mir zugesendet wurde, war angedeutet, daß die Deputation die Schöffenfrage eigentlich als Agentin der preußischen Regierung eingebracht habe. Sie sehen, wie gefährlich es für die Deputation sein würde, in irgend eine Beziehung zu den Regierungen zu treten. Nun kenne ich zwar die Veranlassung zur Stellung des Antrags in der Schöffenfrage ganz genau und weiß, daß er vollkommen unabhängig gestellt ist, in keiner weder amtlichen noch außeramtlichen Beziehung zu unserer Regierung steht; aber die Vorwürfe werden erhoben und schaden der Sache. Wir haben daher grundsätzlich vermieden, in irgend welche Beziehung zu einer Regierung zu treten. Alle erheblichen Beschlüsse sind unbedingt zur Kenntniß der Regierungen gekommen, und nicht nur aus den verschiedensten Ministerien, sondern auch aus den Kammern der einzelnen Länder sind alle Augenblicke Anfragen nach den Verhandlungen des Juristentages bei mir eingegangen. Wer also ein Interesse daran hat, der läßt sich die Verhandlungen des Juristentages kommen. Es wird auch durch die Presse bekannt, — wenn der Antrag angenommen werden sollte, — daß der Juristentag sich — und das halte ich für das Wesentliche — für die Möglichkeit der Herstellung eines internationalen Rechts für den Wechsel erklärt hat. Außerdem erlaube ich mir noch Eins zu bemerken — und das sage ich gegen den modificirten Antrag des Herrn Dr. Jaques; derselbe will der Deputation eine gewisse Latitüde lassen, wann sie den Zeitpunkt für gekommen erachte, um mit ihren Denkschriften vorzugehen. Das ist praktisch sehr schwer. Die Deputation tritt entweder dann zusammen, wenn die Hauptversammlung hier stattfindet — und das ist kein geeigneter Zeitpunkt, überhaupt mit Ruhe zu berathen — oder sie tritt zu Pfingsten zusammen; außerhalb dieser Zeit müssen die laufenden Geschäfte durch den jedesmaligen Vorsitzenden oder Schriftführer erledigt werden. Nun werden Sie es dem jedesmaligen Schriftführer doch nicht allein überlassen wollen, den Zeitpunkt zu bestimmen, wann mit Anträgen vorzugehen wäre; bevor er aber bei der ganzen Deputation herumfragt in ganz Deutschland und Antwort bekommt, kann der richtige Zeitpunkt zehnmal versäumt sein. Also praktisch ist die Sache nicht recht ausführbar. Demnächst weiß ich auch nicht, wie man es machen soll, Namens der Deputation eine Denkschrift zu übergeben. Bei der Auswahl der Deputation gehen wir von ganz anderen Gesichtspunkten aus; wir fragen nicht, ob unter den Mitgliedern der Deputation Herren sind, die sich mit Wechselrecht speziell beschäftigen. Sie können also in derselben mehrere Herren haben, die sich um Wechselrecht nicht gekümmert haben, und doch soll die Denkschrift Namens der Deputation und Namens des Juristentages an die Regierungen geschickt werden. Ich halte es überhaupt für unzweckmäßig, daß der Juristentag seine Deputation dazu benutzt, um Dritten auseinanderzusetzen, was der Juristentag denkt. Es ist in allen solchen Fällen besser, daß der Einzelne hervortritt. Will der Einzelne einen Antrag an eine Regierung stellen, so hat er das Recht der Petition und kann sich auf die Beschlüsse des Juristentages berufen; dann erfahren die Regierungen ganz dasselbe. Aber ich möchte dringend bitten, daß Sie die Deputation nicht nöthigen, als solche in irgend eine Beziehung zu den amtlichen Behörden zu treten.

Rechtsanwalt **Niemeyer** aus Warburg. Ich glaube, daß der erste Mißstand den der Herr Vorredner in dem zweiten Antrage gefunden hat, daß man nämlich denken könnte, wir würden in Bewegung gesetzt durch Agenten der Regierung — das könnten nur Agenten der Regierungen von Deutschland und Oesterreich sein — vermieden wird durch mein Amendement: denn wenn wir diesen Gedanken allen Regierungen unterbreiten, dann könnte unser Antrag auch nur hervorgebracht sein durch Agenten aller Regierungen.

Hof- und Gerichtsadvokat Dr. **Jaques** aus Wien. Ich glaube, die Frage die Herr Makower angeregt hat, daß die ständige Deputation in den Verdacht kommen könnte, daß sie in irgend einer directen Beziehung zu der Regierung steht, würde durch einen Antrag dieser Art nicht im Entferntesten tangirt. Ob wir nun beschließen, daß wir mit den Regierungen nie in einen förmlichen Contact treten wollen, oder ob wir das nicht beschließen: wenn ein Antrag eine Färbung hat, die vermuthen läßt, daß er einer gleichzeitigen Strömung bei der Regierung entspricht, so wird man eben voraussetzen, daß irgend eine Beziehung stattgefunden hat, und wenn Anträge, die wir stellen, den Intentionen der Regierung nicht entsprechen, so wird man wissen, daß sie unabhängig zu Stande gekommen sind. Dies gilt aber von dem Antrage, wie ich ihn gestellt habe, in ganz besonderem Maße. Also dieses Argument scheint mir nicht ganz zuzutreffen. Zweitens scheint mir aber auch nicht ganz zuzutreffen das Argument bezüglich der Ausarbeitung der Denkschrift. Erstens ist die ständige Deputation in einer Weise zusammengesetzt, sie besteht dermaßen aus den Spitzen der Jurisprudenz, daß man mit vollem Rechte sagen kann: irgend Einer wird darunter sein, der im vollsten Sinne des Worts Fachmann für Wechselrecht ist — soweit meine Erfahrung reicht, war immer ein solcher darunter. Ich will aber einmal per inconcessum annehmen, es wäre nicht der Fall, so wäre die ständige Deputation in der Lage, von jedem geeigneten Juristen, den sie für einen Fachmann ansieht, die Denkschrift machen zu lassen, und da es sich nicht darum handelt, in einer Denkschrift Gesetze genau zu formuliren, sondern da es sich darum handelt, ein von dem Juristentag bereits acceptirtes Princip zu begründen, so scheint mir die Sache so einfach zu sein, daß ich eine praktische Schwierigkeit nicht finden kann. Ich wiederhole, die Initiative oder eigentlich das Werk, welches hier in Aussicht genommen ist, ist ein Werk der Zukunft, ein Werk der Entwickelung des Rechts in Europa. Wenn wir auf einem Gebiete, auf welchem es möglich ist, gemeinsames Recht zu schaffen, dies anregen, so vollziehen wir damit ein Werk des Friedens für die Zukunft. Diese Idee mit dem Juristentage in die engste Verbindung zu bringen, das eben möchte ich dem Juristentage gewahrt haben, und daher lege ich Werth darauf, daß die ständige Deputation in dem geeigneten Momente diejenige ist, welche die Initiative ergreift. Aber ich möchte selbst behutsam sein, deshalb habe ich den Antrag dahin modificirt, daß es nicht in einem Zeitpunkte geschieht, wo es nicht opportun ist. Aber in der von mir vorgeschlagenen Form glaube ich doch, daß der Antrag annehmbar ist.

Präsident: Meine Herren! Sie erlauben mir wohl von meinem Standpunkte aus eine kurze Bemerkung zu machen. Dieser Antrag, wenn er in derjenigen Fassung, welche der Herr Antragsteller vorschlägt, angenommen wird, ist ein Antrag, der nicht nur zur Kenntnißnahme, sondern auch zur Beschlußfassung dem Plenum wird mitgetheilt werden müssen. Unsere Abtheilung kann der ständigen Deputation meiner Meinung nach keinen Auftrag geben; das kann nur die Plenarversammlung. Wenn also der zweite Antrag angenommen wird, so ist damit von selbst ausgesprochen, daß der Antrag nicht blos zur Kenntnißnahme, sondern auch zur Beschlußfassung der Plenarversammlung zu unterbreiten ist.

Rechtsanwalt Dr. **Calm** aus Leipzig: Meine Herren! Was der

Herr Referent betont und was nach ihm Herr Makower hervorgehoben hat, ist allein das Richtige und Correkte. Es entscheidet in dieser Beziehung nicht allein der Gesichtspunkt der Gefährlichkeit und der Unthunlichkeit, sondern es ist auch der Gesichtspunkt des Stolzes zu wahren. Ich erinnere mich nicht, daß jemals die Regierungen sich an die Juristen gewendet haben, und ich sehe nicht ein, warum wir in dieser Beziehung mit den Regierungen in Connex treten sollen. Die wissenschaftliche Bedeutung des Juristentags wird gewahrt, wenn die Regierungen davon Kenntniß nehmen. Ich lese jetzt in den Zeitungen und es ist vielleicht etwas Wahres daran, daß das Reichskanzleramt mit einer Revision der Wechselordnung beschäftigt ist oder daran gehen will, und ich habe nicht gefunden, daß irgendwie ein einziges Moment dem Juristentage unterbreitet worden ist, daß man deshalb angefragt hat. Wenigstens weiß ich, daß durch die Petition des Handelstages viele Punkte, wie die Moratorienfrage, die Amortisation von Wechseln und dergleichen Punkte angeregt sind, daß aber beim Juristentage deshalb nicht angefragt worden ist. Ich kann sagen: der Antrag, wie er modificirt worden ist von dem Antragsteller Herrn Dr. Jaques, wird ruhig im Tischkasten der ständigen Deputation liegen bleiben; dem Princip nach und ihrer ganzen traditionellen Richtung nach wird die ständige Deputation es nicht thun, sie wird nicht mit der Regierung irgendwie in Connex treten. Ich glaube also, daß es am besten ist, wenn der zweite Antrag fällt.

Was die Berathung der Sache vor dem Plenum betrifft, so bin ich ganz dafür, daß eine Diskussion in dieser Beziehung stattfindet, daß wir die Sache bei ihrer Wichtigkeit und bei dem Umstande, daß in Folge einer etwas unglücklichen Constellation die heutige Versammlung etwas kleiner geworden ist, als sie es eigentlich bei der Verhandlung einer so wichtigen Frage sein sollte, morgen noch einmal vorbringen.

Advokat Dr. **Reinganum** aus Frankfurt a. M.: Mir scheint auch der Antrag des Herrn Makower das Richtige zu treffen und zwar aus dem Grunde. Die Handelskammern allerdings richten über die Fragen, welche sie bewegen und welche in die Gesetzgebung hinübergreifen, Vorschläge an die Regierungen. Das ist sehr natürlich, weil sie ein unmittelbares gesetzmäßiges Verhältniß zu den Regierungen haben und mit den Regierungsbehörden in steter Kommunikation sind, sodaß sie durch die Mittelbehörden ihre Anträge an die Staatsregierung stellen. Bei dem Juristentage ist die Stellung eine völlig andere. Er ist ein freier Verein wie die Naturforscherversammlung, wie die Versammlung der Schulmänner, wie die Versammlung der Physiker; er hat also gar nicht einmal die Constitution, um sich als Petitionär zu geriren, und würde geradezu aus seiner Haltung heraustreten. Fängt er einmal das Petitioniren an, so kann er auch umgekehrt Gegenstände zur Begutachtung erhalten, und seine natürliche Freiheit und Unabhängigkeit würde dadurch eher tangirt, als geschützt.

Rechtsanwalt Dr. **Calm** aus Leipzig: Es fällt mir im Augenblicke ein, daß wir schon einmal eine Frage von gleichfalls universaler Bedeutung — das deutet auf den Zusatzantrag, geehrte Herren — daß wir über ein Princip verhandelt haben, welches auch nicht blos Deutschland, sondern auch andere Länder berührte; es betraf die Abschaffung der Todesstrafe. Damals haben wir uns in dieser Beziehung auch nicht an die Regierungen gewendet.

(Die Debatte wird geschlossen.)

Referent Geheimer Justizrath **Borchardt** aus Berlin: Ich möchte mir noch erlauben auf Folgendes hinzuweisen: wenn ich die Anträge, namentlich auch den letzteren wegen der Verbreitung an sämmtliche Regierungen richtig verstanden habe, so ist doch in allen diesen Anträgen ausgesprochen, daß man gegenwärtig noch nicht den Moment für gekommen erachtet, um einen Eindruck mit diesen Anträgen bei den Regierungen zu erwarten oder mit andern Worten, daß die Ausführung sofort ins Werk gesetzt werden soll. Da die Ansichten sich so darüber theilen, ob der Juristentag selbst in irgend einer Form noch weiter vorgehen soll — augenblicklich kann ich es nicht für opportun erachten — so möchte ich anheimgeben, ob man nicht diesen zweiten Theil, die Frage, ob und in welcher Weise eventuell der Juristentag vorgehen soll, um diesen Beschluß — wenn der erste Theil, wie ich fast glauben darf, angenommen werden sollte — zur Geltung zu bringen dem nächsten Juristentage wieder vorlegen könnte, wodurch vielleicht die Meinungen Aller sich vereinigen ließen.

Präsident: Wenn der Herr Referent nach Schluß der Debatte einen neuen Antrag stellt, so würde meines Erachtens über diesen Antrag die Debatte wieder zu eröffnen sein, damit sich die Mitglieder über denselben aussprechen können. Ich glaube aber, daß es in dem vorliegenden Fall nicht nöthig sein wird. Wer auf den jetzigen Antrag des Herrn Referenten eingehen will, hat nur nöthig, den zweiten Theil des Jaques'schen Antrags abzulehnen; es wird alsdann Jedermann unbenommen sei, diesen Theil des Antrags auf dem nächsten Juristentage wieder einzubringen. Ich glaube also, der Herr Referent wird es nicht übel nehmen, wenn ich auf diesen wie wohl nur eventuell gestellten Antrag nicht eingehe. Ist der Referent einverstanden?

(Zustimmung.)

Hof- und Gerichtsadvocat Dr. **Jaques** aus Wien: Ich erlaube mir nur zu erklären, daß ich den zweiten Theil meines Antrags zurückziehe und zwar mich conformirend dem Antrage des Herrn Referenten. Es scheint mir zweckmäßig, daß der Beschluß mit Einstimmigkeit gefaßt werde, und diese würde heute nicht erzielt werden und am allerwenigsten im morgenden Plenum. Also es dürfte wohl mit Rücksicht auf die kurze Frist, die der Sache in der Plenarversammlung gegönnt ist, zweckmäßig sein, wenn ich den Antrag fallen lasse.

Präsident: Der Antrag wird von anderen Mitgliedern der Versammlung nicht wieder aufgenommen — mit ihm zugleich fällt auch der Antrag des Herrn Niemeyer.

(Zustimmung.)

Es bleibt also nur der erste Theil des Antrags übrig. Derselbe lautet:

Der deutsche Juristentag spricht als seine Ueberzeugung aus:

Die Herstellung eines gemeinsamen Wechselrechts aller europäischen Staaten, sowie der Vereinigten Staaten von Nordamerika entspricht dem heutigen Stande der Wissenschaft und ist ein Bedürfniß des internationalen Handelsverkehrs und Credits.

Ich ersuche die Herren, welche diesem Antrage zustimmen wollen, sich zu erheben.

(Geschieht.)

Der Antrag ist fast einstimmig angenommen.

Wir haben uns nur noch darüber schlüssig zu machen, ob dieser Antrag der Plenarversammlung zur Kenntnißnahme oder zur Beschlußfassung vorgelegt werden soll. Ich schlage vor zur Kenntnißnahme.

Rechtsanwalt **Makower** aus Berlin: Ich schlage vor zur Beschlußfassung; es soll eine der wenigen Fragen sein, über welche der Juristentag in seiner Gesammtheit ein Votum abgiebt. Bei dieser Gelegenheit möchte ich mir die Bitte an den Herrn Referenten erlauben, für das Plenum die Unterschiede, die in den verschiedenen Ländern für das Wechselrecht vorhanden sind, kurz zu kennzeichnen, ebensowie dies heute geschehen ist und wie es in dem neuesten Buche des Herrn Referenten in der Vorrede gegeben ist. Es genügt nicht zu sagen: wir wünschen ein internationales Wechselrecht, die Wissenschaft erfordert es, sondern wichtiger ist zu sagen: es ist möglich, davon kann man sich aber nur überzeugen, wenn man die wesentlichen Unterschiede kennen lernt. Ich wünschte nur, daß auch das Plenum, auch diejenigen, welche nicht genau informirt sind, sehen, welches die Verschiedenheiten sind, und daß ihre Ausgleichung keine unüberwindlichen Schwierigkeiten darbietet.

(Geheimer Justizrath Borchardt erklärt sich hierzu bereit.)

Präsident: Sie erlauben mir wohl, mit ein paar kurzen Worten meinen

Antrag zu motiviren, unseren Beschluß der Plenarversammlung nur zur Kenntnißnahme mitzutheilen. Ich habe es deshalb vorgeschlagen, weil ohne Zweifel auch dieser Antrag, wie er jetzt vorliegt, in der Plenarversammlung eine große weitere Diskussion zur Folge haben würde und somit der Wunsch, daß diese Sache in der Plenarversammlung kurz abgemacht werde, damit derselben Zeit für die übrigen wichtigeren Gegenstände verbleibe, nicht in Erfüllung gehen werde. Wir sind hier nur in geringer Zahl versammelt, und es giebt allerdings noch Seiten des Antrags, die noch gar nicht berücksichtigt sind und zu Zweifeln Veranlassung geben können. Ich rechne dahin vor Allem die Ausführbarkeit des Antrags. Soviel mir bekannt ist, ist noch kein Gesetz völkerrechtlicher Natur erlassen worden; noch niemals haben sich mehrere unabhängige Staaten zu einem Gesetz über einen Gegenstand des Privatrechts vereinigt und es wird daher die Frage aufgeworfen werden dürfen, ob überhaupt ein solches Gesetz sich werde herbeiführen lassen. Es ist ferner aber auch unklar, ob, falls ein solches Gesetz erlassen, dasselbe ewig und unabänderlich feststehen soll, bis alle Nationen sich über Aenderungen geeinigt haben, oder ob jeder Nation Aenderungen zustehen sollen. Ich will nach Schluß der Debatte diese Fragen nicht weiter anregen, vielmehr nur darauf aufmerksam machen, daß, wenn die Debatte in die Plenarversammlung hineingezogen wird, wir voraussichtlich eine sehr weitgehende Diskussion haben werden.

Rechtsanwalt Dr. Calm aus Leipzig: Ich möchte mich dagegen aussprechen. Ich weiß nicht, ob morgen noch andere viel wichtigere Fragen vorliegen — wahrscheinlich meint der Herr Präsident wohl nur die eine über die Schöffen- und Juryfrage — aber gerade diese bedeutende Frage ist in einer Stadt wie Frankfurt a. M., einer so bedeutenden Handelsstadt, wohl ganz gut an der Tagesordnung, und wenn davon ausgegangen wird — man kann ja dem Herrn Referenten nicht vorschreiben, wie er referirt, aber so ungefähr glaube ich die Idee des Herrn Makower zu verstehen — wenn der Herr Referent von der Moratorienfrage ausgeht, wenn er, wie es in der Einleitung zu seiner Sammlung geschehen ist, die neun Punkte kurz hervorhebt, um den Herren, die sich nicht so mit Wechsel- und Handelsrecht beschäftigt haben, zu zeigen: es sind nicht so gewaltige Unterschiede, wie man denkt; es läßt sich über alle Hindernisse hinwegkommen — dann glaube ich doch dem Herrn Präsidenten in dieser Beziehung widersprechen zu können. Es dürfte dann wohl eine Berathung zweckmäßig sein. Die Ausführbarkeit wird natürlich, wie ich selbst sehe, zu manchen Bedenken Veranlassung geben; man wird sagen: wo ist der europäische Areopag, der darüber urtheilt? Aber das könnten ja möglicherweise nur Gesichtspunkte von untergeordneter Bedeutung sein, oder es könnte über diese Gesichtspunkte die Plenarversammlung irgendwie zur Tagesordnung übergehen oder selbst entscheiden. Ich glaube also, daß es unbedenklch ist, die Sache der Plenarversammlung zur Beschlußnahme vorzutragen.

Hof- und Gerichtsadvokat Dr. **Jaques** aus Wien: Mir scheint, daß der Antrag, diesen Beschluß an das Plenum nur zur Kenntnißnahme zu bringen, mit dem Inhalte des Beschlusses selbst in einem unversöhnlichen Widerspruche steht. Der Antrag lautet: „Der deutsche **Juristentag** spricht als seine Ueberzeugung aus.“ Nun scheint es mir unmöglich zu sein, daß eine Abtheilung eine Ueberzeugung ausspricht, die der deutsche Juristentag aussprechen soll, und daß die Abtheilung ihren Beschluß an das Plenum des Juristentages nur zur Kenntnißnahme bringt. Das scheint mir mit dem Sinn des Antrags gar nicht vereinigt werden zu können. Die Natur des Antrags, welcher dahin geht, daß der Juristentag seine Ueberzeugung aussprechen soll, bedingt es mit Nothwendigkeit, daß der Juristentag selbst, das Plenum seine Ueberzeugung ausspricht und nicht nur die Abtheilung.

Präsident: Ich habe die Sache in der That so aufgefaßt, daß es sich blos um einen Ausspruch dieser Abtheilung handeln würde, wenn der Beschluß lediglich zur Kenntnißnahme dem Plenum mitgetheilt wird; es wird ihn dann auch Niemand als einen Ausspruch des Juristentages betrachten.

Advokat Dr. **Reinganum** aus Frankfurt a. M.: Die Schwierigkeiten der Ausführung liegen allerdings zu Tage: es dürfte aber sehr die Frage sein, ob wir die Schwierigkeiten schon ins Auge fassen sollen und dürfen, und namentlich auch hinsichtlich des herbeizuführenden oder nicht herbeizuführenden Beschlusses des Plenums. Es sind ohne Zweifel noch andere Schwierigkeiten darin verborgen, namentlich die gegenseitigen Mittheilungen in einer solchen Conferenz über Gegenstände, in denen doch auch civilrechtliche Fragen mit hineinspielen. Aber das muß man wiederum annehmen, daß über gewisse internationale Fagen sich die Staaten wohl haben verständigen können, über Fragen des Seerechts, über die Genfer Convention, über das Verhalten der Medizinalpersonen im Kriege u. s. w. Das zeigt also wohl, daß man sich verständigen kann. Die Schwierigkeiten der Ausführung, glaube ich, dürften doch kein Grund sein, daß der Juristentag es ablehnt, seine Ueberzeugung in dieser Frage auszusprechen.

Geheimer Justizrath **Borchardt** aus Berlin: Wenn ich die Versammlung richtig verstanden habe, so wird großer Werth darauf gelegt, daß das Plenum diesen Antrag annehme und sich für einen Wunsch ausspreche, den es für ausführbar erachtet. Wir müssen nicht suchen, welche Schwierigkeiten in der Zukunft entstehen können, sondern dies der Zukunft überlassen und nur das eine Ziel anstreben, den Antrag ausgeführt zu sehen. Wird ein entsprechendes internationales Gesetz angenommen, so wird es wohl auch

Mittel geben, in irgend einer Weise für seine Verbesserung zu sorgen. Ich möchte daran erinnern, daß dieselbe Frage angeregt wurde, als im Jahre 1857 die deutsche Wechselordnung in Leipzig berathen wurde. Wir haben es auch bei dieser erfahren, daß Mittel der Verbesserung sich finden, ich erinnere an die Novelle, die bei Gelegenheit des Handelsgesetzbuchs geschaffen worden ist. Also die Möglichkeit, glaube ich, ist vorhanden. Ich möchte davor warnen, jetzt mehr Schwierigkeiten hineinzubringen, als bereits vorhanden; sonst treten noch weitere Fragen hervor, etwa wie die: soll ein einziger Gerichtshof für Europa und Amerika geschaffen werden?

Rechtsanwalt **Meyer** aus Berlin: Meine Herren! Ich möchte mir nur hinsichtlich des Referats ein Wort erlauben. Sowohl von dem Herrn Berichterstatter als von dem Herrn Antragsteller ist hervorgehoben worden die verschiedene Auffassung der Moratorienfrage. Ich bin der Meinung, das beweist vollständig gegen den Antrag. Ich wollte lediglich betonen: Herr Geheimerath Borchardt hat hervorgehoben, es wäre zweckmäßig, das Referat wesentlich auf dieses Motiv zu beschränken, und ich meine, da unter demselben Gesetze die beiden höchsten Gerichtshöfe, der österreichische und der Leipziger verschieden votirt haben, so wird man als Schluß dazu kommen: wir müssen einen allgemeinen Gerichtshof haben. Da dies nicht möglich ist, so glaube ich, trifft dieses Motiv, welches von ihm angeführt ist, nicht zu, und das würde auch im Plenum nur zu demselben Resultate führen können.

Präsident: Ich erlaube mir noch anzuführen, daß ich mich lediglich dahin ausgesprochen habe, daß, wenn wir mit dieser Sache an die Plenarversammlung kommen werden, wir dort eine große Discussion haben würden, da es etwas Unerhörtes und Neues ist, daß über Gegenstände des Privatrechts Verträge zwischen den Staaten geschlossen werden. Für meinen Vorschlag, den Abtheilungsbeschluß der Plenarversammlung nur zur Kenntnißnahme mitzutheilen, habe ich gar keine Unterstützung gefunden, ich bescheide mich also, und sehe es als beschlossen an, daß der Abtheilungsbeschluß zur Berathung und Beschlußfassung der Plenarversammlung mitzutheilen sei. Sind die Herren mit dieser Auffassung einverstanden?

(Zustimmung. Herr Geheimerath Borchardt wird zum Referenten für das Plenum bestellt.)

(Schluß der Sitzung 12 Uhr.)

Erste Sitzung der dritten Abtheilung am 29. August 1872.

Herr Appellationsrath v. Stenglein aus München, als Beauftragter der ständigen Deputation, eröffnet die Sitzung der 3. Abtheilung und schlägt den Generalstaatsanwalt Dr. Schwarze zum Präsidenten dieser Abtheilung vor. Derselbe wird gewählt und nimmt die Wahl an.

Auf Vorschlag des Vorsitzenden Dr. Schwarze werden Obertribunalrath von Köstlin aus Stuttgart zum Vizepräsidenten, Stadtrichter Dr. Rubo aus Berlin und Büreau-Assessor Dr. Gordan aus Frankfurt a. M. zu Schriftführern gewählt.

Hiernächst wird das Bureau ermächtigt, der Abtheilung in der nächsten Sitzung die 10 von ihr zu benennenden Vertrauensmänner behufs der Wahl der ständigen Deputation vorzuschlagen.

Der Vorsitzende proponirt der Abtheilung, die, der letzteren überwiesenen Gegenstände in folgender Ordnung zu berathen und zu erledigen:

1) die Frage über die Preß-Srafgesetzgebung,
2) die Frage über das Geschworenen- und das Schöffengericht,
3) die Frage über den Zeugnißzwang.

Nach einer kurzen Diskussion über diesen Vorschlag, bei welchem der Referent ad 1, Herr Hofadvokat Dr. Jaques aus Wien, wegen Mangels an genügender Vorbereitung und Erschöpfung durch die Reise, um die Versetzung des Gegenstandes unter 1 an eine andere Stelle der Tagesordnung bittet, wird die obige Tagesordnung genehmigt.

Referent Dr. **Jaques**: Die eben stattgehabte Diskussion, soweit sie mich persönlich betroffen hat, gibt mir vielleicht einen Rechtstitel, um insbesondere an Ihre freundliche Nachsicht zu appelliren, und zwar deshalb, weil ich das Referat früher erstatten muß, als ich gedacht hatte.

Die Frage, die uns jetzt beschäftigen soll, hat für den Juristentag gewissermaßen schon eine Geschichte. Auf Grund der Beschlüsse, welche der 1. Deutsche Journalistentag 1865 über die Presse gefaßt hatte, hat die ständige Deputation des Juristentages die Frage aufgestellt, welche Sie in der vorläufigen Tagesordnung angegeben finden. Seit jener Zeit sind die mannigfaltigsten Umstände und Umgestaltungen eingetreten.

Der erste Referent konnte sein Referat nicht erstatten aus Gründen, die mir nicht bekannt geworden. Von da ab (es war im Jahre 1866) ruhte die Frage bis zu dieser Stunde.

Seither sind nun die äußeren Umstände so wesentlich verändert worden, daß die Frage in gewissem Sinne eine neue Gestalt gewonnen hat. Während sie damals ganz allgemein und nur theoretisch hingestellt wurde, ist sie heute, da der Entwurf eines Reichspreßgesetzes bereits existirt, zu einer eminent praktischen geworden. Aber auch noch in anderer Richtung sind seit Erstattung der beiden Gutachten der damaligen Professoren Glaser und John die Verhältnisse geändert. Es ist das Reichsstrafgesetzbuch, es ist ferner seither die Reichsgewerbeordnung entstanden — zwei legislative Werke, welche selbstverständlich für die Frage der Preßgesetzgebung von der höchsten Bedeutung sind. Durch diese Thatsachen, welchen ich noch das weitere hinzuzufügen habe, daß auch die jüngsten Journalistentage zu Breslau und zu München sich mit der Feststellung eines Preßgesetzentwurfs beschäftigt haben, ist es nothwendig geworden — mindestens nach meinem Erachten — der Frage eine wesentlich andere Gestalt zu geben, und zwar sie zu behandeln in unmittelbarer Rücksicht auf den Umstand, daß es sich um eine neue Legislative handeln soll, daß also die Gesichtspunkte, die wir heute aufstellen, als Grundlagen — von unserem Standpunkte aus — angesehen werden sollen für die künftige deutsche Gesetzgebung.

Das nöthigt in einem gewissen Sinne zur Erweiterung unseres Themas, anderseits aber, da unsere Zeit sehr eng begrenzt ist, zu möglichster Beschränkung hinsichtlich der Wahl der zu erörternden Frage, indem wir nur das als das allerwesentlichste zu Erachtende erledigen können.

Zunächst ist es nunmehr meine Aufgabe, so kurz ich es irgend zu thun vermag, Bericht zu erstatten über die beiden Gutachten, welche die Grundlage der heutigen Berathung zu bilden haben. Gewiß ist Vielen von Ihnen das sehr werthvolle Gutachten Glaser's bekannt.

Glaser geht von dem Grundsatz aus, daß zu entscheiden sei zwischen eigentlichen und uneigentlichen Preßdelikten. Uneigentliche Preßdelikte nennt er diejenigen, welche nicht allein durch das Mittel der Presse, sondern auch auf jedem anderen denkbaren Wege herbeigeführt werden können. Eigentliche Preßdelikte nennt er diejenigen, welche ausschließlich nur durch das Mittel der Presse verübt werden können. Also, um ein Beispiel anzuführen: Injurien gehören nach seiner Auffassung in die Kategorie der uneigentlichen Preßdelikte; diejenigen Delikte aber, welche die §§. 130 und 131 des Reichsstrafgesetzbuchs enthalten, z. B. Aufforderung zu strafbaren Handlungen durch Druck und Schrift, gehören zu den eigentlichen Preßdelikten.

Glaser gründet darauf nun einige weitere Unterscheidungen, indem er erklärt: rücksichtlich der eigentlichen Preßdelikte seien nicht die allgemeinen Strafgesetze und Strafrechtsgrundsätze maßgebend, während dieselben ausnahmslos rücksichtlich der uneigentlichen Preßdelikte zur Geltung zu kommen haben. Rücksichtlich der eigentlichen Preßdelikte argumentirt er in der Weise, daß er behauptet, diese ausschließlich durch das Mittel der Presse begangenen Delikte seien Polizeiverbrechen; das sei die eigentliche Natur der hier in Frage stehenden strafbaren Handlungen und man könne daher nicht davon ausgehen, daß die allgemeinen Strafrechtsgrundsätze ausnahmslos zur Anwendung zu kommen hätten. Glaser erklärt, die eigentlichen Preßdelikte seien solche, welche für die öffentliche Ordnung gefährliche und blos darum verbotene Publikationen zum Gegenstande haben, welche demnach nur aus formellen Gründen in das Gebiet des Strafrechts fallen, für deren Abgrenzung und Behandlung daher ganzbesonders ihrer eigenthümlichen Natur entsprechende Normen zu gelten haben. Er erläutert diesen Satz, indem er hinzufügt:

> Als verboten sind nur diejenigen Veröffentlichungen anzusehen, durch welche entweder
>
> a) zu strafbaren oder wenigstens rechtswidrigen Handlungen aufgereizt oder
>
> b) ein durch das Gesetz geschütztes Objekt in einer an sich verwerflichen Form angegriffen wird.

Der praktische Grundsatz, zu dem diese theoretische Ansicht führt, ist der, „daß den eigentlichen Preßdelikten nur objektive Repressivmaßregeln entgegenzusetzen seien; die persönliche Bestrafung des Urhebers der Schrift oder jener Personen, welche zur Veröffentlichung mitwirken, liege hier ebensowenig im Interesse der öffentlichen Ordnung, als in dem der nothwendigen Preßfreiheit.“

Ich will hier gleich sagen und ich schließe mich rücksichtlich dieses Punktes in der Hauptsache der Ausführung John's in seinem Gutachten an, daß ich dieser Eintheilung einen unmittelbaren praktischen Werth für die Gesetzgebung nicht beimessen kann. Es scheint mir eine willkürliche Unterscheidung zu sein, wenn man sagt: uneigentliche Preßdelikte seien solche, welche auch auch auf anderem Wege begangen werden können als durch die Presse. Denn Sie werden mir zugeben, daß, wenn eine Injurie im Wege der Publikation durch die Presse begangen wird, sie doch auf einer Stufe steht mit einer anderen, von Glaser als ein eigentliches Preßdelikt bezeichneten Handlung, welche nur durch den Weg der Presse begangen werden kann. Auch John hat der Unterscheidung die praktische Brauchbarkeit abgesprochen, und ich will gleich hiermit erwähnen, daß, als Glaser später als Abgeordneter in die Lage kam, eine Novelle zum österreichischen Preßgesetze zu beantragen, er sich von seiner erwähnten Auffassung auch nicht hat leiten lassen. Wenige Beispiele werden zeigen, daß die eigentlichen und uneigentlichen Preßdelikte zusammenfallen. Nach dem Glaser'schen Grundsatze würde eine Schmähung, die gegen einen Staatsmann, einen Minister, in einem öffentlichen Blatte erscheint, als uneigentliches Preßdelikt, als Injurie nach dem allgemeinen Strafgesetze zu behandeln sein. Dagegen würde dieselbe Schmähung, wenn sie ergänzt oder potenzirt wird durch die Aufforderung, diesen Minister von seinem Posten zu entfernen, in die Kategorie der eigentlichen Preßdelikte fallen. Da würden dann die allgemeinen Strafgrundsätze nicht, vielmehr nur objektive Repressivmaßregeln anzuwenden sein. Es scheint mir hieraus ziemlich klar sich zu ergeben, daß wir uns von dieser Entscheidung Glasers nicht werden leiten lassen können und daß die daraus gefolgerten Sätze bei allem großen Werthe, welchen das an Anregungen so reiche Gutachten für unsere Frage hat — nicht als leitende Gesichtspunkte werden gelten können.

Ich will aber noch etwas weiter gehen und ausdrücklich sagen (und auch darin stimme ich mit John prinzipiell überein), daß, wenn man erklärt: die eigentlichen Preßdelikte fallen in die Kategorie der Polizeiverbrechen, man absolut genöthigt wird, zur Prävention zu gelangen. Denn da, wo ein Polizeiverbrechen in Frage ist, kommt die präventive Wirksamkeit des Staats zur Geltung. Glaser hat auch dieser Consequenz sich fügen müssen, denn wir finden, daß unter denjenigen staatlichen Mitteln, welche gegen die eigentlichen Preßdelikte anzuwenden sind, vorkommen: Die vorläufige Beschlagnahme, ein Zwischenraum zwischen dem Druck und dem Erscheinen eines Preßerzeugnisses, der ausreichend ist, damit die vorläufige Beschlagnahme sicher vorgenommen werden könne, eine Caution bei periodischen Druckschriften im Gegensatze zu dem von Glaser selbst im Eingang seines Gutachtens ausdrücklich angenommenen Grundsatze, wonach er die Cautionen wegfallen läßt; dann die temporäre Einstellung von Druckschriften, alles dies deßhalb, weil vom Standpunkte der polizeilichen Präventivmaßregeln des Staats es nicht anders möglich ist, als so vorzugehen.

Darum also und aus dem weiteren Grunde, daß die erst von Glaser theoretisch hingestellte Frage über die Anstiftung und Theilnahme bei Preßdelikten durch das Zustandekommen des deutschen Strafgesetzbuches vollständig erledigt ist, erkläre ich von vornherein, daß ich die 3 ersten Sätze des Glaserschen Gutachtens nicht als solche ansehen kann, von denen es mir zweckmäßig erscheinen würde, daß der Juristentag sie als seine Resolutionen festzustellen sich entschlösse.

Wende ich mich nun (die übrigen Punkte des Glaserschen Gutachtens einstweilen dahin gestellt sein lassend) dem John'schen Gutachten zu, so will ich nur ganz kurz erwähnen, daß ich mich mit dem 1. Satze, als einem Prinzipe, welches der Juristentag aufstellen sollte, deshalb gleichfalls nicht einverstanden erklären kann, weil mir dieses Prinzip als ein formales erscheint und ganz verschiedene Dinge zum Inhalte dieses formalen Prinzips gemacht werden können. Der 1. Grundsatz John's geht dahin:

„Die nothwendige Einheit der Presse fordert den Wegfall aller derjenigen gesetzlichen Bestimmungen, welche von der Voraussetzung der Gefährlichkeit der Presse ausgehend, den Gebrauch der Presse einschränken und ihn einer beständigen Aufsicht unterwerfen".

Dieser Satz kann vollkommen richtig sein, aber er muß es nicht; man kann bei seiner unbestimmten Formulirung nicht ersehen, welche Consequenzen sich denn eigentlich als nothwendige, als unerläßliche aus dem allgemeinen Grundsatze ergeben. Ich füge hinzu, daß der Gedanke, von welchem John ausgeht, um zu diesem Satze zu gelangen, und der da lautet: Die Presse ist nicht gefährlich, sich gleichfalls als ein solcher darstellt, der wahr und auch unwahr sein kann. Die Presse ist an sich gewiß nicht gefährlich — das Preßdelikt ist aber gefährlich, kann es wenigstens sein. Ich wenigstens kann darum in einem solchen Grundsatze nicht ein Prinzip finden, aus dem klare, bestimmte, für die Legislation praktische Consequenzen gezogen werden können.

Demnach, meine Herren, indem ich mir vorbehalte, auf die weiteren Positionen zurückzukommen, möchte ich mir erlauben, diese Gutachten einstweilen zu verlassen, und vielmehr zu versuchen, die Frage zu lösen: von welchem obersten Grundsatze und Gesichtspunkte haben wir auszugehen für die Lösung unseres Problems? Denn bei jeder Frage unserer Gesetzgebung muß man sich wohl vor Allem darüber klar werden: was ist der augenblickliche Rechtsgrund der legislativen Feststellung?

Fundamentalprinzip der Preßgesetzgebung, Fundamentalprinzip für ein Preßgesetz muß zunächst das tiefe Bedürfniß jedes Einzelnen sein zu vollkommen freier und ungehinderter Meinungsäußerung und damit im Zusammenhange: das intelektuelle, ethische, wirthschaftliche und politische Bedürfniß der Gesammtheit nach solcher freien Meinungsäußerung. Es ist nach meinem Erachten ein Bedürfniß des Staats, daß mit der ganzen geistigen Kraft derer gewirkt und gearbeitet werde, welche in dem Staate existiren. Es ist ein Bedürfniß des Staats, daß Jeder seine Meinung frei durch Wort und Schrift äußern könne, weil nur auf diesem Wege dasjenige zu Tage tritt, was zur Entwickelung und zum Gedeihen des Staats in allen von mir angegebenen Beziehungen unerläßlich ist. Ich möchte Sie an ein Wort von Göthe erinnern, das mir gerade in dieser Stadt besonders nahe liegt. Er sagte einmal: Die Wahrheit ist eine Fackel, aber eine ungeheuere, so daß wir gewöhnlich nur scheu daran vorüberschleichen aus Furcht uns zu verbrennen. Diese Fackel der Wahrheit nun muß nach meiner Ueberzeugung im Staate vollkommen frei leuchten können, und daß sie dies könne, das betrachte ich mit als das Fundamentalprinzip für die Preßgesetzgebung.

Es ist nun wohl von vornherein vollkommen klar (und ich brauche darauf vor einer Juristenversammlung fast nicht erst hinzuweisen), daß diese Freiheit der Meinungsäußerung auch ihre Grenzen haben müße. Aber es ist eben die Frage: Wer hat diese Grenzen zu bestimmen? Wir antworten: nie und nimmermehr die Verwaltung, welche den Interessen des Tags und dem jeweiligen wechselnden Bedürfnisse zu dienen hat, sondern nur das Gesetz und die Gerichte, welche von jedem arbiträren Ermessen, von jeder subjektiven Willkühr frei sind, welche objektiv nach festen Normen urtheilen, da die Presse nicht bloß für die Gegenwart, sondern auch für die Zukunft zu wirken berufen ist. Es ist das eine Ansicht, die so vielfach von erleuchteten Geistern seit Jahrhunderten ausgesprochen worden ist, daß es einer eingehenden Darstellung nicht bedarf. Ich möchte nur an einziges Wort erinnern, das von einem belgischen Schriftsteller, von Schuermans, in seinem Werke: Code de la presse gesagt worden ist: Ne canalisez pas la pensée! das heißt: Engen Sie den Ausdruck des Gedankens nicht in Kanäle ein, lassen Sie ihn frei strömen! Jene Grenze nun, welche für die Presse bestehen muß, ist ihrem materiellen Inhalte nach längst festgestellt worden. Dort beginnt der Mißbrauch der Presse, wo Schmähungen publicirt werden und dort, wo die Aufforderung zu strafbaren Handlungen im Wege der Presse erfolgt. Das sind zwei ganz bestimmte und feste Grundlagen und ich füge hinzu: Das Reichsstrafgesetz hat diese Grundlagen acceptirt und in einer Weise formulirt, zu der man sich in der That nur Glück wünschen kann.

Daher (und nach dem, was ich mir über das Verhältniß der Verwaltung zu den Gerichten und den Gesetzen zu bemerken erlaube) scheint es klar zu sein, daß es ein Präventivsystem gegen die Presse in einem rationell geleiteten Staate nicht geben könne, sondern daß man sich auf den Boden des Repressivsystems zu stellen hat.

Es wird sich nun zunächst darum handeln, die Consequenzen festzustellen, welche aus dem Repressivsystem folgen. Die Presse hat eine zweifache Natur: sie ist theils gewerblicher Art, sie hat aber auch ein rein ideelles Element in sich, insoweit sie geistig productiv ist.

Was die gewerbliche Seite der Presse anlangt, so hat für sie die deutsche Reichsgewerbeordnung vollkommen zweckentsprechende Normen gegeben. Ich glaube kaum, erst die einschlagenden Bestimmungen derselben ihnen reproduciren zu sollen, es sind die §§ 14, 43, 57 und 143, welche von dem Rechte, Druckereien zu führen und von dem, was damit zusammenhängt, handeln als von der Colportage, von den dabei erforderlichen Legitimationsscheinen, von dem Anheften von Placaten u. s. w.

Allen diesen Bestimmungen, welche die völlige Freiheit des Betriebes der Preßgewerbe normiren, welche ferner die Rechte des gewerbmäßigen Verkaufs von Druckschriften, der Colportage und des Anheftens von Placaten einzig und allein von der Erlangung eines Legitimationsscheines abhängig machen, der nur in ganz genau präcisirten Ausnahmsfällen versagt werden darf, haben wir ganz unbedenklich beizutreten. Einer einzigen Bestimmung begegnen wir in der Gewerbeordnung, welche ihrer Natur nach als Präventivmaßregel erscheint; das ist nämlich diejenige, in welcher davon die Rede ist, daß nach den Landesgesetzen eine Entziehung der Befugniß zum selbstständigen Betrieb eines Gewerbes durch richterliches Erkenntniß im Falle eines durch die Presse begangenen Deliktes statthaben könne. In diesem Punkt (es ist die dritte Alinea des §. 148), können wir, nach meinem Erachten, geleitet von den Grundsätzen des strengen Repressiv-Systems der deutschen Gewerbe-Ordnung nicht beitreten. Ich erwähne übrigens dabei, daß wir, indem wir dießfalls eine Erklärung abgeben, wie ich sie zu proponiren mir erlauben werde, nicht materiell dem Gewerbegesetze derogiren, sondern nur formell.

Denn die Gewerbeordnung normirt nicht materielle Fälle, in welchen es zur Entziehung des Preßgewerbes kommen kann, sie gestattet lediglich, daß dießfalls Partikulargesetze, welche dergleichen normiren, zur Anwendung gelangen können. Dagegen aber haben wir uns auszusprechen.

Beiläufig will ich noch bemerken, daß eine solche Entziehung des Preßgewerbes an sich eine nicht praktische Maßregel zu sein scheint. Denn wer kann ihre Durchführung controlliren und überwachen, wer kann verhindern, daß an Stelle desjenigen, dem man das Preßgewerbe auf diesem Wege entzogen hat, ein Anderer tritt, der sub rosa doch nur der Repräsentant des Ersten ist. Demnach erscheint die Beseitigung dieser Norm des Reichsgewerbegesetzes theoretisch und praktisch geboten. Soviel, was die rein gewerbliche Seite des Preßgesetzes anlangt; ich füge hinzu rücksichtlich der Stellung, die wir auf dem Standpunkte des deutschen Juristentages einzunehmen haben, daß wir nicht etwa in blos abstrakter Weise, wie z. B. Dr. John, ein formales Prinzip aussprechen dürfen, aus welchem das was wir als zu beseitigen ansehen und was wir gelten lassen können, weil es der Ausdruck des Repressiv-Systems ist, erst als Consequenz gefolgert werden soll. Wir haben vielmehr diese Consequenzen selbst präcis zu formuliren und demnach, wie eben rücksichtlich der gewerblichen Seite der Presse so auch rücksichtlich der geistigen die Postulate unserer Wissenschaft bestimmt auszusprechen. Wir müssen deßhalb vom Standpunkte des Repressivsystems aus ferner erklären, daß von Concessionen zur Herausgabe von periodischen Druckschriften ebensowenig die Rede sein könne, wie von einer Concession zum Gewerbebetrieb, daß außerdem aber auch weder eine zeitweilige noch eine dauernde Einstellung des Erscheinens periodischer Druckschriften, noch eine Entziehung des Postdebits statthaben dürfe. Wir müssen ferner aussprechen, daß auch die Cautions- und Stempelpflicht sowie die Ueberreichung von Pflichtexemplaren an die Postbehörde als Consequenzen des Präventivsystems zu entfallen haben. Aus der Masse dieses Stoffs will ich zunächst nur zwei Momente hervorheben, die mir sehr wichtig erscheinen. Das ist der Wegfall der Caution und des Zeitungsstempels. Ich befinde mich da auf dem gleichen Boden mit den Bestimmungen der Mehrzahl der modernen Gesetzgebungen und es ist nichts Neues, was ich Ihnen zu erklären vorschlage. In Belgien, Sachsen, Bayern, Thüringen, Lübeck, Holland, in mehreren Cantonen der Schweiz, in Nordamerika bestehen Cautionen nicht; der Stempel besteht nicht in Belgien und Nordamerika. Die Nachtheile der Caution und des Stempels sind so ziemlich allgemein anerkannt und kaum noch Gegenstand ernster Controverse mehr, weil sie sich als eine Besteuerung der geistigen Produktion darstellen und als eine reine Präventivmaßregel. Ihre Abschaffung ist aber insbesondere auch vom Standpunkte legislativer Politik wünschenswerth, weil der Wegfall von Caution und Stempel mit dazu beitragen muß, die Journale zu decentralisiren und zu vervielfältigen und damit in ihrer Wirksamkeit sehr zu schwächen. Ich verweise hier auf Tocqueville, den berühmten Verfasser der Democratie en Amérique, eines Werkes, was in Deutschland noch immer nicht genügend Berücksichtigung gefunden hat. Er sagt, daß er mit dem größten Erstaunen wahrnehme, daß gerade die continentalen Gesetzgebungen Bestimmungen festhalten, welche die Kraft der Zeitungspresse wesentlich steigern. Die Amerikaner schreiben der incroyable dissémination des forces de la presse ihre geringe Macht bei. Als Axiom der politischen Wissenschaft in den Vereinigten Staaten gilt es, que le seul moyen de neutraliser les effets des journaux est d'en multiplier le nombre. Deßhalb habe man die Cautionen und Zeitungsstempel abgeschafft und dadurch sei die monopolistische Stellung der Presse gebrochen, dieselbe auf ein tieferes Niveau herabgesunken, als dasjenige, auf welchem die Presse in den continentalen Staaten sich befindet; die Regierungen also, die an der Caution und dem Zeitungsstempel festhalten, verleihen nur ihren Gegnern Stärke, indem sie concentriren, anstatt daß es ihre Aufgabe sein sollte, deren Wirksamkeit zu decentralisiren. Diesen legislativen Gesichtspunkt möchte ich demnach wegen seiner gar nicht zu verkennenden Bedeutung Ihrer speziellen Aufmersamkeit empfohlen haben.

Ich knüpfe hieran nnr noch die Erörterung einer einzigen Frage; es ist diejenige des Pflichtexemplares.

Auch hier muß ich es als meine Ueberzeugung aussprechen, daß es sich um eine reine Präventiv-Maßregel handelt. Die Gesetzgebungen, meine Herren, schwanken in dieser Frage. In einigen Ländern ist die Ueberreichung des Pflichtexemplars ganz abgeschafft wie in Thüringen, Oldenburg, Holland; in anderen Staaten muß das Pflichtexemplar von periodischen Schriften keineswegs aber von nichtperiodischen eingereicht werden; wieder in anderen soll das Pflichtexemplar, wenn nichts gegen seinen Inhalt einzuwenden ist, zurückerstattet, auch wohl bezahlt werden. Ich möchte sagen: die Gesetzgebungen haben in dieser Frage kein ganz gutes Gewissen. Ich meine, das Pflichtexemplar kann nur dann von Bedeutung sein, wenn das eben eine reine Präventiv-Maßregel ist. Sie werden mir gewiß bestätigen, daß in den meisten neueren Gesetzen das Erscheinen des betreffenden Blattes gleichzeitig mit der Ueberreichung des Pflichtexemplars gestattet ist. Offenbar wird aber in diesem Falle die ganze Absicht, welche der Gesetzgeber bei dem Pflichtexemplare hat, gar nicht erreicht. Die Ueberreichung verliert somit jede praktische Bedeutung, während sie denn doch dem Betrieb des Preßgewerbes eine Last auferlegt, die bei gar keinem anderen Gewerbe im Staate, auch bei den gefährlichsten nicht, vorkommt. Auch in dieser Richtung scheint es eine Aufgabe des Juristentags auszusprechen, daß auf der Ueberreichung eines Pflichtexemplars nicht zu bestehen sei. Eine Maßregel will ich hier noch erwähnen, um zu zeigen, wie seltsam oft die Gründe sind, welche man für die Beibehaltung des Pflichtexemplars in's Feld führt. Man hebt nämlich — und dies geschah beispielsweise von einem sehr hervorragenden Redner bei der Berathung des neuen Preßgesetzes in der I. sächs. Kammer — den großen Werth hervor, den die Einlieferung der Pflichtexemplare für die Beamtenbibliothek habe; wie gut es sei, wenn man von jedem Buche und jeder Zeitung ein Exemplar unentgeltlich bekomme. Meine Herren, das wäre demnach eine reine Finanzmaßregel, die sich wohl niemals wird rechtfertigen lassen, wenn man nicht einen Einzelnen ungerecht besteuern will zum Vortheil des Landes.

Nach all dem, meine Herren, bin ich dann der Meinung, daß wir weit genug wären, um zwei Prinzipien, das eine auf die gewerbliche, das andere auf die geistige Seite der Presse bezüglich herauszugreifen und sie ihrem Gesammtinhalte nach genau und bestimmt zu fixiren, wie dies für eine Frage der praktischen Gesetzgebung nothwendig ist. Ich schlage Ihnen demnach vor folgende zwei Sätze aufzustellen: Der Juristentag spricht seine Ueberzeugung aus:

1. Die Hervorbringung und der Verkauf von Erzeugnissen der Presse, die Colportage und das Anheften von Plakaten haben ausschließlich den Bestimmungen der Reichsgewerbe-Ordnung zu unterliegen. Eine Entziehung der Befugniß zum selbstständigen Betrieb eines Gewerbes durch richterliches Erkenntniß im Falle einer durch die Presse begangenen Zuwiderhandlung darf nicht stattfinden.
2. Alle weiteren aus den Grundsätzen des Präventiv-Systems abgeleiteten Beschränkungen als insbesondere die Concessionen, Cautions- und Stempelpflicht, zeitweilige oder dauernde Einstellung des Erscheinens bei periodischen Druckschriften, die Ueberweisung von Pflichtexemplaren, die Entziehung des Postdebits haben zu entfallen.

Diese beiden Sätze sind die ersten, welche ich mir erlaube Ihnen zur Annahme zu empfehlen und bezüglich derer ich den Herrn Präsidenten bitte, die Diskussion zu eröffnen.

Herr Stadtrichter Dr. **Rubo**: Meine Herren! Da Niemand das Wort ergriffen hat und man annehmen könnte, qui tacet sed loqui potuit, consentire videtur, so möchte ich nur kurz meine Meinung äußern. Mir erscheinen diese Anträge in keinerlei Weise mit der Frage zusammenzuhängen, die uns hier zur Beschlußfassung und Berathung überwiesen worden ist. Diese Frage behandelt eine Gewerbfrage, während wir unsererseits uns mit dem materiellen Strafrecht zu beschäftigen haben. Ich möchte Ihnen daher meine Herren, eine motivirte Tagesordnung zur Annahme vorschlagen, nicht über diese Anträge abzustimmen, weil das, was sie behandeln, nicht Gegenstand der uns überwiesenen Frage ist. Ich stelle den Antrag:

„Die Versammlung beschließt über diese Frage nicht abzustimmen, weil sie zur Competenz der Versammlung nicht gehört. 2. event. über diese Frage zur Tagesordnung überzugehen.

Referent Dr. **Jaques**: Ich muß gestehen, daß mich die Aeußerungen meines sehr geehrten Nachbars einigermaßen befremden. In dem Gutachten von Dr. John finden Sie sub I folgende Sätze:

Die nothwendige Freiheit der Presse fordert den Wegfall aller derjenigen gesetzlichen Bestimmungen, welche von der Voraussetzung der Gefährlichkeit der Presse ausgehend, den Gebrauch der Presse einschränken und ihn einer bestimmten Aufsicht unterwerfen. Ganz analog hat Dr. Glaser in seinem Gutachten den Ausgangspunkt davon genommen, daß er, anknüpfend an die Beschlüsse des ersten deutschen Juristentages, welche die ständige Deputation zur Stellung unserer Frage veranlaßt hatten, die Ausschließung jeder Präventivmaßregel, jedes administrativen Ermessens als Grundlage für die Preßgesetzgebung hingestellt hat. Von dem gleichen Grundsatze geleitet, habe ich Ihnen ausführlich dargethan, welche Punkte denn eigentlich in den bestehenden Preßgesetzgebungen mit dem Grundsatze des Repressivsystems nicht zu vereinigen sind. Ich frage nunmehr: Soll, wenn der Abtheilung überwiesen worden ist, sich darüber zu äußern, ob bei der Presse mit Rücksicht auf die öffentliche Sicherheit die allgemeinen Strafgesetze unbedingt oder nur mit gewissen Ausnahmen in Anwendung zu kommen haben, soll damit nur die leere Formel: Präventiv- oder Repressiv-System gemeint sein und nichts Anderes? Ein geehrter Vorredner, der Ministerialrath Bingner, den ich gern als ehemaligen Kollegen von Heidelberg begrüße, hat sich geäußert, es sei nur von der Haftbarkeit zu sprechen; da bitte ich mir denn doch zu sagen (obgleich ich das Buch von 1866 nicht zur Hand habe) ob sich denn nicht unter den Thesen des Journalistentages, auf welche die ständige Deputation bei der Frage, welche sie der Abtheilung überwies, zur Begutachtung ausdrücklich Bezug genommen hat, nicht noch ganz andere Dinge vorfinden als bloß die Frage der Haftbarkeit? So lange man mir nicht den Nachweis führt und ich glaube, er wird mir nicht geführt werden, welche Normen denn eigentlich ausschließlich als strafgesetzlicher Natur bei der Presse angesehen werden müssen und was von dem vorher Erörterten auf ein anderes Gebiet gehöre, so lange werde ich daran festhalten, daß die Abtheilung, indem sie berufen ist, über die Grundprincipien der Preßgesetzgebung zu votiren, jene Fragen zur Lösung bringen müsse. Es wird gewiß wohl keinem Herrn in den Sinn gekommen sein rücksichtlich der Competenzfrage zu opponniren, wenn ich nur einfach die allgemeine Formel aufgestellt hätte, welche Prof. Dr. John in seinem Gutachten als Grundsatz ausspricht. Wir befinden uns aber heute, meine Herren, einer bevorstehenden Preßgesetzgebung gegenüber, unsere Meinungsäußerung hat zu erfolgen im Hinblick auf einen legislatorischen Akt, den wir beeinflussen möchten. Wenn wir uns nun damit begnügen wollen, formelle Bestimmungen zu treffen, aus denen Niemand im Einzelnen etwas Klares und praktisch Brauchbares deduziren kann, wenn der Juristentag sich nur darauf beschränken will, sich für das Repressiv-System im Allgemeinen auszusprechen und die Präventivmaßregeln nicht einzeln und speziell zu verurtheilen, dann haben wir, verzeihen Sie mir den Ausdruck, nur einen Schlag ins Wasser gethan. Ich bin der Ueberzeugung, daß wir das Detail der Consequenzen, welche aus dem Prinzip hervorgehen auch wirklich aussprechen müssen und zwar schon deshalb, weil seit 30 Jahren Jedermann von Repressivsystem spricht und jeder die verschiedensten Fragen darunter zu begreifen pflegt.

(Nach einer kurzen Diskussion über den Rubo'schen Antrag wird derselbe von der Versammlung abgelehnt und in die materielle Diskussion über die Anträge des Herrn Referenten eingetreten.)

Herr Appellations-Rath Dr. **Vollert** aus Eisenach: Ich habe erklärt, daß ich im Wesentlichen mit dem ersten Antrage einverstanden bin; auf einen Punkt wollte ich mir erlauben, Ihre Aufmerksamkeit zu wenden: — ich möchte das Anheften von Plakaten herausheben. Die Verhältnisse zwischen einer großen und kleinen Stadt sind außerordentlich verschieden, es werden sich ganz andere gesetzgeberische Maßregeln nöthig machen, wenn das Plakat in Berlin, in Frankfurt oder in meiner Heimath z. B. in Eisenach erscheint. Ich glaube, daß das Präventivsystem völlig richtig ist, daß das Repressivsystem aber auch in diesem Maaße aufrecht erhalten werden muß, daß man sagt, die Reichsgesetzgebung muß auch das Anheften von Plakaten mit in die Hand nehmen. Das liegt uns aber doch nicht in dem Sinne; ich glaube nicht, daß es nothwendig ist. Ich möchte den Antrag des Herrn Referenten befürworten, daß als Grundsatz für die neue Reichspreßgesetzgebung auch vom Juristentag adoptirt werde, daß das Präventiv-System zusammenfallend mit einem Stück Censur hinwegfalle, daß wir uns für das Repressiv-System erklären. Am liebsten hätte ich gesehen, daß der Antrag so lautet: „Der Juristentag spricht aus, daß für die Preßgesetzgebung das Repressivsystem entscheide."

(Da sich Niemand zum Wort meldet, wurde die Debatte geschlossen, dem Herrn Referenten das Schlußwort gegeben.)

Herr Ref. Dr. **Jaques**: Ich möchte, verehrte Herren, vor Allem über einen Punkt mir erlauben, eine Aufklärung zu geben. Ich habe nicht ganz genau die Worte des geehrten Vorredners vernehmen können, es hat mir eben geschienen, als ob er zweifle, daß die Reichsgewerbeordnung sich über die Frage ausspreche oder nicht, es heißt nun aber im § 43 dieses Gesetzes, daß, wer gewerbsmäßig Druckschriften u. s. f. ausrufen, vertheilen, anheften oder anschlagen wolle, eines Legitimationsscheins Seitens der Ortspolizeibehörde bedürfe, und im §. 57 sind die näheren Modalitäten rücksichtlich der Ertheilung des Scheins, welcher nur gewissen schlecht beleumundeten Personen versagt werden darf, festgestellt. Meine Herren! Auch hier habe ich wieder die Aeußerung gehört, daß es zweckmäßiger gewesen wäre, sich dahin auszusprechen: „bei der Preßgesetzgebung hat das Repressiv-System zu gelten", aber meine Herren, ich kann da nur neuerdings bitten, zurückzublicken auf die 20—30jährige Erfahrung, die wir rücksichtlich der Strafgesetzgebung vor uns haben; immer heißt es: Repressivsystem, und welch verschiedene Consequenzen sind nicht aus dem Begriffe deduzirt worden! Wenn heute der Juristentag nichts weiter thut, als Gedanken in einer allgemeinen leeren Formel Ausdruck zu geben, so hat er nichts gethan. Wenn er etwas Praktisches thun will, so hat er die Verpflichtung, den Inhalt des Repressivsystems zu formuliren.

Ich habe selbst sehr ernstlich erwogen, wie weit der Juristentag in seinen Aussprüchen gehen könne und habe mich auf ein Minimum zu beschränken gesucht, wie es sich dann auch noch zeigen wird, daß ich eine Reihe von Fragen bei Seite gelassen habe, von welchen ich der Ueberzeugung bin daß wir hier nicht die ganze Frage erschöpfen können: aber der Juristentag soll bestimmt erklären, was rücksichtlich der Cardinalfragen der Preßgesetzgebung seine Ueberzeugung ist.

Rücksichtlich der Plakate, die erwähnt worden sind, möchte ich noch darauf aufmerksam machen, daß durch die Preßgesetzgebung nicht dort eingegriffen werden kann, wo es sich etwa um die Straßenpolizei und wo es sich um erworbene Privatrechte handelt, wie beispielsweise bezüglich der sogenannten Litfaßsäulen in Berlin; es liegt mir fern, in dieser Beziehung ein Präjudiz schaffen zu wollen. Wir sprechen vom Standpunkte der Preßgesetzgebung aus, und nur diese, diese aber auch ihrem ganzen Umfange nach, liegt in der Competenz der Versammlung. Nur also von diesem Standpunkte aus glaubte ich den Antrag formuliren zu müssen: daß, soviel die Preßgesetzgebung anlangt, auch rücksichtlich der Plakate nichts Anderes zu gelten habe, als was die Reichsgewerbeordnung festgestellt und bestimmt hat.

((Abstimmung! Abstimmen!)

Präsident: Wir schreiten nun zur Abstimmung, und ist in Bezug hierauf ein Antrag auf Theilung des Punkt 1 gestellt, er ist auch sachgemäß. Wir werden durch Theilung der vorhandenen Stimmung am besten Rechnung tragen.

Es erfolgt hierauf die Abstimmung über den ersten Theil des Antrags.

I. Die Hervorbringung und der Verkauf der Erzeugnisse der Presse, die Colportage, das Anheften von Plakaten hat ausschließlich den Bestimmungen der Reichsgewerbeordnung zu unterliegen.

Derselbe wurde mit großer Majorität angenommen, ebenso der zweite Theil:

Eine Entziehung der Befugniß zum selbstständigen Betrieb eines Gewerbes durch richterliches Erkenntniß darf nicht stattfinden.

Ebenso wurde mit großer Majorität der Antrag sub II. angenommen:

II. Alle weiteren aus den Grundsätzen des Präventivsystems abgeleiteten Beschränkungen, als insbesondere die Konzessionen, Kautions-

und Stempelpflicht, zeitweilige oder dauernde Einstellung des Erscheinens bei periodischen Druckschriften, die Ueberreichung von Pflicht-Exemplaren, die Entziehung des Postdebits haben zu entfallen.

Referent Dr. **Jaques:** Die Frage, die uns nunmehr zu beschäftigen hat, ist nach der Reihenfolge der Anträge, die ich mir zu stellen erlauben werde, die der Beschlagnahme. Ich will hier gleich, um Bedenken entgegenzutreten, die etwa im Sinne des früher Geäußerten wieder zu Tage treten könnten, bemerken, daß über die Frage der Beschlagnahme die beiden Gutachten sich geäußert haben, daß ich also auch hierbei streng auf dem Boden der Competenz der Abtheilung und meiner Pflicht als Berichterstatter stehe. Die Resolution, die ich mir erlaube, vorzuschlagen, lautet kurz dahin:

Die vorläufige Beschlagnahme von Druckschriften, ebensowohl die richterliche, als die administrative, ist unzuläßig.

Bei dieser Frage erlauben Sie mir, meine Herren, mit der Motivirung etwas behutsam und daher auch eingehender zu sein.

Ich will zunächst erwähnen, daß allerdings nur wenige Gesetzgebungen sich bisher dem Prinzipe angeschlossen haben, welches ich in Bezug auf die richterliche Beschlagnahme hier zu vertreten habe: nämlich nur die Gesetzgebungen von England, Holland und Nordamerika. Weiter will ich erwähnen, daß unter den deutschen Schriftstellern über Staatsrecht einer der bedeutendsten, und zugleich Einer, dem gewiß nicht der Vorwurf revolutionärer Gesinnung gemacht werden kann, Robert von Mohl, sich bestimmt dahin ausgesprochen hat, daß jede Beschlagnahme von Druckschriften, die richterliche ebensowohl wie die administrative, unzuläßig sein solle. Und hiernach gestatten Sie mir die ganze Reihe von Argumenten vorzutragen, welche mich nach sehr langer und gewissenhafter Erwägung bewogen haben, dieses Prinzip Ihnen als das einzig richtige vorzuschlagen.

Vorerst kann nicht verkannt werden, daß die Ausübung des Rechts der Beschlagnahme sowohl der richterlichen, wie der administrativen, dem größten Mißbrauch ausgesetzt sein kann, daß insbesondere in Zeiten politischer Erregung und Bewegung es ein höchst gefährliches Mittel ist — in der Hand der Verwaltung, ein nicht ungefährliches in der Hand der Gerichte, wenn sie das Recht haben, die vorläufige Beschlagnahme eintreten zu lassen.

Der zweite Gesichtspunkt, dem ich bei dieser Frage nicht gerade ein besonderes Gewicht einräume, der aber nicht verkannt werden darf, ist der des Privateigenthums. Es ist ein sehr schwerer Eingriff in das Privateigenthum, welcher mit jeder Beschlagnahme an Druckschriften begangen wird, . . . in das Eigenthum derjenigen, welche für Insertionen bezahlt haben, wie in das des Eigenthümers der Druckschrift selbst.

Weiter ist die richterliche Beschlagnahme ohne vorausgegangenes contradiktatorisches Verfahren im Widerspruch mit denjenigen Funktionen des Gerichts, welche wir bei unserem heutigen öffentlichen und mündlichen denn doch nicht mehr auf das Inquisitionsprinzip basirten, sondern rein akkusatorischen Verfahren als etwas Unerläßliches ansehen und ansehen müssen.

Ferner ist die Verfügung die Beschlagnahme nach meiner Ueberzeugung die Verfügung einer Strafe vor dem Urtheil, denn der Staatsanwalt oder der Richter, welcher die Beschlagnahme vornimmt, spricht damit aus: Der Thatbestand einer strafbaren Handlung sei vorhanden, ehe ein richterliches Erkenntniß in dieser Richtung stattgefunden hat, und infolge dieses Ausspruchs nimmt er bereits eine Exekutivmaßregel vor, er verfügt also eine Strafe vor dem Urtheil.

Man sagt nun gewöhnlich, die Beschlagnahme müsse statthaben, und wenn sie in einer willkürlichen oder in einer juristisch und gesetzlich nicht vollkommen begründeten Weise stattgefunden hat, so kann es ja eine Entschädigung geben. Wir in Oesterreich speziell haben ein Einspruchsrecht zugestanden und ein eventuelles Recht auf Entschädigung, wenn die Beschlagnahme nicht streng gesetzlich gewesen ist. Ich sage aber, meine Herren! eine Entschädigung für den Schaden, der durch eine Beschlagnahme, die ungerechtfertigt war, herbeigeführt worden ist, giebt es eigentlich gar nicht, denn man kann Niemanden dafür entschädigen, wenn man ihn etwa in einem besonders wichtigen Momente, wo die Aeußerung einer bestimmten Ansicht für ihn von der größten Tragweite war, genöthigt hat, zu verstummen. Ich kann aus eigener Erfahrung ein Beispiel anführen. Es hat in Oesterreich im Beginn des Krieges mit Frankreich einen Moment gegeben, wo die Aeußerung einer deutschfreundlichen Haltung, wie wir sie doch Alle sehnlichst wünschten, der Gefahr sehr nahe stand, durch eine Beschlagnahme gehindert zu werden. Ich frage Sie, meine Herren, ob, wenn in einem solchen politisch hochwichtigen Momente die Aeußerung dessen, was man als ein vitales Interesse für sein Land ansieht, gehemmt wird, ob es da einen Ersatz geben kann in einer materiellen Entschädigung, die möglicherweise zudem erst nach langer Zeit zuerkannt wird? Es giebt keine Entschädigung für einen lebendigen Gedanken, aus dem man Makulatur gemacht hat und Das ist es, was die vorläufige Beschlagnahme thut. Sie tödtet diesen Gedanken — dafür giebt es keine Entschädigung.

Die Beschlagnahme ist außerdem entweder eine Präventivmaßregel oder sie ist eine ganz zwecklose Maßregel. Von zwei Alternativen eine: entweder, die Beschlagnahme wird in einem Momente verfügt, da die Druckschrift noch nicht ausgegeben worden ist und es wird dadurch das Ausgeben der Druckschrift verhindert — dann ist sie praktisch, aber auch präventiv. Oder aber, man thut das, was man in den meisten Gesetzgebungen thut: man behindert nicht das Ausgeben der Zeitung, verfügt aber hinterher die Beschlagnahme — dann sage ich, ist sie zwecklos. Sehen Sie die Sache in der Wirklichkeit an, wie sie sich bei einem einflußreichen, vielgelesenen Blatte und bei einem einigermaßen routinirten klugen Redakteur gestaltet. Die Beschlagnahme wird da gewöhnlich zu einer Zeit verfügt, da das Journal schon längst wie eine Mitrailleuse nach allen Richtungen seine Gedanken ausgestreut hat; nun kommt die Sicherheitsbehörde, und was findet sie? einige wenige Exemplare, und vielleicht auch die nicht, weil der Redakteur so vorsichtig war, sie zu retten. Das Journal selbst ist eben in der Zwischenzeit schon von Tausenden gelesen und wird's noch vielmehr, wenn erst bekannt wird, daß die Beschlagnahme erfolgt ist. Was geschieht also? Zweckmäßiges, Praktisches wird nicht erreicht, aber die Würde des Staates wird geradezu kompromittirt. Denn kompromittirend ist es, wenn man durch die Organe mühselig Haussuchung abhalten läßt, weil man erklärt hat, es sei eine gefährliche Druckschrift veröffentlicht, und wenn man nichts weiter erreicht, als 2—3 Exemplare quasi zu verhaften, während die Wirkung der Verbreitung unbeirrt stattfindet, also die angebliche Gefahr nicht im Entferntesten beschworen ist.

Ich muß nun aber noch einen Schritt weiter gehen und sagen: Die Aufhebung der Beschlagnahme ist auch eine ungefährliche Maßregel mit Rücksicht auf das, was ich bereits dargelegt habe; denn von dem Momente an, da einmal auf Einleitung eines Preßprozesses erkannt wird, da wird, wenn auch keine Beschlagnahme stattgefunden hat, aller Wahrscheinlichkeit nach der Redakteur, insoweit er überhaupt noch darauf einzuwirken im Stande ist, vorsichtigerweise die weitere Verbreitung selbst sistiren, da er ja zu befürchten hat, daß die Weiterverbreitung der Zeitschrift ihm vor dem Srafgerichte als ein Erschwerungsumstand werde in Anrechnung gebracht werden.

All dem gegenüber giebt es eigentlich — soweit ich die Literatur und die Praxis habe übersehen können — nur Einen Punkt, der hauptsächlich angeführt wird; man sagt nämlich: Die Beschlagnahme ist nothwendig zur Sicherung des strafbaren Objekts für das Urtheil. Gestatten Sie mir zu sagen, daß ich in diesem Ausspruch einen klaren Gedanken nicht finden kann, d. h. daß ich in ihm nicht viel mehr finde, als ein leicht hingeworfenes, der Begründung völlig entbehrendes Wort. Das Objekt für die Strafe ist mit dem einen Exemplare, welches dem Preßprozesse unterworfen wird, vollkommen gesichert.

Es ist eine ganz falsche Analogie, wenn man davon spricht, daß die Beschlagnahme auf einer Stufe zu stehen hätte mit der Untersuchungshaft. Denn da will man das Subjekt des strafbaren Deliktes sich sichern, hier aber handelt sich's um das Objekt, welches schon vorhanden und in der Hand des Richters ist.

Das sind die Argumente, welche vom streng juristischen Standpunkte aus mich zu der Ueberzeugung geführt haben, daß die vorläufige Beschlagnahme in jeder Form nicht gerechtfertigt werden kann, daß sie praktisch nicht zweckmäßig ist, die angestrebten Resultate nicht ergiebt, daß es also wünschenswerth ist, daß die Gesetzgebungen sich entschließen, hierin dem Beispiele Hollands, Englands und Nordamerikas, die bei ihrem Verfahren vollkommen gut bestehen, zu folgen, endlich der Ansicht Robert v. Mohls zu folgen und zu erklären: die vorläufige Beschlagnahme von Druckschriften, ebensowohl die richterliche als die administrative, ist unzuläßig.

(Lebhafter Beifall.)

Die Debatte über diese Resolution eröffnet

Staatsrath Dr. Zachariä aus Göttingen: Ich schließe mich im Ganzen dem Antrage des Referenten an. In einer Beziehung muß ich jedoch eine entschieden abweichende Ansicht geltend machen. Es betrifft dies die richterliche Beschlagnahme. Ich bedaure sehr, daß die eigentliche Frage, die uns hier beschäftigen soll, in der That gar nicht zur Erörterung gekommen ist, die Frage: ob und inwieweit die allgemeinen strafrechtlichen Grundsätze auf die Presse zur Anwendung kommen sollen, oder ob das nicht der Fall sein soll? Das, was der Herr Referent uns jetzt vorgetragen hat und dem wir zum Theil bereits beigestimmt haben, betrifft ja diese Frage nicht. Ich bin damit einverstanden, daß der Presse die möglichste Freiheit eingeräumt werde, auch damit, daß keine administrative oder polizeiliche Beschlagnahme stattfinde. Aber soll denn das Privilegium der Presse soweit gehen, daß sie auch gegen den allgemeinen Grundsatz geschützt sein soll, daß die Staatsgewalt und die Gerichte berechtigt und verpflichtet sind, zu verhindern, daß ein bestimmtes Verbrechen zur Erscheinung kommt? Es wird das ja offenbar der Befugniß des Richters entzogen, wenn wir im Allgemeinen dem Richter das Recht der vorläufigen Beschlagnahme absprechen!

Die Gründe des Referenten richten sich gegen den möglichen Mißbrauch, der mit der Beschlagnahme getrieben werden kann. Ja, meine Herren, da frage ich: was könnte nicht gemißbraucht werden? Dieser Grund des Referenten beweist jedenfalls zu viel! Wir haben einen ähnlichen Fall in der Beschlagnahme von Briefen. Diese ist auch im Allgemeinen vollkommen unzuläßig. Nichtsdestoweniger muß da, wo der Verdacht eines Verbrechens gehörig begründet ist, dem Gerichte die Befugniß zugestanden werden, eine Beschlagnahme von Briefen zu verfügen. So ist es auch bei der der Presse. Ein Gericht, das auf's Blinde hinaus eine Beschlagnahme verfügen sollte, würde natürlich seine Befugnisse weit überschreiten. Von unseren deutschen

Gerichten ist das im Allgemeinen gewiß nicht zu befürchten. Soll es aber der Presse erlaubt sein, ein möglicherweise recht schweres, bei den gegenwärtigen Verhältnissen des Staates vielleicht höchst bedenkliches Delikt ungehindert zur Erscheinung kommen zu lassen, und das Gericht auch in diesem Falle nicht eintreten dürfen und die Publikation der Schrift verhindern? Ich möchte nur warnen, daß wir nicht einen Beschluß fassen, der zu weit geht, der in der That etwas festsetzen würde, was mit der Rechtsordnung des Staats nicht vereinbar wäre.

Advokat **Lenz** aus Wien: Ich habe gegen die Diskussion der ersten Anträge meines Freundes Jaques gestimmt und mich für den Antrag des Dr. Rubo ausgesprochen aus formellen Gründen, obwohl ich materiell die Ansicht Jaques' vollkommen theile, was meine Zustimmung zu derselben bewiesen hat. Ich habe aber dafür gehalten, daß die erste Frage zuerst besprochen werden soll:

> Fordert es die nothwendige Freiheit der Presse und genügt es der Rücksicht auf die öffentliche Sicherheit, daß bei den mittelst der Presse verübten strafbaren Handlungen die allgemeinen Strafgesetze und Strafrechtsgrundsätze ausnahmslos zur Anwendung kommen?

Ich hielt dafür, erst, wenn dieses Prinzip besprochen und von der Abtheilung die Meinung abgegeben worden wäre, daß sie dieses Prinzip nicht theilt, erst dann dürfen wir zu jenen Details übergehen, welche wir — sobald wir überhaupt ein Preßgesetz für nothwendig erachten — von unseren Rechtsgrundsätzen aus für wünschenswerth halten. Mit Rücksicht auf die jetzige Sachlage jedoch muß ich mich entschieden für den letzten Antrag Jaques' erklären und ich lasse mich darin nicht durch die Meinung des Vorredners beirren. Sonst kommen wir dahin, wohin wir sehr häufig bei der Preßfrage kommen: wir nehmen einer ganzen Corporation ihr Recht aus keinem andern Grunde, als weil wir fürchten, sie werde schädlicher sein als eine andere. Warum giebt man kein Gesetz gegen die Fabrikation schlechter Wagen? Und doch kann man durch einen leichtsinnigen Wagenfabrikanten den Hals brechen? Soll der Journalist schlechter daran sein als der Wagenbauer? Soll er mit geknebelten Händen und Füßen in den Strom geworfen werden?

(Große Unruhe.)

Halten wir ein Preßgesetzgebung überhaupt für nothwendig . . . .

(Große Unruhe. Der Präsident bittet, den Redner sprechen zu lassen.)

Wir müssen uns klar sein, meine Herren, überdie Prinzipfrage: Halten wir bei dem gegenwärtigen Standpunkte der juridischen Bildung, der Bildung der Völker überhaupt, die wir vertreten, für nothwendig, eine besondere Preßgesetzgebung zu erlassen? Ist das Journalistenhandwerk (man mag es treiben wie man will) ein solches, daß für diese Leute es einer ganz besonderen Gesetzgebung bedarf, daß sie nicht mit den allgemeinen Strafgesetzen gemaßregelt werden sollen oder daß die Wohlfahrt des Staats nicht geschützt werden könne durch das gewöhnliche Strafgesetz? Wenn wir ein gutes Strafgesetz haben, dann werden wir mit unseren Preßvergehen und Preßverbrechen ganz gehörig umspringen können: besonders für jene Artikel, in denen die Sicherheit des Staates gefährdet erscheint, sind in unseren Strafgesetzen sehr genügende Handhaben, um die Ausschreitungen der Presse gebührend zu züchtigen, Von diesem Grundsatz aus halte ich eine spezielle Preßgesetzgebung gar nicht für nothwendig. Etwas Anderes ist es, wenn man von Gewerbesachen spricht. Das schlägt aber in die nationalökonomische Richtung ein. Wenn man aber eventuell dafür hält, daß die Presse überhaupt eine Speziälität sei, die ganz besonders überwacht werden müsse, die ganz besonders gefährlich werden könnte, dann wird es sich nur fragen: welche Ausschreitungen der Presse sind zu verhindern? und da hat Jaques vollkommen Recht mit seinem Vorschlage. (Bravo!)

Advokat **Fränzel** aus Dresden. Das Wenige, was ich vorzutragen habe, würde jeden Werth verlieren, wenn die Abstimmung bereits feststände. Die Abstimmung über den Jaques'schen Antrag kann aber noch bejahend oder verneinend ausfallen. Für den Fall der Verneinung wollte ich die Aufmerksamkeit der Herren darauf lenken, daß eine Frist gefunden werden möchte, binnen welcher die Beschlagnahme, sei es die administrative, sei es die richterliche sowie die strafrechtliche Verfolgung eines Preßerzeugnisses überhaupt noch zuläſſig ist. Erfahrungen liegen mir hierüber aus meinem Heimathlande Sachsen vor, wo ein Preßerzeugniß 6, 8 Wochen und noch länger unbeanstandet hingegangen ist, dann aber, als die 9. oder 10. Wiederauflage dieses Preßerzeugnisses stattfand, sich auf einmal die Polizei oder die Staatsanwaltschaft veranlaßt fand, nunmehr den gefährlichen Charakter dieses Preßerzeugnisses zu erkennen und vor ihr Forum zu ziehen. Dadurch sind auch Leute getroffen worden, für die jede nachträgliche Verfolgung eine große Härte war, z. B. der Drucker, der nichts weiter bei der Vervielfältigung suchte als seinen Broderwerb und der durch das lange Stillschweigen von Polizei- und Staatsanwaltschaft in den entschuldbaren Irrthum versetzt worden sein mußte, daß in der That Staatsanwaltschaft und Polizei es besser verstehen müßte, wie er, ob dem Preßerzeugniß ein gefährlicher Charakter innewohne oder nicht. Für den Fall also, daß möglicherweise wider Erwarten doch der Antrag des Referenten Ihren Beifall nicht finden sollte, erlaube ich mir als Zusatz zu beantragen: „es möge die Beschlagnahme und strafrechtliche Verfolgung von Preßerzeugnissen nach Ablauf von 10 Tagen von der Hinausgabe eines Preßerzeugnisses an gerechnet, nicht weitermehr zulässig sein."

Ministerialrath **Bingner** aus Karlsruhe: Das Wegfallen jeder Beschlagnahme von Zeitungen gehört mit zu den Forderungen der liberalen Partei, der ich mich auch zurechne. Es ist daher für mich eine undankbare Aufgabe mich gegen die Resolutionen des Referenten auszusprechen und doch muß ich mich im Allgemeinen der Ansicht des Staatsraths Zachariae anschließen. Von mehreren Rednern scheint mir die Sache so aufgefaßt zu werden, als sei die Beschlagnahme eine Ausnahmemaßregel gegen die Presse. Das scheint mir nicht richtig. Ich finde darin lediglich die Anwendung der allgemeinen Grundsätze des Rechts, daß die Weiterfortführung von strafbaren Handlungen verhindert werden soll. Wenn ein Mann getroffen wird, des Nachts durch die Straßen schleichend, um Häuser anzuzünden, so wird man ihm das Material wegnehmen, um die weitere Ausführung von Verbrechen zu hindern. Dagegen soll Jemand, der getroffen wird mit einer Reihe höchst gefährlicher Flugschriften, um sie unter die Menge zu verbreiten, straffrei und ihm das Weiterverbreiten gestattet sein? Etwas anders gestaltet es sich bei den Zeitungen und ich gebe zu, daß praktisch die Sache nicht so großen Werth hat, und daß hierbei der Mißbrauch am leichtesten getrieben werden kann. Ob es aber gerechtfertigt ist, so weit zu gehen, sich auch gegen die richterliche Beschlagnahme zu erklären, das scheint mir bedenkich, und dem Satze in dieser Ausdehnung könnte ich nicht beistimmen. Es scheint mir auch nicht richtig zu sein, was der Referent sagte, die vorläufige Beschlagnahme von Preßerzeugnissen sei werthlos, da man die meisten Exemplare doch nicht bekomme. Ich sage dagegen: Wenn gegen eine Druckschrift ein Preßprozeß eingeleitet und sie strafrechtlich verfolgt wird, so gewinnt sie erfahrungsmäßig gewiß sehr wesentlich an Interesse und wahrscheinlich wird alsdann eine sehr große Anzahl von Exemplaren mit dem strafbaren Inhalt abgesetzt. Mir scheint es, anstatt daß wir diesen weitgehenden Antrag des Referenten annehmen, viel mehr die Aufgabe der Gesetzgebung zu sein, die Beschlagnahme zu regeln und gerade Ausnahmebestimmungen zu Gunsten der Presse dahin zu treffen, daß namentlich unter allen Umständen ein richterliches Erkenntniß der Beschlagnahme vorangehen müsse, daß eine kurze Frist für die Beschlagnahme stattfinde und Aehnliches.

Rechtsanwalt **Bacher** aus Stuttgart: Ich möchte folgenden Antrag stellen: „Die vorläufige Beschlagnahme von Druckschriften ist auf administrativem Wege überhaupt unzulässig, auf richterlichem Wege ist sie blos insoweit zulässig, als es die strafrechtliche Untersuchung verlangt." Ich glaube, meine Herren, mehr können wir nicht thun. Wir können dem Staatsrath Zachariae nicht zugeben, daß wir ein Privilegium der Presse schaffen, wenn wir von dem Grundsatze ausgehen, daß keine Präventivmaßregel gegen die Presse festgesetzt werden soll. Jede Beschlagnahme aber, die nicht zum

Zweck einer strafrechtlichen Untersuchung geschieht, ist eine offenbare Präventive. Zu verhindern, daß das Vergehen nicht in die Erscheinung tritt, wie sich Staatsrath Zachariae ausdrückt, ist nicht Sache des Gerichts, sondern wäre Sache der Polizei. Gegen die polizeiliche Beschlagnahme aber hat sich Zachariae und der Ministerialrath Bingner ausgesprochen. Wer sich also gegen jede Art von Präventivmaßregeln gegen die Presse ausgesprochen hat, muß mit Nothwendigkeit darauf kommen, daß eine Beschlagnahme einer Druckschrift, bevor sie verurtheilt worden ist, nicht eintreten kann. Eine Ausnahme hiervon wäre (und es wird hiermit den Anschein gewinnen, als ob wir ein Privilegium der Presse schaffen wollten: ich bitte ausdrücklich, auf diesen Punkt zu sehen): eine richterliche Beschlagnahme ist bloß dann zulässig, wenn nicht die Beschlagnahme eine präventive sein soll, sondern, wenn ausgesprochen ist, diese Druckschrift enthält ein Verbrechen; dann tritt das Recht der Beschlagnahme des corpus delicti ein. Nur dadurch bringen wir Klarheit in die Sache.

Herr Geheime Rath Dr. **Körner** aus Dresden: Ich halte mich für verpflichtet, auch meine Meinung und meine beabsichtigte Abstimmung kund zu geben.

Ich hätte allerdings gewünscht, daß der Herr Referent sich darüber klar ausgesprochen hätte, ob seine Meinung dahin gehe, daß die allgemeinen Strafgesetze in Bezug auf die Presse zur Geltung kommen sollen. Hätte er das gethan, so würde er auch jedenfalls hinzugefügt haben, und haben hinzufügen müssen: „aber ich mache eine Ausnahme in einer gewissen Richtung zu Gunsten der Presse". Denn eine solche Ausnahme, wie schon vorhin angedeutet wurde, von einem der geehrten Herren Redner, würde es sein, wenn man auch dem Richter die Befugniß wollte absprechen, in geeigneten Fällen die Beschlagnahme zu verfügen. Ich meinerseits stehe dagegen auf dem Standpunkte, den der Herr Staatrsath Zachariae als den seinigen bezeichnet hat. Ich glaube, diesen Standpunkt auch dem letzten Redner und Antragsteller gegenüber vertheidigen zu müssen, indem ich bemerke, daß überhaupt die Ansicht des Herrn Staatsraths Zachariae und auch die meinige nur dahin geht, daß die richterliche Beschlagnahme allerdings im Interesse der Untersuchung stattfinden soll. Wir würden offenbar unseren deutschen Gerichten ein Mißtrauens-Votum aussprechen, wenn wir etwas anderes annehmen wollten. Der Richter wird sich gewiß stets, nach pflichtmäßigem Ermessen, die Frage vorlegen, ob es im Interesse der Untersuchung geboten sei, eine Beschlagnahme zu verfügen? und darnach wird er handeln. Es sind vorhin von einem geehrten Herrn Vorredner Beispiele angeführt worden, wo Niemand daran zweifeln kann, daß eine Beschlagnahme von Gegenständen im Interesse der Untersuchung stattfinden muß; ich will nur Ein ähnliches Beispiel, welches in die Augen springt und wohl keinen Widerspruch finden wird, noch hinzufügen, nämlich den Fall, wenn gegen Falschmünzer eine Untersuchung eingeleitet werden muß; da werden doch allemal die angeblich falschen Münzen, auch wenn nur ein Verdacht vorliegt und noch nicht feststeht, daß sie wirklich falsch sind, mit Beschlag belegt. Ich glaube, es ist noch Niemanden eingefallen, in einem solchen Falle dem Richter die Befugniß der Beschlagnahme zu beschränken. Es würde also lediglich eine durch Nichts gerechtfertigte Ausnahmestellung geschaffen werden, wenn man nicht auch in dieser Beziehung die Unterordnuug der Presse unter das allgemeine Strafgesetz fordern wollte. Ich bin daher der Meinung, daß die vorgeschlagene Ausnahme zu Gunsten der Presse, den allgemeinen strafrechtlichen Grundsätzen gegenüber nicht passend ist.

Herr Advokat **Götting** aus Hildesheim: Meine Herren! Um auf die Competenzfrage nochmals zurückzukommen oder vielmehr auf die Frage, ob der Herr Referent bei dem Thema geblieben ist, so glaube ich, daß darüber keine Frage sein kann. Ich gebe zu, daß es vielleicht logisch richtiger wäre, wenn uns der Herr Referent vorgeschlagen hätte, wir sollten unser Votum dahin abgeben, die allgemeinen Strafgesetze seien ausreichend, insbesondere haben in Wegfall zu kommen diejenigen Präventivmaßregeln, die uns bis jetzt der Herr Referent vorgetragen hat. Wenn der allgemeine Satz nicht vorhergeht, sondern wenn wir diese sämmtlichen Präventiv-Maßregeln verneinen, so bejahen wir den Satz, daß die allgemeinen Strafgesetze ausreichend seien. Der Vorwurf, daß der Herr Referent nicht bei der Sache sei, ist unbegründet, ich glaube, wir sind vollständig bei der Sache, wenn wir so fortfahren, unsere Entscheidungen zu treffen, wie wir bislang entschieden haben. Zu dem vorliegenden Punkte erlaube ich mir die Bemerkung, daß ich glaube, wir können dem Herrn Referenten in seiner Proposition vollständig zustimmen. Die geäußerte Ansicht: der Hinwegfall der Beschlagnahme sei ein Privilegium für das Preßgewerbe, finde ich unlogisch. Die sämmtlichen angeführten Beispiele passen überhaupt nicht, weder das, daß das Briefgeheimniß unter Umständen verletzt werden dürfe, noch daß ein Brandstifter verhindert werden könne, an der Ausführung seiner That, noch daß die Beschlagnahme der Werkzeuge zu der Falschmünzerei erfolgen dürfe. Das paßt Alles nicht. Es handelt sich darum, daß durch das Preßerzeugniß das Verbrechen erst soll begangen werden und doch schon consumirt in's Leben tritt. Bei allen übrigen Fällen handelt es sich immer noch erst mehr oder minder um Beschaffung von Beweismitteln, ohne die die Verhandlung, daß ein wirkliches Verbrechen bestehe, nicht weiter gehen kann. Die Verletzung des Briefgeheimnisses kann ich nur begehen, wenn sich befürchten läßt, daß Jemand ein bestimmtes Verbrechen begangen hat, wenn ich ferner Jemand in den Straßen mit Brandraketen umhergehen sehe, und ihn gefangen nehme, so ist das die Verhinderung eines Verbrechens. Sie werden aber nicht gestatten wollen, daß die Polizei in allen Druckereien umhergeht, um zu untersuchen, ob da kein verbrecherisches Erzeugniß unter der Presse sich befinde; abgesehen davon, daß die Polizei nicht die Befugniß hat, das zu erklären. Wir müssen uns auf den Standpunkt stellen, daß mit dem Erscheinen der Drucksache möglicher Weise das ein Verbrechen involvirende corpus in's Leben tritt, und, wenn es ein Verbrechen ist, nur die richterliche Behörde darüber zu entscheiden hat. Wenn ein Mord begangen ist, wenn eine Stadt brennt, so ist das Verbrechen da und kommt es nur darauf an, den Verbrecher zu suchen und den Beweis zu führen; aber wenn ein Druckerzeugniß die Presse verläßt, so muß erst durch die richterliche Behörde festgestellt werden, ob ein Verbrechen vorliegt und in dieser Hinsicht ist die Ansicht des Herrn Referenten entschieden richtig, daß bevor nicht festgestellt ist, daß ein Verbrechen vorliegt, keine Maßregeln eintreten sollen, die das Verbrechen als schon geschehen voraussetzen. Es handelt sich also um die Beseitigung einer Präventiv-Maßregel.

Ich bitte also die Versammlung dem Vorschlag des Herrn Referenten, der in materieller Beziehung eine Beantwortung unserer Frage enthält, ihre Zustimmung zu geben.

Rechtsanwalt Dr. **Steinfeld** aus Kassel: Meine Herren! Wir haben bezüglich der vorliegenden Frage zwei Ansichten gehört; die eine ging dahin: Es ist den administrativen Behörden nicht das Recht zuzugestehen, Preßerzeugnisse mit Beschlag zu belegen, die andere geht dahin, dem Richter ist das Recht allein zuständig.

Anfangs haben die Gründe des Herrn Referenten so treffend geschienen, daß ich in der That sofort, wenn ich nicht darüber nachgedacht und mehrere von den Herren gehört hätte, ihnen meine volle Zustimmung gegeben hätte; allein ich kann mich doch auch nur dahin aussprechen, daß wir dem Richer das Recht einräumen müssen, nöthigenfalls Erzeugnisse der Presse mit Beschlag zu belegen. Die Gründe, welche von dem Herrn Referenten angeführt worden, sind: Es sei ein Eingriff in das Eigenthum, in das Recht eines Dritten, wenn man das Erzeugniß seines Geistes, das was er mit seinem Geiste schafft, worauf er sein Geld verdient hat, so ohne Weiteres, ohne Urtheil hinwegnimmt; — es sei nicht gestattet, im Staate Jemanden zu strafen, von dem wir noch nicht wissen, ob ihm überhaupt nach dem Gesetze eine Strafe gebührt. Man spricht, sagt der Herr Referent von Entschädigung derjenigen, welchen auf diese Weise durch die Beschlagnahme eine Unbill zugefügt worden ist; denen steht das Recht der Entschädigung zu;

ja dieses Recht will nichts bedeuten, sagt der Herr Referent, wenn dieses Wort, welches ich in die Welt senden will, einen mächtigen Eindruck machen soll, der aber verwischt ist in dem Moment, wo ich die Druckschrift mit Beschlag belege, wo ich das Wort nicht in die Außenwelt treten lassen kann. Ja, meine Herren, der Herr Referent hat wohl nicht gedacht an den Nachtheil, den das Wort gestiftet hat und stiften kann, daß nicht bloß materielle Rechte, daß nicht bloß Eigenthum, sondern Leben, Gesundheit durch das Wort in Gefahr gesetzt worden sind; er hat gewiß nicht bedacht dabei, daß die Existenz des Staates, die Existenz eines ganzen Volkes zu Grunde gerichtet werden kann, ja durch ein einziges Wort (Murren! Oho!) Wir haben das in neuerer Zeit genug erlebt, wie durch den Mißbrauch der Presse Staat und Familie geschädigt werden kann. Wer ersetzt diesen Schaden, wer kann ihn ersetzen?

Meine Herren! Ich glaube, wenn wir auf der einen Seite volle Sicherstellung verlangen, dann können wir sie auch auf der anderen Seite begehren. Ich kann deshalb, so viel ich auch für liberale Grundsätze stimme, mich nicht einverstanden erklären, daß wir der Willkühr Thür und Thor öffnen, und daß wir deutschen Richtern nicht so viel zutrauen sollen, eine Maßregel zur Sicherheit der Person, der Sitte und der Existenz des Staates unparteiisch ergreifen zu können. (Beifall.)

Anwalt v. **Feder** aus Mannheim: Meine Herren! Was der Herr Vorredner anführte ist jedenfalls zu schwarz gesehen. Er spricht von außerordentlichem Unglück, was durch den Mißbrauch der Presse hervorgerufen werden kann.

Meine Herren! Treiben wir nicht so viel Theorie, sondern sehen wir auf die praktische Seite der ganzen Frage. Der Herr Referent hat Ihnen angeführt, daß in England, Holland, Belgien, Amerika keine vorläufige Beschlagnahme von Druckschriften gestattet ist. Meine Herren! Ich frage Sie, ob im praktischen Leben Amerika's, Hollands, Englands, obgleich die Presse einen bedeutend größeren Einfluß auf die Bevölkerung hat, die schwarzen Erscheinungen vorhanden sind, von denen der Herr Vorredner gesprochen hat? Gewiß nicht! Ich berufe mich selbst auf einige deutsche Staaten und kann selbst mein Heimathland Baden in dieser Richtung citiren. Allerdings besteht dort eine vorläufige Beschlagnahme, ich kann aber constatiren zum Lobe der Badischen Regierung, daß sie seit Jahren von diesem Recht keinen Gebrauch gemacht hat, obgleich einzelne Prozesse vorkamen. Trotzdem ist Baden nicht zurückgegangen oder in seinem Ansehen geschädigt worden. Die Meinung, daß man mit einer vorläufigen Beschlagnahme opponiren müsse, gründet sich auf die falsche Auffassung derjenigen, die die Preßvertreter mit Dieben und Falschmünzern vergleichen. Wenn Sie die vorläufige Beschlagnahme einführen wollen, dann müßten Sie doch vor Allem erst die richtige Consequenz ziehen; der Staat müßte denn auch der Polizei das Recht geben, Jedermann den Mund zu halten, wenn er eine Meinung aussprechen will.

(Heiterkeit! Beifall!)

Advokat Dr. **Gottschalk** aus Braunschweig: Meine Herren! Ich glaube, aufmerksam machen zu müssen, daß es durchaus nicht Willkür ist, welche eine Beschlagnahme herbeiführt, oder daß man sagen könnte, der Richter werde willkürlich handeln, wenn man eben diesen Vorbehalt nicht mache. Ich glaube aber auf den gemachten Angriff bemerken zu müssen, daß bei jedem Staatsbeamten, wenn er etwas ausführt, die Präsumtion dafür spricht, daß er nach Pflicht und Gewissen handelt; und wenn auch in Folge einer mangelhaften Auffassung oftmals der dritte unbetheiligte Richter nicht begreifen kann, wie sein Kollege in diesem oder jenem Falle eine Beschlagnahme hatte verfügen können, und man vom allgemeinen Standpunkte aus einsehen muß, daß der Richter sich geirrt habe, so wird doch ein richtiges Urtheil immerhin ergehen. Wenn man überhaupt Präventivmaßregeln ausschließen will, so kann eine Entscheidung zwischen Polizeibehörde einer- und der richterlichen Behörde andererseits nicht zulässig sein. Derjenige, welcher einer politischen Richtung angehört, wird von diesem Standpunkte aus, zwar nicht gegen besseres Wissen, wohl aber von seinem Standpunkte aus befangen, die Sache anders ansehen, als derjenige, der einer anderen politischen Richtung angehörig sie auffassen wird. Ich hatte ein Beispiel in dieser Richtung in Braunschweig gehabt, als die social-demokratischen Bestrebungen daselbst zu Tage getreten sind. Da kann ich Ihnen erklären, daß ich an der Gewissenhaftigkeit der Richter, die ihren Spruch abgegeben haben, nicht den geringsten Zweifel gehabt habe, daß aber gleichwohl diese Leute eben auf einem Standpunkte stehen, der kein social-demokratischer, den ich auch nicht vertheidigen will, der das Allerschlimmste aus allen Artikeln, die von dieser Partei in ein Blatt gebracht worden, herauswittert, und auch der Beste von diesem Standpunkte aus eine solche Druckschrift für gefährlich betrachtet und eine Beschlagnahme verfügt, während sich später herausstellt, daß eine Beschlagnahme nie hätte erfolgen sollen. Meine Herren, wenn man überhaupt Präventiv-Maßregeln ausschließt, so ist ein Unterschied zwischen Polizei und Richter unzulässig, weil eben der Richter nicht ein unfehlbarer Mensch ist, wenn er eine Beschlagnahme verfügt.

Dr. **Fränzel** aus Dresden: Ich betrachte durch die Annahme des Antrags des Herrn Referenten meinen Antrag als vollständig erledigt und will, damit kein Mißton in die Abstimmung kommt die Worte „und strafrechtliche Verfolgung" zurückziehen.

Referent Dr. **Jaques aus Wien:** Meine Herren! Ich werde mich bemühen, so kurz als möglich zu sein und ich kann das vielleicht mit um so größerer Beruhigung, weil eine Reihe von Rednern die Vertheidigung meiner Anträge in sehr glänzender Weise geführt haben. Zunächst muß ich es bedauern, daß zwei Momente in die Diskussion hereingezogen worden sind, welchen ich in derselben nicht zu begegnen gewünscht hätte: das eine ist die politische Frage, die des Liberalismus. Für mich ist nun unsere Frage nicht eine politische, bei der es sich um ein Mehr oder Minder an Liberalismus handeln kann, sondern eine reine Rechtsfrage, und was ich mir auszusprechen erlaubt habe, ist lediglich eine streng juristische Ueberzeugung. Das ist der Standpunkt, den allein ich hier zu vertreten mir erlaube. Die politischen Gesichtspunkte liegen außerhalb unseres Competenzkreises. Das zweite Moment, welches meines Erachtens außerhalb der Diskussion hätte bleiben sollen, ist der Appell an das Gemüth der Versammlung, an das Vertrauen zum Richterstand.

Was nun dies Vertrauen zum deutschen Richterstand anlangt, so glaube ich nicht erst versichern zu müssen, daß dasselbe bei Niemandem stärker sein kann, als bei mir selbst; aber eine andere Frage ist, ob es nach den Grundsätzen des strengen Rechts gerechtfertigt sei, die Verfügung der vorläufigen Beschlagnahme dem Richter anzuvertrauen oder nicht. Ich möchte Sie bitten, jenes Gemüthsmoment, welches nur das klare Urtheil trüben könnte, ganz außer Acht bei Ihrer Abstimmung lassen zu wollen. Und nun möchte ich mir erlauben, auf Einiges zurückzukommen, das der hochverehrte Herr Staatsrath Zachariä geäußert hat. Ich will erwähnen, daß ich bei meinen Anträgen streng bei der Sache zu bleiben und die Fragen des allgemeinen Strafrechts und Strafprozesses streng von denen des Preßgesetzes und Prozesses zu sondern bemüht gewesen bin. Herr Staatsrath Zachariä hat nun geäußert, es sei nothwendig, zu verhindern, daß ein Verbrechen zur Erscheinung komme, und darin sei die Rechtfertigung der Beschlagnahme gelegen. Ja, meine Herren, so ist der Satz richtig, aber er findet nach meinem Erachten absolut keine Anwendung auf unsere Frage. Denn wo eine angeblich strafbare Druckschrift in Beschlag genommen wird, da ist ja das Verbrechen schon längst erschienen, da kann gar nicht mehr verhindert werden, daß es zur Erscheinung komme. Dieser Satz kann also nicht auf unsere Frage angewandt werden, wenn man nicht die Consequenz ziehen will, daß das Erscheinen strafbarer Druckschriften durch Prävention hintangehalten werden solle. Ich habe nicht gehört, daß unser hochverehrter Herr Staatsrath Zachariä dieser Ansicht Ausdruck gegeben habe. Es ist also kein Argument, daß die repressive Beschlagnahme stattfinden müsse, damit das Verbrechen nicht zur Erscheinung komme, denn ich wiederhole, bei der Veröffentlichung der Druckschrift ist das Verbrechen schon zu Tag getreten und die hinten nachkommende Beschlagnahme hat eine ganz andere Bedeutung. Um was handelt es sich denn eigentlich bei derselben? Nicht darum, das zur Erscheinung Kommen des Verbrechens zu verhindern, sondern vielmehr darum, die weitere Verbreitung des Objekts eines bereits begangenen Verbrechens zu verhindern. Das Verbrechen ist schon fertig, perfekt; es ist gar nicht mehr vom Vollzug zu reden, sondern nach unserem Strafgesetzbuch ist die Vollendung bereits mit dem ersten Verbreitungsakte so vollständig, wie sie nur sein kann. Wie kann man also sagen: die Druckschrift soll in Beschlag genommen werden, damit das Verbrechen nicht zur Erscheinung komme? Wenn man dies verhindern will, dann giebt es nur ein Mittel, und das besteht darin, daß man in allen Druckereien ständig Polizei stationirt und im Momente des Erscheinens der Druckschrift dieselbe mit Beschlag belegt; auf diese Weise knüpft man auch wenigstens nicht die ganze Durchführung der Beschlagnahme an nicht zu beherrschende Zufälle, ob nämlich schon viele Exemplare ausgegeben worden sind oder nicht, Zufälle, die mit der Sache selbst gar nichts zu schaffen haben. Ganz dasselbe gilt von dem, was Herr Staatsrath Zachariä von der Beschlagnahme von Briefen gesagt hat. Bei der Beschlagnahme von Briefen im gewöhnlichen Strafprozeß handelt es sich darum, sich des Thäters im Interesse der Sicherheit des Staates zu versichern und das sich etwa vorbereitende Verbrechen sistiren zu können; aber in dem Falle, der uns beschäftigt, liegt das Verbrechen schon fertig vor. Was ist da noch zu thun? Etwas mehr oder weniger Verbreitung ist eine reine Zufallsfrage und hat mit der Durchführung der richterlichen Untersuchung nichts zu schaffen. Ich bitte Sie hierbei, Ihre Aufmerksamkeit ganz insbesondere darauf zu richten, ob die Beschlagnahme denn überhaupt im Interesse der Untersuchung liege oder nicht.

Ich behaupte: im Interesse der Untersuchung liegt die Beschlagnahme ganz und gar nicht, denn die Untersuchung geht ihren Weg, gleichviel, ob 10 oder 20 oder wie viel Exemplare hinausgegeben, verbreitet worden sind. In welchem Interesse erfolgt also die Beschlagnahme? Im Interesse der Verhinderung der weiteren Verbreitung einer Druckschrift, und zwar in einem Momente, da man nicht mit Bestimmtheit weiß, ob ein strafbarer Thatbestand in der Druckschrift enthalten ist oder nicht. Und da sage ich denn nochmals: man straft vor dem Urtheile, man antizipirt die Entscheidung darüber, ob objektiv ein strafbarer Thatbestand vorliegt oder nicht, dessen Objekt dem Richter gar nicht mehr entzogen werden kann, eine Entscheidung, die von dem Richter erst getroffen werden soll im Wege des akkusatorischen Verfahrens, der Durchführung des Strafprozesses nach unseren allgemeinen Grundsätzen. Diese Entscheidung nimmt man vor, im polizeilichen oder richterlichen Wege, aus keinem anderen Grunde, als weil der Richter subjektiv vor dem Urtheile behauptet: Diese Druckschrift enthält ein strafbares Delikt. Das scheint mir das entscheidende Moment in der ganzen Frage zu sein.

Die in der Diskussion noch weiter aufgeworfene Frage: ob es sich hier um eine Ausnahme von dem allgemeinen Strafgesetze handelt, will ich ganz einfach dahin beantworten: Ja, es handelt sich um eine Ausnahme; aber diese ist im Interesse der Presse nothwendig von dem Augenblicke an, wo man sich für das Repressivsystem entschieden hat, weil man unbedingt in das Präventivsystem zurückfällt, wenn man nicht diese Ausnahme statuirt. Und da stelle ich dem grellen Falle, den Herr Ministerialrath Bingner anführte, die Beispiele entgegen, welche die Herren aus Hannover und Braunschweig mittheilten. Man kann ja in jedem einzelnen Falle sagen: in der Verbreitung einer Druckschrift liegt eine große Gefahr, denn sie kann einen strafbaren Inhalt haben. Der Untersuchungsrichter entscheidet also vorsichtsweise vorher und begeht eine petitio principii. Die Analogie Bingners bezüglich des Brandmaterials trifft vollends nicht zu; denn entweder ist mit diesem Brandmaterial schon angezündet worden oder es ist eben gar kein Brandmaterial. Diese Frage muß aber erst entschieden werden. Herr Bingner will sie aber de facto entschieden haben, ehe der Richter de jure die Entscheidung fällt.

Der weitere Einwand des Herrn Ministerial-Rath Bingner, daß es psychologisch wahrscheinlich sei, daß eine größere Verbreitung einer Druckschrift nach der Einleitung des Prozesses stattfindet, enthält eine rein subjektive willkürliche Annahme; objektiv können wir nicht darüber absprechen. Wenn ein Redakteur routinirt und wenn nicht das Präventivsystem in dem Sinne eingeführt ist, daß eine entsprechende Zeit zwischen der Ueberreichung von Pflichtexemplaren und zwischen der Ausgabe der Zeitung vorübergehen muß, so wird wahrscheinlich der Redakteur Sorge dafür tragen, daß die Verbreitung so vollständig wie nur irgend möglich stattfindet, ehe die Beschlagnahme vor sich geht. Und thut er es nicht, damit er nicht später schärfer behandelt wird, so wird er es auch nicht thun, wenn der Strafprozeß eingeleitet ist und keine Beschlagnahme stattgefunden hat.

Rücksichtlich der Anträge will ich mir schließlich ein Paar Worte erlauben. Ueber den im Antrage Fränzels berührten Punkt, daß nämlich spätestens 10 Tage nach der Hinausgabe einer Druckschrift deren Beschlagnahme eingetreten sein müsse, brauchen wir uns keine Sorge zu machen. Die Polizeibehörde wird gewiß dafür Sorge tragen, daß nicht 10 Tage vergehen, ehe sie die Beschlagnahme einer Druckschrift vornimmt. Dieser Fränzel'sche Antrag erscheint mir also von keiner erheblichen praktischen Tragweite. In dem Bacher'schen Antrag vermisse ich die Angabe einer Grenze, wann denn die Beschlagnahme einer Druckschrift im Interesse der richterlichen Untersuchung stattfindet. Wo ist denn diese Grenze für das Interesse der Untersuchung? Wir Oesterreicher sind in dieser Beziehung z. B. in einer für den Antrag glücklichen Position, weil bei uns ein richterliches Verfahren möglich ist, das rein objektiv, gar nicht gegen einen bestimmten Thäter gerichtet ist. Da ist also mit der Beschlagnahme Alles beendigt, und sie enthält schon die ganze Wirkung des Enderkenntnisses in sich, so daß also von einer Untersuchung eigentlich gar nicht gesprochen werden kann. Wo aber eine solche Bestimmung nicht besteht, da ist es klar, daß man von jeder richterlichen Beschlagnahme behaupten wird, daß sie immer nur insoweit stattfinde, als es der Zweck der Untersuchung erfordert. Also auch der Bacher'sche Antrag hat meines Erachtens gar keine praktische Bedeutung.

Präsident Dr. **Schwarze**: Wir kommen zur Abstimmung. Es liegen 2 prinzipielle Anträge vor: vom Referenten und von Bacher. Sie stimmen darin überein, daß die vorläufige Beschlagnahme auf administrativem Wege unzuläßig sei; im 2. Theile gehen sie auseinander, indem der Referent ganz im Allgemeinen die Beschlagnahme auch auf richterlichem Wege für unzuläßig erklärt, Bacher sie aber nur insoweit zulassen will, als es der Zweck der strafgerichtlichen Untersuchung erfordert.

Der Präsident proponirt hierauf die Modalität der Abstimmung, welche die Zustimmung der Versammlung findet. Bei der Abstimmung selbst beschließt die Abtheilung mit überwiegender Majorität nach dem kombinirten Antrage des Referenten und Bachers:

> „Die vorläufige Beschlagnahme von Druckschriften auf administrativem Wege ist unzuläßig."

Bei der Abstimmung über den Antrag des Referenten:

> „Die vorläufige Beschlagnahme von Druckschriften auf dem richterlichen Wege ist unzuläßig"

bleibt trotz der angenommenen Gegenprobe das Bureau zweifelhaft. Es wird daher, wie der Präsident vorschlägt, die itio in partes vorgenommen und diese ergiebt die unzweifelhafte Majorität für den Antrag des Referenten.

Damit sind die Anträge Bacher und Fränzel erledigt, womit sich diese einverstanden erkären.

(Es erfolgt hierauf der Schluß der Sitzung.)

Zweite Sitzung der dritten Abtheilung am 30. August 1872.

Herr Präsident Generalstaatsanwalt **Schwarze** eröffnet die Sitzung um 9¼ Uhr.

Die von dem Bureau vorgeschlagenen Vertrauensmänner werden von der Versammlung acceptirt.

Herr Dr. **Bacher** aus Stuttgart: Meine Herren! Sie haben gestern beliebt, ein stück- und tropfenweises Referat entgegenzunehmen. Ich habe das von vornherein nicht für zweckmäßig gehalten, und heute ganz besonders nicht. Ich bin der Ansicht, daß das Referat erst vollendet werde, damit wir doch wissen, welche Resolutionen von Seiten des Herrn Referenten beantragt werden, um einen Ueberblick über das Ganze, was gefordert wird, zu bekommen. Gestern waren wir genöthigt, stück- und tropfenweise abzustimmen. Wir wissen nicht, welche Geheimnisse noch im Hintergrund des Referats enthalten sind. Deshalb möchte ich die Bitte stellen, daß heute der Herr Referent seinen Vortrag vollständig vollende und dann auf die einzelnen Positionen zurückkomme. Ich hatte gestern auch gewünscht, daß nach Abschluß des Referates eine allgemeine Diskussion eröffnet worden wäre, damit der Einzelne, soweit er sich an der Debatte betheiligen will, seine Stellung zu der einen oder anderen Frage darthun kann; so wäre es auch möglich gewesen, gestern die angeregte Competenzfrage zu beseitigen; wir wären auf den Grund der Frage eingegangen und hätten das blos als die Consequenz des obersten Prinzips hingestellt. Ich bitte also, den Herrn Referenten zu ersuchen, erst das Referat zu Ende zu führen und dann in die Berathung und Abstimmung der einzelnen Punkte einzugehen.

Präsident: Ich habe mir schon gestern an den Herrn Referenten die Frage erlaubt, ob es nicht zweckmäßig sei, ein Gesammtbild seines Vortrages und sämmtlicher Resolutionen gleichzeitig zum Vortrag zu bringen. Der Herr Referent war aber der Meinung, die einzelnen Punkte vorzutragen und darüber abstimmen zu lassen. Ich glaube, die Versammlung wird die Ansicht des Herrn Vorredners in ihrer Hauptsache theilen und möchte ich wissen, ob der Herr Referent Bedenken dagegen hat.

Herr Referent Dr. **Jaques**: Meine Herren! Die Frage erledigt sich, wie ich glaube, in sehr einfacher Weise. Was uns heute beschäftigen wird, insoweit es in Resolutionen gegeben ist, besteht wesentlich in der Aeußerung der Abtheilung über die Frage der strafrechtlichen Verantwortlichkeit. Das ist der Kern der Frage, welchen ich noch vorzutragen habe. Ich werde kurz die Resolutionen bezüglich der Verjährungsfrist daran knüpfen, von welchen ich glaube, daß sie wenig Anlaß zur Diskussion geben, sodaß sie in kurzer Zeit erledigt sein kann. Gestern war ich in der Lage, die Grundprinzipien, von denen ich ausgegangen bin, Ihnen darzulegen, alles Uebrige sind Consequenzen des Grundprinzips.

Präsident: Nach der Erklärung des Herrn Referenten wird der Herr Vorredner seinen Antrag zurückziehen.

(Zustimmung.)

Herr Referent Dr. **Jaques** aus Wien: Meine Herren! Die Frage der Verantwortlichkeit der verschiedenen in der Veröffentlichung einer Druckschrift betheiligten Personen ist eine sehr schwierige, ist aber nach meinem Erachten vom strafrechtlichen Gesichtspunkte aus die Kernfrage der ganzen Preßgesetzgebung. Ich muß mir deshalb Ihre gütige Aufmerksamkeit für eine eingehende Behandlung der Sache umsomehr erbitten, als, nachdem wir gestern, wie ich glaube, in strenger Consequenz die Grundsätze des Repressivsystems durchgeführt haben, wir bei ihrer Anwendung auf die Preßdelikte um so behutsamer vorgehen müssen.

Es sind zwei Kardinalfragen, die nach meinem Erachten gelöst werden müssen und die zugleich in engstem Zusammenhang mit der Frage stehen, wie sie von der ständigen Deputation gestellt ist. Erste Frage: Liegt Grund vor, von dem allgemeinen Strafgesetze und den Strafrechtsgrundsätzen abzugehen bei der Frage der Verantwortlichkeit der bei Preßdelikten betheiligten Personen?

Zweite Frage: Wenn man sich dazu entschließt, auszusprechen, die allgemeinen Strafrechtsgrundsätze und Strafgesetze haben zu gelten, findet man sich veranlaßt, irgend welche Ergänzungen, irgend welche Zusätze zu dem allgemeinen Strafgesetze für nothwendig zu erklären?

Gestatten Sie mir zuerst, von der ersten Frage zu sprechen. Ich bin genöthigt, meine Herren, in dieser Richtung Ihnen wenigstens über einen Theil der Continental-Gesetzgebung eine Uebersicht zu geben und zwar deshalb, weil in dieser Frage die Systeme der Gesetzgebung so sehr von einander divergiren, daß man, ohne die einzelnen genau auseinander zu halten und sich über die Grundlage eines jeden klar zu werden, zu einer bestimmten Ansicht über die Frage nicht gelangen kann.

Von der höchsten Bedeutung für die deutsche Gesetzgebung ist nun in dieser Richtung zunächst das belgische Recht auch heute noch, und ich erlaube mir deshalb zuerst bei dem Belgischen Recht einen Augenblick zu verweilen.

Das Belgische Gesetz hat sich hinsichtlich der Frage der Verantwortlichkeit von den allgemeinen Strafrechts-Grundsätzen losgesagt, und zwar deshalb, weil man bei der Anwendung des französischen Gesetzes vom Jahre 1819, durch welches im Zusammenhange mit dem Artikel 60 des Code pénal die strafrechtliche Verantwortlichkeit auch auf die entferntesten bei der Hervorbringung und Verbreitung einer strafbaren Druckschrift Betheiligten ausgedehnt wurde, die größten Mißbräuche wahrgenommen hatte, weil man deshalb also bei der Feststellung der Belgischen Constitution die Nothwendigkeit erkennen zu müssen glaubte, von diesen allgemeinen Strafrechtsgrundsätzen abgehend die Verantwortlichkeit möglichst zu restringiren. So lautet der Artikel 18 der Belgischen Verfassung, welcher die Basis des Preßgesetzes von 1831 bildet: Lorsque l'auteur est connu et domicilié en Belgique, l'éditeur, l'imprimeur et le distributeur ne peut être poursuivi.

Also, wenn der Verfasser bekannt und in Belgien wohnhaft ist, kann der Herausgeber, der Drucker und der Verbreiter nicht verfolgt werden: und damit steht in Verbindung der Artikel 11 des Preß-Gesetzes vom Jahre 1831, worin es heißt: gegen den Drucker sei die Verfolgung insolange zu richten, als nicht der Verfasser im Rechtswege als solcher nachgewiesen ist. Es ist also der Grundsatz einer successiven Haftbarkeit aufgestellt, ein Grundsatz, welchen die Belgischen Schriftsteller bezeichnen als „responsabilité par cascades“, das will sagen: die Verantwortlichkeit in Form eines Wasserfalles; der Wasserfall besteht darin, daß die Verantwortung erst den Verbreiter trifft, falls aber dieser in der Lage ist, den Drucker namhaft zu machen, so fällt sie auf diesen; ist er seinerseits im Stande, den Herausgeber namhaft zu machen, so fällt die Verantwortung auf diesen, und wenn er wieder in der Lage ist, den Verfasser zu bezeichnen, so fällt die Verantwortlichkeit auf den Verfasser selbst. Diese „responsabilité par cascades“ hat also den Sinn, daß die Verantwortlichkeit eine ausschließliche und successive sein soll, daß also rücksichtlich jedes strafbaren Preßdeliktes nur eine Verurtheilung möglich ist; es kann nur eine der Personen strafbar sein, die ich eben die Ehre hatte, Ihnen zu nennen; es können nicht mehrere, nicht die sämmtlichen Personen sein. Wenn der zuerst Angeklagte den Vormann namhaft gemacht, welcher in Belgien domizilirt, so wendet sich das Verfahren gegen diesen, und so geht es nun fort. Dieser Grundsatz ist für unsere Erörterung, meine Herren, von der höchsten Wichtigkeit, weil er Anwendung gefunden hat in einer Reihe von deutschen Staaten, auf welche ich später noch zurückkommen werde. Dieser Grundsatz ist nun aber vom kriminalistischen Standpunkte aus absolut unannehmbar, und zwar deshalb, weil er auf einer ganzen Reihenfolge von Präsumtionen und Fiktionen, auf einer fortgesetzten praesumtio doli beruht, weil er demnach mit den Grundprinzipien der modernen Strafrechtswissenschaft nach der Ueberzeugung Aller unvereinbar ist.

Ich sage: eine Reihenfolge von Präsumtionen und Fiktionen. Das Gesetz präsumirt dolus, wenn Jemand seinen Vormann nicht nennt, gleichviel, ob er ihn deshalb nicht nennt, weil er ihn nicht weiß, oder ob er ihn nicht nennen will, weil er etwa sein Wort gegeben, ihn nicht zu nennen, so daß also der Verschweigende der S c h u l d i g e ist. Das Gesetz präsumirt dolus, wenn Jemand sich mit einem ausländischen Verfasser eingelassen hat, weil nach der belgischen Verfassung der Vormann eben in Belgien wohnhaft sein muß. Das Gesetz negirt willkürlich die Schuld der Gehülfen und verleiht ihnen ein Privilegium der Straflosigkeit; das Gesetz fingirt, daß, wenn ein Schuldiger, der wirkliche Schuldige, in der Reihenfolge einen etwa unschuldigen Vormann genannt hat, der Erstere schuldlos, der Letztere schuldig ist. Das Gesetz präsumirt, daß der dem Verfasser zunächst stehende wahrscheinlich der Schuldige sei, was wieder eine Willkür ist.

Ich glaube, damit konstatirt zu haben, was es mit diesen Präsumtionen und Fiktionen, mit dieser fortgesetzten praesumtio doli für eine Bewandtniß hat. Nehmen Sie z. B. noch folgenden Fall, von welchem Schürmans ausdrücklich die Entscheidung angiebt: Es will Jemand z. B. eine unwahre Thatsache veröffentlichen, um die Regierung zu schmähen, und er spricht mit dem Redakteur des Blattes, damit dieser seine Ansicht formulire, weil er selbst unfähig ist, die Formulirung vorzunehmen. Der Redakteur thut nun das, und thut es mit vollstem Bewußtsein; er begeht also die Schmähung und gesteht das auch selbst, indem er zugleich den Vormann nennt. Trotzdem ist nun der Redakteur nach dem Grundsatze des belgischen Gesetzes straflos; er ist nicht auteur, und da die Verantwortlichkeit nur eine einmalige sein kann, so kann nur der auteur bestraft werden und Niemand Anderes. Eine ganze Reihe höchst bedenklicher Consequenzen ergiebt sich also aus diesem Prinzipe. In zwei Punkten hat man nun auch im Belgischen Gesetze das Bedürfniß gefühlt, den allgemeinen Strafrechtsgrundsätzen sich wieder zu nähern; man hat nämlich gesagt: Der Verfasser ist nur haftbar, wenn die

Veröffentlichung mit seinem Wissen und Willen geschieht. Nun fragt es sich aber nur: Warum gilt das nicht auch von dem Drucker, warum nicht auch von dem Verleger, warum nicht vom Herausgeber und Redakteur, rücksichtlich deren ja auch der Fall eintreten kann, daß die Veröffentlichung ohne ihr Wissen und Wollen geschehen ist; der Verfasser soll also in diesem Falle frei werden, aber die Anderen sollen nicht frei werden; nach dem belgischen Gesetz eine offenbare Inkonsequenz. Würde man konsequent sein, denselben Grundsatz „nur wenn mit Wissen und Willen“ auch auf die Anderen anwenden, so wäre man über das Prinzip der successiven Haftbarkeit wieder hinaus gekommen, so wäre man zu den allgemeinen Strafrechtsgrundsätzen zurückgekehrt. Die zweite Ausnahme im belgischen Gesetz lautet: Der Verbreiter ist nur haftbar, wenn er Kenntniß von dem Inhalt hat. Da ergiebt sich wieder dieselbe Frage. Wenn das vom Verbreiter gilt, warum gilt es nicht auch von den Vormännern, und wenn wieder dieser Satz eine Berechtigung hat, warum kann sich dann doch noch der Verbreiter, wenn er selbst Kenntniß von dem Inhalt hat, nach dem Belgischen Gesetze durch Nennung des Vormanns, oder vielleicht Mehrerer, straffrei machen? Also wieder eine offenbare Inkonsequenz, herbeigeführt durch die Häufung von Fiktionen und Präsumtionen, welche mit dem Prinzip der successiven Haftbarkeit verbunden sind. Dieses Gesetz hat nun in einer ganzen Reihe von Staaten eine mehr oder minder modifizirte Anwendung gefunden. Ich nenne Ihnen zuerst die Thüringer Staaten, und erwähne speziell Sachsen-Weimar; das Gesetz vom 12. Juli 1858 hat das Belgische Prinzip, nach meiner Ansicht noch mit einer Verschlechterung, nämlich in der Weise, daß die Angabe des Vormanns nicht frei macht, wenn der Vormann nicht vor Gericht gestellt werden kann, wenn er also vielleicht todt ist, oder nach Begehung des Deliktes seinen Aufenthalt geändert hat. Hier hängt also Alles von einem reinen Zufall ab. Es hat ferner der deutsche Journalistentag in seinem vorjährigen Entwurf, welcher heuer revidirt und neuerdings festgestellt worden ist, das belgische resp. das thüringische Prinzip wieder mit einer Modifikation, und zwar in der Richtung acceptirt, daß der Verbreiter, im Falle er Kenntnißnahme von dem strafbaren Inhalt gehabt, sich auch durch Nennung des Namens nicht mehr frei machen kann. Da entsteht nur wieder die Frage, warum dieses Zufalls wegen die etwa thatsächlich strafbaren Vormänner straflos werden sollen. Ein weiterer Staat, welcher das belgische Gesetz modifizirt angenommen hat, ohne daß nach meinem Erachten in der Modifikation eine Verbesserung zu finden wäre, ist Baden. Das Badische Gesetz vom 2. April 1868 läßt den Verbreiter wohl ganz aus, bestimmt aber, daß Herausgeber und Redakteur, Verleger und Drucker dann und nur dann an den Vormann verwiesen werden können, wenn sie nicht selbst vorsätzlich zur Verübung mitgewirkt haben, aber auch dann nur, wenn der, an den verwiesen wird, sich im Bereiche der richterlichen Gewalt des Staates befindet oder zur Zeit der Verübung befand. Bei dem badischen Gesetze sieht man so recht, wie man mit diesem Prinzipe in die schwierigsten Situationen gerathen kann. Das Gesetz hat sich nicht soweit von den allgemeinen Strafrechtsgrundsätzen entfernen wollen, daß es auf den dolus gar keine Rücksicht genommen hat. Es hat also gesagt: Das Verweisen kann nur dann Platz greifen, wenn diejenigen, welche verweisen wollen, nicht vorsätzlich zur Verbreitung mitgewirkt haben. Ist es aber konstatirt, daß rücksichtlich dieser Personen kein dolus vorliegt, dann können sie zwar verweisen, dann werden sie aber doch noch, wenn die Verweisung unter den angegebenen Bedingungen aus was immer für einem Grunde nicht Platz greifen kann, wegen Verbrechens gestraft. Ich finde darin die eklatanteste Konsequenz jener Verquickung der allgemeinen Strafrechtsgrundsätze mit den Grundsätzen der successiven Haftbarkeit, die ich schon charakterisirt habe, und es wird Einem dieser Widerspruch recht klar, wenn man an den Bericht denkt, den Hofgerichtsadvokat Bertheau in der 1. Badischen Kammer über den Preßgesetzentwurf erstattet hat, darin kommt die Stelle vor: „Immer wird wenigstens eine der Personen, ohne deren Mitwirkung das Preßvergehen nicht zu Stande gekommen wäre, ganz abgesehen von dem Beweise der Vorsätzlichkeit ihrer Handlungsweise und des Grades ihrer Mitwirkung von der Strafe betroffen." Das ist ein solches Ineinanderwachsen von dolus und culpa, wie es mir wenigstens an keiner anderen Stelle der Strafgesetzgebung vorgekommen ist.

Meine Herren! Ich glaube, nach dieser Darstellung müssen wir wohl mit voller Bestimmtheit sagen, daß wir uns von den allgemeinen Strafrechtsgrundsätzen rücksichtlich der Preßgesetze nicht losmachen dürfen. Es liegt nach meiner innersten Ueberzeugung absolut kein Grund vor, rücksichtlich der Preßdelikte von anderen strafrechtlichen Grundsätzen auszugehen, als rücksichtlich aller andern Delikte. Wo dolus ist, muß er bestraft werden und zwar ebensowohl am Urheber als an seinen Mitschuldigen und Gehülfen. Wo kein dolus erwiesen vorliegt, da darf wegen Verbrechens nicht gestraft werden. Mit einem Worte: Die allgemeinen Strafrechtsgrundsätze haben zu gelten.

Nun komme ich demnach zur zweiten Frage: Wenn man anerkennt, daß die allgemeinen Strafgesetze bei Preßdelikten zu gelten haben, ist man in der Lage, zu sagen, daß man mit ihnen allein das Auskommen findet? Oder ist es vom Standpunkte der Preßgesetzgebung durchaus nothwendig, die allgemeinen Strafgesetze für die Presse in irgend einer Hinsicht zu ergänzen? Wissenschaft und Praxis, meine Herren, antworten, daß mit den allgemeinen Strafgesetzen allein, ohne alle Ergänzung, rücksichtlich der Preßdelikte, nicht auszureichen sei. Ich kenne auch nur ein Gesetz, bezüglich dessen die allgemeinen Strafrechtsgrundsätze ohne jeden Zusatz geltend angesehen werden und das ist das Gesetz von Lübeck vom 25. September 1869. Ich erwähne beiläufig, daß in Bezug auf die sehr lückenhafte Gesetzgebung Mecklenburgs die Frage nicht absolut klar zu sein scheint; sonst ist mir aber kein Preßgesetz bekannt, welches sich mit den allgemeinen Strafgesetzen begnügte, welches nicht irgend welche Zusätze für nothwendig erachtet hätte. Die Nothwendigkeit solcher Zusätze ergiebt sich aus dem Umstande, daß wir bei der eigenthümlichen Natur der Preßdelikte genöthigt sind, der Presse in einer gewissen Beziehung, die ich sofort angeben werde, eine privilegirte Stellung einzuräumen, wie das auf keinem andern Gebiete der Strafgesetzgebung der Fall ist.

Die Presse nimmt nämlich für sich in Anspruch das Recht der Anonymität und dieses Recht ist für die gedeihliche Wirksamkeit der Presse ein so erhebliches, daß man sich nicht entschließen kann und soll, es ihr zu entziehen. Würde die Presse dieses Privilegium der Anonymität nicht haben, so würde in jedem einzelnen Falle der Verfasser der Druckschrift genannt sein und dann wäre man für die strafrechtliche Verfolgung auf einem ganz ebenen Terrain. Die Presse muß aber das Recht der Anonymität besitzen und in Folge dessen ist die Nothwendigkeit gegeben, die Strafgesetze in irgend einer Richtung zu ergänzen. Noch ein zweites Moment aber besteht, bezüglich dessen die Presse eine Ausnahmestellung einnimmt. Die Anwendung des Zeugenzwanges ist nämlich auf dem Gebiete der Preßdelikte eine so gut wie unmögliche, unmöglich deshalb, weil alle diejenigen Personen, welche bei der Verübung eines Preßdelikts in irgend einer Weise, sei es auch nur mechanisch mitgewirkt haben, in den Verdacht kommen müssen, Mitschuldige zu sein und weil da, wo der Verdacht der Mitschuld besteht, die Anwendung des Zeugenzwanges ausgeschlossen ist. Abgesehen davon, daß die Anwendung des Zeugenzwanges an sich schon eine äußerst bedenkliche Sache ist, ist man also speciell bei den Preßdelikten der Anwendung des Zeugenzwanges beraubt. Das ist ein sehr erheblicher Grund, weshalb sich nach meinem Erachten die dringende Nothwendigkeit ergiebt, den allgemeinen Strafrechtsgrundsätzen rücksichtlich der Preßdelikte noch eine Ergänzung hinzuzufügen.

Nun aber, meine Herren, nachdem ich das ausgesprochen habe, befinde ich mich auf einem sehr schwierigen und kontroversenvollen Terrain, wo, ich möchte fast sagen, jedes einzelne Gesetz oder jeder Schriftsteller im Prinzip das anerkennt, was ich aussprach und doch zu ganz verschiedenen Consequenzen gelangt. Wir haben z. B. im Gutachten von John den Grundsatz durchgeführt: die allgemeinen Strafgesetze seien anzuwenden, aber nun kommt eine Ergänzung: nämlich, „der verantwortliche Redakteur trägt die volle strafrechtliche Verantwortlichkeit für die von ihm herausgegebene Zeitung." Hier haben wir also unmittelbar neben der Anwendung der Geltung der Strafrechtsgrundsätze einen Ausnahmesatz, rücksichtlich dessen die praesumtio doli zur Anwendung kommt. Es ist eine praesumtio doli — John selbst trotz seiner subtilen und geistreichen Begründung kommt nicht darüber hinaus — wenn behauptet wird: der Redakteur einer Zeitung ist unter allen Umständen strafrechtlich verantwortlich ohne alle Rücksicht darauf, ob er an der Veröffentlichung des strafbaren Artikels theilgenommen hat oder nicht. John baut seine Fiction auf einer anderen Fiction auf: Er sagt: der verantwortliche Redakteur ist Verfasser der ganzen Zeitung. Das ist nicht wahr, meine Herren! Er kann es gar nicht sein. Die Verhältnisse, unter welchen die Artikel einer Zeitung erscheinen, sind so verschiedenartig, die Umstände, welche im einzelnen Fall die Einwirkung des Redakteurs auf den Artikel ausgeschlossen haben können, sind so mannichfaltig, daß man das gar nicht sagen kann. John aber, um seine Theorie plausibel zu machen, baut auf dieser seiner Fiktion noch weiter. Da er findet, daß man rücksichtlich der strafrechtlichen Bestimmungen sehr ins Gedränge kommen könne (weil es denn doch jeden Juristen revoltirt, wenn z. B. der Redacteur in einem Falle, in welchem nachgewiesen wird, er habe sich an dem Tage auf dem Lande befunden, da der strafbare Artikel erschienen ist, habe also absolut nichts gewußt — doch bestraft werden soll) so erklärt John: „in der Regel ist der Redakteur der Verfasser der ganzen Zeitung und wenn im einzelnen Falle eine Ausnahme eintritt, so soll das Strafgesetz eine so weite Fassung haben, daß man in die Lage kommt, durch ein Strafminimum über die Schwierigkeit der Situation hinauszukommen."

Sie werden mir nun aber gewiß zugeben, meine Herren, daß selbst das minimste Strafminimum es nicht rechtfertigen kann, wenn man Jemanden, dem erwiesenermaßen kein dolus zur Last fällt, wegen eines Verbrechens für strafbar erklärt. Das ist die Argumentation von John der Hauptsache nach. —

Wir fragen nun aber noch weiter: was geschieht bei dieser Argumentation denn eigentlich mit dem Verfasser? Da antwortet John: Der Verfasser hat in der That das Delikt nicht begangen, denn es hängt von dem Redakteur ab, ob der Artikel in die Zeitung kommt oder nicht; der Verfasser hat gewissermaßen dem Redakteur das geistige Eigenthum an dem Artikel übertragen; das will sagen: Wenn also selbst der Fall eingetreten ist, daß der volle dolus beim Verfasser erwiesen vorliegt und gar kein dolus beim Redakteur, so muß nach der Theorie John's der Redakteur bestraft werden, nicht aber der Verfasser. Ich kann mich einer solchen Ansicht nimmermehr anschließen.

Dasselbe gilt von der Ansicht meines verehrten Landsmanns Glaser, unseres gegenwärtigen Justizministers, der bei seinen uneigentlichen Preßdelikten, von denen ich gestern sprach, die allgemeinen Strafgesetze, bei den eigentlichen Preßdelikten objektive Repressivmaßregeln anwenden will. Er sagt: aus dem Wirrsal, das in den Gesetzgebungen bezüglich der Verantwortlichkeitsfrage besteht, kommt man nicht heraus, wenn man den Knoten nicht durchhaut, und man muß ihn so durchhauen, daß man sagt: Bei den eigentlichen Preßdelikten frage ich gar nicht mehr nach dem Urheber. Auch diesen Grundsatz kann ich nicht acceptiren, denn ich finde ihn im Widerspruch mit dem Rechtsbewußtsein. Es ist mit demselben absolut unvereinbar, daß man nicht nur dann auf die Bestrafung verzichtet, wenn man einen Urheber nicht finden **kann**, sondern daß man in dem Sinne verzichtet, daß man den Urheber einer strafbaren Handlung gar nicht finden **will**.

Ich finde es am Ende begreiflich, daß man zu solchen Grundsätzen gelangt, wenn man zu thun hat mit Strafgesetzen, wie die früheren Strafgesetze waren, und wie sie zum Theil noch heute sind, in denen die bekannten, höchst willkürlichen, sogenannten Haß- und Verachtungsparagraphe eine große Rolle spielen. Wo aber ein rationelles Strafrecht besteht, in dem die strafbaren Handlungen scharf und bestimmt umschrieben sind, wie in dem Reichsstrafgesetzbuche, da kann man solche Grundsätze nicht aufstellen; da muß man sagen: wo eine strafbare Handlung begangen ist, ist es Aufgabe der Strafgewalt, den Thäter zu suchen, ihn wo möglich zu finden und dann auch zu strafen. —

Ich habe hierbei noch zu erwähnen, daß auch Glaser rücksichtlich der Anwendung dieses Prinzips auch nicht vollkommen konsequent sein konnte. Ich sagte schon gestern, daß er vor einem Jahre als Abgeordneter eine Novelle zum Preßgesetze im österreichischen Abgeordnetenhause eingebracht hat. In derselben läßt er bei den Preßdelikten eine Strafe auf die Unternehmung verhängen, eine Geldstrafe auf die Leitung der Unternehmung. Man straft also damit ins Blinde hinein, weil man nicht den sucht, den man eigentlich zu strafen hat, und man weiß gar nicht, wem eigentlich die Geldbuße zur Last fällt, denn das hängt von den civilrechtlichen Verhältnissen ab, die rücksichtlich des Blattes bestehen. Irgend eine Person trifft's aber zuletzt doch. Man wendet eigentlich eine halb objektive, halb subjektive Repressivmaßregel an.

Damit will ich endlich den Boden der **Negative** verlassen, auf dem ich mich bisher noch immer befunden habe. **Positiver Grundsatz** ist von meinem Standpunkte aus wie gesagt die Anwendung der allgemeinen Strafgesetze mit einigen ergänzenden Bestimmungen, und den Inhalt dieser letzteren finde ich der Hauptsache nach in Folgendem:

Ich finde, die allgemeinen Strafgesetze seien zu erweitern, indem man verlangt, daß derjenige, welcher eine Druckschrift an die Oeffentlichkeit leitet, sich entweder vergewissert haben soll, daß der Inhalt straflos, oder daß Jemand vorhanden sei, der die Verantwortung tragen werde, wobei aber jeder direkte oder indirekte Zeugenzwang, beziehungsweise jede Aufforderung zur Denunciation als unsittlich entfallen soll. Demnach hätte der Redakteur einer periodischen Zeitschrift die Pflicht, dafür zu sorgen, daß nichts Strafbares veröffentlicht wird, und es fällt ihm culpa zur Last, wenn er dies außer Acht läßt. Der Verleger, Commissionär oder Drucker hat dafür zu sorgen, daß auf der Druckschrift ein Verfasser oder Herausgeber benannt sei, der zur Zeit der Herausgabe der Druckschrift seinen bleibenden Aufenthalt im Inlande hat, und er ist dafür verantwortlich, daß diese Angabe wahrheitsgemäß sei. Der Verbreiter einer Druckschrift endlich hat dafür zu sorgen, daß auf der Druckschrift ein inländischer Verfasser oder Herausgeber oder Verleger oder ein ausländischer gewerbsmäßiger Verleger genannt sei, und daß diese Angaben der Wahrheit entsprechen.

Es giebt 3 Gesetze aus der Neuzeit, welche sich diesen Ansichten genähert haben, welchen das meines Erachtens richtige Prinzip wenigstens zu Grunde liegt. Diese 3 Gesetze haben aber das Prinzip zwar als Ausgangspunkt genommen, keines aber hat sich darauf beschränkt, die Konsequenzen daraus zu ziehen, die ich wenigstens als die allein richtigen anzusehen im Stande bin. Es ist das preußische, das österreichische und das Preßgesetz des Königreichs Sachsen.

Das preußische Preßgesetz verlangt von dem Verleger, daß er den Verfasser oder Herausgeber, und zwar einen im preußischen Staatsgebiete gerichtszuständigen, denuncire. Es verlangt vom Drucker ebenso, daß er den Verfasser oder Verleger oder Herausgeber denuncire. Das preußische Gesetz ist also prinzipiell von der richtigen Anschauung ausgegangen, indem es die allgemeinen Strafrechtsgrundsätze acceptirt, und dort, wo eine bestimmte Person strafrechtlich nicht haftbar gemacht werden kann, wo sie aber mit der Druckschrift in einer besonders nahen Beziehung steht, ihr culpa zur Last legt. Das preußische Gesetz ist aber von dem richtigen Prinzip wieder abgegangen, indem es eine Prämie auf die Denunciation gesetzt hat, indem es ferner einen geradezu enormen Zeugenzwang statuirt und endlich eine Reihe von Polizeivorschriften enthält, die mit unseren Prinzipien nicht zu vereinbaren sind.

Ganz analog ist das österreichische Gesetz von 1862 und die Novelle dazu von 1868. Auch hier wird wieder die Denunciation durch den Verleger verlangt, findet sich ferner eine sehr bedenkliche Bestimmung rücksichtlich des Verbreiters.

Eine weitere Modifikation unseres Princips enthält nun endlich noch das neueste Preßgesetz, das des Königreichs Sachsen von 1870. Es spricht aus 1) daß nur, wenn nicht nach den allgemeinen Strafrechtsgrundsätzen überhaupt zu einer Bestrafung zu gelangen ist, Ordnungs- oder Fahrlässigkeitsstrafen verhängt werden, was ich schon deshalb für unrichtig halte, weil für die Frage der culpa des Einzelnen die Frage, ob man in dem betreffenden Falle zu einer Bestrafung nach den allgemeinen Strafrechtsgrundsätzen kommt, eine ganz indifferente ist. Hierin liegt die erste Abweichung von dem richtigen Prinzip im sächsischen Preßgesetz. Es kommt noch eine zweite. Das sächsische Gesetz verfügt nämlich bei Verhängung der Ordnungsstrafen wieder, daß eine Reihenfolge in der belgischen Manier einzutreten habe, daß Herausgeber, Verleger, Drucker und Verbreiter dann successive strafbar sind, wenn sie nicht den Vormann oder Verfasser so bezeichnen, daß gegen ihn im Inlande verfahren werden kann. Hier erscheint also eine zweifache Subsidiarität. Die Ordnungsstrafen werden im ersten Fall subsidiär angewendet, nämlich nur, wenn zu einer strafrechtlichen Verfolgung überhaupt nicht zu gelangen ist und dann in zweiter Reihe noch in Betreff der einzelnen Personen, indem zunächst der Verbreiter bestraft wird, der aber sich durch Angabe seiner Vormänner frei machen kann.

Ich halte diese zweifache Subsidiarität ebenfalls für ganz unbegründet. Wo überhaupt eine culpa besteht, muß sie unabhängig davon sein, ob in dem betreffenden Falle nach den allgemeinen Strafgesetzen gestraft werden kann, und unabhängig davon, ob man zufällig in der Lage ist, einen zur Bestrafung geeigneten Vormann zu nennen oder nicht. Auch liegt darin wieder die Aufforderung zur Denunciation, also die mit den Grundsätzen der Sittlichkeit nicht zu vereinigende Verpflichtung. In diesem Sinne scheint mir auch, daß die beiden Mitglieder der ersten sächsischen Kammer, der frühere Staatsanwalt Dr. Heinze und Professor Albrecht vollkommen Recht hatten, als sie gegen diese Bestimmungen eine sehr lebhafte Opposition erhoben. Ich erwähne aber zugleich, daß die beiden Herren trotz des Widerspruchs, den sie aus den von mir angegebenen Gründen gegen diese Normen erhoben, nicht opponirt haben, nicht opponiren konnten gegen die Grundsätze des Artikel 8 des sächsischen Preßgesetzes, laut dessen z. B. der Verbreiter bestraft wird, wenn auf einer Druckschrift nicht der Drucker oder der Verleger genannt ist, wo also ebenfalls Fahrlässigkeitsstrafen festgestellt worden sind.

Das ist nun für mich, meine Herren, der leitende Grundsatz für die bestimmte, präzise Entscheidung der ganzen Frage: Die Ueberzeugung, daß die Anwendung der allgemeinen Strafrechtsgrundsätze nothwendig ist, daß wir gar keinen Grund haben, uns von der Anwendung derselben rücksichtlich der Presse zu entfernen; sowie die weitere Ueberzeugung, daß wir mit den allgemeinen Strafrechtsgrundsätzen deshalb nicht ausreichen, weil die Presse in den beiden von mir erwähnten Punkten ein Privilegium hat und haben muß; daß wir in Folge dessen die allgemeinen Strafrechtsgrundsätze zu ergänzen haben, indem bestimmten Personen, die zur Veröffentlichung eines Preßerzeugnisses mitwirken, in den Fällen, wo sie nicht strafrechtlich haften, Fahrlässigkeitsstrafen auferlegt worden, dies aber deshalb, weil sie in culpa sind, indem sie sich nicht um eine bestimmte Person, welche strafrechtlich haften würde, bekümmert haben. Somit komme ich zu folgender Resolution, und das ist der eigentliche Kern dessen, was ich überhaupt vorzutragen habe:

Preßdelikte sind nach den allgemeinen Strafgesetzen und nach folgenden weiteren Bestimmungen zu beurtheilen:

A. Ist durch eine periodische Druckschrift ein Verbrechen oder Vergehen begangen, so fällt dem Redakteur (oder Herausgeber), wenn er nicht selbst strafrechtlich verantwortlich gemacht werden kann, die Vernachlässigung pflichtmäßiger Aufmerksamkeit zur Last. Wegen derselben ist auf eine höchstens 6monatliche Freiheitsstrafe und zugleich auf eine angemessene Geldbuße zu erkennen.

Ich erwähne hierbei zugleich noch, daß ich hier die Freiheitsstrafe und eine angemessene Geldbuße zu cumuliren für nothwendig erachte, und zwar deshalb, weil wir bei jeder laxen Bestimmung über die Bestrafung in Sachen der Presse gar nicht über die bekannte Strohmannwirthschaft hinauskommen. Insoweit es also der Gesetzgebung möglich ist, das Prävenire zu ergreifen, damit nicht ein Strohmann vorgeschoben werde, und damit man auf den Grund kommen könne, soll sie das thun. Daraus ergiebt sich die Nothwendigkeit der Cumulirung der Strafe, womit denn doch einige Garantien gegen rücksichtslose Verhöhnung der Justiz geboten werden.

B. Dieselben Strafen treffen unter den gleichen Voraussetzungen den Verleger (eventuell Commissionshändler oder Drucker) einer nicht periodischen Druckschrift, wenn auf derselben nicht ein Verfasser oder Herausgeber genannt ist, welcher zur Zeit der Uebernahme in den Verlag (in Commission, zum Drucke) im Inlande seinen bleibenden Aufenthalt hatte oder wenn diese Angaben unwahr sind.

C. Unter den gleichen Voraussetzungen treffen diese Strafen den Verbreiter, wenn auf der Druckschrift kein Verfasser oder Herausgeber, welcher zur Zeit der Verbreitung im Inlande seinen bleibenden Aufenthalt hatte oder kein inländischer und ebensowenig ein ausländischer gewerbsmäßiger Verleger genannt ist, wenn ferner bei periodischen Druckschriften kein Redakteur oder Herausgeber genannt ist oder wenn irgend eine dieser Angaben unwahr und als solche erkennbar war.

Ausländische periodische Druckschriften können durch richterliches Erkenntniß insolange verboten werden, als die wegen eines durch dieselben begangenen Delikts Verurtheilten dem Urtheile nicht Genüge leisten. —

Den letzten Satz habe ich hinzugefügt, indem ich diesfalls principiell das glaube acceptiren zu sollen, was im badischen Preßgesetze normirt ist, da man rücksichtlich der ausländischen Druckschriften in Bezug auf die strafrechtliche Verfolgung in einer ganz besonders schwierigen Lage ist. Durch eine solche Norm haben es die Verurtheilten in der Hand, dem Urtheile Genüge zu leisten oder nicht. Wenn sie es thun, so ist ganz selbstverständlich, daß das Verbot sofort aufgehoben wird. Das Verbot einer ausländischen Zeitschrift bis zur Vollstreckung des Urtheils ist aber eine Coercitivmaßregel, die dem Staate nach meinem Erachten unbedingt zur Verfügung stehen muß, sollen nicht seine Urtheilssprüche, insoweit sie im Auslande begangene Preßdelikte betreffen, ganz und gar bedeutungslos sein.

Das sind meine Anträge.

(Lebhafter Beifall.)

Präsident Dr. **Schwarze**: Sie haben die Anträge gehört. Die Diskussion kann sich über den gesammten Inhalt der Anträge verbreiten.

Das Wort hat

Herr Rechtsanwalt Dr. **Sacher** aus Stuttgart: Ich möchte einen Gegenantrag stellen, dahin gehend, daß Sie sich beschränken auf die Annahme der ersten Resolution, die Ihnen von Seiten des Herrn Referenten vorgeschlagen worden ist: „Preßdelikte sind nach den allgemeinen strafrechtlichen Grundsätzen zu beurtheilen.“ Sämmtliche Zusätze, welche der Herr Referent beliebt hat, würde ich verwerfen, und zwar deshalb, weil ich eine Ausnahms-, eine privilegirte Stellung, die man der Presse einräumen will, ihr nicht zugestehe. Ich bin nicht der Ansicht, daß es wesentlich für die Existenz der Presse ist, einen Anspruch auf das Recht der Anonymität zu haben; ich bestreite, daß wir bei Preßvergehen bezüglich der allgemeinen Zeugenpflicht andere Bestimmungen zu treffen haben, wie bei allen anderen Vergehen. Die Presse ist eine große Macht und Sie haben vollkommen Recht, wenn Sie diejenigen, die durch die Presse sich ein Verbrechen oder ein Vergehen zu Schulden kommen lassen, möglichst strenge ahnden, oder blos insoweit als sie bei der Entstehung und Verbreitung eines derartigen verbrecherischen Druckwerkes nach den allgemeinen Grundsätzen vorsätzlich oder fahrlässig mitgewirkt haben. Ich glaube, wenn diese allgemeinen Grundsätze über die Absicht, über den Vorsatz und die Fahrlässigkeit in jedem einzelnen Falle richtig angewendet werden, daß der Thäter, der durch die Presse sich ein Vergehen oder Verbrechen zu Schulden kommen ließ, getroffen werden wird; wird er nicht getroffen, so geht es wie mit vielen anderen Vergehen, die straflos bleiben, weil wir weder den vorsätzlichen noch fahrlässigen Thäter herauszufinden im Stande sind, weil wir, wie unsere Richter, nicht allwissend sind. Die Presse kann existiren, wenn Sie ihr auch die Anonymität nicht zugestehen. Derjenige, der sich mit Druckerschwärze abgiebt — Druckerschwärze ist ein ganz besonderer Saft — soll sich bewußt sein, was er thut; giebt er seine Gedanken, wie auch die Produkte seiner Gedankenlosigkeit in die Presse, so hat er hierfür einzutreten; er ist dafür strafrechtlich verantwortlich, und es ist Sache unserer Gerichte, eben diesen Thäter ausfindig zu machen. Ich bin gegen jede Fiktion, im Voraus einen Thäter feststellen zu wollen. In jedem einzelnen Falle untersuche man, wer der Urheber dieses verbrecherischen Artikels ist; findet man ihn, so bestrafe man ihn, — findet man ihn nicht, so haben wir immer noch den Redakteur, den Verbreiter; denn von einem Redakteur wie Verbreiter eines Druckwerkes verlange ich, — das ist seine Pflicht, — daß er Alles, was er in die Oeffentlichkeit hinaus giebt, vorher geprüft hat. Hat er die Fähigkeit nicht dazu, zu prüfen, was verbrecherisch ist oder nicht, so ist es eben seine Schuld; ich würde ihn dann vielleicht nicht mit der vollen Strafe bedenken, ich würde ihm vielleicht die Wohlthat der Minderjährigen, der nicht vollkommen Zurechnungsfähigen (Heiterkeit) zu Theil werden lassen. Wir haben auch solche Redakteure, — aber ich würde absolut auf sie keine anderen Grundsätze anwenden. Es ist deshalb auch nicht nothwendig, der Presse das Recht der Anonymität zuzugestehen; gelingt es dem Untersuchungsrichter, den Urheber des Artikels heraus zu bringen, so bestrafe man ihn, gelingt es nicht, so kann man ihn natürlich auch nicht bestrafen. Auch die Aufhebung des Zeugenzwanges bei Preßvergehen halte ich für vollkommen unbegründet. Es ist denkbar, daß wir den Redakteur und Drucker nicht als Zeugen vernehmen können, weil sie im Verdachte der Mitschuld sich befinden; dann sind wir in der Lage, wie bei vielen anderen Vergehen, daß wir Complizität voraussetzen. In diesem Fall kann man von ihnen kein Zeugniß verlangen, und muß man die Untersuchung gegen dieselben mit einleiten. Ganz derselbe Fall liegt bei der Presse vor; auf der einen Seite übertreibt man die Gefährlichkeit der Presse in der Richtung, soweit sie sich strafrechtlich andere Vergehen zu Schulden kommen läßt, zu sehr. In dieser Beziehung sind diejenigen, die mit der Presse zu thun haben, ungeheuer gewandte, vorsichtige, schlaue Leute; solche augenfällige, absolut strafbare Vergehen, kommen viel seltener vor, und deshalb bedurfte es häufig auch keiner besonderen Strafjustiz. Das Uebel der Presse liegt vorstechend in einer gewissen Haltung, in der Beförderung der Frivolität der Sitte und Gesellschaft, die von dem Strafgesetze nicht erreicht wird, dagegen giebt es kein anderes Mittel als die gute Presse gegen die zweifelhafte Presse.

Es wird durch eine besondere Strafjustiz bezüglich der Presse nichts erreicht. Wenn man die Presse so hoch stellt, so müßte man von dem Repressiv-Standpunkte abgehen und rücksichtlich ihrer Gefährlichkeit auf den Präventiv-Standpunkt kommen. Das wollen wir nicht, weil alle Mittel, die man präventiv anwenden will, mehr schaden als nützen, — so öffnen wir der Polizei und richterlichen Willkühr Thür und Thor, ich will nicht von frivoler Willkühr sprechen, aber Sie wissen Alle, wie schwer es ist, die Strafbarkeit eines vorsichtig geschriebenen Artikels herauszufinden. Repressivmaßregeln sind nur dann zulässig, wenn sie überhaupt nach allgemeinen strafrechtlichen Grundsätzen (Ruf: Schluß! Schluß! Lärm) zulässig sind, wenn die Personen der Presse sich vorsätzlich oder fahrlässig ein Vergehen haben zu Schulden kommen lassen, was nach dem Strafgesetzbuche zu ahnden ist. . .

(Schluß! Schluß!)

Ministerialrath Dr. **Bingner** aus Karlsruhe: Ich habe mich überhaupt nur zum Wort gemeldet um mir zu erlauben, an den Vortrag des Herrn Referenten, dessen Gründlichkeit ich dankend anerkenne, eine kleine Ergänzung hinzuzufügen bezüglich des Standes der Badischen Gesetzgebung. Es ist allerdings richtig, daß das Badische Preßgesetz von 1868, das belgische System der successiven Verantwortlichkeit in der Weise eingeführt hat, daß die successive Verantwortlichkeit die Strafe des Vergehens selbst involvirt. Es ist eine Aenderung in dieser Beziehung jetzt eingetreten durch das Gesetz vom 23. Dezember 1871 bei Gelegenheit der Einführung des deutschen Reichsstrafgesetzbuches in Baden. Man war der Meinung, daß dieses Prinzip mit dem Strafgesetze sich nicht mehr vereinige. Es besteht also in Baden nicht mehr, sondern es gilt dort jetzt das gleiche System wie in Preußen; es bestehen noch Strafen bei Vernachlässigung der preßgewerblichen Pflichten, die subsidiär eintreten und zwar in einer gewissen Reihenfolge, entweder Freiheitsentziehung oder Geldstrafe, beide sind nicht cumulativ, sondern alternativ. Ich darf noch einige Worte weiter anknüpfen.

In Baden ist vielleicht wie in keinem weiteren Lande Deutschlands die Frage der Preßgesetzgebung sehr eingehend ventilirt. Wir haben 1833 in Baden ein Preßgesetz eingeführt und zwar auf Basis der Preßfreiheit; es wurde aber von dem seeligen Deutschen Bnndestag in Frankfnrt kurz darauf genöthigt, dieses Preßgesetz wieder abzuschaffen und die Censur wieder einzuführen. Die Censur bestand bis 1848, dann kam das Preßgesetz von 1851 und später das von 1868 und jetzt ist die neuere Reform erfolgt. Bei all diesen Gelegenheiten wurde die Verantwortlichkeit für die Preßvergehen außerordentlich eingehend debattirt. Ich selbst war in der Lage, bei dem letzten Preßgesetze thätig mitwirken zu können, und kann Sie versichern, daß jeder der Meinnng war, daß die allgemeinen Strafgesetze nicht ausreichend seien und wesentliche Zusätze erforderlich wären, wie der Herr Referent vorschlägt. Ich bin auch mit der Ausführung des Herrn Referenten vollkommen einverstanden; gewünscht aber hätte ich, daß die Resolutionen, die er vorschlägt, vielleicht weniger kasuistisch ausgefallen wären und er sich auf einen allgemeinen Satz beschränkt hätte, vielleicht auf den Satz: Soweit eine Bestrafung nach den allgemeinen strafrechtlichen Bestimmungen eintritt,.. Doch ich bin nicht in der Lage den Antrag zu stellen und zu formuliren.

Professor Dr. **Schaffrath** aus Dresden: Ich will einem der Herrn Vorredner, welchem verschiedene Sätze des Herrn Referenten dringende Veranlassung gegeben haben, Einiges zu entgegnen, bemerken, daß der Herr Referent von 3 Prämissen ausgegangen ist, die er etwas näher hätte begründen sollen, die aber, wenn sie nicht richtig sind, sofort alle seine Sätze umstoßen. Er ist von der Prämisse ausgegangen, daß das Recht der Anonymität ein unbeschränktes sei; er hat damit zugegeben, daß Preßverbrechen begangen werden unter dem Schutz der Anonymität. Ich glaube, das hätte doch einiger Ausführung bedurft. Ebenso ist er von der Voraussetzung ausgegangen, daß es unbedingt nothwendig sei, daß die Presse von der Zeugenpflicht ausgenommen werde. Auch diesen Satz mußte er noch näher begründen, er darf nicht als eine unumstößliche Prämisse hingestellt werden. Endlich ist er von dem Grundsatze ausgegangen, daß die culpa nach Regel, Sitte, Moral und Recht immer strafbar sei; der letzte Grundsatz ist nicht nur von ihm nicht begründet worden, sondern geradezu falsch. Alle Strafgesetzgebungen gehen davon aus, daß die culpa nur ausnahmsweise strafbar sei und darin besteht eben der Vorwurf, den man dem sächsischen Strafgesetze macht. Es wäre ein sehr gefährlicher Grundsatz, wenn man davon ausgehen wollte, die culpa müsse immer strafrechtlich bestraft werden. Ueberhaupt hätte ich gewünscht, daß die Anträge weniger speziell formulirt wären, da der Juristentag es immer als seine Aufgabe betrachtet hat nur Grundsätze aufzustellen (Beifall), nicht aber in's Detail einzugehen. Meine Herren! Die Vorschläge des Herrn Referenten gehen darauf hinaus, daß wir ein ganzes Gesetz machen; das hat der Juristentag nie gewollt, wenigstens bisher nicht. Ich bitte beschränken wir uns auch auf die allgemeinen Grundsätze: Preßdelikte sind nach strafrechtlichen und strafprozeßualen Rücksichten zu verfolgen, das Andere ist vom Uebel.

(Beifall.)

Bezirksgerichtsdirektor **Mehling** aus Aschaffenburg: Meine Herren! Ich kann mich um so kürzer fassen, als ich mit den Ausführungen des Herrn Vorredners vollkommen übereinstimme; er hat mir nicht nur aus der Seele, sondern auch aus meinen Notizen herausgesprochen. Aus zwei Gründen möchte ich jedoch empfehlen, es bei den allgemein strafrechtlichen und strafprozeßualen Rücksichten zu belassen. Der eine Grundsatz ist gestern angeführt worden und der andere ist der, daß ich glaube, daß der Herr Referent sich bemüht hat Zusätze zu geben, denn wir reichen oft nicht aus, namentlich wegen der culpa; allein ich sage so belehrend sie auch sind, so meine ich, werden durch seine Zusätze die allgemeinen Strafrechtsnormen wieder etwas eingeengt.

Meine Herren! Sie wissen doch, daß es allgemeiner Strafrechtsgrundsatz ist: Jede Theilnahme an einem Verbrechen und Vergehen soll bestraft werden. Nun sage ich: Der Verbreiter ist ebenso gut Theilnehmer wie der Herausgeber und Commissionär. Nehmen Sie an, der Verbreiter weiß den Herausgeber, oder er weiß ihn auch nicht, er begeht aber mit seinem Wissen die strafbare Handlung, indem er das obscure Preßwerk verbreitet. Ich glaube, der allgemeine Grundsatz spricht dafür, daß man nicht in Eventualität, sondern in Continuität bestrafe.

Der zweite Grundsatz ist der: Ich bin mit Bedauern gestern auf der Minderseite gewesen, welche für das Recht der Beschlagnahme gestimmt hat. Meine Herren! Sie haben gestern beschlossen, daß die administrative und richterliche Beschlagnahme zu fallen habe. Ich glaube, das ist für unsere deutsche Sitte zu hart; bestreben wir uns doch Alles zu vermeiden, was undeutsch ist. Wenn wir nun bei einer richterlichen Beschlagnahme den Verbreitern den Spielraum lassen, von Tag zu Tag weiter zu verbreiten, so, meine Herren, schaffen Sie eine Repressalie, die darin besteht, daß Sie sagen: Der Verbreiter wird ohne Rücksicht auf alle Eventualität bestraft. In dieser Beziehung glaube ich, sind die allgemeinen Strafrechtsgrundsätze ausreichend, denn sie sind enger.

Rechtsanwalt Dr. **Regensburg** aus Mannheim: Meine Herren! Ich erlaube mir die Propositionen des Herrn Referenten zur Annahme zu empfehlen und zwar aus folgenden Gründen. Ich halte es für nothwendig durch eine positive Rechtsgesetzgebung das Delikt der Vernachlässigung und pflichtmäßigen Obsorge zu schaffen. Es scheint mir zweiffellos, daß ein derartiger Ausspruch nöthig ist. (Unruhe). Nehmen Sie an, daß die Vernachlässigung der pflichtmäßigen Obsorge nur im Allgemeinen als strafbar hingestellt wird, so scheint mir für Diejenigen, welche an den Erzeugnissen der Presse Theil zu nehmen haben, eine außerordentliche Gefährdung zu liegen. Das geht mir zu weit. Wenn es möglich ist, aus den Gesichtspunkten, die der Herr Referent aufgestellt hat, spezialisirende Bestimmungen zu erlassen, so soll man das im Interesse der bürgerlichen Freiheit nicht von der Hand weisen. Der Juristentag ist keine gesetzgebende Körperschaft, allein wenn es so nahe liegt, einen allgemeinen Gesichtspunkt so zu spezialisiren, daß damit die Wege zur Gesetzgebung gegeben sind, so soll man da kein Bedenken tragen. Man mag sich die

Organe, welche das Gesetz anzuwenden haben, denken wie man will, so scheint mir darin keine zu große Gefahr für die Bewegung der Presse zu liegen. Es kann nicht heute unsere Aufgabe sein, ein spezielles Gesetz auszuarbeiten, aber ich glaube, daß allgemeine Gesichtspunkte in den Resolutionen des Herrn Referenten gegeben sind, welche zu einem Resultate führen. Ich bitte, unter diesem Gesichtspunkte dem Antrage des Herrn Referenten beizustimmen.

(Ruf: Schluß! Schluß!)

Referent Dr. **Jaques**: Meine Herren! Wir berathen zu meinem Bedauern unter dem Einflusse einer doppelten, ich will es anerkennen, unvermeidlichen Pression; die eine liegt darin, daß die Behandlung der Schöffenfrage uns Allen sehr am Herzen liegt und daß bald daran gegangen werden muß, wenn sie hier zum Abschluß gelangen soll. Die zweite liegt in der speziellen Aufforderung des Herrn Präsidenten sich sehr kurz zu fassen.

Ich hatte gestern die Ehre gehabt zu sagen, daß ich voraussetze und befürchte, daß der Gegenstand über den ich referire den ganzen Tag in Anspruch nehmen werde. Ich konnte nach meiner Ueberzeugung und nach — ich darf sagen — gewissenhafter Erwägung nicht Anders als Ihnen die vorgelegten Grundsätze zur Annahme zu empfehlen. Wenn es sich nun um die Durchführung der Details handelt, so erkläre ich offen und ehrlich, daß ich nicht ein Haarbreit von meinen Grundsätzen abgehen und sie anfrechterhalten werde, insolange ich nicht etwa durch die Debatte widerlegt oder durch die Abstimmung niedergestimmt werde, denn ich für meine Person bin davon durchdrungen, daß diese Grundsätze dem öffentlichen Interesse und den Anforderungen unserer Wissenschaft entsprechen. Es scheint nun aber wünschenswerth zu sein, daß wir eine Form finden, um die Sache zum Abschluß zu bringen. Ich will mir deshalb erlauben, eine Resolution zu proponiren, die, indem sie das Grundprinzip vollständig zum Ausdruck bringt, etwa an Stelle der kasuistisch gefundenen Proposition gestellt werden könnte. Die modifizirte Proposition würde so lauten:

„Preßdelikte sind nach den allgemeinen Strafgesetzen zu beurtheilen; außerdem sind Fahrlässigkeitsstrafen wegen Vernachlässigung der pflichtmäßigen Obsorge zuzulassen."

Mit dieser Modifikation würde ich von meinem Standpunkte lediglich deshalb einverstanden sein, weil ich anerkenne, daß wir uns jener zweifachen sehr starken Pression fügen müssen, mehr zu thun könnte ich von meinem Standpunkte gewiß nicht verantworten.

Präsident: Ich frage, ob Herr Dr. Bacher seinen Antrag zu Gunsten desjenigen des Herrn Referenten zurückziehe?

Dr. **Bacher**: Ich möchte jede besondere Preßgesetzgebung vermieden wissen, darum habe ich nicht die Absicht meinen Antrag zurückzuziehen.

Präsident: Nach der Entwickelung des Herrn Antragstellers habe ich geglaubt, daß nach dem strafrechtlichen auch das strafprozeßualische Moment mit inbegriffen sei.

Dr. **Bacher**: Dann bitte ich zu ergänzen „strafrechtliche strafprozeßualische Grundsätze“.

Da sich auf Befragen Niemand zum Worte meldet, wird die Debatte geschlossen.

Referent Dr. **Jaques**: Meine Herren! Sie werden es begreiflich finden, daß ich noch eine ganze Reihe von Einwendungen gegen Vieles von dem Herrn Vorredner Gesagten auf dem Herzen habe. Ich getraue mich aber nicht recht (Heiterkeit). Ich muß die Frage, ob ich auf all das noch eingehen soll, nach der Sachlage geradezu von dem abhängig machen, was die hochgeehrte Abtheilung beschließt. Wenn die Versammlung sich bereit erklärt, den Grundsatz, wie ich ihn zuletzt proponirt habe, anzunehmen, so verzichte ich auf das Schlußwort.

(Ja! Ja! Schluß.)

Präsident Dr. **Schwarze**: Es liegt ein Antrag des Herrn Bacher aus Stuttgart vor und ein Antrag des Referenten. Der Bacher'sche Antrag stimmt in der Hauptsache wenigstens mit dem 1. Theile des Antrags des Referenten überein. Ich werde die 1. Abstimmung auf den Antrag Bacher richten. Wird derselbe angenommen, so erledigt sich der 1. Theil des Antrages des Referenten. Dann ist immer noch die volle Freiheit vorhanden für oder gegen den 2. Theil des Antrags des Referenten betreffs der Fahrlässigkeitsstrafen zu stimmen. Sind Sie mit dieser Abstimmungsmodalität einverstanden?

(Mehrfacher Ruf: Ja!)

Advokat **Fränkel** aus Kaiserslautern: Ich möchte bloß wissen, ob in dem Antrage des Herrn Dr. Jaques auch enthalten ist, daß die prozeßualischen Strafbestimmungen bei Preßvergehen ebenso sein sollen, wie bei gewöhnlichen Vergehen?

Präsident Dr. **Schwarze**: Ja!

Eine Stimme: Das wissen wir bis jetzt nicht.

Präsident Dr. **Schwarze**: Ich habe Ihnen das Wort nicht gegeben. Ich habe natürlich den Antrag Bacher nur in der Fassung zur Abstimmung zu bringen, in welcher er mir übergeben worden ist. Ergeben sich aber Zweifel in der Versammlung und wollen die Herren, um Ihre Willensmeinung klarer zum Ausdruck zu bringen, eine getheilte Fragestellung, so werde ich auf die Worte in dem Bacher'schen Antrage, den ich nach dem Willen der Versammlung zuerst zur Abstimmung zu bringen habe, „und prozeßuale“ eine besondere Frage richten.

Advokat Dr. **Fränzel** aus Dresden: Wenn der Antrag Bacher abgelehnt werden sollte, so würden wir wohl auf den Antrag des Referenten kommen?

(Der Präsident bejaht dies.)

Da bitte ich den Antrag des Referenten nochmals zu verlesen, da uns scheinen will, als ob er in seinem ersten Theile identisch ist mit dem Antrage Bacher.

(Der Schriftführer Dr. Rubo verliest den Antrag des Referenten.)

Advokat **Fränkel** aus Kaiserslautern: Ich frage den Referenten, ob er seinen Antrag in der Weise verstanden wissen will, daß blos das Strafrecht oder ob auch der Strafprozeß in Preßsachen zur Anwendung kommen soll, ohne Ausnahmebestimmungen.

Referent Dr. **Jaques**: Mein Antrag ist dahin zu verstehen, daß bei Preßdelikten sowohl die strafrechtlichen als die strafprozeßualen Grundsätze zur Anwendung kommen sollen.

(Mehrfacher Ruf: das steht nicht drin.)

Präsident Dr. **Schwarze**. Der Widerspruch des Dr. Fränkel wird sich durch die Theilung der Abstimmung in „strafrechtliche" und „strafprozessuale" erledigen, sodaß volle Freiheit der Abstimmung gegeben ist. Daher glaube ich auch, daß dem Bacher'schen Antrag in redaktioneller Beziehung der Vorzug gebührt. Wir gehen nunmehr zur Abstimmung. Ich richte zunächst die Frage auf den Antrag Bacher mit Weglassung der Worte „und strafprozessuale" und wir stimmen blos ab über die „strafrechtlichen" Grundsätze.

Der Antrag lautet dahin:

„Preßdelikte sind nach den allgemeinen strafrechtlichen Grundsätzen zu beurtheilen."

(Abstimmung.)

Dieser Satz ist mit großer Majorität angenommen. Nun kommt die Einschaltung in dem Bacher'schen Antrage. Ich frage die Herren, ob Sie beschließen wollen, daß in dem soeben angenommenen Antrage noch die Worte eingeschaltet werden „und prozeßualen"?

(Die Abstimmung bleibt zweifelhaft. Vielfacher Ruf: Gegenprobe!)

Wir wollen die Gegenprobe machen, doch muß ich bitten, daß die Herren, welche sich dort an der Thür einfinden, doch einigermaßen eine sitzende Stellung einnehmen.

(Schallende Heiterkeit. Abstimmung.)

Das Bureau, meine Herren, ist einig, daß jetzt die Minorität steht und daß die Worte eingeschaltet sind. Der Beschluß der Abtheilung lautet also in Conformität mit dem ganzen Antrage Bacher.

Nun kommt der Zusatzantrag des Referenten:

„Außerdem sind Fahrlässigkeitsstrafen im Falle der Vernachlässigung, der pflichtmäßigen Fürsorge zuzulassen."

Eine Stimme. Das Wort „zuzulassen" will gar nichts sagen. Mit diesem Worte spricht der Juristentag gar nichts aus.

Präsident Dr. Schwarze. So erlauben Sie mir wohl, in dem Antrage statt „zuzulassen" zu sagen: „festzusetzen"? Materiell sind wir ja einig; es handelt sich nur um eine redaktionelle Aenderung.

(Der Antrag wird in dieser Weise angenommen.)

Ich glaube behaupten zu dürfen, es ist für diesen Antrag Einstimmigkeit vorhanden.

(Ruf von den hintersten Bänken! Nein!)

So ist er wenigstens mit überwiegender Mehrheit angenommen worden.

Damit ist der Gegenstand erledigt. Ich glaube jedoch, Sie sind mit mir darin einverstanden, daß wir unserem Referenten für die mühsame Arbeit und den beredten Vortrag unseren besten Dank abstatten.

(Geschieht allseitig.)

Dann erübrigt aber noch in Bezug auf diesen Punkt unserer Geschäfte eine Beschlußfassung Ihrerseits. Nach unseren Statuten werden Beschlüsse der Abtheilungen entweder nur zur Kenntnißnahme des Plenums gebracht dergestalt, daß wenn nicht im Plenum selbst eine Diskussion der Abtheilungsbeschlüsse beantragt wird, das Plenum sich damit begnügen muß, zu erfahren, daß die Abtheilung den oder jenen Beschluß gefaßt habe; oder aber die Abtheilung kann auch gleich beschließen, daß die Entscheidung, die sie getroffen hat, im Plenum andererweit zur Diskussion und Beschlußfassung gestellt wird. Gestatten Sie mir nun, meine Herren, einen kurzen Vorschlag, ohne damit Ihrer Entscheidung vorzugreifen. In der Regel haben wir uns seither damit begnügt, unsere Beschlüsse dem Plenum einfach anzuzeigen, indem wir davon ausgingen, daß in der einzelnen Abtheilung vorzugsweise die speziellen Sachverständigen sich vereinigen und daß das Plenum sich dabei beruhigen kann, wenn eine Abtheilung, einstimmig oder mit überwiegender Majorität einen Beschluß faßt.

Was aber die gestern und heute von uns gefaßten Beschlüsse betrifft, so ist einer darunter, der nicht nur ungeheuer weit greift und materiell für unser ganzes Strafverfahren von der höchsten Bedeutung ist, sondern der auch gestern mit einer so kleinen Majorität gefaßt wurde, daß ich wohl behaupten darf: es war nur eine Majorität von kaum 10 Stimmen, die diese Frage zum Austrag brachte.

(Vielfacher Ruf: Jawohl! So ist es!)

Unter diesen Umständen scheint es mir nicht übel angethan zu sein, wenn die Herren beschließen würden, daß unser Referent beauftragt würde, die sämmtlich hier gefaßten Beschlüsse mit Ausnahme des soeben gedachten dem Plenum einfach zur Kenntnißnahme mitzutheilen, daß dieser einzelne soeben speziell bezeichnete Punkt aber dermaßen im Plenum vorzutragen, daß eine Berathung und Beschlußfassung darüber im Plenum herbeigeführt werde. Dieser Punkt ist unabhängig von den übrigen Beschlüssen. Ich bitte den Herrn Referenten sich zu äußern.

Referent Dr. **Jaques**: Ich bedaure lebhaft, dem Vorschlage unseres Herrn Präsidenten nicht beistimmen zu können. Ich bin zunächst der Ansicht, daß der Gegenstand ein Ganzes bildet, daß wir also entweder das Ganze oder gar Nichts zur nochmaligen Berathung und Beschlußfassung im Plenum vortragen sollen. Ein einzelnes Moment aber aus der ganzen Frage herauszugreifen, das nicht seine Ergänzung und Richtigstellung durch die Begründung des Uebrigen finde, das scheint mir unzweckmaßig zu sein. Die schwierigste Seite unserer Diskussion war die, daß, bei meinem aufrichtigen Wunsche, nur die Grundprinzipien hervorleuchten zu lassen, von denen ich bei dem Ganzen geleitet war und bin, dies doch beim Detail der Frage nicht immer vollkommen möglich war. Dieselbe Schwierigkeit würde sich ergeben, wenn wir im Plenum einen einzelnen Punkt aus den Abtheilungsbeschlüssen herausgriffen. Nun hätte ich aus den mannichfachsten Gründen den Wunsch, daß es gegönnt gewesen wäre, die ganze Frage zur Entscheidung vor das Plenum zu bringen; das ist aber nach den Verhältnissen des Juristentags absolut unmöglich. Infolge dessen möchte ich wenigstens die dringende Bitte an die Herren richten, nicht die Frage dadurch in eine schiefe Stellung zu bringen, daß Sie eine einzelne Seite derselben herausgreifen, sondern daß Sie vielmehr beschließen, das Ganze sei zur Kenntnißnahme und zu Nichts Weiterem dem Plenum vorzulegen.

(Zustimmung.)

Advokat Dr. **Fränkel** aus Kaiserslautern. Die von uns entschiedene Frage wegen der prozessualen Behandlung der Preßdelikte ist, glaube ich, von so hoher Bedeutung, daß die Majorität, wie sie sich hier kundgegeben hat, nicht das Gewicht besitzt, um ihre Entscheidung als allgemeine Rechtsnorm für Deutschland gelten zu lassen. Andererseits glaube ich aber auch daß dieser Beschluß in vielen Theilen Deutschlands das Ansehen des Juristentags tief erschüttern wird.

(Oho!)

Sie raubten uns, meine Herren, durch diesen Beschluß Rechte, die wir seit Jahren genießen! Wenn dieser Beschluß zur Ausführung kommt, so sind wir in Bayern auf dem Punkte, einen Rückschritt zu machen, den Niemand verkennen wird. Ich glaube also, daß dieser wichtige Punkt nicht blos im Plenum zur Kenntnißnahme mitgetheilt werden soll, sondern daß es dem Plenum vergönnt sein muß, darüber nochmals abzustimmen.

Präsident Dr. **Schwarze**: Es versteht sich ja von selbst, daß selbst in denjenigen Punkten, die die Abtheilung dem Plenum nur zur Kenntnißnahme mitzutheilen beschließt, das Plenum jeden Augenblick berechtigt ist, auf den Antrag von zehn Mitgliedern den Beschluß zu fassen, daß dieser Punkt nochmals zur Diskussion und Abstimmuung gestellt wird.

Advokat **Bekh** aus Lindau: Wenn das Referat bloß zur Kenntnißnahme im Plenum erstattet werden soll, so würde ich auch von dem Antrage absehen, daß unser letzter Beschluß dem Plenum zur nochmaligen Beschlußfassung vorgelegt werde. Wenn aber ein Theil unserer Beschlüsse dem Plenum zur wiederholter Beschlußfassuug unterbreitet werden soll, dann möchte ich doch bitten, daß auch unser letzter Beschluß ebenso behandelt wird. Der letzte Beschluß ist von einer weit größeren Tragweite als derjenige, den uns der Herr Präsident als einen bedeutungsvollen bezeichnete; denn Sie haben, meine Herren, dadurch ausgesprochen, daß auch die Preßvergehen den Schwurgerichten entzogen und dem gewöhnlichen Richter unterstellt werden sollen.

(Ruf: Nein! Nein!)

Ich beantrage daher, daß, wenn ein Theil unserer Beschlüsse dem Plenum zur nochmaligen Beschlußfassung unterbreitet wird, diese sich auf alle unsere Beschlüsse erstreckt.

(Lauter Ruf: Schluß! Schluß!)

Präsident Dr. **Schwarze**: Beschließen Sie, daß über diese Frage die Debatte geschlossen wird?

(Lautes Ja! Ja!)

Advokat Dr. **Fränzel** aus Dresden: Ich möchte gegen den Schluß der Debatte sprechen.

Präsident Dr. **Schwarze**: Das ist hier nicht Sitte. Es ist das eine sächsische Einrichtung, mit der wir hier gebrochen haben.

(Heiterkeit.)

Ich schlage vor, daß wir die einzelnen Puukte unserer gestrigen und heutigen Beschlüsse dahin zur Abstimmung bringen, ob dieselben zur nochmaligen Berathung und Beschlußfassung ins Plenum gebracht werden. Wenn die Herren dies bei allen Punkten ablehnten, so bliebe dann als selbstverständlich übrig, daß unsere Beschlüsse nur zur Kenntnißnahme dem Plenum mitgetheilt werden.

Advokat Dr. **Fränzel** aus Dresden: Ich müßte es vorhin überhört haben (welchenfalls ich um Entschuldigung bitte) — mir ist es wenigstens entgangen — daß der Präsident mit direkten Worten denjenigen Beschluß der mit einer geringen Majorität aus unserer Abstimmung hervor gegangen sei, mit ausdrücklichen Worten bezeichnet hätte. Wir alle wissen, was damit gemeint war, nämlich die richterliche Beschlagnahme.

Ich werde aber eine Lücke in unseren Verhandlungen erblicken, wenn dies nicht zum besonderen Ausdruck gelangte. Ich ersuche daher den Präsidenten, diesen Passus in seinen Fragen mit zu erwähnen.

Präsident Dr. **Schwarze**: Ich habe es ja ausdrücklich erwähnt, daß ich das thun will. Können wir denn nicht endlich zur Abstimmung kommen?

(Vielfaches, lautes: Jawohl!)

Ich richte die erste Frage auf den Antrag des Herrn Bekh aus Lindau. Beschließen Sie:

daß sämmtliche gestern und heute von uns in der Preßgesetzgebung gefaßten Beschlüsse dem Plenum dergestalt mitgetheilt werden, daß im Plenum eine Diskussion und Beschlußfassung darüber stattfinde?

Der Antrag ist abgelehnt.

Wir kommen daher zu den beiden einzelnen Anträgen. Beschließen Sie:

daß der Beschluß der Abtheilung über die Unstatthaftigkeit der Beschlagnahme im gerichtlichen Wege dergestalt dem Plenum mitgetheilt werde, daß eine Diskussion und Beschlußfassung darüber nochmals stattfindet?

Die Abstimmung ergiebt kein sicheres Resultat.

Meine Herren! Horaz sagt zwar: Hic angulus mihi praeter omnes ridet! Aber die Herren, die dort an der Thür sich befinden und weder zu sitzen noch zu stehen scheinen, machen mir es außerordentlich schwer, ihre Abstimmung zu erkennen.

(Dieselben nehmen ihre Plätze ein.)

Wir sind jetzt im Bureau einig, daß jetzt die Majorität steht; der Beschluß wird also dem Plenum nur zur Kenntnißnahme mitgetheilt.

(Bewegung und Ausrufe verschiedener Art.)

Infolge einzelner Aeußerungen, die ich höre, wiederhole ich: es steht ja jedem einzelnen Mitgliede frei, im Plenum abermals darauf anzutragen, daß der von ihm gewünschte Punkt daselbst zur nochmaligen Erledigung kommt.

Jetzt kommt der Antrag Fränkels:

daß der zuletzt von uns gefaßte Beschluß wegen der Unterstellung der Preßdelikte unter die allgemeinen strafrechtlichen und strafprozessualen Grundsätze dergestalt dem Plenum mitgetheilt werde, daß er daselbst nochmals zur Berathung und Beschlußfassung kommt.

Beschließt dies die Abtheilung?

(Nach stattgefundener Abstimmung und Gegenprobe:)

Auch der Fränkelsche Antrag ist gefallen. Hiernach versteht es sich nun von selbst, daß unsere gesammten Beschlüsse dem Plenum nur zur Kenntnißnahme mitgetheilt werden. Sie sind wohl auch damit einverstanden, daß diese Mittheilung durch den Herrn Referenten stattfindet?

(Ja wohl!)

Referent Dr. **Jaques**: Um meiner Pflicht als Berichterstatter vollkommen zu genügen, habe ich noch ein kurzes Wort zu sagen. Unter den Resolutionen, die ich mir vorbehalten hatte, Ihnen vorzutragen, befinden sich noch zwei. Die eine sollte dahingehen, in demselben Sinne, wie es auch von beiden Begutachtern befürwortet worden ist, auszusprechen daß Preßdelikte den Geschworenen zu unterstellen sind;

(Bravo!)

die andre dahin, daß eine kurze Verjährungsfrist für die Verfolgung von Preßdelikten festgestellt werde. Hierüber habe ich unterlassen zu referiren, weil ich erkannte, daß ich mich jener dira necessitas zu fügen hatte. Ich möchte aber doch ausgesprochen haben, daß dies meine Ansicht ist und daß ich durch meine bisherigen Resolutionen durchaus nicht habe sagen wollen, daß Preßdelikte der Competenz der Geschworenen zu entziehen seien.

(Zustimmung; Rufe: Das geht nicht mehr!)

Präsident Dr. **Schwarze**: Ich kann jetzt darüber keine Diskussion mehr zu lassen.

Advokat **Bekh** aus Lindau: Zur Geschäftsordnung!

Präsident Dr. **Schwarze**: Sie haben das Wort, jedoch nur zur Geschäftsordnung.

Advokat **Bekh** aus Lindau: Ich bitte die Erklärung des Referenten daß er die Preßprozesse nicht den Geschworenen entzogen wissen wolle, zu Protokoll zu nehmen und zu constatiren, daß diese Erklärung des Referenten den allgemeinen Beifall der Abtheilung gefunden hat.

(Vielstimmiges: Nein! Nein! Gegenrufe und großer Lärm. Glocke des Präsidenten.)

Präsident Dr. **Schwarze**. Machen Sie mir doch die Leitung durch solche, verzeihen Sie den Ausdruck, geschäftsordnungswidrige Anträge nicht unnöthig schwer.

(Bravo!)

Das war nach dem Ausdruck des Präsidenten Simson ein Antrag nicht zur Geschäftsordnung sondern zur Geschäftsunordnung!

(Heiterkeit.)

Der erste Theil desselben, die Aufnahme der Erklärung des Referenten ins Protokoll, bedarf keiner Beschlußfassung; den letzten Theil kann ich jedoch nicht zugestehen;

(Bravo!)

die Sache war abgeschlossen. Wenn der Referent morgen im Plenum diese Erklärung für sich abgeben will, so steht das ihm nicht nur frei, sondern auch Herrn Bekh, zu erklären, daß der Referent ganz aus seinem Herzen gesprochen hat.

Damit ist nun dieser Gegenstand aber auch vollständig erledigt. Wir kommen zur Schöffengerichtsfrage und ich erlaube mir das Präsidium in die Hände meines Stellvertreters niederzulegen.

Es tritt nun eine Pause von zwei Minuten ein.

Herr Präsident Generalstaatsanwalt **Schwarze** übergiebt das Präsidium Herrn Obertribunalsrath von **Köstlin**; worauf Herr Appellationsgerichtsrath von Stenglein aus München das Wort zu seinem Referate über den zweiten Punkt der Tagesordnung erhält:

„Soll in den Strafgerichten höchster Ordnung an die Stelle des Gerichtshofes und der Jury ein einheitliches Collegium von Juristen und Laien treten? und in welchem Zahlenverhältniß sollen beide Elemente vertreten sein?"

Herr Referent, Appellationsgerichts-Rath **Stenglein** aus München: Meine Herren, die Frage, welche aufgeworfen wurde uud heute zur Beantwortung kommt, ist Ihnen soeben mitgetheilt worden. Da ich als Jurist zu Fachgenossen spreche, so glaube ich, werden Sie mit mir einverstanden sein, wenn ich Sie versichere, daß ich mich jeden rethorischen Schmuckes möglichst enthalten will, er gehört an und für sich nicht zur Sache, es muß eben eine Frage, die von eminenter praktischer Bedeutung ist, die in die Diskussion nicht nur der juristischen Kreise gedrungen ist, sondern auch in andere, wie in der Presse ventilirt wird, zur Entscheidung kommen. Ich würde also glauben durch jede Erweiterung meines Vortrages zu Gunsten der Schwurgerichte an meinen Fachgenossen, die sich in dieser Diskussion auszusprechen wünschen, mich zu versündigen. Ich werde mich also möglichst kurz und präcise an die Frage halten.

Eine formelle Bemerkung die ich ebenfalls vorausschicken zu müssen glaubte, ist die: Es wurde vielfach der Wunsch ausgesprochen, daß die Referenten ihre Anträge im Voraus stellen sollen und die Versammlung die Anträge gedruckt in der Hand haben sollte. Diesem Wunsche stellen sich eben Schwierigkeiten entgegen, die wenigstens in vielen Fällen es unmöglich machen, daß er erfüllt werde. Einigermaßen aber glaube ich, wird ein Ersatz geboten, wenn der Referent sofort beim Beginne seines Referats seine Anträge kund giebt, weil dadurch eine Richtschnur gewonnen ist, in welcher Richtung eben die Motivirung liegt und dann wenigstens einige Zeit gewonnen ist, um das was beantragt wird, genau in's Auge zu fassen. Ich werde nun am Schlusse den Antrag stellen.

„Der Juristentag spricht seine Ueberzeugung aus, daß es zur Zeit nicht angemessen sei, in den Strafgerichten höchster Ordnung an die Stelle des Gerichtshofes und der Jury ein einheitliches Collegium von Richtern und Laien treten zu lassen."

Es ist dies zunächst eine Negation der Frage,

(Beifall).

welche gestellt ist, eine Negation, welche eben einen ganz positiven Inhalt hat, nämlich den, daß das Schwurgericht, ich will nicht sagen, wie es besteht, aber daß das Schwurgericht als solches auch erhalten werden soll, und wenn ich hinzugesetzt habe „zur Zeit", so haben diese Worte keine andere Bedeutung als daß ich nicht die Möglichkeit abschneiden will, daß wenn gemäß des Beschlusses des vorigen Juristentags bei den Gerichten niederer und mittlerer Ordnung Schöffen eingeführt werden, diese Schöffen das Vertrauen der Bevölkerung in einer Weise gewinnen, daß in späterer Zeit, aber in einer Zeit die auch wirklich lange genug ist, reife Erfahrungen zu gewinnen, die Frage des Ersatzes der Jury durch Schöffen von Neuem auf die Tagesordnung gesetzt werden kann.

(Beifall.)

Ich wende mich nun zur Motivirung meines Antrages und muß dabei noch eine etwas allgemeinere Bemerkung an die Spitze stellen.

Bei der Polemik, die sich über die Frage ob Jury, ob Schöffengericht? angesponnen hat, hat sich mir die Ueberzeugung aufgedrängt, daß man sich klar machen muß, auf welchem Standpunkt man eigentlich steht. Zu oft hat man bei dieser Polemik die Beobachtung gemacht, daß die Polemisirenden nicht auf dem gleichen Standpunkt gestanden haben, daß die Anhänger der Jury sich die Jury nicht gedacht haben wie sie ist, mit all den Mängeln, die wir aus dem französischen Verfahren mit herübergenommen, sondern als die geläuterte, gereinigte, reformirte Jury; daß dagegen die Gegner die Jury so genommen haben, wie sie ist und vielleicht noch etwas schlechter als sie ist, mit der Antipathie, die der Eine oder der Andere aus derselben gewinnen kann und daß er mithin mit einem idealen Schöffengericht gegen die sehr wenige ideale Jury polemisirt hat; das Gegentheil ist mir weniger vorgekommen. Soweit glaube ich, müssen wir es uns klar machen, daß wenn der Juristentag in der Lage ist, sich nur über Principien und nicht über ein gesammtes gesetzgeberisches Werk auszusprechen, weil er ins Besondere nicht in der Lage ist in seiner Beschlußfassung in alle Details eines Gesetzes einzugehen sondern nur ein Prinzip klar und bestimmt auszusprechen, man die Grundlage des Prinzips als ein einheitliches gewinnen muß, und das kann doch wohl nur sein, sich die Jury in der verbesserten Stellung zu denken, die überhaupt bei menschlichen Einrichtungen möglich ist und dann dem Schöffengericht die gleiche Wohlthat einzuräumen und dann die beste Jury mit dem besten Schöffengericht zu vergleichen; ich glaube, das um so mehr aussprechen zu können, als selbst entschiedene Anhänger der Jury nicht in der Lage sein werden, das Schöffengericht abzulehnen, wenn ihnen dieses in möglichst guter Gestalt geboten wird, während ihnen vielleicht das Schwurgericht in möglichst verschlechterter Form geboten wird. Denken Sie sich die Auswahl der Geschworenen in einer Weise, die ihre Unabhängigkeit möglichst wenig garantirt; denken Sie sich, daß das ganze Verfahren vor den Geschworenen in einer Weise inquisitorisch zum Nachtheil der Angeklagten geordnet ist und auf der anderen Seite ein Schöffengericht in möglichst guter Weise zusammengesetzt und in richtiger Weise auch bezüglich des Verfahrens vor den Schöffen geordnet, so werden vielleicht Viele, die für die Jury sind, zu den Schöffen greifen. Licht und Luft muß in diesem Kampfe gleich vertheilt sein, wenn man zu einem Resultate gelangen will. Es haben sich über diese Frage drei Gutachten ausgesprochen, wenn es auch wünschenswerth gewesen wäre, mehr Gutachten zu erhalten. In einer Frage, in welcher die Erfahrung eine so große Rolle spielt, in der die Gesetzgebung Deutschlands noch soweit auseinandergeht, in einer Frage, die bereits das allgemeinste Interesse der Juristen und Laien in dem Maße auf sich gezogen wie es der Fall ist, bieten immerhin diese Gutachten eine solche Mannigfaltigkeit, daß sie sehr gut die Grundlage unserer weiteren Berathung abgeben können. Es haben sich zwei Praktiker und ein Theoretiker über die Frage hören lassen, sie theilen sich in Anhänger und Gegner der Jury und so ist jede Ansicht einigermaßen vertreten. Was den Gedankengang dieser Gutachten betrifft, so will ich ihn wenigsten kurz erwähnen. Der Herr Bezirksdirektor Stöckel aus Freiberg in Sachsen geht von dem Gedanken aus an Stelle der Jury das Schöffengericht zu setzen. Der Gutachter nimmt von dem Beschlusse des vorigen Juristentages seinen Ausgang, welcher dahin geht, es sei bei den Gerichten unterer und mittlerer Ordnung das Schöffengericht einzuführen. Er führt aus, daß wenn man in den Gerichten mittlerer und unterer Ordnung die Schöffen als volle Richter zulasse, man unmöglich bei Gerichten höchster Ordnung, bei Schwurgerichten eine Trennung in der Weise zulassen könnte, daß die Laienrichter, die Geschworenen nur in solch beschränkter Weise bei der Beurtheilung thätig wären, daß wenn man aber den Geschworenen das volle Richteramt einräumen wolle, dies nur geschehen könne wenn man sie mit rechtsgelehrten Richtern in einem Colleg vereinige. Er legt ein Gewicht darauf, daß nicht sowohl die einheitliche

Organisation der Schöffengerichte sich empfehle, weil sonst eine Wohlthat dieser Institution, der Nutzen, den sie der Strafrechtspflege bringen soll, der Fortschritt in der unbefangenen Aburtheilung der kriminellen strafbaren Verschuldung zwar dem Delikte in minder schwerem und leichtem Grade, nicht aber in dem schwersten Grade zu Gute kommen würde. Der Verfasser ist der Meinung, daß die Bejahung der Frage, ob in den Strafgerichten höchster Ordnung an die Stelle des Gerichtshofs und der Jury ein einheitliches Kollegium von Juristen und Laien treten soll? dann nicht mehr zweifelhaft sei, wenn den bei der Strafrechtspflege mitwirkenden Laien das Richteramt in seinem vollen Umfange übertragen werden soll. Hauptsächlich aber und nicht blos aus Konsequenz sei die Bejahung dieser Frage deshalb geboten, weil damit der Weg angebahnt werde, auf welchem eine Anzahl Unzuträglichkeiten, die mit der Vertretung des Laienelements in den Strafgerichten höchster Ordnung durch die Jury verbunden sind, beseitigt werden können, ohne die Vortheile, die mit der Jury verbunden sind, einzubüßen, ja, auf welchem vielmehr jene Vortheile erheblich vermehrt werden könnten. Der Gutachter fordert für die zum vollen Richteramte berufenen Laien dieselbe Qualifikation, wie bei den Geschworenen, — Wahl derselben auf dieselbe Weise wie bei den Geschworenen, wobei die Laien bei den Gerichten höchster Instanz nicht blos aus der Gerichtsstadt und deren nächster Umgebung, sondern aus dem ganzen Gerichtsbezirke zu berufen seien; weiterhin fordert er, daß das Laienelement die überwiegende Mehrheit bilde. Die Sammlung von Untersuchungen für Sitzungsperioden müsse hinwegfallen und jede Untersuchung abgeurtheilt werden, sobald sie spruchreif ist, ferner verlangt er die Beseitigung einer Menge zeitraubender Formalitäten, wodurch ein großer Zeit- und Arbeits-Gewinn für die Richter und Geschworenen erzielt werde; er rechnet zu den Nachtheilen, die den Geschworenen ankleben, die Auslosung der Geschworenen für jeden einzelnen Fall, was er gegen die Würde des Richteramts findet, die Beseitigung der häufigen Beeidigung bei jedem neuen Straffall, die Beseitigung der Fragstellung, welche in der dermaligen Form eines der größten Gebrechen des Schwurgerichts sei, weil sie die Geschworenen in eine Art Zwangslage versetzt, wenn sie die Fragen ihrer Anschauung nach nicht entsprechend finden. Einen großen Nachtheil erblickt er in der Zusammenhäufung sämmtlicher spruchreifen Fälle in einer Sitzungsperiode, weil dadurch eine gewisse Ermüdung und Erschlaffung sowohl bei dem Richter wie bei den Geschworenen eintrete und dadurch eine minder gute Beurtheilung des Falles herbeigeführt würde, während bei dem Schöffengerichte, das nur für jeden einzelnen Fall zusammentreten kann, diese Ermüdung nicht zu besorgen ist; jeder, selbst der schwerste Fall, kann sofortige Erledigung finden. Wir haben also hier eine Vertheilung der Arbeitslast unter den Gerichten und den Geschworenen, welch' letztere ihrem Dienste als Geschworene um so leichter nachkommen können. Ein weiterer Vortheil wird in dem Zusammenwirken zwischen Laien und rechtsgelehrten Richtern gefunden; er führt seine Ueberzeugung an, wie die Schöffen die überzeugende Darlegung des rechtsgelehrten Richters sehr gut würdigen und, soweit es nöthig, sich von ihm leiten ließen, und daß auf der anderen Seite durch die Zusammenberathung die Unabhängigkeit der Schöffen nicht im Mindesten geschädigt werde, und so stellt er den Antrag:

> „In den Strafgerichten höchster Ordnung soll an die Stelle des Gerichtshofes und der Jury ein einheitliches Kollegium von Juristen und Laien unter den dargelegten Voraussetzungen treten, wenn es aus drei rechtsgelehrten Richtern und neun Laienrichtern gebildet wird und alle dem Angeschuldigten ungünstigen Fragen mit dreiviertel, mindestens mit zweidrittel Majorität entscheidet."

Sehr entgegengesetzt hat ein anderer Gutachter, Herr Kreisgerichtsdirektor Wetzki aus Marienwerder, sich geäußert. Er spricht sich dahin aus, daß er bezüglich der Geschworenen die besten Erfahrungen gemacht habe; er hat die Erfahrung gemacht, daß in den meisten Fällen das Urtheil der Geschworenen mit demjenigen der Richter übereinstimmte, daß nur selten ein Urtheil vorkam, in dem sich in größeren und kleineren Kreisen die Ueberzeugung feststellte, daß ein Irrthum der Geschworenen stattfand; er hat die Geschworenen immer unabhängig und eifrig in ihrer Aburtheilung und Dienstleistung gefunden, er führt allerdings an, daß in neuerer Zeit wieder minder günstige Erfahrungen mit den Schwurgerichten in dem Umkreis seiner Erfahrung gemacht worden sind. Er führt das darauf zurück, daß mit der Steuerlast, welche wesentlich erhöht worden ist, nicht auch gleichzeitig die Anforderungen, die man an einen Geschworenen zu stellen hat, gesteigert worden sind, so daß mithin ein Bevölkerungstheil, der minder günstig in seinen Vermögensverhältnissen liegt und deshalb auch minder günstig in seiner Schulbildung, zum Geschworenendienste berufen worden sei, und daß mithin durch Anlegung der Steuerschraube die Qualität der Geschworenen gelitten hat und deshalb auch ein geringeres Resultat mit ihnen erzielt worden sei; er kommt aber zu dem Resultate, daß sich daraus etwa eine Abschaffung der Jury nicht rechtfertigen lasse, sondern nur eine bessere Form, insbesondere durch eine bessere Auswahl der Geschworenen; er spricht sich gegen die Schöffen aus, weil er findet, daß dem Richter zu viel Uebergewicht über die Schöffen eingeräumt sei, daß die technische und spezielle Ausbildung der Richter gegenüber den Schöffen immer den Sieg davon tragen wird, und daß mithin der Zweck, den man mit der Einführung der Jury erreichen wollte, durch Einführung der Schöffen geradezu geschädigt würde;

er findet, daß allerdings die etwas unglückliche Trennung der That- und Rechtsfrage durch Einführung des Schöffengerichts beseitigt werde, daß dieses aber auch bei den Geschworenen möglich sei und auch daraus ein Grund gegen die Geschworenen nicht geschöpft werden könne, und andere Kollegien, in welchen Laien und Rechtsgelehrte zusammen ihre Zwecke verfolgen, dürfen dafür nicht als Gegengrund gelten, können nicht als maßgebend erachtet werden; Schöffen können in Bagatellsachen sehr gut wirken, seien aber da, wo häufig juristische Controversen zu entscheiden seien, nicht tauglich. Er kommt zu dem Resultate, daß eine Reform der Schwurgerichte zu empfehlen sei, aber nicht eine Beseitigung derselben, welche er in der Einführung der Schöffen findet; nur eventuell spricht er sich dahin aus, daß drei Richter neben sechs Laien sitzen sollen, wenn es dennoch zur Einführung des Schöffengerichts kommen sollte.

Schließlich spricht sich noch Herr Professor Dr. Ullmann zu Innsbruck für die Beibehaltung des Schwurgerichts aus; er erklärt sich dahin, daß die Jury durch die Schöffen nur dann zu ersetzen sei, wenn man finden müsse, daß die Jury nicht reformirt werden könne und daß diejenigen Mißstände, welche man der Jury zugeben muß, durch kein Heilmittel zu beseitigen seien, wenn sich herausstelle, daß das Schöffengericht entschiedenen Vortheil bringe. Er wendet sich sodann gegen den Grund, welchen man aus einer geschichtlichen Anknüpfung des Schöffengerichts schöpft und legt dar, daß das heutige Schöffenthum mit den altdeutschen Gerichtsschöffen auch nicht das Mindeste zu thun habe; sie seien in der That vollkommen neue Emporkömmlinge, und haben nur soweit, als ihr eigenes Verdienst reicht, Anspruch auf Beachtung und Anerkennung zu erheben. Sie bieten keinen Anknüpfungspunkt an die urtheilenden Schöffen des älteren deutschen Reichs, und sind ebensowenig zu vergleichen mit den auf der Basis des kanonischen Rechts beruhenden, die Akte des Untersuchungsrichters kontrolirenden Schöffen. Die Erfahrungen, die man über die Wirksamkeit der Schöffengerichte bisher gemacht hat, sind einerseits zu geringfügig, um ein endgiltiges, auf Thatsachen sich stützendes Urtheil zu erlauben, anderseits lauten aber die zu Gunsten der Schöffen ausgesprochenen Ansichten fast durchweg negativ. Der Gutachter führt ferner aus, daß dagegen bei der Jury eine Reform zulässig sei; man müsse die ganze Schuldfrage unter Leitung des Richters, der die Rechtsbelehrung zu ertheilen habe, den Geschworenen einräumen. Die Praxis des englischen Geschworenengerichts bezeuge deutlich, daß die zur Beantwortung der Schuldfrage nothwendige Rechtsbelehrung gelinge. Es dränge sich da die Frage auf, ob die Jury auf dem Kontinente nicht von da aus reformirt werden könne, indem einerseits den Geschworenen jene Position in der Rechtsprechung eingeräumt werde, die ihnen gebühre, nämlich, Richter der Schuld und nicht bloße Organe des Beweises von nackten Thatsachen zu sein, andererseits aber den rechtsgelehrten Richtern eine rationelle Rechtsbelehrung der Geschworenen zur Pflicht gemacht werde. In diesen beiden Richtungen müsse die Reform aber auch in Angriff genommen werden, wenn man den unsere heutige Strafrechtspflege beherrschenden Grundsätzen der Individualisirung gerecht werden wolle. Mit der Schwierigkeit, welche die Fragestellung biete, könne man nicht dahin kommen, eine totale Verwerfung der Geschworenen herbeizuführen und daraus eine Empfehlung der Schöffen abzuleiten, sondern nur zu einer Reform des Schwurgerichts; er stellt die Geschworenen als die Sachverständigen der Schuldfrage, die frei und selbstständig urtheilen und durch die Belehrung des rechtsgelehrten Richters geleitet werden, dar, vindizirt dagegen für den rechtsgelehrten Richter, der der Jury gegenübersitzt, die reine Rechtsfrage und Strafausmessung und findet in der gemeinsamen Berathung sowohl der Schuld als der Rechtsfrage keine Garantie für die Unabhängigkeit der Schöffen; er glaubt, daß eine unbewußte Beeinflussung durch rechtsgelehrte Richter stattfindet, daß der Werth des Individualisirens des Rechtsfalles, welches den Geschworenen ihre eminente Bedeutung gab, durch Vereinigung von Geschworenen mit rechtsgelehrten Richtern in einem Kolleg verloren gehe. Kein einheitliches Kolleg bestehe aus heterogenen Elementen und es sei eine Illusion, wenn man glaube, durch diese einheitliche Vereinigung ein auf gleicher Basis berathendes Kolleg zu Stande zu bringen. Weiterhin bemerkt er, auch die Schöffen würden so gut wie die Geschworenen und so gut wie die Richter den politischen Leidenschaften zugänglich und mithin keine richtige Entscheidung in politischen Prozessen zu erwarten sein, welche nur in der Vereinigung mit rechtsgelehrten Richtern gefunden werden könne, da ein Theil der Verantwortung ihnen abgenommen werde und daß sie dann nicht mit dem vollen Ernste an die Aufgabe herantreten, wie die Geschworenen; sie würden in aufgeregten Zeiten die Objektivität vermissen lassen, weil sie nicht leicht sei, und darin findet er denn einen Hauptgrund, daß es unrichtig sei, die Jury blos für politische Prozesse einführen zu wollen; er glaubt, daß die Schöffen deswegen empfohlen würden, weil sie der Beeinflussung durch die Richter zugänglich seien, und wenn sie wegen des Hinwegfalles der Fragestellung empfohlen würden, so würde die Fragestellung sich auch gegenüber der Jury reformiren lassen. Er findet einen Widerspruch darin, daß man die Geschworenen zur Entscheidung der bloßen Schuldfrage nicht für geeignet finde, aber dem Schöffengerichte die Entscheidung der Schuldfrage einräumen will, und auch für sie die noch viel schwierigere Entscheidung, die der Rechtsfrage in Anspruch nimmt; er glaubt, daß bei der Berathung der Rechtsfrage, der Mangel der Vorkenntnisse nur verwirre und in ein Labyrinth von Fragen hineinführe, die nicht mehr diskutabel, sondern zur Belehrung gehören, ohne daß diese Belehrung wirklich zum Ziele führen könnte. Die Geschworenen könnten in der Konstatirung des Beweises den Richter ergänzen, sie sollten aber nicht an der Entscheidung der Rechtsfrage theilnehmen. Es kommt auf Grund dieser Auseinandersetzungen der Herr Gutachter zu einer Reihe von Sätzen und spricht sich dahin aus:

1. Die Jury ist die einzig rationelle Form der Mitwirkung des Laienelements in der Strafrechtspflege.
2. Die anerkannte Reformbedürftigkeit der Jury ist kein Grund, das Prinzip derselben durch Einführung des Schöffeninstituts aufzugeben.
3. Eine Reform der Jury ist möglich. (Wahlberg'sche Vorschläge.)
4. Das Schöffengericht ist irrationell innerhalb des Gebietes der Beweis- und Schuldfrage, und geradezu unbrauchbar innerhalb der Rechtsfrage, denn ein Anderes ist die Rechtsbelehrung zum Behufe der Subsumtion der bewiesenen Handlung unter das Gesetz und ein Anderes die Rechtsbelehrung, betreffend den Inbegriff von Fragen des materiellen und formellen Strafrechts, die in der sogenannten Rechtsfrage zur Entscheidung zu bringen sind.

Dies ist in Kürze der Inhalt der Gutachten, welche die Grundlage unserer Berathungen bieten sollen. Ich wende mich nun zu der eignen Beurtheilung des Falles.

Ich glaube, man wird sich darüber keinem Zweifel hingeben können, daß die Einführung der Schöffengerichte eine gewisse Anzahl von Vortheilen bieten würde. Ich rechne dazu die Möglichkeit, die gemeine Prozeßgesetzgebung in Deutschland, welche angebahnt ist, in einer vollständig organischen einheitlichen Form aufzubauen. Es würde ganz gewiß das Gesetz vereinfachen und wesentlich verbessern, wenn man dasselbe Prinzip der Theilnahme der Laien an den Urtheilssprüchen bei den untersten Stufen des Gerichts, bei den Mittelgerichten, bei den höchsten Gerichten durchführen könnte. Es ist ein Postulat unserer Zeit, daß die Laien nicht mehr ferngehalten werden bei der Beurtheilung von Strafsachen, und das hat es mit sich gebracht, daß der vorige Juristentag sich mit überwiegender Majorität dahin ausgesprochen hat, daß Schöffen bei den niederen und Mittelgerichten eingeführt werden sollen. Es würde also nur eine Consequenz sein, wenn man die Schöffen auch bei den höchsten Gerichten einführen wollte. Es würde sich dadurch eine Ausgleichung in der schweren Last, die das Laienelement in der Theilnahme an den Urtheilssprüchen auf sich nimmt, bieten. Es würde ein möglichst rasches Eingreifen, eine sowohl den Beschuldigten als die Richter möglichst wenig beschwerende Erledigung der Strafsachen möglich sein. Durch die Schöffen würden eine Reihe von schwierigen, schwurgerichtlichen Formalitäten abgeschafft werden können, obwohl ich nicht verkenne, daß eine rationelle Gesetzgebung es auch dahin bringen könnte, daß bei den Schwurgerichten diese Formalitäten wesentlich vermindert werden können. Es würde die Ablehnung vereinfacht, die häufige Vereidung abgeschafft werden können, obwohl ich behaupte, daß bei den Schwurgerichten dies auch sehr wohl möglich ist, ohne den Ernst der Verhandlungen und die Würde der Richter im mindesten zu verringern. Es würde endlich die Fragestellung, deren Schwierigkeit — nachdem sie Gegenstand juridischer Besprechung in so hohem Maße gewesen ist — ich nicht darzulegen brauche, einfach beseitigt und durch einen einfachen Urtheilsspruch ersetzt werden — ein wesentlicher Vortheil, den die Schöffengerichte bieten würden.

Allein ich glaube, meine Herren, Sie werden nicht verkennen, daß in dieser kurzen Aufzählung an Vortheilen des Schöffengerichts nur formelle, äußerliche Vortheile berührt sind und ich glaube die Behauptung aufstellen zu müssen, daß, wenn es sich um die schwersten Strafen handelt, die der Mitbürger über seinen Mitbürger verhängen soll, ein gewisser Aufwand von Formalitäten, welcher möglicherweise zur Sicherung eines richtigen Urtheilspruches dienen kann, nicht von Uebel ist, daß man nicht gar so sparsam umgehen soll mit der Arbeitslast, mit Formalitäten, die auf die Sache einwirken und daß man ein nicht gar zu großes Gewicht darauf legen soll, daß man dann einige Formen vielleicht abschneiden kann, wenn es sich um die Freiheit, vielleicht auch noch um das Leben eines Mitbürgers handelt.

(Zustimmung.)

Es sind das so ernste Fragen, daß es eigenthümlich anmuthet, wenn man auf diese äußerlichen Vortheile des Schöffengerichts so großen Werth legt.

Eine andere Frage ist es: welche Garantie bieten denn die Schöffen und welche Garantie bieten die Geschworenen für ein unabhängiges und richtiges Urtheil? Ich habe nun gefunden, daß die Geschwornen eine geschichtliche Entwickelung durchgemacht haben, welche eine gewisse Garantie selbst unter mangelhaften Prozeßeinrichtungen dafür bietet, daß wir wirklich den Ausdruck der Volksüberzeugung über die Schuld eines Angeschuldigten durch sie bekommen haben. Das vollste Vertrauen der Bevölkerung ist deswegen den Geschwornen entgegengekommen, weil sie, frei von jeder Beeinflussung, als das Gericht der Gleichen gegen den Gleichen, sich darüber ausgesprochen haben, ob die Summe der dargebotenen Beweismittel die volle Ueberzeugung von der Schuld ihnen beigebracht hat. Und daran hat im großen Ganzen bis jetzt ein Zweifel nicht bestanden.

Vergleichen wir das mit den Schöffen, so können wir uns doch nicht verhehlen, daß die Schöffengerichte eine große Masse von Widersachern haben, daß ihnen das Vertrauen nicht entgegenkommt, welches den Schwurgerichten entgegengekommen ist.

Vergegenwärtigen wir uns ferner die Zusammensetzung des Schöffengerichts, so kann es uns nicht wohl Wunder nehmen, daß ein solcher Mangel an Vertrauen zur Zeit noch besteht. Es ist gewiß richtig, wenn das Gutachten von Ullmann ausspricht, daß wir in den Schöffen ein Kollegium zusammensetzen, daß in sich so heterogener Natur ist, daß auch die Berathungen davon beeinflußt werden müssen, daß man nicht dadurch ein einheitliches Kollegium bilde, daß man Männer von ganz verschiedener Vorbildung, von ganz verschiedener Begabung zu ihrer Aufgabe einfach in ein Kollegium vereinigt. Wenn nun der eine Theil dieses Kollegiums berufsmäßig sich ausbildet zur Erledigung solcher Fragen, wenn der andere Theil mit der ganzen naiven Frische des Nichtrichters zur Urtheilsfällung berufen wird und wenn man darin, gerade darin den Vortheil und Vorzug der Geschworenen findet, daß sie eben nicht die technische Gewohnheit des Urtheils haben, die naturgemäß in den Menschen eindringt, der täglich mit Strafsachen zu thun hat und der deshalb endlich zu einer gewissen Routine in der Behandlung der Strafbeweise kommt, — wenn man, sage ich, so verschiedenartige Richter in ein Kollegium zusammensetzt, so ist damit noch nicht die Garantie geboten, daß jeder Theil nunmehr das Seinige zu dem Ganzen beiträgt, sondern es ist die Besorgniß sehr gerechtfertigt, daß ein jeder Theil gegen die Eigenthümlichkeiten des andern ankämpft nnd daß daß derjenige siegt, welcher darin der gewandtere ist und das ist der rechtsgelehrte Richter,

(Bravo! Sehr richtig!)

der geübt in der Rechtsprechung ist. Daß die Eigenthümlichkeit der Schöffen in der Diskussion geschmälert wird, finde ich nur konsequent. Es liegt darin kein Vorwurf gegen die Schöffen — daraus ziehe ich aber den Schluß, daß es begreiflich und gerechtfertigt ist, wenn man an das Institut der Schöffengerichte mit einigem Mißtrauen und mit Schwierigkeit herantritt.

(Bravo!)

Ich habe theilweise schon einen Punkt berührt, den ich in sämmtlichen Gutachten kaum nur mit einer Silbe berührt finde und von dem ich gestehe, daß in ihm ein Hauptgewicht für mich liegt. Es ist das Vertrauen, mit dem die Bevölkerung einer gerichtlichen Institution entgegenkommt. Ich gehe soweit, zu behaupten, daß, wenn ich die Wahl habe zwischen einer, nach meiner Ueberzeugung vorzüglicheren Institution und zwischen einer anderen, nach meiner Ueberzeugung etwas weniger vorzüglichen Institution, die aber immer noch geeignet ist, ihre Aufgabe zu erfüllen und wenn ich ferner die Ueberzeugung habe, das der vorzüglicheren Institution das Vertrauen des Volkes in einem wesentlich geringeren Grade entgegenkommt, als der weniger vorzüglichen, so greife ich nach der weniger vorzüglichen.

(Bravo! Bravo!)

Denn das Vertrauen des Volkes zu seiner Justiz ist eine solche Grundveste des Staats und der öffentlichen Sicherheit, daß man sie nicht hoch genug anschlagen kann.

(Lebhafter Beifall.)

Nun frage ich Sie, meine Herren, sehen Sie sich in den Gauen von Deutschland um — haben die Geschwornen das Vertrauen des Volkes? Ich sage aus allen Erfahrungen, die ich gesammelt habe: Ja.

(Lautes vielstimmiges: Ja! Gegenruf: Nein! nein! Nicht immer!)

Meine Herren! Ich habe eine ziemlich reiche Erfahrung in den Schwurgerichten. Ich habe gewirkt als Vertheidiger und als Staatsanwalt und man behauptet, die Staatsanwälte seien ganz besonders wenig günstig auf die Geschwornen zu sprechen. Allein ich habe gerade als Staatsanwalt gefunden, daß die Geschwornen mit wenig Ausnahmen, die man auch bei Urtheilen rechtsgelehrter Richter findet,

(Zustimmung)

vollständig korrekte Urtheile gefällt haben.

(Beifall.)

Und ich habe vor Allem gefunden, daß das Vertrauen der Bevölkerung den Geschwornen in Baiern in einer Weise entgegengekommen ist, daß ich glaube, die Gesetzgebung würde sich sehr stark beschädigen, wenn ohne zwingenden Grund in Bayern die Geschwornen abgeschafft werden sollten.

Sehe ich nach Preußen, so habe ich als Begutachter einen Praktiker von dort, der sich mit der vollsten Bestimmtheit dahin ausspricht, daß die Geschworenen ihre Aufgabe vollständig erfüllt haben, daß bis auf die neueste Zeit, (wo er die Schuld in etwas ganz Anderem findet als in der Mangelhaftigkeit des Geschworneninstituts) er nur gute Erfahrungen mit den Schwurgerichten gemacht hat. Wenn das nun der Fall ist, wie sollte dann den Geschwornen in Preußen etwa das Vertrauen des Volkes nicht entgegenkommen? Auch aus Oesterreich sind uns nur Aussprüche des Vertrauens zu den Geschwornen entgegengekommen. So sind uns aus allen Theilen Deutschlands die Stimmen entgegengeschallt: Zu den Geschwornen haben wir das größte Vertrauen. Können Sie etwa für das Schöffengericht die gleiche Summe von Vertrauensäußerungen aufführen? (Vielfaches: Nein! Gegenruf: das ist ja gar nicht möglich bisher!)

Ich will damit den Schöffengerichten keinen Vorwurf machen. Es ist ein junges Institut, es hat noch nicht die Zeit gehabt, sich das Vertrauen der Bevölkerung zu verdienen und in dieser eigenthümlichen Verquickung des juridischen und Laienelements wird das Schöffengericht es auch viel schwerer finden, sich dieses Vertrauen zu verdienen. Denn, meine Herren, was die Geschwornen urtheilen, ist unbedingt der Kontrole unterworfen als die That der Laienrichter — was aber das Schöffengericht urtheilt (wer weiß es, was dazu die rechtsgelehrten Richter, was dazu die Schöffen gethan haben?) entzieht sich der Beurtheilung auch nach dieser Richtung hin in wesentlicher Weise.

Wenn wir aber denn doch finden, daß man das Schwurgericht als eine Aegide nicht nur der Freiheit sondern auch als ein vollständig seinem Zwecke entsprechendes Rechtsinstitut in fast allen civilisirten Ländern der Erde aufgenommen hat, daß man nicht an einen Ersatz dafür in Amerika und England denkt, auch nicht in Frankreich, von wo die sehr zweifelhafte Einrichtung des Geschworneninstituts zu uns herübergekommen ist, wenn wir endlich finden, daß auch in unserem eigenen Vaterlande die Geschwornen sich das vollste Vertrauen verdient haben, wenn man uns dagegen ein junges Institut bietet, welches dieses Vertrauen sich noch nicht verdient hat und noch nicht verdienen konnte — meine Herren, ist es da legislatorisch richtig, ein Experiment mit dem jungen Institut zu machen und das alte hinzugeben wegen einiger äußerlicher Vortheile?

(Lautes, vielfaches: Nein! Niemals!)

Meine Herren! Wenn ich als Gesetzgeber in dieser Frage zu sprechen habe, so würde ich sagen: ich kann mich nicht dazu entschließen, das herzugeben, dessen große Vorzüge ich kenne, und dafür Vorzüge einzutauschen, die möglich sind, die mir aber noch durch Nichts garantirt sind.

(Sehr gut!)

Nur ungern komme ich in diesem Kreise, der rein juridischer Natur ist, noch auf einen anderen Punkt zu sprechen, aber, meine Herren, ganz können wir uns auch nicht die Augen davor verschließen. Es ist dies, welche Anschauung man in politischer Richtung mit einem legislatorischen Experiment verbinden wird, wenn man die Schöffen an die Stelle der Geschworenen setzt. Ich kann nicht umhin, die Besorgniß auszusprechen, daß man darin ein Stück Reaction, ein Stück politischen Rückschritts finden wird. —

(Lautes, mehrfaches: Gewiß! Sehr richtig!)

Und daß auch deshalb den Schöffengerichten nicht das Vertrauen entgegenkommen wird, das man den Gerichten entgegentragen soll, daß es auch von diesem Standpunkte aus höchst gewagt wäre, wenn man an einen Ersatz der Jury durch das Schöffengericht denken wollte, diese Gründe sind es, die meinen Antrag diktirt haben.

Es bleibt mir nur noch übrig, den einen Punkt zu erläutern, weshalb ich nämlich die Worte „zur Zeit" in den Antrag gesetzt habe. Sie erinnern sich, meine Herren, daß beim vorigen Juristentage der Beschluß gefaßt wurde, bei den Gerichten niederer und mittlerer Ordnung die Schöffen einzuführen.

Ich glaube, dieser Beschluß war ein sehr wohl motivirter. Ich halte es für eine Sache der Unmöglichkeit, Geschworene in den Gerichten jeder Ordnung einzuführen. Es würde damit bei dem ungleich größeren Kraftaufwande, den Geschworenengerichte erfordern, dem Laienelement eine Last auferlegt, die es nicht zu ertragen vermöchte. Deshalb gerade würde ein solches Ueberwuchern der Geschworenen nothwendigerweise zu deren Schädigung, vielleicht zu deren Vernichtung führen. Auf der anderen Seite aber ist es unmöglich, die Laien von den Gerichten niederer und mittlerer Ordnung auszuschließen. Es bleibt uns also in dieser Beziehung nichts anderes übrig (selbst wenn wir es für ein Experiment halten), als die Laien bei den Gerichten niederer und mittlerer Ordnung in der Form von Schöffen einzuführen.

Ich habe dagegen ein Bedenken bei den Gerichten niederer Ordnung nicht im allermindesten. Polizeistraffälle sind von solch besonderer Natur daß sie von den Laien auch in Verbindung mit den Richtern ganz vollkommen frei abgeurtheilt werden können. Sie liegen dem täglichen Leben so nahe, daß ich nicht im Mindesten besorge, daß das Laienelement in seiner Mitwirkung durch rechtsgelehrte Richter abgeschwächt werden wird.

Viel verwandter mit der Frage der Schwurgerichte sind die mittleren Gerichte. So wenig man eine Grenze wird ziehen können aus logischen Gründen, welche angiebt, wo die mittleren Gerichte zu endigen haben und die Schwurgerichte beginnen, ebensowenig wird man behaupten können, daß zwischen Beiden ein wesentlicher Unterschied besteht. Allein trotzdem, wegen der Unmöglichkeit, auch hier Geschworne einzuführen, sehe ich davon ab und bin vollkommen damit einverstanden, daß Schöffengerichte bei den Gerichten mittlerer Ordnung eingeführt werden.

Ich glaube, mit diesen Concessionen können die begeistertsten Anhänger des Schöffengerichts zufrieden und einverstanden sein. Sie bekommen da die Arena, in der sich das Schöffengericht bewegen kann und in einer dem Schwurgerichte so verwandten Art, daß, wenn das Schöffengericht wirklich die Vorzüge besitzt, die man ihm zuspricht, sich diese Vorzüge bewähren müssen und zwar in einer Zeit, welche genügt, um eine Rechtsinstitution zu würdigen. Ich bitte nicht zu vergessen, daß wir die Schwurgerichte seit 1848 größtentheils in Deutschland besitzen, daß wir eine gewisse Summe von Erfahrungen in der einen Richtung haben und deshalb auch den Schöffengerichten eine entsprechende Zeit lassen müssen, um sich in ihrer Richtung zu entwickeln. Wenn in einer entsprechenden Zeit sich das Schöffengericht das Vertrauen des Volkes so verdient hat, daß ich mit gutem Grunde sagen kann: man muß ihm die Palme vor dem Schwurgerichte zuerkennen, dann werde ich auch bereit sein, mein Ja! dazu zu sprechen. Bis dahin kann ich aber als Jurist und als Mitglied eines gesetzgebenden Körpers nur ein Nein sagen!

(Lebhafter, langanhaltender Beifall.)

Vicepräsident Dr. v. **Köstlin**: Herr Prof. Gneist hat das Wort.

Professor Dr. **Gneist** aus Berlin: Meine Herren! Sie werden es einem alten Fürsprecher des Schwurgerichts

(Bravo! Bravo!)

zu gute halten, wenn er Ihre Theilnahme noch einmal beansprucht für die Jury gegen das Schöffengericht.

(Bravo!)

Ich erlaube mir den Antrag zu stellen, auszusprechen:

> „In den Strafgerichten höchster Ordnung ist die selbstständige Stellung der Jury die richtige; jedoch unter Voraussetzung einer vereinfachten Fragestellung auf die ganze Schuldfrage.“

(Beifall.)

In der vorjährigen Verhandlung und in der Presse ist naturgemäß der Beruf des Laien zur Theilnahme an der Rechtsprechung hervorgehoben. Erlauben Sie, daß ich heute die andere Seite hervorhebe: was unser juristischer Beruf für das Strafgericht bedeutet, was wir unserer Würde schuldig sind und nicht vergeben können um einer Concession an das populäre Element eines Volksgerichts willen. Nicht die politischen Gründe, sondern objektiv rechtliche Gründe sind es, die für die altbewährte Institution der Jury durchschlagen.

Wir Juristen sind in ganz Europa seit 3 Jahrhunderten berufen, den Schwerpunkt der Rechtsprechung auch in Strafsachen zu bilden. Es sind 3 Funktionen, die uns zukommen.

Das erste ist die Prozeßleitung. Sie können dabei Laien allenfalls betheiligen, aber nur unter der Voraussetzung einer geringen Zahl, nur unter der Voraussetzung, daß Sie verständige Leute vor sich haben, die einer rechtsverständigen Leitung folgen.

Das Zweite, was uns zukommt, ist die Auslegung des zweifelhaften Strafgesetzes. Dazu werden wir Juristen, weil diese Auslegung nur im Zusammenhange der gesammten Gesetzgebung möglich ist, weil sie eine stetige Wechselwirkung mit der besonderen Natur des Falls voraussetzt. Sie können zur Auslegung zweifelhafter Gesetze Laien zuziehen, aber nur unter der Voraussetzung einer geringen Zahl und daß sie geneigt sind, rechtsverständiger Leitung zu folgen.

Das dritte, was uns zukommt, ist die Strafabmessung. Sie gebührt dem Richter und dem Richteramte ausschließlich.

(Widerspruch.)

Die Frage hat jetzt eine ganz andere Bedeutung gewonnen, deren wir uns nicht immer bewußt sind. Wir haben nur relativ bestimmte Strafen im weitesten Maaße und dieses weiteste Maaß setzt eine Sicherheit und Gerechtigkeit des Maaßstabes voraus, welche nur zu finden ist in ständigen Collegien, in der gleichmäßigen gewohnheitsmäßigen Handhabung der Strafmaaße auf eine Reihe von parallelen Fällen. Es ist die schwerste Verletzung der Gerechtigkeit, wenn wir die Strafabmessung Personen zumuthen, die für den einzelnen Fall eintreten, die außer Stande sind, von parallelen Fällen auf den vorliegenden Fall zu schließen. Unsere Strafabmessung wird zum Würfelspiel, wenn wir nicht von dem System zurückkommen, das gesammte Richterkollegium wie das Geschworenenkollegium zu jeder Assise zusammenzuwürfeln. Die Sicherheit des richtigen Urtheils in der Strafabmessung finden Sie nur beim Richter; den Laien hereinziehen geht nur, wenn er in geringer Zahl ist, wenn er dem rechtsverständigen Rathe folgt.

Jeder englische und amerikanische Richter wird das unterschreiben und aus tiefster Ueberzeugung den Versuch zurückweisen, die für jeden Fall wechselnden Geschworenen an der Strafabmessung zu betheiligen.

Die Funktionen des Laien dagegen beginnen an einer bestimmten Stelle. Das Laienelement ist von unschätzbarem Werthe für den ganzen Untersatz des Strafurtheils: bei der Frage des Vorhandenseins des strafbaren Willens: ist die Absicht der Tödtung dagewesen, oder blos die, zu verletzen? Ging die Absicht auf Ehrverletzung? u. s. w. Sie können die Geschworenen schwer entbehren für die Frage der „echten Nothwehr“, namentlich aber bei der unendlich diskretionären Abgrenzung zwischen Wahrscheinlichkeit und Gewißheit der geleugneten That. Für diese Funktionen bietet die Zuziehung von Laien die Garantie eines im Sinne des Volkes gerechten Urtheils, die Garantie der großen Zahl, der weit ausgedehnten Recusationen, (die zu den heiligsten und unantastbarsten Elementen der ganzen Einrichtung gehört); die Garantie der Einstimmigkeit, die jeder Richter kennt, der mit einer einstimmigen Jury arbeitet, alle diese Dinge geben eine Solidarität von Garantie. Die sich gegenseitig ergänzend zusammenwirkende Thätigkeit von

Richtern und Geschworenen kann durch keine andere Einrichtung ersetzt werden.

Der Werth und die Bedeutung dieser Einrichtung beruht aber darauf, daß die 12 Geschworenen ihr Urtheil frei und selbstständig, mit dem vollen Bewußtsein der eigenen Verantwortung, — solidarisch nach Außen, jeder für seinen Spruch einstehend — abgeben. Darauf beruht auch die politische Bedeutung, darauf beruht die gewaltige Geschichte der Jury.

(Beifall.)

Mögen unsere Erfahrungen noch so sehr für die Schöffengerichte in den einfacher componirten Gerichten für leichtere Fälle sprechen: wir haben sie noch nicht unter so ernsten vielseitigen Versuchungen, in denen die Jury sich bewährt hat, erprobt.

Nach der Erfahrung aller Völker ist freilich dieses korrekt gegliederte Zusammenwirken von Richter und Jury nicht durchführbar für die große Masse der kleineren Straffälle. Wir sind genöthigt ein summarisches Strafverfahren dafür einzurichten. Die Fusion von Geschworenen und Richtern wird dabei unabweisbar. Es wäre Pedanterie und unausführbar, einen Richter und zwei Geschworene als selbstständige Behörde neben einander zu setzen. Ich halte die Fusion auch wohl für zulässig in den mittleren Fällen, und stehe insoweit nicht im Widerspruch zu den vorjährigen Beschlüssen. Aber die correkte, die juristische, sachgemäße Gliederung ist das historische Schwurgericht. In dem englischen Original finden wir dafür eine einfache Construktion (entgegengesetzt wie in Frankreich). Das Verfahren vor der Jury muß mit der Fragestellung beginnen: „ist ein Beklagter schuldig, den X mit Vorsatz getödtet zu haben", in Parenthesis schaltet man ein: Zeit, Ort und Weise der That, da man Geschworenen möglichst konkrete Fragen stellen muß. Ist die Fragestellung verlesen, so beginnt der Beweis der Anklage. — Unsere Verlesung langer schriftlicher Anklageakten ist ein so arger Verstoß gegen das mündliche Verfahren, daß unser Strafverfahren schon dadurch eine schiefe Formation erhält. Beginnt das Verfahren dagegen mit der Fragestellung, so tritt die Beweisaufnahme von selbst in den Vordergrund. Ergibt sich aus der contradiktorischen Beweisaufnahme eine Aenderung der ursprünglichen Fragestellung, so beschließt darüber das Gericht.

Anstatt das zu thun, haben unsere Gesetzgeber sich immer nur bekannt gemacht mit dem rheinisch-französischen Verfahren, Niemand hat auch nur die wenigen Wochen daran gewandt, um in Braunschweig ein Paar Dutzend Fälle nach einem anderen System zu sehen, oder in England oder in den amerikanischen Freistaaten einige Hundert Fälle, in denen sich dort auch unsere deutschen Landsleute sicher bewegen, verhandeln zu sehen. Statt dort die schlichten Grundformen zu suchen, haben unsere Gesetzgeber fast ausschließlich die verfehlten französischen Formen nachgeahmt. Die französische Jury ist konstruirt aus der „Idee der Volkssouverainität". Das Volk hat den Instinkt der Wahrheit; es kann nicht irren. Das Volk hat den Instinkt der Gerechtigkeit, es kann nicht fehlgreifen. Das „Volk" hat die Präsumtion der Unfehlbarkeit. Also müssen wir Volksgericht halten. Alsbald zeigte sich aber die Unrichtigkeit der Voraussetzung und da die Jury sich nicht bewährte als souveraines Volksgericht, da das Volk doch nicht unfehlbar ist so fing man an sie zu beschränken und das Verhältniß zu verkünsteln. Man beschränkte die Jury auf das bloße „Faktum", die aus dem Englischen falsch übersetzte question of fact. Dagegen suchte man sie zu entschädigen, indem man es ihr bequem machte durch Majoritätsbeschlüsse. Man schmeichelte ihr durch Gewährung eines Antheils an der Strafzumessung. Deshalb wird die Fragestellung nun überhäuft mit einer ganzen Kette von circonstances agravantes, atténuantes und anderen circonstances. Alles, worüber wir in Preußen klagen, ist französische Zuthat. Im Original ist von all den Schwierigkeiten, der Zerschneidung der Thatfrage und den unzähligen circonstances keine Rede.

Meine Herren! wenn man auf dem experimentellen Wege diese Jury wirklich nicht ändern könnte, so gestehe ich Ihnen zu, daß das Schöffengericht vielleicht in allen Gebieten eine zweckmäßigere, d. h. vereinfachtere Zusammensetzung sein kann. Man kann jedenfalls in den mittleren Fällen, entweder eine kleine Jury bilden, oder man kann auch (unter der Voraussetzung, daß man praktisch gebildete Leute, die einer Leitung zugänglich sind, vor sich hat,) ein Schöffengericht bilden. Aber das im ordentlichen Strafverfahren Richtige und Wahre ist doch das Zusammenwirken von Richtern und Geschworenen in der historischen Form.

Mischen Sie beide Elemente im summarischen Verfahren in einander, so entsteht der unvermeidliche Uebelstand, daß sich der Laie durch stundenlange Verhandlungen mit dem Richter über die Rechtsfrage an eine gewisse Bevormundung gewöhnt, auch da, wo er selbstständig sein sollte.

(Beifall.)

Das ist eben das Gefährliche, dem Laien Befugnisse zu geben, die er in der That außer Stande ist, selbstständig zu üben.

(Zustimmung.)

Unbewußt entwöhnt er sich dann seiner Selbstständigkeit in Fällen, wo er sich nicht leiten lassen sollte.

Ebenso bedenklich ist es, daß der Laie in confidentioneller Weise den Belehrungen des Richters ausgesetzt ist. Es ist in vielen Fällen freilich nöthig eine Belehrung über Rechtspunkte eintreten zu lassen: aber eine solche die sich vor der ganzen Welt sehen und hören lassen kann, eine ganz objektive. Aber gefährlich sind die vertraulichen Belehrungen, wo wir ein moralisches Uebergewicht haben über einen Kollegen — und das dialektische Uebergewicht hat der Richter, der seiner Sache gewachsen ist. Man spricht zu dem Mann: Du mußt das doch einsehen, oder du erfahrener verständiger Mann, mußt doch das einsehen u. s. w. Diese Art der Adresse im vertraulichen Kreise ist gefährlich.

Ich glaube, meine Herren, die Jury hat sich unter großen Schwierigkeiten bewährt; lassen Sie uns bei dem System der Jury stehen bleiben und lassen Sie es uns versuchen mit der Verbesserung der Formen,

(Beifall)

mit der Vereinfachung der Fragestellung. Lassen Sie uns aber damit auch anerkennen die große Bedeutung des Laien, in organischer Verbindung mit dem was unseres Amtes als Richter ist. Ich erlaube mir daher die obige Fragestellung vorzuschlagen. (Beifall.)

Oberstaatsanwalt v. **Kauhn**: Meine Herren! Der zweite Deutsche Juristentag in Dresden sprach seine Ueberzeugung dahin aus, es sei ein Bedürfniß für die deutsche Criminalrechtspflege, daß Schwurgerichte mindestens für die schwersten Verbrechen eingeführt würden. Wir befanden uns damals, meine Herren, für diese Frage in Dresden auf einem keinen so günstigen Boden; allein dessen ungeachtet wurde mit einer Mehrheit, die an Einstimmigkeit grenzte, angenommen, was Herr Dr. Schaffrath beantragt hatte, nämlich die Ueberzeugung auszusprechen, die ich eben hier mitgetheilt habe. Seit der Zeit, meine Herren, ist der kleine Zeitraum von 11 Jahren verflossen und da habe ich mich gefragt, was haben denn die Schwurgerichte gesündigt, daß heute der Juristentag seine Ueberzeugung äußern soll: Die Schwurgerichte sind zu beseitigen.

Meine Herren! Der Beschluß des deutschen Juristentages wirkt erst in einigen Ländern nach einigen Jahren, es haben also nicht alle deutschen Länder seit 11 Jahren Schwurgerichte und wenn man da von gemachten Erfahrungen spricht, so nehmen Sie es mir wohl nicht übel, wenn ich sage, in den 1. 2. 3. Jahren, da kann man keine Erfahrung in dieser Weise machen; es würde die Frage eine ganz andere sein, ob Jury ob Schöffen einzuführen sind; so aber liegt die Sache nicht; wir haben die Schwurgerichte wir haben die Jury und sollen nun sagen: Fort mit den Schwurgerichten und dafür die Schöffengerichte. Nun, meine Herren, da müssen wir uns fragen: Sind denn die Schwurgerichte überhaupt in der Zeit so gewesen, daß sie durchaus aufzugeben sind? Wenn Sie gehört haben, daß ich Oberstaatsanwalt bin, so sind Sie vielleicht der Meinung, daß ich nicht als Lobredner der Schwurgerichte auftreten werde; ich gestehe Ihnen auch, daß ich nicht in das allgemeine Geschrei gestimmt habe nach den Schwurgerichten, ich setze Ihnen noch hinzu, daß meine Verehrung für die Schwurgerichte nicht gewachsen ist. In den 23 Jahren seit 1849 fungire ich als Staatsanwalt und habe mit den Schwurgerichten wohl zu thun haben können. Wahrheit muß aber Wahrheit bleiben und ich bekenne Ihnen, die Schwurgerichte haben sich immer mehr und mehr bewährt!

(Beifall.)

Wenn wir die Schwurgerichte beseitigen wollen, so müssen wir fragen, ob sie denn überhaupt so gewesen sind, daß sie nicht behalten werden können? und diese Frage verneine ich ganz entschieden. Sie haben auch gehört in dem Gutachten eines Praktikers, daß er dasselbe sagt, daß die Schwurgerichte sich immer mehr und mehr bewährt haben und da, meine Herren, wissen Sie Alle: Aller Anfang ist schwer. Wenn also die Schwurgerichte nicht gleich vollendet sich gezeigt haben, da dürfen wir doch nicht sagen: Mit den Schwurgerichten ist es nichts, fort mit ihnen! Ich sage dies nicht, meine Herren, wenn ich behaupte, es hat verschiedene Leute gegeben, die von Haus aus, ehe die Schwurgerichte ins Leben getreten waren, ehe sie etwas von sich gegeben haben, gesagt haben, die Schwurgerichte müssen bald fort, und die sich daher die Mühe gaben, die Schwurgerichte zu diskreditiren.

Ich verneine also zuerst die Frage, ob die Schwurgerichte sich so gezeigt haben, daß sie beseitigt werden müssen? Ich komme zu der zweiten Frage:

Sind denn die Schwurgerichte unverbesserlich? Wenn die Schwurgerichte manche schlechte Seite gezeigt haben, manche Unvollkommenheiten, da muß man denken wie ein Vater, der einen ungerathnen Sohn hat; er wird ihn auch nicht gleich aufgeben und sagen: er ist unverbesserlich. Meine Herren! Ich glaube nach dem Beschluß des zweiten Juristentags, nicht mit Unrecht den Juristentag den Vater der Schwurgerichte zu nennen und sage: Es ist die Pflicht des Juristentages dafür zu sorgen daß dieses Kind besser werde, und unverbesserlich ist es nach meinem Dafürhalten nicht. Ich will Ihnen nur zwei Punkte hervorheben aus meiner Praxis. Der erste ist die Auswahl unter den Geschworenen; sie muß natürlich eine andere sein. Ich kann Ihnen sagen, daß, wenn die Intelligenz mehr vertreten wird und man besonders darauf sieht, daß die Intelligenz unter den Geschworenen mehr vertreten wird, dann werden wir bessere Wahrsprüche bekommen und kein Richter könnte sagen, daß diese Wahrsprüche nicht mit dem übereinstimmen, was der Gerichtshof beschlossen haben würde. Leider haben wir auch die Erfahrung gemacht, daß die Auswahl eine schlechte war und daß wenn ein intelligenter Maun aus der Liste gestrichen wurde, der von der Regierung herkam, daß man Seitens des Gerichts in der größten Verlegenheit war, wo man nur einen intelligenten Mann herbekommen sollte, der die Leitung übernehmen sollte. Also das ist ein Punkt. Der zweite Punkt, meine Herren, ist der: Wollen wir nicht einen Stein werfen auf die Geschworenen allein; wollen wir doch auch in unsere eigene Brust greifen und sagen: Es war ein gewaltiger Unterschied in den Wahrsprüchen, wer Präsident von den Geschworenengerichten gewesen war.

(Beifall! Sehr richtig.)

Ich habe Präsidenten gehabt, gute ausgezeichnete, und was war die Folge davon? Ausgezeichnete Wahrsprüche der Geschworenen. Da sagen Sie, ist der Präsident daran schuld. Nein, meine Herren, jeder liebt nicht die Criminaljustiz, jeder hat auch nicht die Gewandheit und die Klarheit das Sachverhältniß auseinanderzusetzen, daß es auch für den Laien verständlich ist.

(Sehr richtig.)

Das sind die zwei Punkte. Ich könnte noch mehr anführen, allein die Zeit drängt und ich sage, nur beispielsweise habe ich Ihnen diese beiden Punkte angegeben. Es sind fast die Cardinalpunkte zur Verbesserung, ganz abgesehen von der Fragestellung, worin ich dem Herrn Vorredner vollständig beitrete. Nun ist der dritte Punkt noch, daß wir uns fragen, was soll denn an die Stelle der Schwurgerichte, wenn sie hinwegkommen, gesetzt werden? Da soll, meine Herren, ein Institut kommen, von dem ich sagen darf, daß die Erfahrung in der Praxis eine sehr geringe ist. Ich glaube also, daß davon gar nicht die Rede sein kann, daß man die Schwurgerichte verwirft und so ein Institut an die Stelle setzt, ein Institut, das wir nicht kennen, das, wie schon ausgeführt ist, von anderer Stelle, noch gar keinen Anspruch auf das Vertrauen des Volkes hat. Daher, meine Herren, würde ich den Beschluß vorschlagen: Es ist kein Bedürfniß vorhanden, die Schwurgerichte in den schweren Straffällen mit den Schöffengerichten zu vertauschen. Es stimmt dieser Antrag im Ganzen und Großen überein mit dem Antrag des Herrn Prof. Gneist; nur insofern ist eine Aenderung daran, als noch ein Zusatz gemacht worden ist wegen der Fragestellung. Ich glaube, meine Herren, dieser Zusatz ist nicht nöthig, wenn wir im Allgemeinen die Ansicht aussprechen, daß die Schwurgerichte beizubehalten sind; dann meine Herren ist es Sache der Gesetzgebung für die Vervollkommnung der Schwurgerichte zu sorgen und ich glaube, meine Herren, das wäre so recht eigentlich ein Thema für den Juristentag, denn mitunter fehlen uns auch die Themata, darüber nachzudenken, in welcher Weise die Schwurgerichte zu verbessern sind, denn so bei Gelegenheit, meine Herren, läßt sich meines Erachtens ein so wichtiges Thema nicht abmachen. Ich würde also nochmals beantragen, daß Sie den Antrag annehmen: Der Juristentag spricht seine Ueberzeugung aus, daß kein Bedürfniß vorhanden ist, die Schwurgerichte aufzuheben und an ihre Stelle Schöffengerichte einzuführen. (Beifall.)

Dr. **Kubo**: Meine Herren: Ich erlaube mir, hier als Mitglied des deutschen Juristentages zu den Mitgliedern des deutschen Juristentages zu reden und als leitenden Grundsatz für unsere Berathungen darum auszusprechen: Wir sind hier erschienen als Juristen und lediglich als Juristen. Aufgabe des Juristentages ist es, vor allem sich über die Fragen schlüssig zu machen, die ihm gerade gestellt worden und sollten wir dabei zu dem Resultat kommen, es seien dieselben, behufs Beschlußfassung noch nicht genugsam gereift, offen auszusprechen: non liquet und zur Tagesordnung überzugehen. So werde ich denn auch gegenwärtig und unter kurzer Motivirung mir erlauben Ihnen den Antrag auf Uebergang zur Tagesordnung zu stellen. (Nein! Nein! Beifall! Nein!)

Meine Herren! Welche Frage liegt uns vor? Sie heißt: Soll in den Strafgerichten höchster Ordnung an die Stelle des Gerichtshofes und der Jury ein einheitliches Collegium von Juristen und Laien gesetzt werden. Ja! meine Herren, diese Frage, in dieser Allgemeinheit gestellt, ist meinem Dafürhalten nach mindestens zu allgemein, als daß sie ohne Weiteres beantwortet werden kann; denn wenn Ihnen heute beispielsweise die Frage gestellt würde: wollen Sie eine nach Stimmenmehrheit entscheidende Jury oder ein mit Stimmeneinhelligkeit entscheidendes Schöffenkollegium? — nun, meine Herren, welches ist Ihre Antwort? Ich für meinen Theil nehme wenigstens keinen Anstand, nach Erreichung des längstersehnten, auch von Herrn Prof. Gneist empfohlenen Ziels zu streben und dem mit Stimmeneinhelligkeit entscheidenden Kollegium den Vorzug zu geben. Ich bin weit entfernt, die Vorzüge des Schwurgerichts zu verkennen; ich bin auch weit entfernt, die Schöffengerichte zu empfehlen als Ersatz für die Schwurgerichte; aber Eines müssen wir festhalten: Wir sind hier Rathgeber und Sachverständige nur auf dem Gebiete der Rechtswissenschaft und haben blos mit Thatsachen und Erfahrungen zu rechnen, die Betreibung von Gesetzgebungspolitik aber den gesetzgebenden Körpern, insbesondere dem deutschen Reichstag zu überlassen. Hiermit steht es aber nicht im Einklange, wenn wir die gegenwärtig uns vorliegende Frage entscheiden wollen, obgleich rücksichtlich derselben soeben von Seiten des Herrn Oberstaatsanwalt v. Lauhn und des Herrn Referenten v. Stenglein klar und mit Recht ausgesprochen ist: ja die Geschworenen-Gerichte kennen wir, wie es mit den Schöffengerichten steht, das wissen wir nicht.

(Oh, wir wissen's Alle!)

Meine Herren! Ich bin weit entfernt, Ihnen die Vorzüge der Schöffengerichte darzustellen; ich halte mich einfach an die Frage: Sind wir bereits competent? (Ja! Ja!)

sind wir bereits in der Lage die in Rede stehende Frage entscheiden zu können?

(Ja! Ja! Ja! sehr!)

Gut, meine Herren, diejenigen, die so einstimmig „Ja sehr“ gerufen, werden auch voraussichtlich in der Lage gewesen sein, daß sie Praxis und Wissenschaft verfolgt haben. (Ja! Ja!)

Das jetzige „Ja!“ klingt allerdings verschwindend dünn im Verhältniß zu dem vorherigen Ja.

Sind wir also competent, sind wir in der Lage, ein Urtheil abgeben zu können? (Stürmisches Ja! Ja!)

Ich meinerseits glaube, es ist die Aufgabe des Juristentags, nicht hinauszugehen über sein Ziel, sondern mit Selbstbeherrschung sich zu bescheiden, daß zur Zeit unlösbare Fragen der Zukunft zu überlassen seien. Wie aber immerhinauch Ihre Abstimmung ausfallen möge, ich warne Sie vor dem Antrage des Herrn Dr. Gneist: nur die Schuldfrage, wenn auch die ganze Schuldfrage den Geschwornen zu überweisen. Dieser Antrag ist zu eng. Zwar erklärte derselbe: Sache der Juristen sei es, die Strafe abzumessen, das könnten Laien nicht. Aber, meine Herren, wer weiß, wie Gesetze im Allgemeinen gefertigt werden, der kann dem nicht beistimmen. Oder ist es etwa ein Ausfluß der Gerechtigkeit, ob für ein Verbrechen zwei, vier oder acht Jahre Zuchthaus, ob Gefängniß oder Geldstrafe, von einem gesetzgebenden Körper normirt werden? Das sind Zufälligkeiten; und ebenso hängt auch in der Praxis die Strafabmessung von Zufälligkeiten ab. Trauen wir also dem Laien zu, daß auch er das richtige Strafmaaß finden kann. Nehmen Sie darum den Antrag gegen die Schöffengerichte wenigstens nicht in der Fassung des Herrn Dr. Gneist an.

Was aber speziell die Frage anbelangt, ob die Jury durch Schöffengerichte zu ersetzen sei, so habe ich mehrere Schriften gelesen, die dafür waren und andere, die dagegen waren. Jeder berief sich auf seine Praxis. Staatsanwälte klagten, wir müssen Schöffengerichte haben, es kommen bei den Geschwornen zu viel Freisprechungen heraus. Vertheidiger dagegen fürchteten zu viele Verurtheilungen durch die Schöffengerichte und verneinten die Frage. Als objektiv, nicht einseitig urtheileude Juristen wollen wir offen zugestehen, die Praxis der Schöffengerichte sei noch unbekannt. Ich schlage deshalb folgende motivirte Tagesordnung vor:

In Erwägung daß die Frage:

> Soll in den Strafgerichten höchster Ordnung an die Stelle des Gerichtshofes und der Jury ein einheitliches Kollegium von Juristen und Laien treten? und in welchem Zahlenverhältniß sollen beide Elemente dieselben vertreten sein?

in ihrer Fassung eine zu allgemeine ist, um ohne Weiteres beantwortet zu werden, in Erwägung, daß Wissenschaft und Praxis zur Entscheidung der Frage hinreichende Ergebnisse noch nicht geliefert haben, geht der deutsche Juristentag über die Frage zur Tagesordnung über."

(Vielstimmiges Nein! nein! Lebhafte Aufregung.)

Vicepräsident Dr. **Köstlin**: Wir werden weiter über diesen Antrag zu verhandeln haben. Für jetzt hat Herr Becker aus Oldenburg das Wort.

Ober-Appellations-Gerichtsrath Dr. **Becker** aus Oldenburg: Obgleich kein begeisterter Anhänger des Schöffengerichts, doch derjenige, der es auf dem vorigen Juristentage für die Strafgerichte mittlerer und unterster Ordnung, theils aus Erfahrung, theils aus juristischen Gründen sehr warm empfohlen hat, stimme ich doch, wie ich schon auf dem vorigen Juristentag erklärte, gegen die Einführung von Schöffen bei Strafgerichten höchster Ordnung. Die Schwurgerichte, diese einstweilen bewährte Einrichtung, anzutasten, selbst dann wenn meine Ueberzeugung theorethisch so fest wäre von den überwiegenden Vortheilen des Schöffengerichts, würde ich nicht wagen, und wünsche Ihnen diese Gründe ganz kurz vorzuführen. Nur muß ich dabei allerdings die Schöffengerichte so, wie ich sie verstehe, doch gegen die Angriffe, die ihnen vom Referenten und Dr. Gneist gemacht sind, etwas in Schutz nehmen. Es sind nicht bloß formale Vorzüge, wie ich schon am letzten Juristentag geltend machte. Es ist namentlich der eine, juristisch wichtige, für die Gerechtigkeit wichtige Punkt, weshalb ich eine innigere Verbindung des richterlichen und des Laien-Elements wünsche, weil nur diese Verbindung ein wirklich einiges Urtheil schafft, da nur dieselben Personen, die die Schuldfrage bestimmen, das in Wahrheit richtige Strafmaaß finden können. Ein einziges Urtheil muß über die Schuld und über die Strafe aus demselben Kollegium kommen; sonst tritt eine Disharmonie ein, die sich logisch nicht rechtfertigt und die sich meiner Erfahrung nach schon mehrfach fühlbar gemacht hat. Professor Gneist hat auch diesen Punkt gar nicht berührt. Er tadelt das ganze französische Verfahren und weist auf das englische hin. Ich weiß ganz wohl, daß der ganze Grund, der mich zu diesem Tadel gegen unsere Schwurgerichte berechtigt, in England eine viel geringere Bedeutung hat; denn dort steht der leitende Richter mit den Geschworenen in viel engerer Verbindung und übt eine ganz andere Einwirkung auf die Beurtheilung der Schuldfrage aus wie bei uns in Deutschland.

Ob das Institut in der ganzen Art und Weise, wie es sich in England historisch entwickelt hat, ohne dessen Voraussetzungen auf unsern Boden übertragen werden kann, will ich dahin gestellt sein lassen. Würde dies geschehen so wäre ich, glaube ich vollständig befriedigt. Denn ohnehin kann ich mir ein Schöffengericht nur in der Art denken, daß wie in England ein einziger Richter die Verhandlungen leitet und mit den — ich will einmal bei Strafgerichten höchster Ordnung sagen — 12 Schöffen das Urtheil spricht, daß dieses Urtheil in der Schuldfrage ein einstimmiges sein muß, die 12 Laien also mit dem Richter übereinstimmen und daß nur in der Rechtsfrage und in der Strafabmessung eine Majorität entscheidet. Alle künstlichen Mittel, die sonst vorgeschlagen worden sind, eine 4/5, 3/5, 2/3 Majorität sind meines Erachtens Halbheiten, die nur dazu dienen, die Minorität auf Kosten der Mehrheit zu begünstigen, ein Spiel des Zufalls hervorzurufen, und das Gefühl der wahren Verantwortlichkeit zu unterdrücken, das allein dem einstimmigen Verdikt innewohnt, wo jeder offen eintritt für das Urtheil, an dem er mitgewirkt hat.

Ist nun nach meiner Ueberzeugung die Frage zur endlichen Entscheidung noch nicht reif, hängt sie wesentlich davon ab, wie auch der Referent hervorgehoben hat, wie das Schwurgericht einerseits und wie das Schöffengericht anderseits construirt ist, so bin ich ganz entgegengesetzt von dem Vorredner der Ansicht, daß sie zu einem Ausspruch des Juristentags:

> „Zur Zeit wollen und können wir das Schwurgericht noch nicht entbehren nnd wir wollen kein Institut einführen, daß nur solche Anhänger hat wie ich Einer bin"

vollkommen reif ist. Wir können einer bloßen theoretischen Ueberzeugung zu Liebe ein praktisch bewährtes und allgemein anerkanntes Institut wie die Jury nicht umstoßen wollen.

Es kommt ein anderer Grund hinzu und der ist für mich der allerentscheidendste. Wenn ich vielleicht kein Schwurgericht hätte und dann vielleicht aus juristischen Gründen die Schöffengerichte jetzt einführen würde, so hat ein historisches Moment in Deutschland unfehlbar auch früher zur Einführung der Schwurgerichte mitgewirkt. Das ist ein berechtigtes Mißtrauen des Volkes gegen das richterliche Element, hervorgerufen durch Versuche von Seiten der Staatsregierungen das richterliche Element zu beeinflussen, namentlich in politischen Prozessen. (Sehr richtig.)

Ehe es nicht in Deutschland zur vollständigen Unmöglichkeit geworden ist, daß jemals eine Staatsregierung nur den Versuch einer solchen Einschüchterung macht, und ehe nicht das ganze Volk das glaubt, eher stimme ich nicht für Aufhebung der Schwurgerichte zu Gunsten einer andern Einrichtung." (Stürmischer Beifall.)

Advokat **Beckh** aus Lindau: Herr Dr. Rubo hat uns vorhin die Funktion von juristischen Rathgebern des deutschen Volkes zugemuthet. Ich gestehe, daß diese Funktion eine sehr schwierige ist und ich möchte als vorsichtiger Anwalt diese Funktion nicht gern übernehmen, namentlich wenn es sich um einen Beschluß wie der vorhin gefaßte handeln würde, wornach die Preßvergehen mit den übrigen Vergehen in prozeßualer Beziehung gleichgestellt wurden. Es wird das wohl auch im Plenum zur Sprache kommen.

Ich erkläre unsere Aufgabe für eine ganz andere, nämlich wir haben die Fortschritte des Rechtslebens in unserem deutschen Vaterlande zu konstatiren, wir sollen bei unseren Zusammenkünften uns mittheilen, welche rechtlichen Anschauungen sich in unserer Heimath Bahn gebrochen haben; wir haben dasjenige kundzugeben, was als Rechtsanschauung des gesammten deutschen Volkes sich manifestirt. Die Rechtsanschauung des gesammten deutschen Volkes in seiner Majorität hat sich mit aller Entschiedenheit dafür ausgesprochen, daß wir an den Schwurgerichten unter allen Umständen festzuhalten haben. Ich habe heute im Saale noch keine gegentheilige Anschauung vernommen und ich freue mich dessen in der That. Ich freue mich, das konstatiren zu können. Meine Herren! Wir müssen auf die Geschichte der Schwurgerichte zurückkommen und auf deren politische Bedeutung, trotzdem Prof. Gneist dieselbe von sich weist, weil das deutsche Volk in den Schwurgerichten eines der Ideale seiner Freiheit, der freien Rechtssprechung mit Recht erkannt hat. Der Referent hat als Referent des Juristentags gesprochen, aber auch so, daß jeder Angehörige des bairischen Staats, Jurist wie Laie, vollkommen mit ihm übereinstimmen. Ich glaube, konstatiren zu können, daß kein Angehöriger des bairischen Staats, wie sie hier vertreten sind, eine andere Anschauung an den Tag legen wird. Wir müssen von dem Vertrauen des Volkes getragen werden; der Juristentag untergräbt sich selbst, wenn er sich das Vertrauen des Volkes nimmt und wir würden das thun, wenn wir einen Beschluß fassen würden, der die Schwurgerichte dem deutschen Volke zu entziehen trachtet, an deren Stelle ein unbekanntes Schöffengericht treten soll.

Was sind bezüglich der Schöffengerichte für Experimente gemacht worden! Die Experimente, die in Sachsen gemacht wurden, waren nicht immer die glücklichsten in den letzten 20 Jahren. Es ist uns wenigstens nichts besonderes Gutes darüber berichtet worden. Aber, meine Herren, als im Jahre 1848 der Ruf erschallte nach Freiheit des Volkes, nach einer unabhängigen Justiz, da waren es die Schwurgerichte, welche von dem deutschen Volke in erster Linie gefordert wurden. An ihnen ist bei uns in Baiern festgehalten worden zur Zeit der schlimmsten Reaction; in andern deutschen Staaten haben sie leider fallen müssen. Soll uns nun zugemuthet werden, dieses Palladium über Bord zu werfen? Es ist für ein Palladium gehalten worden nicht etwa aus idealen, sondern aus sehr praktischen Gründen. In den 20er, 30er Jahren gab es Hof- und Staatsgerichtshöfe — im Volke nennt man sie Blutsenate — denen Männer wie Bähr, Eisenmann u. A. zum Opfer fielen. Darum wollte man eine unabhängige und freie Volksjustiz. Jetzt im Jahre 1872, ein Jahr nach der Entstehung des deutschen Reichs, sollten wir dazu schreiten, die festgehaltene Errungenschaft über

Bord zu werfen? Es wäre ein Verrath an uns selbst, am Juristentag und deutschen Volke, wenn wir darauf ausgehen würden.

(Lärm und viele Zeichen der Ungeduld.)

Thun Sie das Ihrige, daß wir die Schwurgerichte festhalten, damit uns nicht beim Zuhausekommen gesagt wird: Das habt ihr gethan! Ihr habt uns verrathen — das wird uns entgegenschallen.

(Oho! Lebhafter Protest. Lärm und Glocke des Präsidenten. Schlußrufe.)

Generalstaatsanwalt Dr. **Schwarze** aus Dresden: Es wird mir soeben zugerufen: Schluß! Schluß!

(Stürmisches Nein! Nein! Sprechen Sie doch! Erst nachher!)

Meine Herren! Ich habe die Ehre gehabt, dem Juristentage seit seiner Gründung anzugehören. Es ist mir damals die große Freude und Genugthuung zu Theil geworden, berufen zu werden, um an seiner Stiftung mich zu betheiligen. Ich weiß und erkenne es dankbar an, daß seit jener Stunde bis heute das Vertrauen und Wohlwollen und die Nachsicht meiner Herren Collegen am Juristentage mir immer in dem reichsten Maaße zu Theil geworden ist. Ich weiß, daß ich heute dieses Wohlwollen auf eine sehr harte und strenge Probe stelle, wenn ich gegenüber der ziemlich allgemeinen Stimmung, die bereits hier Ausdruck gefunden hat, mich dahin ausspreche, daß ich allerdings den Schöffengerichten den Vorzug vor den Schwurgerichten gebe.

Meine Herren! Gestatten Sie mir als demjenigen, der die Idee gefaßt hatte, solche Schöffengerichte den Juristen und den Regierungen Deutschlands vorzuschlagen, daß ich mich, wenn auch mit möglichster Kürze über meine persönliche Stellung zu der Frage verbreiten darf, weil ich leider sowohl in der Presse als in Privatgesprächen Anschauungen begegnet bin, von denen ich wenigstens versichern kann, sie sind mir ebenso befremdlich als, ich scheue mich nicht, das hinzuzusetzen, verletzend gewesen.

Meine Herren! Es ist mir nie eingefallen, bei dieser ganzen Frage und bei meiner Thätigkeit in der Presse, nachdem die Schöffengerichte im Königreich Sachsen eingeführt worden waren, für diese Frage, irgendwie in meiner amtlichen Stellung als Generalstaatsanwalt und als Mitglied derjenigen Reichstags-Commission, die für die Gesetzgebung berufen war, einzutreten. Es ist auch die Schrift selbst, in welcher ich vor Einführung der Schöffengerichte im Königreich Sachsen für diese mich aussprach, rein meine Privatarbeit gewesen, wie ich bereits damals auf dem sächsischen Landtage erklärte. Es ist auch in der neuesten Zeit Alles, was ich für die Schöffengerichte gethan habe, rein aus meiner persönlichen Ueberzeugung heraus gethan worden und ohne irgend welche Influenzirung, sie komme von oben oder von anderer Seite. Es ist nicht wahr, geradezu nicht wahr (ich sage das ganz offen), daß ich als Fühler gebraucht worden bin. Ich würde eine solche Rolle entschieden zurückgewiesen haben. Ich glaube, ich habe es auch in meinem öffentlichen Leben, namentlich in meiner Thätigkeit als Abgeordneter des deutschen Reichstags bewiesen, daß ich ganz unabhängig bin von den Ansichten, die in den Kreisen herrschen, die mir nahe stehen.

(Ruf: Ja wohl! Bravo!)

Ich füge ferner hinzu, daß ich nicht zu denen gehöre, die von Hause aus mit Antipathie an die Geschwornengerichte gegangen sind. Ich hatte nur Antipathie gegen das französische Schwurgericht. Ich habe mich aber stets gefragt, ob es nicht möglich sei, die Zuziehung des Laienelements zur Strafrechtspflege in einer Weise zu regeln, die den Anforderungen der Gerechtigkeit und der Zweckmäßigkeit entspricht. Und dazu rechne ich vor Allem, was ich ohne Bedenken ausspreche, daß die Institution dem Vertrauen des Volkes entspricht. Eine Institution, die nicht von dem Vertrauen des Volkes getragen wird, halte ich, wenn sie auch noch so vorzüglich ist, aus den Gründen, die mein Freund Stenglein geltend machte, für eine, die man nicht zn wählen hat, sondern es ist das eine Institution die den Todeskeim in sich trägt, krankt, siecht und dann stirbt.

Als Seine Majestät mein König mir den Auftrag gab, Vorschläge für die Reform des sächsischen Strafverfahrens vorzulegen, da habe ich damals vorzugsweise betont, daß es nothwendig sei, uns auf den Standpunkt zu stellen, den Wissenschaft und Erfahrung damals kundgegeben hatten, d. h. uns thunlichst frei zu machen von den französischen Einrichtungen, thnnlichst hinüberzugehen auf die Quelle der Schwurgerichte, der englischen Schwurgerichte, Alles zu vermeiden und zu beseitigen, was eine vollständige freie Kundgebung der Anschauung der Geschwornen hindern werde. Infolge dessen — ich darf es behaupten — existirt in ganz Deutschland kein Geschwornengesetz, welches besser wäre als das sächsische. Und wenn der Vorredner meinte: wir experimentirten in Sachsen, so ist er den Beweis schuldig geblieben, da er nicht nachgewiesen hat, daß unser Experiment sich nicht bewährt habe. Was Professor Gneist Ihnen vorgetragen hat in Bezug auf die Fragestellung — das haben wir im großen Ganzen in Sachsen bereits und ich kann Ihnen versichern, es hat sich bewährt. Wir kennen in Sachsen keine Anklageakte des Staatsanwalts. Ich bin ein entschiedener Gegner dieser Anklageakte. Ich will nicht, daß der Staatsanwalt von Hause aus auf die Geschworenen influencire und ihnen den Angeschuldigten so schwarz malt, daß, ehe die Verhandlung losgeht, er bereits verurtheilt wird.

(Bravo!)

Ich will nicht, daß der Präsident in seinem Resumé auf die Geschworenen influencire. Wir haben an Stelle dessen in Sachsen nur eine Rechtsbelehrung. (Beifall.)

Wir haben in unserem sächsischen Gesetze — es ist einer der berühmtesten Vertheidiger aus Sachsen in unserer Mitte, der es mir bestätigen wird — die Bestimmung, daß die Fragen vor den Plaidoyers des Staatsanwalts und des Vertheidigers formulirt und discutirt werden. Die Plaidoyers gewinnen dadurch an Sicherheit, an Festigkeit und Klarheit. Die Geschworenen werden dadurch in den Stand gesetzt, die Plaidoyers fortwährend zu kontroliren. Die Plaidoyers werden so zu sagen die Commentare der Fragen. Auf diese Weise wird eine gute Uebersicht über den gesammten Stoff gewonnen, es wird den Geschworenen und Richtern möglich gemacht, den Stoff in so bestimmten Linien zu gruppiren, daß ich aus eigner amtlicher Erfahrung versichern kann: wir haben höchst selten eine Nichtigkeitsbeschwerde wegen der Fragestellung. Diese gehört bei uns zu den Ausnahmen. Ich habe bisher von den Vertheidigern, Staatsanwälten, Richtern und Geschworenen immer nur gehört, wie angenehm es ihnen sei, vor dem Plaidoyer bereits durch die Formulirung der Fragen und die sich daran knüpfende Diskussion über die maßgebenden Gesichtspunkte belehrt zu werden.

Meine Herren! Es ist von einem Vorredner auch auf das Wahlgesetz Bezug genommen worden. Ich behaupte mit derselben Offenheit, daß wir in ganz Deutschland und Frankreich kein besseres Geschworenenwahlgesetz haben, als das sächsische. Bei uns ruht die Wahl der Geschworenen bei einem Ausschuß, der in seinen Mitgliedern vorzugsweise aus Communalbeamten und Bürgern besteht, und ich kann auch hier versichern, daß vielleicht mit einigen wenigen Ausnahmen, die ich nicht weiter berühren will, sich im Ganzen das Wahlverfahren bewährt hat. Es handelt sich natürlich auch hier darum, in wessen Hände eine solche diskretionäre Gewalt gelegt ist.

Nun wird uns fortwährend, meine Herren, gesagt: Wendet Euch doch nach England! holt nur dort Eure Verbesserungen! Professor Gneist hat Ihnen soeben einen ähnlichen Vorschlag gemacht.

Eine volle Adoption der englischen Jury-Einrichtung wird gewiß von Niemandem beantragt werden. Aber welche Unkenntniß von der englischen Einrichtung herrscht, das wissen Sie eben so gut, meine Herren, wie ich! Man muß doch die englische Jury in ihrer inneren Verbindung, man muß sie im großen Ganzen in's Auge fassen. Es ist mir vor einem halben Jahre passirt, daß ich wegen einer Bestimmung in unserer Strafprozeßordnung lebhaft angegriffen worden bin. Es wurde mir vorgehalten, warum bei uns die betreffende englische Einrichtung nicht adoptirt sei. Und wenige Wochen darauf erklärt der Lordkanzler von England im Parlamente: Diese uns als Muster empfohlene Einrichtung sei ein wahrer Skandal!

(Heiterkeit!)

In ähnlicher Weise wird sehr oft über englisches Recht und Verfahren gesprochen.

Nun, meine Herren, die Reformvorschläge bezüglich der Umgestaltung der Schwurgerichte in Deutschland haben sich jährlich massenhaft erneuert. Nur in der letzten Zeit ist etwas Ruhe eingetreten. Nennen Sie mir doch einen Vorschlag zur Verbesserung der Schwurgerichte, der allgemeine Anerkennung gefunden hätte! Bis jetzt habe ich immer nur gefunden, daß jeder Reformvorschlag sofort auf das Lebhafteste bekämpft wurde. Immer griffen wir nur nach französischen Vorbildern, bewegen uns in einem engen Kreise und kommen zu der Ueberzeugung: die ganze Grundlage sei eine fehlerhafte.

Ich habe lebhaft bedauert und bekämpft, daß die ständige Deputation des Juristentags den Antrag betreffs der Schöffengerichte uns gebracht hat.

(Bewegung. Hört! Hört!)

Ich habe in der Vorbesprechung in Berlin darauf hingewiesen, daß, wie ich fürchte, in der Zeit bis zum nächsten Juristentage viele von den Herren entweder nicht Anlaß, oder Zeit oder auch nicht Neigung hätten, sich mit dieser Frage zu beschäftigen. Es kommt das auch daher, weil (was ich für einen großen Uebelstand halte) die ständige Deputation die Anträge, die sie an den Juristentag bringen will, nicht frühzeitig genug bekannt macht. Ich gestehe ganz offen, ich habe nicht blos jetzt in Frankfurt, sondern überhaupt in den letzten Monaten Aeußerungen über das Schöffengericht gehört, daß ich die betreffenden Gegner desselben fragte: Kennen Sie denn diese Einrichtung? Die Antwort war oft: Nein! Ich bin öffentlich über einzelne Einrichtungen des Schöffengerichts angegriffen worden. Man sagte z. B. in Bezug auf die Organisation des Schöffengerichts: Man habe es in Sachsen nicht richtig konstituirt, — man muß es so oder so machen. Und gerade so, wie es der betreffende Kritikus verlangte, ist es in Sachsen eingeführt. Sie werden mir zugeben, daß man bei allem Respekt vor entgegengesetzten Meinungen bitten muß, daß man die Erfahrungen doch einigermaßen zur Geltung kommen läßt und nicht über Einrichtungen rundweg aburtheilt, deren Spezialitäten so vielen von den Kritikern nicht bekannt sind.

M. H.! In den letzten Monaten haben sich, wie ich nur kurz erwähnen will, folgende Herren über das Schöffengericht ausgesprochen: gegen das Schöffengericht Dr. John, Dr. Wahlberg und Dr. Meyer. Es kann mir nicht einfallen, die Schrift John's hier einer Kritik zu unterwerfen. Ich stelle ihr den Aufsatz des Staatsanwalts Spinola zu Kiel in Goltdammer's Archiv gegenüber, der Schöffen- und Schwurgerichte kennt. Lesen Sie das Urtheil dieses Praktikers über beide Gerichte. Lesen Sie, was er John entgegenstellt. Spinola ist für die Schöffengerichte. Ich komme auf die Schrift von Wahlberg, der den Kampf, den er mit mir in Stuttgart begann, in der österreichischen Gerichtszeitung fortgesetzt hat. Die Herren werden mir das Zugeständniß machen, daß ich in dieser Frage Wahlberg gegenüber in einer unangenehmen Situation mich befinde, die mich hindert, etwas darüber hier auszusprechen. Nun kömmt die Schrift von Dr. Meyer zu Frankfurt, die ich mit ganz besonderem Interesse gelesen habe. Dieselbe hält sich so fern von aller Voreingenommenheit, es ist darin die Stellung des Praktikers so rein bewahrt, daß ich mir habe sagen müssen, mit diesem Herrn kannst du kämpfen nnd dieser Herr wird, wenn Erfahrung ihn eines Bessern überzeugt hat, sich einer besseren Erfahrung nicht verschließen; er bringt Einwendungen, die ich vollständig begreife; diese Einwendungen werden sich im Laufe der Zeit widerlegen lassen.

Meine Herren! Wer hat sich für das Schöffengericht ausgesprochen? Ich erwähne zuerst zwei Aufsätze von sächsischen Juristen, deren Entstehung ich ganz fern stehe; einer dieser Verfasser ist ein bewährter Richter, der wiederholt den Vorsitz in Schöffengerichten geführt hat und wiederholt Beisitzer der Schwurgerichte gewesen ist, der spricht sich in der Sächsischen Gerichtszeitung mit voller Entschiedenheit für die Schöffengerichte aus; es hat ferner ein jüngerer sächsischer Jurist in der Zeitschrift von Holzendorf entschieden Partei für das Schöffengericht ergriffen. Meine Herren! Auch dieser Jurist kennt, wenn auch aus kurzer Erfahrung, Schöffen- und Schwurgerichte! Meine Herren! Ich habe Spinola erwähnt; auch der Obergerichtsdirektor Schott in Eßlingen hat sich öffentlich für das Schöffengericht ausgesprochen und nun, meine Herren, will ich nicht den Katalog günstiger Zeugnisse zu sehr ausdehnen, obgleich ich in der Lage bin, sie noch weiter auszudehnen und will nur noch den Herrn Obergerichtsdirektor Ruhstrat zu Oldenburg erwähnen; er sagt im Gerichtssaale: „Auf Grund der Erfahrung, die ich seit 14 Jahren als Schwurgerichtspräsident gemacht habe, trage ich kein Bedenken, mich den Ansichten derjenigen anzuschließen, welche für Beseitigung des Geschwornen-Instituts und Ersetzung desselben durch das Schöffengericht sind.“ Meine Herren! Hier zeige ich Ihnen ein Aktenstückchen; in demselben sind eine große Anzahl von Briefen, von denen ich mehrere in den letzten Wochen erhalten; erwidern sie nicht, daß ich sie Ihnen alle vorlese, es sind Briefe von Direktoren der Kollegialgerichte, von einzelnen hervorragenden Gerichtsräthen, die den Vorsitz geführt haben, von Schwurgerichtspräsidenten, von Advokaten, die eine große Vertheidigungspraxis haben, von Schöffen, die zugleich Geschworene sind. Meine Herren! Ich habe auch an Solche geschrieben, von welchen ich wußte, daß sie Gegner des Instituts sind, da ist die Stimme folgende:

(Herr Dr. Schaffrath: An mich nicht!)

Nein an Sie nicht. Auf Sie komme ich noch. Sie mache ich nicht so nebenbei mit ab.

(Heiterkeit.)

Meine Herren! Ein Praktiker Sachsens erklärte sich entschieden gegen die Schöffengerichte, ich habe es gewußt, habe aber gerade deshalb an ihn geschrieben, der Herr hat mir keine Gründe seiner Meinung angegeben, sondern mich auf die in den nächsten Tagen von ihm erscheinende Abhandlung verwiesen. Er schreibt unter Anderem charakteristisch noch Folgendes von den Gerichtsschöffen: „Endlich ist mir nicht eine einzige Persönlichkeit der Schöffen näher bekannt", — ich will auch nicht untersuchen, ob der Herr überhaupt ein Freund das Laienelements ist. —

Diesem Gutachten, welches dem Schöffengerichte ungünstig ist, stelle ich eine Reihe von Gutachten gegenüber, die von sächsischen Praktikern in ausführlicher Motivirung abgegeben worden sind; — sie sprechen sich Alle zu Gunsten des Schöffengerichts, ja meist gegen das Schwurgericht aus —, sie kennen beide Institutionen aus eigener Erfahrung. Ich will noch das Gutachten eines Praktikers erwähnen, dessen außerordentliche wissenschaftliche Bildung, dessen praktische Erfahrung ich hochstelle. Er erklärt sich dahin, daß er die Geschworenengerichte nicht aufheben wolle, und das ist eine sehr lange Deduktion, die ganz in Uebereinstimmung mit dem Vorschlage des Herrn v. Stenglein steht, aber ich erlaube mir den Zusatz, welchen dieser Herr, macht, zu erwähnen: ich will die Geschwornengerichte beibehalten wissen, aber nur in der sächsischen Einrichtung.

(Heiterkeit.)

Nun, meine Herren, hat ferner ein Schwurgerichtspräsident an mich geschrieben, er sei für die Schwurgerichte und gegen die Schöffengerichte, sie seien ihm noch nicht, wie er sich ausdrückt, entwickelt genug, um dieselben unbedingt empfehlen zu können, dagegen, meine Herren, all die übrigen in diesem Aktenstück befindlichen Briefe und Erklärungen von Direktoren, Advokaten, Schöffen, Geschwornen sprechen sich entschieden zu Gunsten der Schöffengerichte zumeist unter spezieller Motivirung dahin aus, daß sie der Meinung seien, daß die Schöffengerichte größere Vorzüge bieten, als die Geschworenengerichte. Nun weiß ich wohl, daß der Herr Präsident Schaffrath, der als einer der ersten und ausgezeichnetsten Vertheidiger im Lande bekannt ist, sowie mehrere andere Advokaten aus Sachsen, die ebenfalls viele Vertheidigungen haben, sich, wie ich vorhin gehört habe, gegen die Schöffengerichte aussprechen. Meine Herren! Ich habe das erwähnt, ich glaube aber, ohne den Herren zu nahe zu treten, versichern zu können, daß ich jeden Augenblick bereit bin, jedem einzelnen Herrn jene Sammlung von Briefen mitzutheilen, in denen sich bewährte Vertheidiger für die Schöffengerichte aussprechen. Man hält mit Recht die Berathung der Geschworenen im Berathungszimmer als die schwierigste Seite des Geschworenengerichts; auch der Schwerpunkt der Schöffeneinrichtung liegt in der gemeinschaftlichen Berathung der Richter mit den Schöffen. Da tritt die Behauptung auf, der Richter würde bewußt oder unbewußt eine solche Pression auf die Schöffen ausüben, daß letztere mit ihrer individuellen Anschauung nicht hervortreten können. Zuerst, meine Herren, muß ich mir in dieser Beziehung die Bemerkung erlauben, daß diese Behauptung bei den gegenwärtigen öffentlichen Zuständen außerordentlich gewagt ist. Es sind jetzt beinahe in allen Theilen der öffentlichen Verwaltung und der öffentlichen Rechtspflege Bürger mit hinzugezogen worden. Hören Sie denn, daß diese Herren ohne weiteres, wie man zu sagen pflegt, von den Juristen sich unter den Tisch stecken lassen.

(Ja! Ja! — Nein! Nein!)

Ja, meine Herren, entweder haben da die Juristen eine so außergewöhnliche Superiorität gehabt, die man nicht als Regel hinstellen kann, oder die betreffenden Bürger sind so unbedeutende Leute gewesen, daß man in der That dieselben nicht als die besten Exemplare des deutschen Bürgerthums hinstellen kann.

(Heiterkeit.)

Ich kann Ihnen eben hier aus diesen Briefen wieder aus einer großen Zahl von Mittheilungen einzelner Direktoren versichern, daß die Schöffen wiederholt die Majorität gehabt haben und daß die Schöffen sich nicht haben von den Richtern bestimmen lassen, etwa ein anderes Verdikt zu fällen als wozu sie, ich möchte sagen, durch den gesunden Menschenverstand, bestimmt worden waren: Nun sagen mir die Herren: Das sind ungenügende Erfahrungen; sie sind ungeheuer kurz, mit dem beweisen Sie nichts. Wenn es wahr wäre, daß die Juristen eine Pression ausübten auf die Schöffen, so glaube ich doch, würde das schon zu Anfang zu Tag getreten sein. Im Anfang würden es die Juristen unbequem finden, daß Laien als vollberechtigte Mitglieder neben ihnen im Gerichte sitzen. Ebenso wird es den Schöffen im Anfange ungewohnt sein, mit Juristen in gemeinsame Berathung zu treten, da sie dadurch dem Einflusse derselben unterliegen. Die Sache hat sich aber von Anfang an zu Gunsten des Laienelements ganz anders gestaltet. Wir haben in unserer Mitte einen sehr tüchtigen Bezirksgerichtsdirektor aus Sachsen, der wird bestätigen können, daß er mehrmals von den Schöffen überstimmt worden ist und sich nach nochmaliger Ueberlegung hat sagen müssen, daß doch das Verdikt der Schöffen ein berechtigtes gewesen ist. —

Meine Herren! Wenn Sie das Alles überblicken, so werden Sie mir zugeben, daß man bei aller Liebe, die man für den Gedanken hat, — und ich habe sie, — daß die Laien bei der Strafrechtspflege mitwirken sollen, doch bedenklich wird, wenn man sieht, daß alle Versuche, die Jury zu verbessern, nicht einschlagen wollen. Auch heute habe ich noch keine erheblichen Vorschläge zur Verbesserung gehört. Meine Herren! was wir vernehmen, sind Alles kleine Punkte, die keine Bedeutung beanspruchen können; eine radikale Kur des Schwurgerichts wird fortan betont werden müssen. Ich habe noch von keiner Seite einen praktisch greifbaren Vorschlag gehört. Nun ist immer gesagt worden, der Vater liebt sein Kind, — ich halte mein Kind nicht für ungerathen, sondern für ein sehr wohlgerathenes. Ich muß Ihnen zugeben, Ihnen bin ich als Vater dieses Kindes ziemlich fremd; ich hoffe aber, daß die Zeit kommen wird, daß ich auch in dieser Frage Recht behalte und die Herren sagen werden: Der Schwarze hat uns ein Kind produzirt und vorgestellt, das eine Berechtigung hat auf's Leben und die Entwicklung wird zeigen, daß wir in diesem Institut in der That eine Verbesserung unserer Strafrechtspflege erhalten.

Zum Schlusse will ich bemerken: Ich bin weit entfernt zu sagen, daß wir antiquarischer Liebhabereien wegen die Augen vor den Fehlern einer Institution verschließen sollen, und ich weiß sehr wohl, daß die jetzigen Schöffengerichte nicht eine Fortsetzung der altdeutschen Schöffengerichte sind. Dies ist auch zu ihrer Empfehlung nicht nöthig. Wir haben wohl selbst soviel schöpferische Kraft in Deutschland, daß wir es verstehen werden, auch ohne einen solchen Anknüpfungspunkt wie ohne ein geschichtliches Fundament ein Strafverfahren aufzubauen, das unserer Nation in der deutschen Rechtspflege würdig ist.

Meine Herren! wir sind getragen von dem Wunsche, daß wir etwas Gutes schaffen wollen; Etwas, was zur Ehre des Deutschen Juristentages gereicht; unsere Wege gehen noch auseinander; ich hoffe zu Gott, wir werden uns vereinigen, wenn ich auch heute gegen den Antrag des Referenten stimme; ich bin überzeugt, in ein Paar Jahren stimmen Sie mit mir!

(Zuruf: Abwarten! Beifall! Schluß!)

Der Schluß der Debatte wurde angenommen.

Herr Referent v. **Stenglein**: Meine Herren! Nach den gründlichen Erörterungen will ich mir nur eine Bemerkung erlauben.

Mein verehrter Freund Schwarze hat mir zum Vorwurf gemacht, daß keine greifbaren Verbesserungs-Vorschläge gemacht worden seien. Meine Herren! Das ist, glaube ich, nicht Aufgabe des Juristentages und nicht Aufgabe der heutigen Debatte. Wenn man Vorschläge zur Verbesserung machen will, so mache man sie bei dem desfallsigen Gesetze. Meine Herren! Sie haben erst bei der vorigen Debatte mit Akklamation angenommen, daß man solche Gesetze nicht machen soll, daß überhaupt unser ganzes Kolleg, in welchem wir uns befinden, sich nicht in der Lage befindet, in solche Details einzugehen; ich glaube aber, wir können doch mit einiger Befriedigung auf die juristische Literatur hinblicken, und müssen uns sagen: Vorschläge sind gemacht worden und kurz skizzirt hat sie auch unser verehrter Präsideut Gneist. Also, daß keine solche Vorschläge existiren, ist nicht vollständig richtig Ich glaube, mich auf diese kurzen Aeußerungen beschränken zu können.

Ehe die Versammlung zur Abstimmung überging, wurden von Seiten des Herrn Vorsitzenden sämmtliche in dieser Debatte gestellten Anträge nochmals verlesen, worauf Herr Professor Dr. Gneist seinen Antrag zurückzog, indem er sich mit demjenigen des Herrn Oberstaatsanwalts v. Lauhn einverstanden erklärte; ferner theilte der Vorsitzende mit, daß Herr Professor Thudichum einen Antrag eingebracht, ihn aber zu Gunsten des Gneist'schen zurückgezogen und auf das Wort verzichtet habe. Hierauf wurde zur Abstimmung geschritten und der Antrag des Herrn Dr. Rubo auf motivirte Tagesordnung abgelehnt, dagegen derjenige des Herrn Oberstaatsanwalts v. Lauhn mit überwiegender Majorität angenommen. Der Herr Präsident fragte hierauf an, ob es die Meinung der Abtheilung sei, daß dieser gefaßte Beschluß dem Plenum zur Kenntnißnahme mitgetheilt worden soll und der Herr Referent ersucht werde, das Referat in der Plenarversammlung zu übernehmen; wozu die Abtheilung ihre Zustimmung gab.

(Herr Generalstaatsanwalt Schwarze übernimmt den Vorsitz wieder.)

Herr Präsident Generalstaatsanwalt **Schwarze**: Meine Herren! Es steht noch ein Gegenstand auf der Tagesordnung; Sie werden aber gewiß mit mir einverstanden sein, daß nach der hochwichtigen Frage, die wir jetzt diskutirt und abgemacht haben, und bei der Ermüdung, welche über uns gekommen, diese Frage von der Tagesordnung abgesetzt wird.

(Ja! Ja!)

Damit schließe ich die Versammlung und danke Ihnen in meinem und meines Kollegen Namen für die Freundlichkeit und Nachsicht, mit welcher Sie unser Präsidium bis zum Schluß begleitet haben. Damit Gott befohlen!

(Schluß $1^1/_2$ Uhr.)

Erste Sitzung der vierten Abtheilung am 29. August 1872.

Auf den Vorschlag des Kreisgerichtsdirektors von Stößer aus Carlsruhe wird der Präsident Kühne aus Celle durch Akklamation zum Vorsitzenden gewählt. Der Gewählte nimmt die Wahl dankend an. Auf den Vorschlag des Präsidenten werdem gewählt: zum Vizepräsidenten Herr Oberstaatsanwalt Schmieder aus Frankfurt a. M., zu Schriftführern die Herren Referendar Dr. Häberlin und Advokat Dr. Geiger aus Frankfurt a. M.

Präsident: Der IV. Abtheilung sind 3 Gegenstände zur Berathung überwiesen:

1. Soll die Entscheidung über die richtige Anwendung der Landesgesetze den obersten Landesgerichten überlassen und nur die Entscheidung über die richtige Anwendung der Reichsgesetze dem höchsten Reichsgerichte zugewiesen werden, oder in welcher Weise soll die Kompetenz des höchsten Reichsgerichts sonst begrenzt werden?
2. Ist es angemessen, daß durch die Subhastation sämmtliche auf dem subhastirten Grundstücke ruhenden Hypotheken fällig werden? und
3. Welche Stellung und Kompetenz ist dem Einzelrichter in Civilsachen zu ertheilen?

   Welches Verfahren erscheint für die dem Einzelrichter zugewiesenen Bagatellstreitigkeiten das zweckmäßigste?

Ich schlage vor, daß wir in der eben gegebenen Reihenfolge die Sachen verhandeln; ich frage, ob vielleicht irgend ein entgegenstehender Wunsch aus der Versammlung laut wird?

Es geschieht dies nicht und der Präsident ertheilt das Wort dem Referenten über die erste Frage, Herrn

Kreisgerichtsdirektor **von Stößer** (Carlsruhe): Hochgeehrte Herren! Aus Auftrag des ständigen Ausschusses habe ich Ihnen Vortrag zu erstatten über die Frage:

„Soll die Entscheidung über die richtige Anwendung der Landesgesetze den obersten Landesgerichten überlassen und nur die Entscheidung über die richtige Anwendung der Reichsgesetze dem höchsten Reichsgerichte zugewiesen werden, oder in welcher Weise soll die Kompetenz des höchsten Reichsgerichts sonst begrenzt werden?"

Ueber diese Frage liegen Ihnen 4 Gutachten vor: von Seiten des Herrn Oberappellationsrath Becker (Oldenburg), des Herrn Staatsrath Zachariä (Göttingen), des Herrn Oberappellationsrath Bähr (Berlin) und des Herrn Justizrath von Grodbeck (Bromberg).

Ich darf wohl unterstellen, daß Sie, meine Herren, diese Gutachten sämmtlich gelesen haben, und daß ihr Inhalt Ihnen noch recht wohl im Gedächtniß ist; ich unterlasse es deshalb, wie ich allerdings ursprünglich vorhatte, Ihnen eine kurze Uebersicht über diese Gutachten mitzutheilen, und lade Sie ein, sofort in unsere Erörterung einzutreten. Ich glaube, Ihnen Folgendes vortragen zu dürfen:

Schon nach dem Wortlaute der Frage, und wie ich trotz der theilweise entgegengesetzten Gutachten vom Standpunkte des Deutschen Juristentages aus mit Ihnen unterstellen zu dürfen glaube, sind dort 3 Sätze als selbstverständlich vorausgesetzt:

1. Es soll Ein höchstes Reichsgericht in Deutschland bestehen.

Meine Herren! Das ist für uns ein fester Grundsatz, der wenigstens theilweise schon durch das Reichsoberhandelsgericht seine Verwirklichung erfahren hat. Vergegenwärtigen wir uns nur den Zweck unseres Vereins — wonach wir uns vereinigt haben, um auf den Gebieten des Privatrechts, des Prozesses und des Strafrechts den Forderungen nach einheitlicher Entwickelung immer größere Anerkennung zu verschaffen, die Hindernisse, welche dieser Entwickelung entgegenstehen, zu bezeichnen und uns über zur Förderung der Rechtseinheit geeignete Vorschläge zu verständigen; und erinnern wir uns an die schon auf dem I. und II. Deutschen Juristentag gepflogenen Verhandlungen und gefaßten Beschlüsse über die Anträge der auch um unseren Verein so verdienstvollen Männer Bornemann und Waldeck, so dürfen wir darüber nicht im Zweifel sein, daß der Deutsche Juristentag von seiner ersten Tagung an zum Zwecke der Einheit in der Rechtsanwendung das Bestehen eines einzigen höchsten Gerichtshofes für nothwendig erklärt hat und noch erklärt. Ebensowenig können wir hiernach über die Zuständigkeit dieses höchsten Gerichtshofes, soweit es sich um die seiner Entscheidung und Weiterentwickelung unterworfenen Rechtsgebiete handelt, im Unklaren sein; es sind eben diejenigen, deren volksthümliche Erörterung und Vereinigung wir selbst hier zu unserer Lebensaufgabe gemacht haben: das Privat-, Prozeß- und Strafrecht. Mögen nach dem Vorschlage des Herrn Professor Zachariae auch noch öffentliche und staatsrechtliche Fragen dorthin gewiesen werden — was aber im Interesse der eigentlichen reinen Aufgabe des höchsten Reichsgerichts nicht einmal wünschenswerth wäre — so dürfen wir doch dadurch die übrigen Rechtsgebiete von ihm nicht verdrängen lassen.

Meine Herren! erlauben Sie mir — nicht um diesen Satz weiter zu begründen, vielmehr nur, um auch heute wieder den Namen zweier ausgezeichneten Mitglieder unseres Vereins ein ehrendes Denkmal unter uns zu setzen, daß ich deren Worte Ihnen wieder gebe.

Waldeck erklärte: „So fern jetzt die Möglichkeit zu liegen scheint, einen gemeinsamen Gerichtshof für ganz Deutschland herzustellen, so wenig stehen derselben bei überall ausgeführter Gerichtsorganisation und bei einigem guten Willen der einzelnen Staaten wesentliche Hindernisse entgegen. Denn die völlige Trennung der Justiz von der Administration und die längst allgemein anerkannte Kraft der Erkenntnisse der Gerichtshöfe auf ihren Gebieten führt dahin, daß die Souverainetät der einzelnen Staaten durch die Existenz eines solchen Gerichtshofes sich unmöglich sehr beeinträchtigt fühlen könnte. Ein solcher Gerichtshof hätte eine große wohlthätige Wichtigkeit für Deutschland."

Volkmar äußerte sich in lebhafter Ueberzeugung dahin: „Wir müssen auch ein deutsches Reichsgericht als Gericht der letzten Instanz anstreben. Ohne diesen Gerichtshof wird die verschiedene Praxis der vielen obersten Gerichte die Einheit der Gesetzgebung zu einer illusorischen Größe herabdrücken. Wird dies aber zugegeben, so muß dem obersten Gerichtshofe die würdigste Aufgabe — die Rechtskontinuität zu wahren, an der Einheit des Rechtes festzuhalten durch die echt wissenschaftliche Auslegung des Gesetzes — anheimfallen."

Dem stimmten die beiden ersten Deutschen Juristentage einmüthig zu. Meine Herren! Das geschah in den Jahren 1860 und 1861; nun stehen wir mitten in den segensvollen Errungenschaften der glorreichen Erfolge von 1870 und 1871, berufen, innerhalb der uns gestellten Aufgabe mit vereinten Kräften das zur ernstlichen und vollen Wahrheit zu machen, was damals nur erst schüchtern erstrebt werden konnte.

2. Das Rechtsmittel, welches die Thätigkeit des höchsten Reichsgerichts

eröffnet, bezweckt dessen Entscheidung über die richtige Anwendung des Gesetzes.

Meine Herren! Auch dieser Satz ist, ich möchte sagen, eine unter uns rechtskräftig entschiedene Sache. Mag nun das einzulegende Rechtsmittel bezeichnet werden, wie es wolle: Kassationsrekurs, Nichtigkeitsbeschwerde, Oberrevision oder wie sonst, so werden wir doch niemals bei dem Streite um den Namen und um Einzelvorschriften das Wesen, worüber wir in der Hauptsache einig sind, aus den Augen verlieren.

Meine Herren! Wie Ihnen bekannt, lautete der V. Antrag Waldecks:

„Das Rechtsmittel letzter Instanz bringt nicht die Sache in ihrer Totalität, sondern neben Kompetenzüberschreitungen und gewissen Prozedurfehlern nur die behauptete fehlerhafte Anwendung und Auslegung des Gesetzes mit Ausschluß der thatsächlichen Würdigung des zweiten Richters zur Entscheidung des für ein größeres Gebiet bestimmten höchsten Gerichtshofes;

und ward dieser Satz in der IV. Abtheilung wie vom Plenum des II. Deutschen Juristentages dahin angenommen, daß das Rechtsmittel der letzten d. h. dritten Instanz nur als Kassation zu verstehen sei.

Hiernach steht — abgesehen von dem auf den Ausspruch des höchsten Gerichtshofes über die richtige oder unrichtige Anwendung des Gesetzes weiter erforderlichen Verfahren und der hierauf erfolgenden Entscheidung, insbesondere also ob der höchste Gerichtshof selbst darüber Urtheil zu geben habe, was in der Sache Rechtens sei oder nicht u. s. w. — sicher soviel fest, daß ihm ausschließlich nur jene rechtliche Prüfung anheimfällt, nicht auch eine dritte bezw. zweite Prüfung über die obwaltenden Thatfragen. Die innere Nothwendigkeit dieser Beschränkung des Rechtsmittels ist in den trefflichen Gutachten der Herren Oberappellationsgerichtsräthe Bähr und Becker wiederholt dargethan. Statt weiterer Begründung erlaube ich mir, lediglich hierauf zu verweisen. Nur möchte ich, um die heutige Erörterung der uns vorliegenden Frage nicht auf Gebiete zu erstrecken, die zwar klärend wirken, aber streng genommen andere selbstständige Fragen in sich bergen, wie namentlich die, ob Neuheiten auch schon in der 2. Instanz auszuschließen seien, ob unser Rechtsmittel bei 2 gleichförmigen Erkenntnissen noch statthaft sei und dergl. — ich möchte Sie, meine Herren, also bitten, hierauf heute nicht näher einzugehen; wir verlieren sonst leicht unsern festen Boden wie unser bestimmtes Ziel.

Meine Herren! Ein weiterer Satz, der für uns selbstverständlich sein sollte, geht

3. dahin:

Ueber die richtige Anwendung von Reichsgesetzen, soweit solche auf den Gebieten des Privat-, Prozeß- und Strafrechts erfolgen, entscheidet in letzter Instanz das höchste Reichsgericht.

Zum richtigen Verständniß füge ich jedoch sofort bei, daß dies nur die Regel sein kann, indem damit nicht ausgesprochen sein soll, daß alle bürgerliche und Strafsachen, auf welche Reichsgesetze anwendbar sind, schon deshalb in die höchste reichsgerichtliche Instanz gebracht werden dürfen; vielmehr wird dabei unterstellt, daß nach den sonstigen Bestimmungen des Prozeßrechts bezw. der Gerichtsorganisation die Voraussetzungen zur Einlegung des Rechtsmittels beim höchsten Gerichtshofe vorliegen.

Während die 4 Gutachten bezüglich der beiden ersten Sätze, wenigstens im Allgemeinen, übereinstimmen, weichen dieselben — wie Sie wissen und Ihnen heute wiederholt in Erinnerung gebracht, bei diesem dritten Satze von einander ab. Indeß steht hierwegen das Gutachten des Herrn Professor Zachariae, welcher unsere Frage von einem vorherrschend staatsrechtlichen Standpunkte auffaßt und dem obersten deutschen Reichsgerichte eine mehr nur öffentlich rechtliche Thätigkeit zugewiesen haben will, allein. Schon jetzt darf aber als gewiß angenommen werden, daß sowohl das deutsche Volk als die deutschen Regierungen so enge Grenzen dem deutschen Reichsgerichte nicht gezogen wissen wollen, und auch wir, meine Herren vom Deutschen Juristentag, werden uns damit nicht begnügen, ohne uns deßhalb mit Grund den Vorwurf einer unberechtigten unitarischen Tendenz machen zu lassen, es müßte denn sein, daß wir diesen Vorwurf schon gegen das Bestehen unseres Vereins als richtig anerkennen wollen.

Die Hinweisung auf die Entstehungsgeschichte und den starren Wortlaut des Artikel 4 der Reichsverfassungs-Urkunde, sowie auf den noch mangelnden Vollzug des Artikel 75 ist offenbar nicht stichhaltig; denn durch solche Erwägung müßte zum Voraus jeder noch so gerechtfertigte Versuch einer naturgemäßen Weiterentwickelung und Ausbildung unserer Rechtszustände abgeschnitten werden. Durch die inzwischen erfolgte Schaffung des Bundes — jetzt Reichs-Ober-Handelsgerichts, welches wahrlich nicht als unabänderliche Ausnahme, sondern nur als der erste Anfang eines weiteren Aufbaues betrachtet werden darf, ist von allen reichsgesetzgebenden Faktoren das Gegentheil bereits anerkannt, wie auch von der weiteren Behauptung, daß ein solches Organ für den politischen deutschen Gesammtkörper sich nicht eigne. Ebensowenig hat die bisherige Thätigkeit jenes deutschen Reichsgerichts — unbeschadet der Selbstherrlichkeit der deutschen Bundesstaaten — dem Ansehen ihrer obersten Gerichtshöfe irgend welchen Eintrag gethan.

Um Sie, meine Herren, hier nicht allzulange aufzuhalten, unterlasse ich es, all die einzelnen weiteren Bedenken dieses Herrn Gutachters, die theilweise auch aus den noch bestehenden Einrichtungen in den Vereinigten Staaten Nordamerikas (wo übrigens nach Abschnitt 2 des Art. III. der Verfassungs-Urkunde doch eine größere Anzahl von bürgerlichen Rechtsstreitigkeiten und in noch weiterem Umfange als nach Abschnitt V. der Deutschen Reichs-Verfassung vom 28. März 1849 dem obersten Gerichtshofe zugewiesen ist) und in der Schweiz abgeleitet sind, zu besprechen und möchte nur noch darauf aufmerksam machen, zu welch' wirklich bedenklichen Auskunftsmitteln der Herr Gutachter, nicht verkennend die Gefahr, daß die durch die Reichsgesetzgebung auf den fraglichen Gebieten bezweckte bezw. erlangte Rechtseinheit bei dem Bestehen verschiedener obersten Landesgerichte wieder durchbrochen werde, kommt, indem er hiefür die authentische Interpretation durch die Reichsgesetzgebung oder gar, auf Anlaß eines die Oberaufsicht führenden Bundesbeamten, die Erlassung bindender Präjudize durch den obersten Gerichtshof — obwohl dessen sonstige Thätigkeit doch nach Ansicht des Herrn Gutachters diesem Gebiete der Reichsgesetzgebung fast ganz fremd bleibt, vorschlägt; Mittel, welche sowohl nach der Gesetzgebungspolitik als nach wissenschaftlichen und praktischen Grundsätzen kaum empfehlenswerth sind.

Mit aller Ueberzeugung werden Sie, meine Herren, daher die gegen den aufgestellten Satz erhobenen Bedenken als unbegründet zurückweisen und sich vielmehr mit der darin niedergelegten Ansicht befreunden, von welcher auch die übrigen 3 Gutachten der Herren Bähr, Becker und Grodbeck ausgehen. —

In der That ist auch die Einheit des Gerichts, bestehend in einem obersten Gerichtshofe 3. Instanz, ein mit der Einheit des Gesetzes Hand in Hand gehendes Bedürfniß, und wird erst durch diese Verbindung die Einheit des Rechts auf dem gesammten Gebiete, worauf sich die gemeinsamen Reichsgesetze erstrecken, erreicht. Nur, wenn Sie diese Anschauung entschieden theilen, bleiben Sie treu den bisher vom Deutschen Juristentage erfolgten Erklärungen und festgehaltenen Grundsätzen. In dieser Beziehung erinnere ich Sie an die Verhandlungen und Aussprüche auf den beiden ersten Deutschen Juristentagen, indem dort in unserer Abtheilung, wie im Plenum der Bornemann'sche Antrag:

> „Zu einer Einheit in der Rechtsanwendung kann nur ein höchster Gerichtshof führen"

mit dem Zusatze:

> „es sei wünschenswerth, solchen sofort für das bereits bestehende gemeinschaftliche deutsche Wechsel- und das zu erwartende Handelsrecht einzuführen"

einmüthige Zustimmung erfahren hat.

Wenn damals noch von einer Seite hervorgehoben ward, daß zunächst eine Gleichartigkeit der Prozeßform und der Rechtsinstitute und dann erst ein einziger deutscher höchster Gerichtshof zu schaffen sei, so ist dieser Anstand nun glücklicherweise beseitigt, weil, soweit jetzt von Errichtung eines deutschen Reichsgerichts die Rede, dabei selbstverständlich vorausgesetzt wird, daß die Prozeßordnung eine durchaus gemeinsame und daß eine wenn auch nicht bis ins Einzelne vollständig, doch in den wesentlichen Grundlagen übereinstimmende Gerichtsverfassung alle deutsche Gerichte umfassen wird.

Bei diesem Anlasse möchte ich, falls aus Rücksichten auf die Geschäftsordnung oder warum sonst ein Wiederspruch nicht erfolgt — denn eine Debatte hierwegen will ich keineswegs herbeiführen — Ihrer Erwägung anheim stellen, ob wir an diesem Deutschen Juristentag die einmüthige Erklärung abgeben sollten:

> „Es möge dem deutschen Bundesrathe und Reichstag gefallen, sich über die gemeinsame bürgerliche Prozeßordnung möglichst bald zu einigen."

Meine Herren! Es sind nun 10 Jahre, seitdem an diesem Werke eine redliche deutsche Arbeit sich abmüht; auch unsere Verhandlungen haben klärend und fördernd eingewirkt. Jetzt liegt der fünfte Entwurf vor! Wie schon in den andern, so sind auch in ihm die wesentlichen Grundsätze, zu welchen der Deutsche Juristentag sich bekennt, aufgenommen und weiter durchgeführt. Mögen auch einzelne Vorschriften sich nicht sofort der allgemeinen Zustimmung erfreuen, so dürfen wir doch kaum hoffen, je ein solches Werk zu erreichen. Auch an einem weiter folgenden Entwurfe würden gewiß wieder manche Bemängelungen gemacht und doch ist es sicher, daß auch ein minder gutes Gesetz, angewendet von tüchtigen und redlichen Richtern und Anwälten, eine gute Rechtspflege gewährt. Meine Herren! lassen Sie uns stets nach dem Besten streben, aber auch mit dem Guten zufrieden sein, was wir erreichen können, wenn wir wollen.

Nach dieser kurzen Abschweifung, die Sie freundlich entschuldigen werden, gehe ich zu unserer eigentlichen Frage zurück und bemerke weiter:

Mit Anerkennung der allgemeinen Gründe für den aufgestellten Satz und beim Festhalten an den bisherigen Anschauungen des Deutschen Juristentages stehen wir zugleich auf dem Boden der Reichsgesetzgebung.

Dies ergiebt sich unzweifelhaft, wie schon aus den Motiven, so auch aus den weiteren Verhandlungen über das Gesetz vom 21. Juni 1869, die Errichtung des Bundesoberhandelsgerichts betreffend, an welches die erst damals noch gemeinsamen Gesetzen zur Entscheidung in oberster Instanz zugewiesen worden. Inzwischen, seit Erstehung des Deutschen Reichs, sind diese Gesetze Deutsche Reichsgesetze geworden, und ist ihnen eine Reihe anderer Gesetze auf den Gebieten, deren Pflege auch wir uns zur Aufgabe gemacht haben, gefolgt, vorzugsweise das Reichs-Straf-Gesetzbuch. Schon nach dem Wortlaute der Verfassungs-Urkunde Art. 4, Zff. 6, 9, 11, 12, 13 und 16 stehen noch weitere in Aussicht, z. B. über die Presse, und wenn nicht Alles trügt, werden auf die jüngsten denkwürdigen Verhandlungen über den Lasker'schen Antrag, welche die ganze deutsche Juristenwelt mit dem lebhaftesten Interesse und mit den besten Wünschen eines endlich glücklichen Erfolges begleitete, auch noch ernstliche Einleitungen zur gemeinsamen Gesetzgebung des gesammten bürgerlichen Rechtes getroffen.

Meine Herren! Nach dem Ihrer Zustimmung unterbreiteten Satze 3 soll das Deutsche Reichsgericht über die richtige Anwendung dieser Reichsgesetze seine letzte Entscheidung geben.

Indeß sind in der uns vorliegenden Frage auch noch die Landesgesetze erwähnt; hierwegen schlage ich Ihnen die Erklärung vor:

4. Das höchste Reichsgericht entscheidet über die richtige Anwendung auch solcher das Privatrecht betreffenden Landesgesetze, welche, vermöge ihres Geltungsbereichs und wegen der Wichtigkeit ihres Inhalts, durch ein Reichsgesetz demselben zugewiesen sind.

Auch hier erlaube ich mir zur Beseitigung jeglichen Mißverständnisses, wie zu Satz 3, die Bemerkung vorauszuschicken, daß damit nur diejenigen nach Landesgesetzen abzuurtheilenden Rechtsstreite an das höchste Reichsgericht gebracht werden sollen, welche gemäß den Vorschriften des Prozeßgesetzes bezw. der Gerichtsverfassung zur Verhandlung in 3. Instanz sich eignen.

Ueberdies wird Ihnen der Unterschied bezüglich des hier durch Landesgesetze geordneten Rechtsgebiets von den im Satze 3 noch weiter aufgenommenen Gebieten des Prozeß- und Strafrechts sofort auffallen; die beiden letzteren Gebiete sind hier nicht mehr erwähnt:

weil im Hinblick auf Reichsverfassungs-Urkunde Art. 4 Zff. 13 angenommen werden darf, daß das ganze gerichtliche Verfahren im Wege der Reichsgesetzgebung geregelt wird

und

weil vom Strafrechte nur die wichtigen und ein allgemeines Interesse darbietenden Materien, welche im Reichsgesetze behandelt sind, der einheitlichen Pflege des höchsten Reichsgerichts überwiesen werden sollten.

Einer Durchlöcherung des Reichsstrafrechts durch das Landesstrafrecht ist durch die Vorschriften in Reichs-Verfassungs-Urkunde Art. 4 und im Ergänzungs-Gesetze zum Reichs-Strafgesetzbuch §§. 2, 3, 5 genügend vorgebeugt.

Unter Landesgesetzen verstehe ich aber selbstverständlich sowohl geschriebenes als nicht geschriebenes Recht, jede Rechtsnorm, soweit sie nicht Reichsgesetz ist.

Für Satz 3 stimmten noch 3 Gutachten, für Satz 4 sind, schließlich im Allgemeinen, nur die beiden Gutachten der Herren Bähr und vorzugsweise Becker eingetreten. Die Herren Grodbeck und Zachariae gehen nicht so weit.

Nach der ganzen Richtung des Herrn Professors Zachariae ist dies erklärlich. Nach seiner Meinung eignet sich eine solch ausgedehnte Zuständigkeit des Reichsgerichts auf Landesgesetze, zu deren Kontrole über richtige Anwendung jedes Bedürfniß und Interesse, ja jeder plausible Grund mangele, nicht zu der politischen Gestaltung des Bundes bezw. Reiches. Insbesondere anerkennt er auch nicht die Statthaftigkeit hierwegen an die Thätigkeit des Reichskammergerichts, welches allerdings ursprünglich nur als Gerichtshof für Landesfriedensbruchsachen bestimmt war, aber doch bis zur Auflösung des Reiches als Bewahrer der Einheit des gesammten deutschen Rechtes galt, zu erinnern. Im Wesentlichen sind dies jedoch nur formelle Einwendungen, wogegen Sie, meine Herren, falls Sie sich zu Satz 3 bekennen, sich bereits ausgesprochen haben und scheint es mir, daß wir — ohne einen wahren, nicht blos scheinbaren Eingriff in die Landeshoheit der noch bestehenden Einzelstaaten uns zu erlauben und die eigentlich berechtigten Landeseigenthümlichkeiten zu verletzen, eher bestrebt sein sollten, zur Wiederrichtung eines deutschen Reichskammergerichts in seiner wahren, hohen Bedeutung und Gestaltung gemäß den heutigen Anschauungen und Bedürfnissen des deutschen Volkes beizutragen, als zur unabänderlichen Aufrechthaltung der Landesgerichte, sei es auch höchster Instanz, selbst in dem Umfange und den Gebieten, da das deutsche Reichsgericht mit Segen seine Thätigkeit entwickeln kann.

Mehr innere Gründe gegen die Ausdehnung der reichsgerichtlichen Zuständigkeit auch für Landesgesetze werden von den Herren Grodbeck und Bähr dahin geltend gemacht, daß mit der Einheit des Rechts auch die Einheit des Gerichtes seine Grenze finde, weshalb zur Wahrung der Rechtseinheit in Betreff von Landesrechten mit nur beschränktem Geltungsbereiche es eines Reichsgerichts nicht bedürfe; durch dessen weitere Zuständigkeit werde bei ihm eine erhebliche Geschäftsüberbürdung verursacht; eine nur örtliche und äußerliche Vereinigung der ohnedem mit den verschiedenen Landesgesetzen nicht gleichmäßig vertrauten Reichsrichter, welche in zahlreichen Abtheilungen die Arbeiten zu bewältigen hätten, gewähren eine richtige und wahre Rechtseinheit keineswegs, weshalb es sich eher empfehle, in den Einzelstaaten für ihre Landesgesetze besondere oberste Gerichte 3. Instanz beizubehalten.

Meine Herren! Eine gewisse Berechtigung liegt allerdings in diesen Bedenken; maßgebend sind sie meines Erachtens gleichwohl nicht.

Zunächst kann nicht als richtig anerkannt werden, daß nur der gehörige Vollzug der Reichsgesetzgebung das allgemeine Interesse errege und folgeweise die Thätigkeit der Reichsorgane veranlassen könne. Alles, was zum Schutze des innerhalb des Bundesgebiets giltigen Rechts sowie zur Pflege der Wohlfahrt des deutschen Volkes gereicht, nimmt jenes Interesse in Anspruch und zwar um so mehr, als die Wirksamkeit gewisser nur partikularrechtlicher Einrichtungen auf einem größeren Theil des Bundesgebiets sich erstreckt. Von dem hoffentlich nicht mehr fernen Zeitpunkte an, da wenigstens grundsätzlich das gesammte bürgerliche Recht Gegenstand der Reichsgesetzgebung sein wird, gewinnt jenes allgemeine Interesse mehr und mehr Stärke. Allerdings wird unser künftiges oberstes Reichsgericht — wie der französische Kassationshof — kein Organ der oberaufsehenden Gewalt des Staates, sondern gemäß den deutschrechtlichen Anschauungen ein eigentlich rechtsprechendes Gericht sein, damit ist aber nicht ausgeschlossen, daß ihm die Wahrung jenes allgemeinen Interesses in der ihm eigenthümlichen Weise übertragen wird. Was aber die befürchtete Ueberbürdung des Reichsgerichts betrifft, so kann auch diese uns nicht zurückschrecken vor Annahme des Ihrer Zustimmung unterbreiteten Satzes, d. h. wegen der überwiegenden, ich möchte sagen zwingenden Gründe der beantragten Zuweisung (welchen auch das Gutachten des Herrn Dr. Bähr erlegen ist) d. h. deßhalb, weil nicht alle sondern nur die für das Reich wichtigsten Landesgesetze diese Zuweisung erfahren sollen und weil durch besondere prozeßrechtliche, hier aber nicht weiter zu erörtende Bestimmungen jener Ueberbürdung und folgeweisen Zersplitterung der Arbeitseinheit vorgebeugt werden kann.

Indem ich Sie, meine Herren, zur weiteren Rechtfertigung des Satzes, daß auch die Entscheidung über die richtige Anwendung von nur Landesgesetzen dem deutschen Reichsgerichte zugewiesen werden sollte, auf die von den Herren Becker und Bähr dafür geltend gemachten Gründe verweise möchte ich Sie bitten, nur noch auf folgende weitere Punkte Ihr Augenmerk zu richten.

Ist auch im Hinblick auf die nur beschränkte Zuständigkeit des Reichsoberhandelsgerichts die Trennung der von ihm einheitlich zu pflegenden Rechtsgebiete vorläufig geboten gewesen, so bleibt sie doch eine künstliche Zerreißung von wahrlich nicht einzelnen sondern in einem natürlichen, organischen Zusammenhang untereinander stehenden Rechtsnormen. Das Handels- und übrige bürgerliche insbesondere Obligationen-Recht, innig miteinander verwachsen, können nur auf den gleichen Grundlagen des Rechts erstehen und gepflegt werden. Ein Blick in unser Handelsgesetzbuch weist manche Sätze auf, die nach einem geordneten Systeme, sei es in wissenschaftlichen Lehrbüchern oder in, das gesammte bürgerliche Recht umfassenden Gesetzbüchern sich im allgemeinen Theile oder in dem einen und andern Abschnitte des Gesetzes, insbesondere des Obligationenrechts an richtigerer Stelle vorfinden. So verhält es sich auch mit dem Rechtsprechen des obersten Gerichtshofes. Mögen auch die einzelnen Sachen oder auch nur die Beschwerde- (bzw. Oberberufungs-Oberrevisions)-Anträge vorzugsweise nur das Handelsrecht berühren, so werden doch in jedem Falle, auch nur abgesehen von Zwischenfragen, da es sich um die richtige Anwendung des Handelsgesetzbuchs handelt, auch Rechtsnormen, die ihre Quelle nicht ausschließlich in ihm, sondern im sonstigen bürgerlichen Landesrecht z. B. in dem gemischten deutschen Civilrechte nnd dem Code civil haben mitbenützt. Deshalb ist schon jetzt, wie bei Errichtung des Bundes-Oberhandels-Gerichts von einer Seite befürchtet worden, mindestens der Keim zu einer unheilvollen Zersplitterung des Privatrechts, welche sich in der Verschiedenheit der höchsten Instanzen ausprägt und gleichsam ihre dauernde Legalisirung findet, gelegt. Bei der erst kurzen Dauer der Thätigkeit des Reichsoberhandels-Gerichts und bei dem glücklichen Bestreben dieses Gerichtshofes, sowie der obersten Landesgerichte, den in der Sache selbst liegenden Zwiespalt nicht aufkommen zu lassen, hat sich zwar jene Befürchtung noch nicht bestätigt; wohl aber ist sie immerhin nicht unbegründet.

Am sichersten wird sie dagegen beseitigt durch die Verweisung der einheitlichen Anwendung und Auslegung des gesammten bürgerlichen Rechts an den höchsten deutschen Gerichtshof, wo alle Elemente und Stämme der bisher zersplitterten deutschen Rechtsanschauung gleichberechtigt zusammentreten und eine einheitliche nationale Pflege und Entwickelung des Rechts zum wahren Wohle der deutschen Wissenschaft und des deutschen Volkes wirksam wird. Bei aller Achtung vor dem Scharfsinne und der gewandten Dialektik der französischen Rechtslehrer und Richter, sowie vor dem wohlbegründeten Rufe des französischen Cassationshofes werden dann namentlich diejenigen deutschen Juristen, welche unter der Herrschaft des Code civil ihren Beruf erfüllen, sich diesem mit um so mehr Liebe und Freude widmen, wenn sie dabei die formelle höchste Autorität nicht mehr dort, sondern beim höchsten deutschen Gerichtshofe suchen und finden dürfen.

Mit dieser Verweisung wird aber noch der nicht hoch genug anzuschlagende Vortheil erzielt, daß, die Verwirklichung unserer Hoffnung auf die Einheit des gesammten bürgerlichen Rechts vorausgesetzt, dieser Gesetzgebung auf die zuverlässigste und zugleich einfachste Weise vom deutschen Reichsgerichte die besten Vorarbeiten regelmäßig geschaffen werden, und gelangen wir dann um so eher zu einem Ziele, das sich der möglichst allgemeinen Zustimmung erfreuen wird.

Endlich, meine Herren, tritt zu diesen innern Gründen noch der äußere, welcher darin liegt, daß ohne die Anerkennung unseres Satzes, da für nach

Reichsgesetzen abzuurtheilende Sachen jedenfalls eine 3. Instanz in das Reichsgericht zu verlegen und nicht alle nur nach Landesgesetzen zu entscheidenden Sachen auf 2 Instanzen zu beschränken sind, die einzelnen deutschen Staaten oder wenigstens eine Mehrheit von ihnen, theilweise gegen ausdrückliche Bestimmungen der betreffenden Verfassungsurkunden, genöthigt wären, eine Mehrheit von Gerichten höchster bezw. 3. Instanz beizubehalten und anzuerkennen; ein Mißstand, der auch aus Rücksichten auf den Kostenpunkt, überflüssigen Verbrauch, vielleicht auch Mangel von Arbeitskräften und nicht ausreichende Verwendung derselben sowie auf äußere Organisationsgründe thunlichst zu vermeiden ist.

Meine Herren! Wenn Sie hier noch die Statthaftigkeit und Zweckmäßigkeit der Verweisung der Entscheidung über die richtige Anwendung auch von Landesgesetzen vor das deutsche Reichsgericht im Allgemeinen anerkennen dürften, so fragt es sich nun, auf welche Landesgesetze jene Verweisung auszudehnen bzw. zu beschränken sei. Bei Beantwortung dieser Frage wird das allgemeine Interesse an einer einheitlichen Rechtspflege den richtigen Maaßstab bieten; es handelt sich vorzugsweise darum, die einzelnen Merkmale des allgemeinen Interesses zu bezeichnen.

Wie Ihnen bekannt, erblickt der neueste Entwurf ein solches in dem äußerlich erkennbaren Geltungsbereiche einer Rechtsnorm, je nachdem solcher mit dem Bezirke des Revisionsgerichts (der 2. Instanz für Urtheile von Collegialgerichten 1. Instanz) zusammenfällt oder sich über denselben hinaus erstreckt. Nur die Rechtsnorm der letztern Art sollen noch einer Prüfung durch das deutsche Reichsgericht unterworfen werden können, die der erstern Art aber davon ausgeschlossen sein. Der Entwurf hat dabei die Geltungsbereiche des gemeinen deutschen Civilrechts, des Code civil und des preußischen Landrechts vor Augen. Dieser Ansicht schließt sich auch das Gutachten des Herrn Bähr an, während dasjenige des Herrn Becker noch weitere Landesrechte hier aufzählt.

Jedenfalls wird soviel gewiß sein, daß nicht alle Landesgesetze — insbesondere diejenigen nicht, welchen nur ein kleiner Geltungsbereich zukömmt, hierher gerechnet werden dürfen, und daß diejenigen, deren Pflege dem höchsten Reichsgerichte anvertraut werden soll, durch bestimmt zu bezeichnende äußere Merkmale hervorzuheben sind. Dies mag durch deren ausdrückliche Benennung oder in der durch den Entwurf vorgeschlagenen Weise im betreffenden Einführungsgesetze oder in dem Abschnitte über die Rechtsmittel, geschehen. Um uns nun bei Ermittelung der richtigen Grenzbezeichnuug nicht in's Einzelne zu verlieren, wobei es insbesondere auch nahe liegen würde, mit Beispielen zu belegende Bedenken gegen den Vorschlag im Entwurfe vorzutragen und die wesentlich einwirkende Structur des Verfahrens 1. und

2. Instanz zu erörtern, erlaube ich mir, Ihnen die allgemeine Fassung des Satzes vorzuschlagen.

Meine Herren! Indem ich Sie um freundliche Nachsicht bitte, daß ich so lange schon Ihre Aufmerksamkeit in Anspruch genommen, habe ich die Ehre Ihrer Zustimmung folgendes zu unterbreiten:

Die IV. Abtheilung des deutschen Juristentages erklärt wiederholt:

1. Es soll ein höchstes Reichsgericht (in Deutschland) bestehen;
2. Das Rechtsmittel, welches die Thätigkeit des höchsten Reichsgerichts eröffnet, bezweckt dessen Entscheidung über die richtige Anwendung des Gesetzes;

und spricht ferner als ihre Ueberzeugung aus:

3. Ueber die richtige Anwendung von Reichsgesetzen, soweit solche auf den Gebieten des Privat-Prozeß- und Strafrechts erfolgen, entscheidet in letzter Instanz das höchste Reichsgericht;
4. Das höchste Reichsgericht entscheidet über die richtige Anwendung solcher das Privatrecht betreffenden Landesgesetze, welche vermöge ihres Geltungsbereichs und wegen der Wichtigkeit ihres Inhalts durch ein Reichsgesetz demselben zugewiesen sind.

Nach einer kurzen Erörterung wird beschlossen, daß eine gesonderte Diskussion über die einzelnen Thesen des Referenten nicht erfolgen, sondern die Debatte alle gleichzeitig umfassen soll.

Correferent Professor Dr. **Gneist**: Ich bin im Allgemeinen mit den Ansichten des Herrn Berichterstatters einverstanden, und glaube, daß der Schwerpunkt in dem Schlußantrag liegt. Ich wünschte eine etwas einfachere Fragestellung, vielleicht eine einzige Resolution.

Ueber zwei Punkte, wenn ich nicht irre, können einige Meinungsverschiedenheiten vorhanden sein. Das Eine ist, daß das künftige Reichsgericht die Kompetenz über alle Reichsgesetze haben muß. Ich glaube, an eine reale, durchgreifende Geltung der Reichsgesetzgebung kann man nicht denken, wenn man nicht das ganze Gebiet der Reichsgesetzgebung an eine einheitliche höchste richterliche Behörde giebt.

Auf der andern Seite hat die herrschende Ansicht kaum etwas dagegen, bloße Provinzial- und Lokalrechte in den höchsten Gerichtshof nicht hineinreichen zu lassen. Man kann darüber freilich verschiedener Meinung sein. Will man die Lokalrechte organisch fortbilden, dann wäre es recht wünschenswerth, sie dem obersten Gerichtshofe zuzuweisen. Will man sie absterben lassen, so hat man nichts dagegen, daß sie eine etwas unvollkomnene höchste Instanz haben. Die praktischen Erfahrungen des preußischen Obertribunals zeigen aber, daß, wenn wir den höchsten Gerichtshof mit Provinzial- und Lokalrechten beschweren, die daraus erwachsenen Uebelstände den höchsten

Gerichtshof nahezu erdrücken. Er würde außer Stand gesetzt, seine wirkliche Aufgabe zu erfüllen, wenn die Ueberschüttung mit diesen Rechten aus dem ganzen Reich auf ihn drückt.

Der Schwerpunkt des ganzen Streits dagegen liegt wohl in der Frage: wo soll die höchste Instanz liegen über das bisherige gemeine Recht, das preußische Recht, das französische Recht und analoge allgemeinere Rechtsbildungen? Mit anderen Worten: Die höchste Rechtsprechung über die Bildungen, aus deren Verschmelzungen das künftige gemeine deutsche Recht hervorgehen muß, — über Elemente, die wir dabei berücksichtigen müssen, weil sie wohlbegründete Ansprüche auf Berücksichtigung in dem Verschmelzungsprozeß haben. Nun, meine Herren, Alle, die wir nach verschiedenen Rechtssystemen entscheiden müssen, kennen die unermeßliche Schwierigkeit dieses Prozesses der Konsolidirung. Nach den Erfahrungen unserer höchsten Gerichtshöfe ist der erste Schritt dazu das Zusammenrücken des Personals. Das Personal muß erst mit einander arbeiten lernen, sich der Gegensätze und der Uebereinstimmung in diesen großen Bildungen bewußt werden, um dadurch die soliden Vorarbeiten für die verschmelzende Gesetzgebung zu gewinnen. Wir kommen sonst in einen circulus vitiosus. Von welchem Organ sollen denn die legislatorischen Entwürfe ausgehen? Wenn man nicht willkürlich durchschneiden will, so muß man auf das dringendste wünschen, daß die angesehensten Juristen jeder Gruppe in persönlicher Zusammenarbeit sich ihrer Uebereinstimmung oder ihrer Gegensätze bewußt werden. Ich betrachte das Zusammenrücken auch in verschiedenen Senaten als keine gleichgültige Vorbereitung und glaube, man wird mit Vorsicht allmälig die Mischung der verschiedenen Elemente fortsetzen müssen.

Sodann glaube ich, daß alle diese Rechtsbildungen ihre höchste Instanz in einem Gerichtshof werden finden müssen, weil es in anderer Weise unmöglich sein wird, dem Reichsgericht die nöthige Autorität und die nöthige Formation zu geben. Wir kommen sonst zu einem Stückwerk, bei dem das Reichsgericht und die Oberappellationsgerichte in einer gegenseitigen Verkümmerung bestehen würden. Bedenken Sie ferner, daß die Einheit der Civilprozeß- und Criminalprozeßgrundsätze es jedenfalls bedingt, daß für diese Fragen die höchste Instanz im Reichsgericht für alle Länder liegt. Nehmen Sie an, die hervorragendste Bildung eines Oberappellationsgerichts, das preußische Obertribunal mit etwa 50 Mitgliedern, würde neben diesem Reichsgericht fortbestehen als Gerichtshof letzter Instanz mit der Kompetenz für preußisches, gemeines und französisches Recht. Es wäre das extensiv und intensiv, ein Körper, der vollkommen dualistisch dem Reichsgericht gegenüber stände, sowohl durch die Universalität seiner Aufgaben, wie durch die Kompetenz über eine Bevölkerung von 25 Millionen. Das Obertribunal würde auf Kosten des Reichsgerichts, das Reichsgericht auf Kosten des Obertribunals bestehen. Wahrhaftig, dieser Dualismus wäre nicht die Form, in der wir zu einem einheitlichen Recht zurückkehren können. Ich glaube, wir in Preußen gerade müssen vorangehen, die Bildung eines besonderen Oberappellationsgerichtes aufzugeben und dieselbe in das Reichsgericht aufgehen zu lassen.

Wir kennen freilich die Bedenken, die gegen diese scheinbar schneidende und weitgehende Formation bestehen. Es sind die Bedenken, daß dabei unsere historischen Rechtsbildungen geschädigt würden, sowie politische Bedenken gegen eine übertriebene Centralisation.

Was das Erstere betrifft, so berufe ich mich getrost gerade auf unsere historischen Hergänge. Unser Rechtszustand in der besten Periode seiner Fortbildung hatte jenen Charakter eines einheitlichen Oberappellationsgerichts, und doch gerade in der Blüthezeit des höchsten Reichsgerichts bestand diese einheitliche Rechtsprechung mit einer Selbstständigkeit der Kurfüsten, Fürsten und Herren, wie sie der blühendste Partikularismus nicht weitergehend verlangen kann. Umgekehrt war das Losreißen vom Reichsgericht der sichtbare Schritt zur Entartung unserer politischen, wie unserer Rechtsverhältnisse. Wir können nach unserer Vergangenheit getrost behaupten: soviel Centralisation kann ein gesundes deutsches Leben ertragen, um den Knochenbau seines Rechts in einem Reichsgericht zusammen zu fassen.

Was sodann die politische Frage betrifft, so drehen wir uns um das bekannte Mißverständniß von Centralisation. Die Centralisation, die wir verabscheuen, ist die Centralisation der Verwaltung mit ihren diskretionären Befugnissen, Präfekten und Unterpräfekten. Dagegen die untrennbare Einheit gemeinsamer Gesetzgebung und Rechtsprechung in einer Centralstelle ist vielmehr die gesunde Grundlage der Decentralisation der Verwaltung. Gerade mit der einheitlichen Gesetzgebung, mit dem einheitlichen Reichsgericht besteht unter den heutigen Verhältnissen die gesunde Selbständigkeit der inneren Verwaltung des einzelnen Staates, die auch ich konserviren will, am besten. Gerade damit besteht auch eine Selbstständigkeit der Rechtsprechung in Provinzial- und Lokalgerichten. Umgekehrt kommen wir mit einer Masse von Oberappellationsgerichten, die bunt neben einander gruppirt werden sollen, wieder zu einem neuen Element der Verknöcherung und gegenseitigen Absperrung des Rechts. Ich betrachte gerade die einheitliche Rechtsbildung und Rechtsprechung als nothwendiges Schutz- und Schirmdach über der Selbstständigkeit der Einzelverwaltung.

Ich will freilich das anerkennen: dem Schulbegriff des „Bundesstaates" entspricht diese Bildung nicht ganz; aber wir haben in Deutschland nie den regelrechten Schulbegriff von Bundesstaat, sondern ein deutsches

„Reich" gehabt, und alle Mühe ist vergeblich gewesen, unsere heutige Verfassung auf diesen bisher abstrahirten Begriff zurückzubringen. Ich gestehe aber, es ist mir völlig einerlei, ob der Begriff schulgerecht ist oder nicht. Wenn der Berg nicht zum Propheten kemmt, so wird der Prophet zum Berge kommen. Man wird künftig sagen, das ist eben der gesunde Begriff von „Bundesstaat", wie er sich aus den Verhältnissen des deutschen Lebens herausgestaltet halt. Unsere heutige Reichsverfassung wäre kaum lebensfähig, wenn wir versucht hätten, den Schulbegriff darauf anzuwenden. Wir haben aber Jahrhunderte lang die Einheit der Privatgesetzgebung gehabt mit einer sehr gesunden und sogar mit einer sehr weit gehenden Selbstständigkeit der Einzelstaaten.

Sie sehen, ich bin in der Tendenz mit dem Herrn Collegen v. Stößer einverstanden. Mir scheint aber die Fragestellung zu complicirt, und sodann scheint mir der vierte Punkt zu formal. Wenn nur solche Landesgesetze vor das höchste Gericht gehören sollen, die „durch die Reichsgesetzgebung überwiesen werden," so kommen wir wieder auf die Frage, was soll die Reichsgesetzgebung überweisen? Ich hätte den Wunsch, dies sogleich klar auszusprechen: das künftige Reichsgericht ist zu konstituiren als höchster Gerichtshof nicht nur über die Reichsgesetzgebung, sondern auch über das Geltungsgebiet des gemeinen Rechts, des preußischen Rechts, des rheinischen Rechts und der gleich bedeutenden allgemeinen Gesetze und Rechtsbildungen, die über die Bedeutung eines bloßen Provinzial- und Lokalrechts hinausgehen. Ich werde versuchen, mich mit dem Herrn Referenten über eine Fassung zu verständigen. (Beifall).

Reichsoberhandelsgerichtsrath Dr. Puchelt (Leipzig): Hochverehrte Herren! Ich möchte bezüglich des ersten Satzes, den Herr von Stößer Ihrer Billigung anempfohlen hat, mir einige Bemerkungen erlauben. Der Herr Referent sowie der Herr Correferent sind darüber einig, es soll ein höchstes Reichsgericht sein; es ist aber weder von dem einen, noch von dem andern Herrn erwähnt worden, daß man beabsichtige, (was wenigstens als ein Gerücht in Deutschland geht,) das Reichsoberhandelsgericht in seiner jetzigen Gestaltung als Spezialgerichtshof fortbestehen zu lassen und daneben für die übrigen Angelegenheiten einen weiteren höchsten Gerichtshof zu gründen. Hoffentlich ist das Gerücht ein unbegründetes, denn daß eine derartige Bildung eine Mißbildung wäre, dürfte wohl kaum einem Zweifel unterliegen, und ich in der Stellung, die ich jetzt bekleide, kann wohl aus der Erfahrung sagen, es wäre das der Tod dessen, was wir suchen — einer wirklich allgemeinen deutschen Rechtsbildung.

Ich wollte nur diesen Punkt hiermit erwähnt haben, damit ein entschiedenes Veto gegen derartige Gedanken eingelegt wird.

Ich wende mich sodann zu dem vierten Punkt. Allerdings entbehrt die

Versammlung zur Zeit noch des formulirten Antrags des Herrn Correferenten; in dieser Richtung wird es mir daher etwas schwer, meinen Antrag zu begründen. Wenn ich Herrn von Stößer richtig verstanden habe, so lehnt derselbe sich im Wesentlichen an Das an, was der Entwurf einer neuen Civilprozeßordnung gebracht hat. Er hat sich dahin ausgedrückt, es sollen zur Kompetenz des obersten Gerichtshofs solche Landesgesetze gehören, welche wegen ihrer Wichtigkeit oder Ausdehnung durch die Reichsgesetzgebung dahin gewiesen werden. Voraussichtlich würde das zu nichts Anderem führen, als daß der Gedanke, welchen uns die Motive zur Civilprozeßordnung andeuten, praktisch wird; es würde, mit anderen Worten, das oberste Reichsgericht beschränkt werden auf unser gemeines Recht, auf das preußische allgemeine Landrecht und auf den code civil. Herr Professor Gneist hat etwas Weiteres dazugefügt; was ich jedenfalls von meinem Standpunkt aus dankbarst acceptire. Er sagt, es sollen auch diejenigen Rechtsbildungen dazu genommen werden, die nur — wenn ich ihn richtig verstanden habe — als Modificationen der vorgenannten 3 großen Gruppen von Gesetzen erscheinen. Aber auch in dieser weiteren Ausdehnung scheint es mir großen Bedenken zu unterliegen.

Wo ist die Grenze? Wo ist die Möglichkeit der Unterscheidung? wo können wir sagen: das gemeine Recht hört auf und das preußische allgemeine Landrecht fängt an? Wo können Sie mit Bestimmtheit sagen: der code civil kommt zur Anwendung oder eine andere Rechtsnorm? Es ist in meinem eigenen kleinen Vaterlande eine wunderliche Lage. Wir besitzen im Großherzogthum Baden ein Landrecht, welches eine Uebersetzung des code civil ist, aber eine Uebersetzung so eigenthümlicher Art, daß häufig die wichtigsten Veränderungen in der Form einer Uebersetzung beigefügt sind. Nun wird sich Baden nach seiner ganzen Tendenz unmöglich ausschließen lassen wollen von dem obersten Reichsgericht. Wie sind nun diese Schwierigkeiten zu lösen? Herr von Stößer sucht sie dadurch zu umgehen, daß er eine sehr allgemeine Form gewählt hat. Aber mit dieser allgemeinen Form, sagt Herr Gneist mit Recht, überlassen wir eigentlich der Reichsgesetzgebung die Hauptsache. Aber wieweit soll man mit dem Landrecht gehen? Will man konsequent sein, so muß man sagen: alle Landrechte sind Gegenstand des Reichsgerichts. Die Bedenken, die man anführt, kann ich nicht theilen. Haben wir denn eine geringere Idee von der deutschen Arbeitskraft, als unsere Nachbarn über dem Rhein es leisten? Man hatte in Frankreich für 40 Millionen einen Kassationshof. Können wir das nicht leisten mit deutscher Arbeitskraft, was drüben geleistet worden ist?

Also das Bedenken einer Ueberbürdung des höchsten Gerichtshofes ist meines Erachtens kein wohl begründetes. Man sagt, historische Rechtsbildungen werden dadurch unterbrochen, von denen manche einzelne werth sind, daß man sie erhält. Wenn sie das werth sind, so wird auch das künftige oberste deutsche Reichsgericht sie nicht tödten; sie werden leben und nur das, was nicht lebenswürdig ist, wird untergehen. Was untergeht verdient den Untergang. Ich kann also auch dieses Bedenken nicht theilen. Entgegnet man, partikulare Neigungen und Gelüste streben dagegen, so kann ich mich auf die Worte des Herrn Vorredners beziehen, der ja gesagt hat, uns Preußen geziemt es, voranzugehen mit einem großen Beispiel. Wenn Preußen das große Beispiel giebt, dann darf auch Schwabenland das kleine Beispiel geben, daß es sich dem Reichsgericht unterordnet.

Ich resumire daher meinen Antrag. Indem ich wiederholt den Protest, soweit meine schwache Stimme dringt, heraushebe gegen den unglückseligen Gedanken einer Beibehaltung des Reichs-Ober-Handels-Gerichts neben dem obersten Gerichtshof, stelle ich den Antrag:

„es soll die Kompetenz des obersten Reichsgerichtshofs ohne Unterschied zwischen Landes- und Reichsgesetzen auf den allgemeinen Voraussetzungen einer Revisionsinstanz gebaut werden.“ (Beifall.)

Regierungsrath **Hornbostel** (Gotha): Im Wesentlichen vollständig einverstanden mit dem letzten Herrn Redner, glaubte ich einen Antrag einbringen zu sollen, welcher folgendermaßen lauten würde:

Der Juristentag erklärt:

Die Bestimmung der Alinea 2 des § 498 des Entwurfs der deutschen Civilprozeßordnung ist nicht annehmbar, weil dieselbe

1. Zu einer Rechtsungleichheit innerhalb des Gebietes des deutschen Reiches führt,
2. Den beabsichtigten Erfolg — Verhütung einer Ueberbürdung des höchsten Gerichtshofs — nicht erreicht.

Ich hatte nämlich geglaubt, daß es eigentlich mehr in der Aufgabe des Juristentags läge, zunächst ein negatives Votum abzugeben. Ich glaube nicht, daß in dieser so außerordentlich difficilen Frage es möglich sein wird, daß der Juristentag eine Formulirung findet, die gegen Anfechtungen sicher zu stellen ist. Der Herr Correferent hat seinen Antrag bis jetzt nicht formulirt, offenbar doch auch in dem Gefühle der außerordentlichen Schwierigkeiten der Formulirung. Ich bin für meine Person in vielen Beziehungen mit dem Herrn Correferenten einverstanden; ich glaube aber, wir kommen auf dem Wege, den er angedeutet hat nicht zum Ziele, weil ich glaube, es läßt sich eine Präcisirung überhaupt nicht machen, ohne Rechtsungleichheiten herbeizuführen, die auf die Dauer unerträglich werden. Es ist sehr schwer, diesen Gegenstand mit wenigen Worten zu behandeln und zu vielen Worten ist die Zeit hier nicht gegeben. Aber, meine Herren, ich möchte Sie noch auf einige ganz wenige Gesichtspunkte aufmerksam machen.

Wir wollen einmal ein ganz einfaches Beispiel nehmen. Irgend eine bergrechtliche Frage, die in Preußen vorliegt, würde unter Umständen an den höchsten Gerichtshof kommen, weil das preuß. Berggesetz jedenfalls zu den Gesetzen gehört, die — mag die Sache formulirt werden wie sie will — jedenfalls an das Reichsgericht gehören. Da entscheidet also schließlich das Reichsgericht die und die Frage so und so, weil eben das preußische Berggesetz über den Geltungsbereich einer großen Zahl von Appellationsgerichten hinausgeht. Ganz das gleiche Gesetz haben wir nun in einer Reihe deutscher Kleinstaaten auch, aber nicht als Preußisches Berggesetz, sondern als Meininger, Braunschweigisches u. s. w. Diese Gesetze würden nie an das Reichsgericht kommen können, weil sie eben nach dem allgemeinen Grundsatz des § 498 sich über den Geltungsbereich des Appellationsgerichts nicht hinausstrecken. Wir würden also hier verschiedene Instanzen haben, die die letzte Entscheidung über genau dieselbe Rechtsfrage abgeben. Meine Herren, es muß das zu einem unleidlichen Zustand führen. Ich glaube, wir werden dergleichen Beispiele viele haben. Wie viele Kleinstaaten Deutschlands haben ihre Gesetzgebung aus anderen, z. B. ihre Partikularrechte in vielen Beziehungen aus dem allgemeinen preußischen Landrecht genommen. Das allgemeine preußische Landrecht wird also nun dem Reichsgericht zugewiesen; es stellt also danach die und die Entscheidung fest. Ganz dieselbe Rechtsnorm haben wir in den Kleinstaaten, aber nicht auf Grund des Landrechts, sondern auf Grund von Partikulargesetzgebungen, die wir dort durch das Appellationsgericht entscheiden. Wir haben also verschiedene Entscheidungen über ganz dieselbe Rechtsnorm da und da. Meine Ueberzeugung ist, wir kommen nicht zu einem gedeihlichen Rechtszustand, wenn wir nicht vollständig darüber klar werden, entweder — oder. Das Reichsgericht muß entscheiden in allen Rechtssachen ohne Ausnahme und man mag die Ueberbürdung dadurch abschneiden, daß man überhaupt eine höhere Summe für diese Revisionsinstanz festsetzt; man mag sagen, es kommt keine Beschwerde hin, die nicht den Werth von 500 Thalern hat. Wir müssen also sagen: Das Reichsgericht ist nur competent für Reichsgesetze und deren Verletzung oder, es ist auch kompetent bei Verletzung von Landesgesetzen. In dieser Alternative müssen wir uns bewegen, wenn wir zu einer gedeihlichen Entscheidung kommen wollen. Ich glaube, daß ein Ausspruch in negativer Richtung der einfachste insofern ist, als wir damit aussprechen, der Weg, der jetzt gegangen wird, ist nicht richtig und als wir den competenten Stellen überlassen, einen andern zu suchen.

Dr. **Mayersohn** (Aschaffenburg): Ich schließe mich vor Allem der Ansicht des Herrn Oberhandelsgerichtsrath Puchelt an. Ich mache den Vorschlag, es sei das Reichsgericht kompetent, zu entscheiden über alle privatrechtlichen, handelsrechtlichen und strafrechtlichen Fälle. Die Hindernisse, die der Annahme einer solchen Kompetenz entgegenstehen sollen, sind: ein solcher Gerichtshof könne die Arbeit, die ihm vorgelegt werde, nicht überwältigen, er würde erdrückt werden; es sei den Mitgliedern dieses obersten Gerichtshofs nicht möglich, von den einzelnen Provinzialrechten Kenntniß zu haben: es würden auch die Fortschritte in diesen einzelnen Provinzialrechten gehemmt; sie könnten sich nicht weiter fortbilden. Meine Herren, das sind alles Gründe, die meiner Ansicht nach uns nicht veranlassen können, von dem Prinzip abzugehen, welches allein in den Grundzügen, die sich der Juristentag von jeher vorgesetzt hat, begründet ist. Wir sind endlich soweit, daß wir in Deutschland einig sind; an uns ist es, diese Einigkeit fester zu kitten, fester zu schmieden, und jeder Jurist kann mit seinem Hammer tüchtig drauf klopfen und beitragen, daß die Reife so fest als möglich sein werden: die finanziellen Verhältnisse, daß der Gerichtshof soviel koste u. s. w., liegen uns ganz ferne; wir haben lediglich darüber zu entscheiden, daß der Reichsgerichtshof über sämmtliche von mir bezeichneten Rechte zu entscheiden hat. Er wird eine Rechtseinheit schon herbeizubringen wissen; er wird diese Klippen, die sich ihm entgegenstellen, zu beseitigen wissen; er wird sich namentlich von jenen einzelnen Provinzialrechten Kenntniß zu verschaffen wissen. Es ist ja bei den einzelnen Landesobergerichten bis jetzt nicht besser geangen; sie mußten sich ja auch in die einzelnen Provinzialrechte hereinfinden. Wenn Sie einen Begriff davon bekommen, wie in einzelnen deutschen Ländern eine Anzahl von Provinzialrechten besteht, wenn Sie die Zahl hören, die in einem kurzen Landstrich sich zusammendrängt, dann werden Sie wohl begreifen, wie man sich solche Mühe geben kann, wie man mit Begeisterung darauf hinarbeiten will, daß endlich einmal dieser ganz erbärmliche Zustand aufhören wird. Es wird auch ein weiterer Ansporn dafür gegeben werden, daß endlich einmal das Werk der deutschen Civilprozeßgesetzgebung energischer betrieben und zu Ende geführt wird. So lange die Noth nicht an den Mann geht, so lange wird die Arbeit nur immer gründlicher und langsamer betrieben; es werden immer neue Entwürfe gemacht, und so lange die Noth nicht drängt, wird dem neueren Entwurf wieder ein neuester auf der Ferse folgen. Haben wir einen obersten Gerichtshof, so wird dieser schon so drängen, daß wir es am Ende nicht mehr nöthig haben, auf Einführung eines Gesetzes hinzuarbeiten. Wir werden auch mit all' jenen Begrenzungen, die man bis jetzt aufgestellt hat, nicht zum Ziele kommen können. In dem neuen Prozeßentwurf heißt es: „alle jene Provinzialrechte, welche über den Bezirk jenes obersten Gerichtshofes hinausgehen."

Unser sehr verehrter Herr Präsident Gneist hat heute eine andere Definition angedeutet, aber noch nicht wirklich gegeben. Es soll die Kompetenz sich erstrecken auf alle jene Rechte, welche über den Begriff des Provinzialrechts hinaus gehen. Meine Herren! was ist der Begriff eines Provinzialrechts? was sind Landesrechte im Sinne des neuen Entwurfes? Erlauben Sie mir ein kleines Beispiel aus meiner Gegend anzuführen. Das österreichische Landrecht, das österreichische Civilgesetzbuch von 1811, ist das ein Provinzialrecht? geht das über den Begriff eines Provinzialrechts hinaus? erstreckt sich das über den Gerichtssprengel? Und dennoch gilt es in einem bayerischen Kreise? Was ist von unserem Standpunkt aus das preußische Landrecht? Auch das gilt bei uns in einigen Orten. Ist das Provinzialrecht nach unserem Begriff? Wir haben da das Mainzer Landrecht, das aber in Mainz nicht gilt, wohl aber bei uns; es gilt in Bayern, in Preußen, nämlich in Kurhessen, es gilt in Hessen, im Rheingau. Ist das ein Provinzialrecht oder ein Reichsgesetz? Es geht über mehrere Bezirke hinaus. Dazu kommt das Fuldaer, das Katzenellenbogener Landrecht u. s. w., ich will diese Rechte nicht aufzählen und Sie nicht mit dieser Musterkarte behelligen. Wenn wir den Grundsatz nicht allgemein so aussprechen, wie es Herr Reichsoberhandelsgerichtsrath Puchelt gethan hat, so kommen wir nicht darüber hinaus, denn alle diese Bestimmungen werden am Ende so unbestimmt und unklar sein, daß selbst über die Kompetenz wieder so viele neue Prozesse entstehen, daß der oberste Gerichtshof viel zu thun haben wird, um lediglich die Kompetenz zu bestimmen. Damit bin ich aber nicht einverstanden, daß man diese Kompetenz, um dem obersten Gerichtshof nicht zu viel Last aufzuladen, so sehr beschränken soll, so wenig ich auch geneigt bin, wie einer der Herren Gutachter es gethan hat, gehörige Frivolitätsstrafen anzusetzen; denn das sind Mausefallen, womit man die Leute hereinlockt. Das ist meines Erachtens weder wissenschaftlich noch praktisch gerechtfertigt. Ich werde meinen Antrag:

> Die Entscheidung über die richtige Anwendung der Gesetze des gesammten Deutschen Privat-, Handels-, Wechsel- und Strafrechts, sowie der Civil- und Strafprozeßgesetze steht dem höchsten Reichsgerichte zu;

später übergeben und ersuche Sie, demselben beistimmen zu wollen.

(Schluß der Sitzung: 1 Uhr Mittags.)

Zweite Sitzung der vierten Abtheilung am 29. August 1872.

(Beginn: Nachmittags 3 Uhr.)

Präsident: Ich ertheile zunächst das Wort Herrn Reichsoberhandelsgerichtspräsidenten Dr. Drechsler.

Dr. **Drechsler:** Meine Herren! Ich habe als Mitglied einer Gesetzgebungs-Kommission Gelegenheit gehabt, die Frage, die heute den Juristentag beschäftigt, umständlich erörtern zu hören. Ich könnte Ihnen erzählen, wie allmählig die Ueberzeugung durchdrang, daß eine einheitliche Rechtsentwickelung und Erhaltung eines einheitlichen Rechts nur möglich ist, wenn ein höchster Gerichtshof entscheidet über alle Streitigkeiten des Privatrechts, ohne irgend eine Ausnahme. Diese Ansicht drang allmählig in der Kommission für Entwerfung des Prozeßgesetzes des Norddeutschen Bundes durch. Es ist dieser Gesetzesentwurf, an dem ich mitzuarbeiten die Ehre gehabt habe, zurückgelegt und unter Benutzung der wesentlichen Grundlagen desselben ist ein neuer Gesetzesentwurf für das deutsche Reich ausgearbeitet. — Und nun ist zum erstenmale die Beschränkungsfrage in Bezug auf die Kompetenz des höchsten Gerichtshofes in Erwägung gekommen, nicht als eine Frage der Rechtsgesetzgebung, wie ich überzeugt bin, — ich will die Gründe, die mich zu dieser Ueberzeugung bestimmt haben, hier nicht ausführen — sondern als eine Frage der Politik, indem die leitenden Persönlichkeiten, welche die Aufgabe haben, den neuen Gesetzentwurf im Reichstage zu vertreten, glaubten, daß es unmöglich sei, die von ihnen selbst vielleicht für richtig gehaltenen Ideen der alten Prozeß-Kommission durchzuführen. Und warum? Weil diese Frage zusammenhängt mit der Gerichtsorganisation und weil die deutschen Souverainetäten der Meinung sind, daß eine Beschränkung der Souverainitätsrechte in Bezug auf die Justizhoheit ein großes Unglück für die einzelnen Staaten sei. Diese Ansicht mag politisch diesen oder jenen Mann bestimmen; ich glaube aber, für unsere Versammlung ist nur dann die Nothwendigkeit gegeben, eine Beschränkung eintreten zu lassen, wenn wirklich Gründe der eigentlichen Zweckmäßigkeit im juristischen Sinne, wenn wirklich Rechtsgründe uns bestimmen, wenn die Zwangslage eine solche ist, daß wir uns sagen müssen, das Ideal, dem wir selbst nachstreben, welches wir für das Beste und Vollkommenste halten, ist im Augenblick nicht zu erreichen. Ich glaube nun aber, die Lage ist so verzweifelt nicht. Lange Erwägungen haben mich zu dieser Ansicht allmählig hinüber geführt, und wenn ich heute diese Ansicht bestätige, so hat ein aus Gründen politischer Nothwendigkeit geschaffenes Institut den Beweis geliefert, daß man ohne alle Beschränkung auch die Entscheidung über Partikularrechte einem höchsten Reichsgerichtshof überlassen kann, ohne Gefahr zu laufen, daß die Partikularrechte verkümmert werden.

Man stiftete das Institut des Bundesoberhandelsgerichts, jetzt Reichsoberhandelsgerichts und die Gründe, die die Gegner gegen die Errichtung dieses Instituts vorbrachten, waren ganz dieselben, die Sie hier gehört haben: es sei ganz unmöglich, daß das Oberhandelsgericht im Stande wäre, Fragen des Partikularrechts zu lösen. Diese Gründe sind meisterhaft in einer Denkschrift des Obergerichts zu Hamburg auseinandergesetzt und ich habe nichts gehört, was dort nicht schon ausführlich vorgetragen wäre. Man achtete auf diese gewiß sehr vernünftigen und dem praktischen Leben entnommenen Gründe aber nicht, weil man das Institut schaffen wollte. Nun ist aber der Beweis, wie ich glaube, nach einer zweijährigen Wirksamkeit des Gerichtshofes geführt, daß man es immerhin wagen kann, dem deutschen Reichsgericht die Fragen des Partikularrechts, die Entscheidungen selbst über Provinzialrechte und über die Streitigkeiten auf Grund der Provinzialrechte zu übertragen. Meine Herren, glauben Sie doch nicht, daß wir, wenn wir auch nur auf die Handelssachen angewiesen sind, blos nach den Reichsgesetzen zu entscheiden haben. Nach dem Antrage des Herrn von Stößer — wenn derselbe auf das Reichsoberhandelsgericht übersetzt würde — würde die Competenz desselben so lauten: Das Reichsoberhandelsgericht hat in Handelssachen zu entscheiden, insoweit sich diese Entscheidung auf die Reichsgesetze oder den Reichsgesetzen gleich zu achtende größere Gesetzgebungen stützt. Dann würden wir also in Bezug auf unsere Competenz einen ganz bedeutenden Rückschritt machen. Ja, meine Herren, das Handelsgesetzbuch ist ein großer Torso, es finden nicht einmal alle Fragen des Handelsrechts in demselben Entscheidung. Wir müssen fast bei jeder Sache gemeines Recht, oder preußisches Recht, code civil oder sonstige Partikularrechte zur Anwendung bringen.

Wir sind in der Lage gewesen, Ordnungen, die hier genannt wurden, die Bestimmungen des Rechts von Katzenellenbogen über Viehandel aus dem vorigen Jahrhundert zur Anwenduug zu bringen. Täglich kommen solche Fragen vor und müssen vorkommen, und damit gehe ich über auf die Unmöglichkeit einer gesunden Ausführung eines zu beschränkten Gesetzes. Wir müssen nämlich Fragen entscheiden fast in jedem Prozeß, über die ehelichen Güterrechte. Wir müssen Fragen des Erbrechts entscheiden und so ist es vollständig unmöglich, daß sie sagen, es soll eine Frage nach den Reichsgesetzen entschieden werden und die Frage, die nach den Partikularrechten zu entscheiden wäre, soll den Landesgerichten überwiesen werden. Es würde darnach die Sache einfach so kommen, daß, wenn ein Erbe austritt mit einer Forderung aus einem Handelsgeschäft, zunächst die Frage, ob er überhaupt Erbe ist, in einem besonderen Prozeß untersucht werden müßte vor dem Landesgerichtshof. Demnächst wenn der Landesgerichtshof entschieden hat: er ist Erbe, dann wird es zum Handelsgerichte kommen und wenn dann dieser Prozeß durchgeführt wird, so können wieder andere Incidenzpunkte auftauchen. Es würden so aus einem Prozeß 10. bis 12 werden und aus jedem einzelnen Prozeß würden so wie so, zwei künstliche erzeugt. Es würde nämlich immer der unterliegende Theil behaupten: ich hätte nicht nach dem Landesrecht, sondern nach dem Reichsrecht beurtheilt werden müssen und so umgekehrt. Das ist gar nicht zu vermeiden. Nun glaube ich aber, daß die Bedeutung der Provinzial- und Partikularrechte vielfach noch überschätzt wird; allmälig wird sich aber doch der Zustand dem der Rechtseinheit immer mehr nähern; die Conservirung der Provinzialrechte ist eigentlich nur da nothwendig, wo wie jetzt in andern Sphären gewisse Handelsgewohnheiten, z. B. Geschäftsgewohnheiten, Ordnungsvorschriften conservirt werden. Ich glaube, Sie können es daher riskiren. So gut als es aus politischen Gründen bei Stiftung des Bundesoberhandelsgerichts geschehen ist, so gut kann man jetzt aus Rechtsgründen sagen. eine einheitliche Entwickelung des und eine einheitliche Erhaltung des Rechts ist möglich, wenn die Jurisdiktion in allen Sachen einem höchsten Gerichtshofe überwiesen wird. Nun kann es sich bloß darum handeln, diesen möglich zu machen durch eine angemessene Beschränkung des Rechtsmittels. Daß dies möglich ist, zeigt uns unser Nachbarstaat Frankreich. In welcher Weise Sie es machen wollen, ob Sie das System der Kumulanzgelder, das System der großen Sachen, oder das System der Strafen annehmen, das ist eine Frage, die wir heute nicht zu lösen haben. — Ich glaube, wir können immerhin den Antrag annehmen, der dahin gestellt ist, daß der höchste Reichsgerichtshof in weitestem Umfange als kompetent zu erachten sei.

(Beifall.)

Oberappellationsrath Dr. **Bähr** (Berlin): Meine Herren! In menschlichen Verhältnissen müssen wir immer, wenn wir bestimmte Zwecke verfolgen, uns fragen, welche Mittel dazu gegeben sind, und sehr häufig sind wir in der Lage, um einen bestimmten Vortheil zu erreichen, auf Anderes, was uns auch wohl vortheilhaft dünkt, verzichten zu müssen. Das sind vielleicht sehr triviale Bemerkungen, gleichwohl halte ich es für nöthig, sie zu machen, weil mir diese Sätze von mancher Seite in dieser Angelegenheit nicht genügend beherzigt zu werden scheinen. Ich bin vollkommen mit dem Herrn Vorredner darin einverstanden, daß die Justiz nicht als politisches Material dienen soll. Aber gerade deßwegen kann es für uns, die wir doch nicht blos Politiker, sondern vor Allem auch Juristen sind, nicht gleichgültig sein, ob wir durch einheitliche Institutionen die Justizverhältnisse verbessern oder verschlechtern. Ich kenne freilich Politiker genug, welche sagen: wir wollen einheitliche Rechtsinstitutionen schaffen, das hilft der Politik auf; die Jurisprudenz ist ja doch nur dummes Zeug und da kommt es nicht darauf an, ob die Institutionen gut oder schlecht sind. Diese Gedanken werden wir nicht vertreten wollen, und gerade weil ich diese Gedanken nicht vertrete, wünsche ich eine Beschränkung des höchsten Gerichtshofes mindestens in der Art, daß alle partikularrechtlichen Fragen von seiner Competenz ausgeschieden werden, indem ich davon ausgehe, daß damit die Justiz nicht verbessert, sondern verschlechtert wird. Andererseits sind wir auch Realpolitiker genug, um dasjenige, was wir erreichen wollen, nicht blos zum Schein, sondern in Wahrheit erreichen zu wollen. Nun wollen wir doch Alle den höchsten Gerichtshof als Organ der Rechtseinheit. Wir werden dies aber nicht erreichen, wenn wir ihn mit den gesammten partikularrechtlichen Fragen belasten, denn alsdann wird er als Organ der Rechtseinheit zu einem leeren Scheine werden. Ich will diese beiden Gedanken noch etwas näher ausführen. Ich sage zunächst: die Justiz wird verschlechtert, wenn wir den höchsten Gerichtshof mit sämmtlichen partikularrechtlichen Fragen belasten. Denken Sie sich Folgendes: Es wollte Jemand die Justiz zweier Länder, z. B. Sachsen und Württemberg verbessern und macht zu diesem Zweck den Vorschlag, man sollte das Oberappellationsgericht in Dresden zum höchsten Gerichtshof für Württemberg und das Obertribunal in Stuttgart zum höchsten Gerichtshof für Sachsen machen. Glauben Sie, daß dadurch die Justiz dieser Länder wirklich verbessert würde? Jeder wird sagen, das sei ja ein völlig thörichter Gedanke; denn wenn auch ein fremder Jurist mitunter in einer oder der andern Frage des Landesrechtes unbefangener sieht, so ist es doch im großen Ganzen unzweifelhaft vom größten Werth daß die Richter in den Verhältnissen des Landes, über welches sie judiciren, zu Hause sind, nicht aber wildfremd hineinregnen. Gesetzt nun aber, man wollte auch einen Mann aus

Württemberg nach Dresden und umgekehrt einen Sachsen nach Stuttgart setzen würde da die Sache besser werden? Ich glaube nicht; denn es würden, wenn wir z. B. 7 Mitglieder des Gerichts unterstellen, neben dem einen immer noch 6 übrig bleiben, welche von den Verhältnissen des Landes, über das sie judiziren sollen, nichts verstehen. Denken Sie, es säßen in dem für Württemberg eingesetzten Gericht, neben dem einen Württemberger, statt der 6 Sachsen, 2 Bayern, 1 Sachse, 1 Badenser, 1 Braunschweiger, 1 Mecklenburger — wird da das Verhältniß verändert werden? Nicht im Mindesten. Die 6 Sachsen, sind ja nicht deßwegen für die Württemberger Justiz unbrauchbar, weil es Sachsen sind, sondern weil es nicht Württemberger sind. Und wer deshalb den zuerst geäußerten Gedanken des Austausches zweier höchster Gerichte für thöricht hält, wird auch einer solchen Schöpfung keinen Beifall spenden können. Mir ist auch eine solche Anschauung, welche dergleichen für gut hielt, früher nie vorgekommen. Erst in neuerer Zeit hat man aus politischen Gründen solche Dinge vertreten; aber es sind eben auch nur politische Gründe. Der Herr Vorredner hat allerdings ein höchst gewichtiges Zeugniß abgelegt aus seiner Thätigkeit als Mitglied des Reichsoberhandelsgerichts. Er sagt: dort entscheiden wir nicht blos über Fragen des Handelsrechts, sondern auch über Fragen aller möglichen Partikularrechte und es geht. Ja, es geht Alles, das weiß ich; aber die Frage ist, wie es geht. Die Frage würde die sein, ob auch die Angehörigen der betreffenden Länder durch diese Entscheidungen landesfremder Richter über Fragen ihres Landesrechts sich in gleichem Maaße befriedigt fühlen, als vielleicht einige Herren des Reichsoberhandelsgerichts. Ich habe übrigens auch Stimmen von dort gehört, die sich durchaus nicht in diese Art der Rechtsprechung gefallen. Und wenn Sie mir eine bescheidene Bemerkung erlauben wollen, so gehöre ich auch einem Gerichtshofe an, welcher in dieser Weise zusammengesetzt und dabei berufen ist, über alle Fragen der Partikularrechte zu entscheiden. Die Schaffung dieses Gerichtshofes fiel ungefähr in dieselbe Zeit, in welcher die Herren die Norddeutsche Prozeßgesetzgebung entworfen und damals war man in Preußen ziemlich allgemein der Ansicht, eine solche Institution sei vortrefflich.

Meine Herren! Ich habe niemals die Schöpfung für eine glückliche gehalten; ich glaube, daß jetzt in den maßgebenden Kreisen Preußens ziemlich allgemein die Ueberzeugung erwachsen ist, daß die Schöpfung keine glückliche sei. Da sitzen Mitglieder aus Preußen, Hannover, Hessen, Nassau, Schleswig-Holstein, und nun kommen Fragen aus diesem und jenem Lande, von denen höchstens ein Mitglied, vielleicht auch gar keines etwas versteht. Neulich fing eine Relation an: „es handelt sich um die rechtliche Natur des Schweinegeldes.“ Haben Sie schon davon gehört? Ich noch nicht. Dann heißt es wieder: es handelt sich hier um die Auslegung eines Paragraphen der „Büntenordnung“ — Dinge, von denen man niemals etwas vernommen hat. Der Praktiker, der auf diese Weise als höchster Richter urtheilen soll, ist in der traurigsten Lage; und diese Empfindung ist auch bei unserm Gerichtshof allgemein. Ich glaube deswegen, daß solche Fragen der Landesrechte unendlich viel besser bei den Landesgerichten entschieden werden, als bei einer höchsten Instanz, deren Richter in diesen Fragen nicht zu Hause sind. Hier wurde diesen Morgen diese Mannigfaltigkeit der Rechte in Deutschland eine „entsetzliche Musterkarte“ genannt. Nun denken Sie, die Besten der Jurisprudenz sollen Tag für Tag sich mit dieser Musterkarte befassen. Ich glaube, Herr Präsident Drechsler kommt nur zu der von ihm vertretenen Ansicht, weil die Herren beim Reichsoberhandelsgericht relativ doch noch sehr wenige solcher Fragen zu behandeln haben. Sie sollten Gott preisen, daß dem so ist. Wenn die Herren dort mehr davon zu behandeln hätten, würden sie vielleicht auch anderer Ansicht werden.

Meine Herren! Das sind die juristischen Gründe; ich bin aber auch der Meinung, daß wir unsern eigentlichen politischen Zweck — den der Rechtseinheit — verfehlen, wenn wir die Thätigkeit des höchsten Gerichtshofs auf Fragen der Partikularrechte ausdehnen. Ich möchte die Herren fragen, wie denken sich dieselben einen Gerichtshof mit einer solchen Kompetenz eigentlich konstituirt? Erwägen Sie, das preußische Obertribunal hat jetzt zwischen 50 und 60 Mitglieder, das Oberappellationsgericht 13, in Summa ungefähr 70 für Preußen. Unterstellt man nun auch, daß, wenn die Revision wegfällt und wenn die Nichtigkeitsbeschwerde auf Sachen über 100 Thaler beschränkt wird, vielleicht die Hälfte der Sachen abfällig wird, so würden doch noch für Preußen allein bei gleicher Arbeitsfähigkeit 35 Mitglieder bleiben; für die übrigen Staaten würden mindestens 25 Mitglieder nöthig sein, da dort die Verhältnisse ungleich schwieriger sind, als in Preußen. Also würden wir einen Gerichtshof von etwa 60 Mitgliedern haben. Wie sollte nun dieser die Sachen einheitlich erledigen? Das Judiciren von 60 Richtern ist doch nicht anders möglich, als daß sie in eine Menge Senate getheilt werden. Hierfür haben wir nun ein lebendiges Bild in dem preußischen Obertribunal vor Augen. Meine Herren! Glauben Sie, das Obertribunal wäre ein einheitlicher Gerichtshof? Ja, wenn man mit dem bloßen Namen vorliebt nimmt! Da sind 5 Senate und jeder spricht sein eigenes Recht. Man hat die Sachen nach juristischen Fächern getheilt, meiner Ansicht nach, nicht zum Vortheil der Rechtswissenschaft. Aber dennoch kommt es nicht selten vor, daß die Senate in ihren Entscheidungen collidiren. — Das Oberappellationsgericht urtheilt in zwei Senaten; der eine über dingliche Rechte, der andere über die sonstigen Civilsachen. Aber schon oft hat man gehört, daß der eine Senat eine Entscheidung fällt, die mit der des andern nicht übereinstimmt. Das Oberhandelsgericht ist die dritte höchste Instanz, welche wieder in einzelnen Fragen anders urtheilt. Wem sollen die unteren Gerichte nun folgen? Und das nennt man Einheit der Rechtspflege? — Geradeso wird es aber werden, wenn der oberste Reichsgerichtshof aus einer solchen Anzahl von Mitgliedern besteht. Das Ganze ist dann, als Organ der Rechtseinheit gedacht, eine leere Spiegelfechterei, eine Täuschung Sie können das Ziel der Rechtseinheit nur erreichen, wenn Sie die Kompetenz des Reichsgerichtshofs dergestalt beschränken und wenn Sie zugleich den von ihm zu verhandelnden Prozeß so gestalten, daß eine ähnliche Einrichtung stattfindet, wie sie in Frankreich besteht. Ich bin nicht enthusiasmirt für französische Zustände; aber in dieser Beziehung haben doch die Franzosen das Praktische getroffen. Der Cassationshof hat 48 Mitglieder; 16 bilden die Abtheilung für Strafsachen; die übrigen 32 theilen sich in zwei Theile: die section de requête und section civile. Erstere prüft die Cassationsgesuche beim ersten Eingange und weist die unbegründeten sofort zurück; die übrig bleibenden werden dann von der section civile erledigt. Dadurch wird es möglich, daß hier wirklich eine höchste Rechtsprechung besteht. Daß die Sache ihre Schwierigkeiten hat, verkenne ich nicht; wir müssen aber suchen, dies zu erreichen. Verweisen wir aber alle Fragen der Partikularrechte vor den höchsten Gerichtshof, so wird es nun und nimmermehr möglich werden, auch wegen der unendlichen Schwierigkeit jener Fragen. Denn Sie glauben nicht, was diese Fragen, — vorausgesetzt, daß die Richter höchster Instanz gewissenhafte Leute sind, — für Schwierigkeiten darbieten. Jeder Richter will sich, ehe er votirt, einigermaßen erst unterrichten, es wird unendlich hin- und hergesprochen, eine Menge Mißverständnisse müssen erst aufgeklärt werden, ehe man zu einer Entscheidung gelangt.

Man könnte ja nun freilich noch anders helfen wollen; man könnte durch eine hohe Kompetenzsumme die Sache wieder gut machen. Herrn Hornbostel, der dies vorschlägt, möchte ich zunächst erwidern, mit 500 Thalern reicht man nicht aus, sondern man muß weit höher greifen. Aber ich will nur darauf hinweisen, daß alsdann in allen Sachen, die unter der Kompetenzsumme liegen, auch die wirklich einheitlichen Rechtsfragen von der Entscheidung des höchsten Gerichtshofs ausgeschlossen werden. Das können ganze Kategorien von Sachen sein, die dann gar nicht an den höchsten Gerichtshof gelangten. Dafür aber entschiede der Gerichtshof eine Menge Fragen, die mit der Rechtseinheit gar nichts zu thun haben. Diejenigen Bedenken, die Herr Drechsler noch hervorgehoben hat, daß gleichzeitig in derselben Sache mehrere Instanzen angegangen werden müßten, und dadurch zwei Prozesse entständen, kann ich nicht theilen, weil ich in dieser Weise die neue Prozeßordnung nicht verstehen kann. Er sagt, wenn in einer Sache eine reichsgesetzliche Frage vorkäme und zugleich eine partikularrechtliche, durch deren Entscheidung die Partei sich verletzt fühle, so müsse dieselbe nun wegen der einen das Reichsgericht, wegen der andern das Landesgericht in höchster Instanz angehen. Meiner Ansicht nach macht sich die Sache einfach so: wenn die Partei in Bezug auf die Beurtheilung der partikularistischen Frage sich verletzt fühlt, so hat sie eben kein Rechtsmittel dritter Instanz. Entsteht aber in Bezug auf das Reichsgesetz eine Beschwerde, so geht sie an das Reichsgericht als dritte Instanz. In einer Richtung erkenne ich die Unvollkommenheit des von mir vertretenen Gedankens an. Sagt man nämlich, der höchste Gerichtshof hat, wenn er ein reformirendes Erkenntniß ertheilt, nicht blos zu kassiren, sondern zugleich das richtige Erkenntniß an die Stelle zu setzen, so kann er dadurch allerdings in die Lage kommen, auch über partikularrechtliche Fragen entscheiden zu müssen. Diese Konsequenz nehme ich hin; weil man eben nicht Alles erreichen kann. Deßwegen aber, weil man in einzelnen Fällen einmal den Gerichtshof nicht vor dieser Last bewahren kann, ihm diese Last von vornherein in einem unendlich größern Umfange aufzuwälzen und dadurch seine Existenz zu untergraben, dazu kann ich mich nicht entschließen. Ich kann Ihnen daher nur empfehlen die Anträge, die der Referent und der Correferent gestellt haben, anzunehmen.

Präsident: Herr Gneist hat inzwischen seinen Antrag formulirt, und zwar als Amendement zu den Anträgen 3 und 4 des Herrn Referenten. Er ist so formulirt:

> Dem deutschen Reichsgericht ist die Entscheidung letzter Instanz zu überweisen nicht nur über die Reichsgesetze, sondern auch über die Landesrechte, jedoch mit Ausschluß bloßer Orts- und Provinzialrechte.

(Gneist: Ich willige in Theilung.)

Dr. **Keuling**, Rechtsanwalt beim Reichs-Oberhandelsgericht zu Leipzig: Ich hatte einen Antrag formulirt, der im Wesentlichen dem entspricht, den der Herr Referent formulirt hat und dessen Pointe darin liegt, daß er von der Kompetenz des Reichsgerichtes ausgeht und nur gewisse Landrechte lediglich provinziellen und lokalen Charakters von der Competenz des Reichsgerichtshofes ausschließt. Ich glaube, mit dieser Formulirung des Antrags ist Alles ausgedrückt, was nach dieser Richtung zu wünschen ist. Es ist seither die Frage mehr in dem Sinne gestellt worden, welche Landesgesetze, insofern man, worüber man ja im Allgemeinen einig war, die Reichsgerichtsbarkeit nicht auf Reichsgesetze beschränken will, man der Kompetenz des Reichsgerichtes unterstellen will. Nun tritt die Frage in anderer Form auf: welche Landesgesetze sollen von der Kompetenz des Reichsgerichtshofs ausgeschlossen werden?

Die Frage findet ihre Beantwortung in dem Sinne: lediglich die lokalen oder provinziellen Charakters. Es sind also zwei Gruppen: einestheils die Ueberreste der früheren territorialen Zersplitterung Deutschlands, die verschiedenen Landrechte, die keine Bausteine bilden können für die Weiterentwickelung des Rechts; und zweitens innerhalb der modernen Landesgesetzgebung lediglich diejenigen, die die ausgesprochene Tendenz haben, blos lokale oder provinzielle Verhältnisse regeln zu wollen. In diesem Sinne muß ich den Antrag des Herrn Referenten befürworten trotz der Darlegung des Herrn Vizepräsidenten des Reichsoberhandelsgerichts und eines Mitgliedes dieses Gerichtshofs. Ich muß bekennen, daß mich dabei nicht diejenigen Motive leiten, die der Herr Vorredner soeben ausgesprochen hat, sondern ich bin meinerseits gar nicht zweifelhaft, daß, wenn man den Reichsgerichtshof so organisiren und so vollzählig besetzen will, daß er das erforderliche persönliche Material hat, um seine Aufgabe zu lösen, diese befriedigend gelöst werden kann. Meines Erachtens giebt bereits das Reichsoberhandelsgericht den evidentesten Beleg dafür, daß dies geschehen ist. Ich habe auf dem Anwalttag in Berlin mit Anwälten der verschiedensten deutschen Länder gesprochen und muß bezeugen, daß die Anschauungen, die über die Einwirkung unseres Gerichtshofes auf die Rechtsprechung ausgesprochen wurden, überall ganz anders lauteten, als die Auffassung, die hier Herr Bähr aussprach; ja, ich weiß sogar, daß in einzelnen Ländern die Einrichtung als wohlthätig empfunden wird und gerade das Land, innerhalb dessen der Gerichtshof sitzt und das eine eigenthümliche Schule der Jurisprudenz hat, wodurch der persönlichen Tüchtigkeit der Mitglieder nicht zu nahe getreten wird, hat die ganz andere Tendenz, die der Gerichtshof hat eintreten lassen, wohlthätig empfunden. Es ist die Einwirkung in dem Sinne, daß nicht die Materie der Form zum Opfer gebracht werden soll, daß nicht die besten Rechte an prozessualischen Klaubereien scheitern sollen. In einzelnen Ländern — und ich weiß, im Großherzogthum Hessen tritt diese Auffassung auch manchmal zu Tage — glaubt man, daß nicht überall dem Prozeßrecht des Landes Rechnung getragen sei. Warum? Weil eben das rein formale Prozeßrecht nicht überall in dem scharfen und pointirten Sinne zur Geltung gebracht wird, wie es die Juristenschule jener Länder gewöhnt ist und weil der Gerichtshof, soweit das Prozeßrecht die Möglichkeit giebt, dem materiellen Recht zum Siege verhilft. Diese Auffassung bewegt mich zu der Ueberzeugung, daß die Aufgabe innerhalb des Reichsgerichtshofs wohl gelöst werden kann. Allein, ich glaube, man soll den Reichsgerichtshof so sehr wie möglich entbürden und da scheint mir doch, wenn man ihm auch die Kompetenz in diesen provinziellen und Lokalrechten überweisen will, ein gar fühlbares Mißverhältniß zwischen dem Arbeitsaufwand, und zwar dem Arbeitsaufwand unserer besten juristischen Intelligenzen, gegenüber dem dabei erzielten Gewinn einzutreten. Aus diesem Grunde, glaube ich, sollte man diese Dinge ausscheiden. Es ist ja gar kein fühlbares Interesse dabei vorhanden, auch diesen Theil der Rechtsprechung des höchsten Gerichtshofes zu unterstellen. Vielleicht ließe sich die Sache in anderer Weise lösen. Wollte man eine chambre de requête einführen, wie in Frankreich, so würde vielleicht in dieser Weise die Arbeit vermindert werden. Allein es ist dies eine Schöpfung des französischen Rechts, die in Deutschland wenig Beifall gefunden hat. Selbst da, wo sie bestand, hat man dieses Verfahren beseitigt. Ich wollte also in diesem Sinne meinerseits die Anträge des Herrn Referenten in ihrer Formulirung befürworten.

Justizrath **von Groddeck** (Bromberg): Bevor ich mich zum Worte gemeldet habe, habe ich mich erkundigt, ob Jemand schon in Aussicht genommen hat, einen so weit beschränkenden Antrag zu stellen, wie er mir möglich erscheint, nämlich dahin gehend:

> Die Zuständigkeit des Reichsgerichts ist auf die Beseitigung der Verletzung von Reichsgesetzen zu beschränken.

Nach meiner Ueberzeugung ist das der einzige Weg, ein wirklich organisches Gebilde herzustellen, welches würdig ist, der Schöpfungen des alten Roms und der besten Zeiten Deutschlands. Ich bin Anwalt erster Instanz und sehe die Sachen daher von der untersten Stufe aus. Da Vieles von dem, was für meinen Antrag zu sprechen scheint, schon vorher gesagt wurde, so will ich mich nicht auf eine Wiederholung einlassen, sondern nur einige Hauptpunkte noch hervorheben. Ich muß dabei um Entschuldigung bitten, wenn ich mich irre; ich hatte nicht das Glück, das Referat und das Korreferat zu hören; ich war durch einen Abruf verhindert.

Zunächst wurde eingewendet, daß dann ja verschiedene Prozesse nothwendig würden, sobald es sich darum handelt, partikularrechtliche Fragen etwa auch für verletzt zu erachten. Ich bin nun nicht dieser Meinung; ich bin der Meinung, daß die Oberrevision an das Reichsgericht nur zu gehen hat, entweder, weil ein Reichsgesetz nicht angewendet wurde, während es hätte angewandt werden sollen, weil ein Reichsgesetz falsch angewendet wurde, oder weil ein Reichsgesetz angewandt wurde, während ein Landesgesetz hätte angewandt werden sollen. Ich bin weiter der Meinung, daß dieser höchste Gerichtshof nur zu revidiren, niemals in der Sache selbst zu entscheiden, sondern einfach die Beseitigung der Verletzung der Reichsgesetze herbeizuführen hat. Wenn nun das nicht geschieht, wenn Partikularrechtsfragen als solche dem Reichsgericht unterbreitet werden, dann glaube ich auch nicht der Meinung sein zu dürfen, daß diese dann, weil viele Mitglieder nicht mit dem speziellen Recht vertraut sind, nur schlechter würde entschieden werden. Ich meine nur, man braucht das nicht zu behaupten, und man kommt doch zu dem Schluß. Ich bin nämlich weiter der Meinung, daß es auch nicht nöthig ist, den Partikularrechten nun die dritte Instanz zu entziehen; ich glaube, daß man die größere Zahl der Richter in einem solchen Senat sowohl, als auch vielleicht die größere Befähigung derselben dazu ganz geeignet finden könnte. Es ist hier schon hervorgehoben, wie es fast unmöglich ist, eine wahre Rechtseinheit zu erhalten, da, wo eine so ungeheure Zahl von Richtern zusammenarbeiten muß.

Es heißt das eigentlich nur, die verschiedenen Gerichte wohnen an einem Ort und haben einen Namen. Ich glaube nicht, daß damit etwas geschaffen ist. Nun aber, was liegt denn daran, wenn wir bestehendes Recht ins Auge fassen, daß dieselben Richter preußisches Landrecht, württembergisches und badisches Recht entscheiden? Werden dadurch ihre Entscheidungen einheitlicher werden? Sie könnten durch diese Entscheidungen diese Rechte eskamotiren. Ich weiß nun nicht, ob das der Zweck sein kann. Gewiß ist unser Zweck, ein gemeinsames Recht zu schaffen, aber nicht durch Eskamotage. Ich meine, wenn wir das Reichsgericht auf die Beseitigung der Verletzungen von Reichsgesetzen beschränken, so wird das Bedürfniß, diese Reichsgesetze ausgedehnt zu wissen und dadurch möglichst viele Rechtstreitigkeiten auch dem höchsten Reichsgericht zugänglich zu machen, ein scharfer Antrieb sein, unbrauchbare Partikularrechte zu beseitigen, ohne Eskamotage. Vergessen Sie nicht, daß die Leute, welche unter dem Partikularrecht leben, eine gewisse Ansicht haben und daß es ein schrecklicher Rechtsbruch ist, wenn nun der Gerichtshof einschneidet. Es ist das ein großer Unterschied. Wenn demnächst die Gesetzgebung dahin gedrängt wird, und nun wirklich die Gesetze geändert werden, gut, dann muß das Volk sich eingewöhnen und es gewöhnt sich ein. **Vigilantibus jura sunt scripta.** Also ich glaube, wir thun ein schweres Unrecht, wenn wir jetzt einem höchsten Gerichtshof in dieser Weise die Entscheidung über alle Partikularrechte anvertrauen. Ich möchte aber noch einige andere Gründe anführen, namentlich auch politische. Wir kommen am leichtesten über partikularisende Neigungen der Regierungen hinweg, wenn wir eben die Zuständigkeit des Reichsgerichts so beschränken; sie werden am wenigsten dann fürchten, in ihrer Gerichtssouveränetät beeinträchtigt zu werden und wir werden also einen Vorschlag machen, welcher mehr als andre Aussicht hat, Annahme zu finden.

Ich glaube, daß der Juristentag verpflichtet ist, nur Beschlüsse zu fassen, deren theoretischer Werth darin liegt, daß sie praktisch sind; denn nur das ist echte Theorie, was sich in der Praxis bewährt, wie ich andererseits keine Praxis anerkenne, welche nicht der echten Theorie entspricht. Endlich aber, meine Herren, das ist der entscheidenste Grund, wir machen den richtigen Entwicklungsgang, wenn wir diesen Vorschlag annehmen; wir können dann beginnen mit einem mäßigen Gerichtshof, welcher zunächst ohne Schwierigkeit, ohne eine große Zahl von Mitgliedern die Materien, die ihm unterliegen, beherrschen kann; ob es nicht zweckmäßig sei, vorläufig also prinzipiell den Oberhandelsgerichtshof mit dem obersten Gerichtshof zu verbinden, glaube ich bejahen zu müssen; ich glaube, es würde möglich sein, auch die weitere Kompetenz des Oberhandelsgerichts vorläufig auch diesem obersten Gerichtshof zu überlassen, bis sich eine weitere Ausdehnung seiner Thätigkeit organisch entwickelt haben wird, nämlich mit der organischen Entwicklung der Reichsgesetzgebung, wenn diese sich allmälig steigert, wird sich auch die Zahl der Mitglieder und die Bedeutung des obersten Gerichtshofs steigern, und er wird dann in organischer Entwickelung wirkliche Rechtseinheit schaffen, statt einer solchen, die dem Volke fernbleibt. Deshalb empfehle ich meinen Antrag. Ich erlaube mir, ihn dem Büreau hiermit zu überreichen.

(Geschieht.)

Stadt- und Kreisgerichtsrath Dr. **Silberschlag** (Magdeburg): Ich empfehle Ihnen die Annahme des Antrags des Dr. Puchelt.

Der Reichsgerichtshof muß kompetent sein für jede Verletzung des materiellen Rechts.

Nur dies entspricht den Beschlüssen, die auf dem 1. und 2. Juristentage gefaßt sind.

Damals hatte der Obertribunalsrath Waldeck den Antrag gestellt:

Rechtsmittel dritter Instanz solle nur die Cassation sein.

Ein Hauptpunkt, den er für diese Ansicht anführte, war der, daß es nur auf diese Weise möglich sei, daß ein einziges oberstes Gericht für ganz Deutschland ausreiche, ähnlich wie der französische Cassationshof für ganz Frankreich ausreiche.

Mit Waldeck's Argumentation stimmte damals namentlich auch das Gutachten des Freiherrn von Sternfels überein. Es wurden bei der Debatte allerdings Gründe angeführt, dafür, daß die Cassation nicht das einzige Rechtsmittel 3. Instanz sein dürfe, aber der Waldeck'sche Antrag ward angenommen und Niemand zweifelte, daß die Konsequenz dieses Antrags sei, daß ein oberster Gerichtshof in Deutschland für jede Verletzung des materiellen Rechts genüge.

Den Unterschied, der jetzt gemacht wird, zwischen Verletzung eines Reichsgesetzes oder Landesgesetzes, zwischen Verletzung eines Landesrechts oder eines Partikular- oder Provinzialrechts oder gar eines Lokal-Statuts hat damals Niemand geltend gemacht, und dieser Unterschied ist in der That auch nur ein künstlich hervorgesuchter.

Die Gerichtshöfe, welche bisher in großen Staaten in letzter Instanz erkannten, erkannten über jede Verletzung des Rechts, mochte dies Landesrecht oder Provinzialrecht sein. So ist es z. B. mit dem preußischen Obertribunal der Fall. Dasselbe besteht als oberster Gerichtshof schon seit 1748. Im preußischen Staate bestehen bekanntlich eine ganze Masse Provinzialrechte,

z. B. in der Provinz Westphalen allein in Bezug auf das eheliche Güterrecht wohl 10 bis 20 ganz verschiedene Rechtsordnungen. Die Musterkarte des Rechts, die ein Vorredner im deutschen Reiche findet, ist auch schon im preußischen Staate vorhanden. Ueber alle diese verschiedenen Provinzial- und Partikularrechte hat bisher das preußische Obertribunal in letzter Instanz erkannt; es ist dies sehr gut gegangen; warum soll nicht auch das deutsche oberste Reichsgericht in letzter Instanz über verschiedene Partikularrechte erkennen können?

Betrachten wir auch das Beispiel des französischen Cassationshofs, auf welchen Waldeck schon beim ersten Juristentage hinwies. Dieser Gerichtshof hat bekanntlich schon lange vor der Revolution von 1789 bestanden, also zu einer Zeit, wo in Frankreich keine Rechtseinheit herrschte, sondern wo jede Provinz ihr besonderes Gewohnheitsrecht, ihre coutume hatte, wo also die Verschiedenheit des Rechts in Frankreich ebenso groß war, als sie jetzt in Deutschland ist. Auch der französische Cassationshof hat immer ebenso über Verletzung des Provinzialrechts als über Verletzung des gemeinen Rechts erkannt. Wenn dies in Frankreich möglich war, weshalb soll es nicht auch in Deutschland gehen?

Man sagt, ein Gerichtshof, der im deutschen Reiche über jede Gesetzesverletzung in 3. Instanz entscheide, müsse so groß sein, daß er in mehrere Senate zerfallen müsse, dann sei aber die Rechtseinheit doch nicht festzuhalten, weil die verschiedenen Senate verschiedene Rechtsansichten haben würden; allein die Differenz zwischen verschiedenen Senaten Eines Gerichtshofs läßt sich durch Plenarsitzungen beilegen. Das ist nicht möglich, wenn verschiedene Gerichte letzter Instanz bestehen.

Soll aber das oberste Reichsgericht nicht für jede Verletzung auch des Partikularrechts kompetent sein, so müssen wir neben diesem obersten Reichsgerichte noch mehrere Gerichtshöfe dritter Instanz haben, es würden wenigstens 4 oder 5 sein müssen.

Wie viele Differenzen würden da vorkommen; wie leicht wird derselbe Rechtssatz des materiellen oder Prozeßrechts bei dem Reichsoberhandelsgericht anders ausgelegt werden, als bei dem Obertribnnal, oder bei einem andern Gericht. Und wenn hervorgehoben wird, es werde schwierig sein, das eine oberste Reichsgericht genügend zu besetzen, so frage ich, ob es denn leichter sein wird, neben dem obersten Reichsgericht noch einen obersten Gerichtshof für Preußen, Sachsen und andere Staaten gut besetzen zu können, ob es namentlich möglich sein wird, daß die obersten Gerichtshöfe für Preußen, Sachsen u. s. w., wenn sie blos auf Partikular- und Provinzialrecht beschränkt werden, dauernd so gut bleiben, als sie jetzt sind. Das sind lauter Schwierigkeiten, die größer sind, als die, welche bei einem einzigen Oberreichsgericht vorkommen können. Es kommt ferner hinzu, was in einem Gutachten, irre ich nicht, in dem des Justizraths v. Grodbeck, hervorgehoben worden ist, daß gerade die Partikularrechte Ausflüsse des gemeinen deutschen Rechts sind. Wenn also das oberste Gericht dieses Recht kennt, so kann ich mir nicht anders denken, als daß es auch eine gründliche Auslegung des Partikularrechts geben kann. Wenn endlich hervorgehoben wurde, daß politische Gründe der Herstellung eines einzigen obersten Reichsgerichts entgegentreten, so ist dies allerdings ein Grund, den ich nicht widerlegen kann, den wir aber hier nicht in Betracht ziehen können, weil dies auf politische Erwägungen führt, die uns hier fern liegen müssen. Ich glaube, daß wir nur dann den Beschlüssen des 1. und 2. Juristentages entsprechend handeln, wenn wir uns einfach dem Antrag des Herrn Puchelt anschließen, und ich möchte diesen empfehlen.

Oberappellationsrath Dr. **Becker** (Oldenburg): Gebt dem Reiche, was des Reiches ist, den einzelnen Ländern, was ihnen gebührt. Das ist die einzige sachliche Grenze, die hier in Frage kommen kann; dem Reichsgericht das Reichsgesetz, dem Partikulargericht das Partikularrecht. Das liegt so naturgemäß auf der Hand, daß wir kaum um diese Grenze uns streiten dürfen, wo so viele wichtigere Fragen der Kompetenzbeschränkung des höchsten Reichsgerichtshofes vorliegen, die mit der Zweiten-Instanzfrage in Verbindung stehen und die wir hier übergehen. Ich kann nicht glauben, daß wir darüber noch den geringsten Zweifel hegen würden, wenn wir, wie in Frankreich, ein wesentlich einheitliches Recht hätten. Wollten wir den deutschen Prozeß nicht eher einführen, als wir ein deutsches Civilrecht hätten — à la bonheur, dann wäre ich mit Herrn Dr. Mayersohn einverstanden. Aber wir wissen Alle, ein deutsches Civilrecht kostet lange Zeit. Ob wir es erleben, daß ein Gesetzbuch fertig wird, weiß ich nicht. Aber ich wünsche, der Prozeß kommt früh, und so tritt die Nothwendigkeit an uns heran, jetzt zu sagen, kann sich das Reichsgericht begnügen mit dem Recht, was bis jetzt geschaffen ist und geschaffen werden kann? Ich habe mit Herrn Bähr auszuführen gesucht, daß das eine Unmöglichkeit ist wegen der Konkurrenz der Instanzen. Die größeren Staaten können nicht auf die dritte Instanz verzichten. Wollen wir Partikularrecht zur Entscheidung bringen lassen, so kann das nur in zweiter Instanz geschehen und diese muß gerade die Entscheidung der Thatfrage festsetzen für die dritte Instanz. Was ist Partikularrecht anders, als die Thatfrage im Sinne der Kassation? Diese Kassation betrifft das allgemeine, uns Alle angehende deutsche Recht; die Thatfrage betrifft die Individualität in einzelnen Fällen. Zu diesen rechnen wir auch das Privatrecht von Katzenellenbogen.

Und wenn das Oberhandelsgericht meint, es könnte hier besser entscheiden, als das Gericht von Katzenellenbogen, ich glaube es nicht. Wo sind diese Tausend Partikularrechte, die wir in Deutschland haben? Ich kenne sie nicht. Das Ideal der Zukunft vor uns, haben wir ein einiges deutsches Gesetz, so wird sich Alles von selbst machen. Der wesentliche Gesichtspunkt ist, daß dem höchsten Gerichtshof nicht blos das Reichsrecht zugewie'en wird, weil dasselbe in seiner Kompetenz noch so beschränkt ist, sondern auch dasjenige allgemeine Recht, was ihn mehr oder weniger interessirt; dagegen die einzelnen Lokal- und Partikularrechte werden ausgeschlossen. Wie Sie das im Einzelnen bestimmen wollen, ist nicht Sache des Juristentags, der nur im Allgemeinen die Grundsätze ausspricht; das überlassen Sie dem Bundesrath und dem Reichstage.

Rechtsanwalt **Herz** (Wiesbaden): Wenn ich eine Frage zu beurtheilen habe, so stelle ich mich immer auf den Standpunkt, daß ich sehe: wie beurtheilen sie diejenigen, die von einem anderen Standpunkt auf die Frage geführt worden. Da ist es mir wesentlich gewesen, zu sehen, daß zwei Mitglieder des höchsten Gerichtshofes gesagt haben, wir bringen es fertig; und ich glaube, die Erfahrung, die wir als Anwälte gemacht haben, kann das nur bestätigen. Die Urtheile des Reichsoberhandelsgerichts haben darunter nicht gelitten, daß Fragen aus dem Katzenellenbogen'schen Landrecht hereingezogen wurden, denn es hat die Fragen gründlich beurtheilt. Nun sagt zwar ein anderes Mitglied eines höchsten Gerichtshofes, wir bringen das nicht fertig. Ich glaube, der geehrte Herr unterschätzt die Bedeutung seiner eigenen Kraft und die der Mitglieder des Gerichtshofs, wenn er so urtheilt. Die Herren werden es in Berlin so gut fertig bringen, wie die in Leipzig, Es ist mir dabei in den Sinn gekommen, Herrn Bähr gegenüber, was der Herr Referent so zutreffend gesagt hat. Herr Bähr ist in seinem Gutachten, den Gründen, daß man das preußische Recht und das französische Recht hereinziehen müsse, erlegen. Er hat eigentlich den Antrag des Herrn von Grodbeck gewollt, aber er hat gesehen, das geht nicht und hat soweit zugestanden. Ich meine, er sollte noch einen Schritt weitergehn und auch das Zugeständniß machen, das in dem Puchelt'schen Antrag liegt. Was haben wir denn im Partikularrecht? Es ist die wesentliche Grundlage des deutschen Privatrechts, welches sich auf ihm aufbaut; außerdem aber ist es ein solches, welches das gemeine Recht ergänzt und erläutert. Nun hat Herr Bähr an einer anderen Stelle treffend gesagt, als er sich gegen die Nichtigkeitsbeschwerde wandte: unser Appellationsgericht hat es eigentlich in der Hand, uns die Kompetenz zu entziehen. Das Oberappellationsgericht hält an diesem Satz ziemlich fest und läßt sich auch die Kompetenz leicht entziehen; das Reichsoberhandelsgericht geht eben ein wenig weiter und schlägt dem Oberappellationsgericht manchmal auf die Finger. Aber wenn das richtig ist, was Herr Bähr sagt, wohin kommen wir da? Da haben wir Partikulargesetze von dem Bischof von Mainz oder von Trier und der Appellationsrichter geht einfach hin und sagt, ich stütze meine Entscheidung nicht auf gemeines Recht, sondern auf Mainzer oder Solmser Recht, und dann soll die Kompetenz des höchsten Reichsgerichtshofes hin sein. Eine solche Anschauung kann unmöglich richtig sein; das ist eine Erfahrung, die wir als Anwälte zuerst machen werden, und das ist der Grund, warum ich darauf gekommen bin.

Nun kommt es aber auch vor, daß in dem Partikularrecht steht, es sei das im kaiserlichen Recht vorgesehen; da steht aber etwas ganz Anderes. Nun wird der Gerichtshof sagen, es steht ausdrücklich darin, es soll das gemeine Recht nicht abgeändert werden und hier ändert es das Partikularrecht doch ab. Wer soll nun entscheiden? Mit lauter solchen Diffikultäten behelligen Sie nun den höchsten Gerichtshof. Ich meine, diese Frage sollten wir fern halten und wenn Sie eine Entlastung wollen, so dürfen Sie nicht solche Dinge hinwerfen.

Nun ist gesagt worden, der Gerichtshof finde sich überhaupt nicht darin zurecht. Darauf möchte ich entgegnen, daß die Sache nicht unvorbereitet an den Gerichtshof kommt. Wir Anwälte haben doch ein Interesse daran, wenn die Partikularfrage zum Austrag kommt, daß wir sie recht gründlich erörtern; also das Material wird geliefert werden.

Der Gneist'sche Antrag ist gegen den Antrag des Herrn Referenten modifizirt! aber ich glaube auch selbst in der modifizirten Fassung kann man ihn nicht annehmen, denn er ist unbestimmt. Es wird die Frage zu entscheiden sein, was ist Lokalrecht? Das Eherecht ist in vielen Theilen Deutschlands, obschon es als Provinzialrecht gilt, dennoch ein gemeinsames. Wenn ich alle diese Gründe zusammenhalte und wenn von Mitgliedern des obersten Gerichtshofes versichert wird, sie bringen es fertig, so meine ich, wir sollten dies bestens acceptiren. Ich bitte Sie, für den Puchelt'schen Antrag zu stimmen.

(Ein Schlußantrag wird abgelehnt.)

Professor **Thudichum** (Tübingen): Meine Herren! Gestatten Sie mir nur wenige Worte. Ich möchte Sie auf einen Punkt noch einmal hinweisen, nämlich darauf, daß, wenn wir etwa in 5 Jahren in der glücklichen Lage wären, ein einheitliches Civilgesetzbuch in Deutschland zu haben, und wir dann sagen würden, jetzt soll der oberste deutsche Gerichtshof über das ganze Civilrecht judiciren, dennoch vielleicht 10—15 Jahre der ehemaligen Provinzial- und Lokalrechte diesem obersten Gerichtshof zufallen müssen, widrigenfalls wir noch fernere 10 oder 15 Jahre die Gerichtsbarkeit über Privatrecht theilweise den Landesgerichten überlassen müssen. Ich bin 10 Jahre

Mitglied eines Spruchkollegiums und wir haben die Rechtstreitigkeiten aus vielen kleinen Staaten zu entscheiden gehabt; ich kann also wenigstens in bescheidener Weise auch ein Urtheil fällen über die Schwierigkeiten, solche Lokalrechte zu beurtheilen. Ich glaube sagen zu müssen, die Hauptschwierigkeit, die wir empfanden, war immer das Prozeßualische. Die Verschiedenheit des Prozesses macht uns die Arbeit.

Sodann mache ich darauf aufmerksam, daß, wenn man sagt, die Länder des französischen Rechts sollen unter das oberste Reichsgericht gestellt werden, zu beachten ist, daß diese Länder gar nicht ein französisches Recht haben, sondern daß dieses Recht modifizirt ist in Hunderten von Punkten durch die betreffende Landesgesetzgebung. Glauben Sie, Rheinhessen hätte bloß französisches Recht? Es wird seit 1815 von Hessen-Darmstadt regiert; und Sie müssen das ganze hessische Regierungsblatt und alles dazu Gehörige, ebenfalls an den Reichsgerichtshof senden, damit er mit dem rheinhessischen Richter zurecht kommt. Ganz derselbe Fall liegt vor mit der Rheinpfalz; wie es mit der Rheinprovinz steht, ist mir weniger bekannt, ich glaube aber, es wird ziemlich ähnlich sein.

Sodann haben wir zu bedenken, daß über das französische Recht durchaus nicht blos auf dem linken Rheinufer zu entscheiden ist, sondern daß auch die übrigen Gerichtshöfe Deutschlands häufig Veranlassung haben, ebenfalls darüber zu urtheilen. Nehmen Sie den Fall, daß ein Rheinhesse seinen Wohnsitz später in Stuttgart aufschlägt, aber nach rheinhessischem Recht geheirathet hat, so hat das württembergische Obertribunal über französisches Recht zu entscheiden.

Ich erinnere ferner an die vielen Fälle, wo Fragen des internationalen Privatrechts vorkommen, wo ein deutscher Gerichtshof fremdes Recht anzuwenden hat. Ich glaube mich berufen zu können auf die Mitglieder des obersten Gerichts, daß sie sämmtlich die Rechte anderer deutscher Länder in vielen Fällen anzuwenden haben, obwohl sie für das betreffende Land nicht gelten.

Ich möchte nun darauf aufmerksam machen, daß die Entscheidung unserer Frage innig zusammenhängt mit den Erwartungen, welche wir in Bezug auf die Herbeiführung eines einheitlichen deutschen Privatrechts haben. Ich meinestheils bin der Meinung, wir müssen davon ausgehen, in 5 Jahren müsse das einheitliche Civilgesetzbuch ausgearbeitet sein, ohne Verzug müsse der Bundesrath eine Commission niedersetzen zur Entwerfung eines vollständigen Gesetzbuchs, und zwar ist er dazu vollständig kompetent. Es handelt sich ja nur um die Fertigung eines Entwurfs und, wenn man den Entwurf eines Obligationenrechts macht, so muß man von vornherein wissen, wie es eingefügt sein soll in das Gebäude des ganzen Civilrechts. Davon müssen wir ausgehen, wir müssen sagen, wir wollen es noch erleben, insbesondere, daß das neue Gesetzbuch noch die Unterschrift unseres Reichskanzlers, des Fürsten Bismarck trage, denn wir sind der Meinung, daß die günstige Zeit, die eben in Deutschland für den Fortschritt ist, benutzt werden muß. Wir wollen das Eisen schmieden, so lange es warm ist. Wenn wir die Beschlüsse fassen, die von dem Herrn Correferenten vorgeschlagen worden sind, so fürchte ich, sprechen wir damit nicht blos aus, wir glauben nicht, daß die einzelnen Staaten ein einheitliches Gesetz machen können, aber wir glauben auch nicht, daß wir ein einheitliches deutsches Civilrecht erleben. Ich glaube, deshalb müssen wir den am weitesten gehenden Beschluß fassen, wir müssen voraussetzen, daß wir erreichen, was wir vorschlagen, wir müssen nicht das Ungünstige, sondern das Günstige voraussetzen.

Advokat Dr. **Heinsen** (Hamburg): Meine Herren! Ich würde mich nicht gemeldet haben, wenn nicht in der Frage, die hier behandelt ist, meiner Meinung nach ein Punkt nicht genügend berücksichtigt wäre, der meines Erachtens praktisch von der höchsten Bedeutung ist Es ist nämlich vielfach die Frage so gestellt worden: was Sache des Reichsgerichts und was Sache der Landesgerichte sei. So steht die Sache aber praktisch nicht, sondern was nicht an das Reichsgericht gelangt, das soll nach der Civilprozeßordnung und nach den Gutachten, die uns vorliegen, überhaupt nicht an die dritte Instanz gelangen. Nun ist meines Erachtens die Grundlage aller Gerichte die, daß sie bestimmt sind, dem Rechtsuchenden Recht zu gewähren; insoweit dieser Zweck nicht bestimmend ist für die Organisation der Gerichte, soweit sind sie überhaupt nicht zu organisiren. Brauchen wir zur Erreichung des Zwecks, den Rechtsbedürftigen Recht zu gewähren, keine dritte Instanz, dann brauchen wir sie überhaupt nicht, weder als Reichsgericht noch als Landesgericht. Brauchen wir aber eine solche, dann können wir nicht die Frage so stellen, ob Etwas an's Reichsgericht oder an das Landesgericht gehört. Dem gegenüber hat man Beschränkungen gemacht; man hat an das Reichsgericht verweisen wollen Reichsgesetze, preußisches Landrecht, gemeines Recht und solche Partikularrechte, welche sich über mehr als einen Obergerichtsbezirk erstrecken. Wenn der Grundsatz der ist, daß nur dann eine dritte Instanz zu gewähren ist, wenn überhaupt eine dritte Instanz für Gewährung des Rechts wünschenswerth ist, dann ist es ebenso nothwendig, sie dann zu gewähren, wenn nur ein kleines Rechtsterritorium in Frage kommt, als wenn es ein Territorium ist, das zwei Obergerichten untersteht. Wenn also das der Grundsatz ist, dann wird sich auch die von einem andern Redner hervorgehobene Aufrechterhaltung der Entscheidung des Reichsgerichts über einzelne Partikularrechte ohne Weiteres leicht regeln. Man hat sich berufen auf die Einheit der Rechtspflege. Ich erkenne diesen Grundsatz nicht an obgleich er Vieles für sich hat.

Wenn man ein gemeinsames Recht hat, dann ist die Krönung des Gebäudes, das durch ein gemeinsames Recht aufgeführt ist, ein gemeinsames Gericht. Wenn wir aber ein gemeinsames Gericht für verschiedene Rechte haben, dann ist es keine Einheit der Rechtspflege, sondern dann sind es unter nominell bezeichneten Einheiten doch nur Verschiedenheiten. Wollte man es konsequent durchführen, dann dürfte es unmöglich von dem Belieben der Partheien abhängen, ob sie appelliren wollen oder nicht, dann müßte auch eine dritte Instanz in allen Fällen stattfinden. Ich glaube aus diesem Grundsatz läßt sich die Beschränkung auf das Partikularrecht nicht rechtfertigen. Wohin hat man denn den Grundsatz der Einheit der Rechtspflege verwandt? Ja, wenn man ihn dahin verwendet, daß man sagt, das Gericht darf nur über Reichsgesetze urtheilen, so hat das eine Konsequenz und ich würde mich dem anschließen, wenn nicht praktische Hindernisse da wären. Man will aber diesen Grundsatz aufstellen, um einzelne größere Partikularrechte dem Reichsgerichte zu unterbreiten, andere auszuschließen. Das rheinische Gesetz soll ihm unterstellt werden, das sächsische nicht. Also eine Rechtseinheit ist es nicht, sondern ein Widerspruch gegen die Einheit der Rechtspflege, wo einem Theil im deutschen Reiche die dritte Instanz gewährt, dem andern versagt wird. Nun kommt ein zweiter Punkt. Man sagt, es ist unmöglich für das Reichsgericht, die Sachen so zu absolviren. Wenn das Reichsgericht fertig werden kann mit partikularrechtlichen Gebieten, welche sich über das Landrecht, das rheinische Recht und das gemeine Recht erstrecken, dann wird es wohl auch noch fertig werden mit andern. Aber das kommt gar nicht in Frage. Wenn die kleineren Territorien so gut das Recht auf eine dritte Instanz haben, wie die anderen, dann muß man die Einrichtung so treffen, daß ein drittes Gericht für sie existirt, dann muß das höchste Gericht so organisirt werden, daß sie ihr Recht finden können. Das ist nicht so schwierig wie man denkt. Man erwäge nur, in welcher Lage das höchste Gericht ist, wenn die Sache so geht, wie man es wünscht, daß es also zu erkennen hat über Reichsgesetze, preußisches Landrecht, gemeines Recht und rheinisches Recht. Nun bleibt noch übrig Gewohnheitsrecht und ausländisches Recht. Meine Herren, werfen Sie das nicht weg, nehmen Sie z. B. ausländisches Recht an in Handelssachen, Seesachen und Seeassekuranzsachen. Alle diese Sachen sollen der dritten Instanz entzogen werden, weil es sich um ausländisches Recht handelt. Mit dem Gewohnheitsrecht steht es nicht anders. Das Handelsgesetzbuch verweist z. B. in Art. 1 in vielen Fällen auf Landesgebräuche. Soll nun künftig in jedem Fall untersucht werden, ob ein Handelsgebrauch sich erstreckt über einen Distrikt, der mehreren Obergerichten untersteht oder nicht; oder soll das Handelsrecht einer exceptionellen Stellung unterworfen sein? Soll das Reichsgericht für Handelssachen über Partikularrechte entscheiden können, über andere Sachen aber nicht? Das scheint mir doch auch nicht uniform für die Rechtspflege.

Ferner ist es den einzelnen Staaten freigegeben worden, Einführungsgesetze zu machen. In Hamburg hat man die Bestimmungen des Handelsgesetzes für sämmtliche Hamburger generalisirt. Soll das nun plötzlich anders werden, soll für meinen Nachbar so entschieden werden, und soll er das Recht haben, an das Reichsgericht zu gehen, weil er Kaufmann ist und ich nicht? Vielfach bestehen Gesetze darin, daß sie anderes Recht reproduciren. So reproducirt z. B. unser Hamburger Statut sehr viel rheinisches Recht und römisches Recht. Ja, hätten Sie nun gar nichts gesagt, dann würde es an das Reichsgericht gehen. Nun sind aber unsere Voreltern im Jahre 1603 auf den unglücklichen Einfall gekommen und haben das übersetzt, nun ist es Partikularrecht und kommt nicht an's Reichsgericht. Das ist doch undenkbar. Dasselbe Recht gilt als Gewohnheitsrecht nicht in Altona und darüber kann das Reichsgericht nicht erkennen; aber Gott sei Dank, die Altonaer besuchen die Hamburger Börse und unsere Gewohnheitsrechte sind doch so ziemlich dieselben. Das Reichsgericht hätte dann in jedem einzelnen Fall zu untersuchen, ob vielleicht das Gewohnheitsrecht sich per Pferdeeisenbahn bis Wandsbeck, Altona oder Harburg ausdehnt, und ich glaube, die Zeit, die es darauf verwendet, könnte es besser verwenden, die Sache selbst zu entscheiden. Da wäre uns geholfen und wir wären nicht schlechter gestellt, als die Angehörigen anderer Partikularrechte. Die Einheit der Rechtspflege sollte darauf hinausgehen, daß wir Alle eines Sinnes sind, daß wir nicht sagen, ja, wäre ich Hamburger doch in Altona, oder der Altonaer: hätte ich doch in Hamburg mein Recht genommen. Solche Entschließungen sollten wir nicht fassen, sondern ich glaube, wir sollten Entschließungen fassen, die dahin gehen, daß Rechtsnormen überhaupt, Verletzung oder Nichtanwendung von Rechtsnormen an das höchste Reichsgericht gelangen, einerlei, ob es Verletzungen der Reichsgesetzgebung, oder größerer oder kleinerer Partikularrechte oder ausländischer Rechte sind. Ueber die Rechtsnormen, die im speziellen Fall zur Anwendung kommen, soll das Reichsgericht entscheiden.

(Beifall.)

Referent Kreisgerichtsdirektor v. **Stößer**: Ich werde mich im Wesentlichen darauf beschränken, einen kurzen Ueberblick über unsere Verhandlungen zu geben. Als ich berufen wurde, den Vortrag zu erstatten, lag mir die Frage vor, sowie die 4 Gutachten. Im Anschluß an die Gutachten und an die Zergliederung der Frage hielt ich mich verpflichtet, die 4 Sätze vorzuschlagen. Es freut mich nun, daß namentlich auch im Hinblick auf den Inhalt der

Gutachten drei Sätze. wie mir scheint, unbedingt oder überwiegend Billigung finden. Die beiden ersten Sätze sind lediglich vorangeschickt, um eben den ganzen Bau unserer Entschließungen darzustellen. Der erste Satz geht dahin, daß wiederholt ausgesprochen werden soll, daß im deutschen Reich nur ein einziger oberster Gerichtshof bestehen soll. Der zweite Satz bezieht sich auf die Thätigkeit, welche diesem obersten Gerichshof zugewiesen werden soll. Nun kommen wir an den dritten Satz, daß der oberste Gerichtshof berufen sei, zur Entscheidung über die richtige Anwendung von Reichsgesetzen, soweit diese diejenigen Gebiete des Rechts betreffen, welche wir zu unserer Aufgabe gemacht haben, nämlich das Privatrecht, das Prozeßrecht und das Strafrecht. Nun komme ich zu dem weiteren Satz, daß das Reichsgericht nicht darauf beschränkt sein soll, die Reichsgesetze zu beurtheilen, sondern auch die Landesgesetze aus den Gründen, die besonders auch noch von den Herren Gneist, Bähr, Reuling und Becker näher auseinandergesetzt sind. So weit geht übrigens Herr v. Groddeck nicht. Ich glaube mich im Uebrigen auf die sachlichen und formellen Gründe beziehen zu dürfen, welche bereits in meinem ersten Referat niedergelegt sind. Weiter geht aber der Antrag des Herrn Puchelt, welchem zugestimmt haben die Herren Dr. Drechsler, Mayersohn, Herz, Silberschlag, Heinsen und Hornbostel, letzterer in negativer Richtung, indem er ausgedrückt haben will, daß der Vorschlag in dem neuen Gesetzentwurf nicht genüge, daß vielmehr sämmtliche Rechtsnormen, sie mögen Reichsgesetzen entnommen sein oder Partikularrechten, der Zuständigkeit des Reichsgerichtshofs unterworfen werden sollen. Was nun diese weitere Ausdehnung betrifft, so war ich gewissermaßen überrascht, daß die Zuständigkeit des Reichsgerichts so weit ausgedehnt werden soll, insbesondere im Hinblick wahrlich nicht auf politische Gründe, die man mir gewiß nicht unterstellen wird, sondern lediglich aus juristischen und Zweckmäßigkeitsgründen. Diese lagen im Wesentlichen darin, daß ich erstens fürchtete, dadurch eine zu große Ueberbürdung des obersten Gerichtshofs herbeizuführen, und daß ich zweitens dieses Reichsgericht nur mit den wesentlichen Rechtsnormen beschäftigt wissen will und nicht mit der Ermittelung oft kleinlicher Orts- und Landesstatute, welche für die größere juristische Welt und Wissenschaft kaum von Bedeutung sein werden. Es ist nun freilich dafür noch geltend gemacht worden, daß ja in vielen Fällen das Reichsgericht nicht nur mit den Reichsgesetzen und größern Landrechten sich beschäftigen müsse, sondern daß es auch auf den Grund einzelner Landrechte eingehen müsse. Allein in dieser Beziehung möchte ich Sie an die ganz richtige Darlegung des Herrn Becker erinnern. Sobald die beiden vorderen Kollegialgerichte darüber entschieden habe, daß ein solches kleineres Land- oder Ortsrecht die und die Anwendung gefunden haben, so ist bei mir eine Thatfrage rechtskräftig entschieden und das Reichsgericht wird sich mit dieser Frage nicht weiter zu beschäftigen haben, so daß also auch die Befürchtung unbegründet ist, daß darüber, ob dieses Landrecht angewandt werden muß oder nicht, mehrere Prozesse zur Verhandlung und zum Austrag kommen könnten. Nehmen Sie die Beschränkung an, wie sie Herr Gneist und ich vorgeschlagen haben, so wird Dasjenige um so besserer und so sicherer erreicht werden, was wir zunächst anstreben, und ich glaube, daß gerade auch die kleineren unbedeutenderen Ortsrechte mehr und mehr schwinden werden, wenn sie nicht mehr diesen obersten Schutz durch das Reichsgericht erhalten werden.

Zur Fragestellung bemerke ich, daß in dem Antrag des Herrn Gneist im Wesentlichen auch dasjenige niedergelegt ist, was ich in Satz 4 vorgeschlagen habe. Satz 3 bezieht sich darauf, daß das Reichsgericht unbedingt über Reichsgesetze zur urtheilen hat. Bei Satz 4 war es hauptsächlich darum zu thun, daß auch die Landesgesetze zur Kognition des Reichsgesetzes gelangen sollten, und zwar erlaubte ich mir eine Fassung, worin der Grundsatz enthalten ist, vorzuschlagen, während in dem Antrag des Herrn Gneist ein Beispiel von diesem Grundsatz ausgedrückt ist. Um hier keine Schwierigkeiten zu veranlassen, kann ich mich auch recht gern, da ich nur auf die Sache Werth lege, dem eventuellen Antrag des Herrn Gneist, der ohnedem getheilt werden soll, anschließen.

Schließlich möchte ich fragen, ob Sie auf den Wunsch, den ich während meines Vortrags zur Kenntniß gegeben habe, auch noch eingehen wollen, nämlich wo möglich einstimmig zu erklären, daß die gemeinschaftliche Prozeßgebung möglich rasch ins Leben treten möge.

Die Abstimmung ergiebt Annahme der Sätze 1 und 2 des Referenten, sowie des Alinea 1 des Antrags Gneist. Das Alinea 2 dieses Antrages, beginnend mit dem Worte: „jedoch" wird abgelehnt. Mit dieser Ablehnung sind sämmtliche anderen Anträge erledigt.

Die Versammlung beschließt sodann, daß Herr von Stößer mit dem Referat über die heutige Verhandlung im Plenum zu betrauen sei.

(Schluß der Sitzung.)

Dritte Sitzung der vierten Abtheilung am 30. August 1872.

(Beginn: Morgens 9 Uhr.)

Nach Eröffnung der Sitzung wird zur Wahl der Vertrauensmänner behufs Berufung der Mitglieder der ständigen Deputation des Juristentages geschritten. Auf den Vorschlag des Herrn Dr. Mayersohn wird der Vorsitzende der Abtheilung zum Vertrauensmann gewählt und in Folge der von ihm auf Verlangen der Versammlung gemachten Vorschläge werden ferner zu Vertrauensmännern gewählt: Hof- und Gerichtsadvokat Dr. v. Kißling, Kreisgerichtsdirektor v. Stößer, Oberhandelsgerichtsrath Dr. Fleischauer, Oberhandelsgerichtsrath Dr. Puchelt, Appellationsgerichtsrath Struckmann, Justizrath v. Grodbeck, Regierungsrath Hornbostel, Advokat Dr. Mayersohn und Advokat Dr. Heinsen.

Vorsitzender **Kühne**: Meine Herren! Wir gehen nun über zu der Verhandlung der Anträge, und nach der Reihenfolge, die wir gestern festgestellt haben, wird zunächst zur Verhandlung zu kommen haben die Gesetzgebungsfrage:

„Ist es angemessen, daß durch die Subhastation sämmtliche auf dem subhastirten Grundstücke ruhenden Hypotheken fällig werden?"

Die Herren haben gestern schon gehört, daß das Referat hierüber statt meiner Herr Dr. von Kißling übernommen hat; ich kann deshalb wohl auch das Präsidium behalten, und ich bitte nun den Herrn Dr. v. Kißling um das Referat.

Hof- und Gerichtsadvokat Dr. **von Kißling**: Meine Herren, ich werde mehr Ihre Nachsicht als Ihre Geduld in Anspruch nehmen, eben aus dem

Grunde, den der Herr Präsident mitgetheilt hat, daß ich erst gestern das Referat übernommen und deshalb eine ganz andere Stellung einzunehmen habe, als wenn ich als Korreferent blos nachher etwas zu sagen gehabt hätte. Es wird mir übrigens die Aufgabe doch nicht gar zu schwierig, weil wir zwei Gutachten haben, darunter ein sehr ausführliches von dem Herrn Appellationsgerichtsrath Struckmann, das die Gründe für und wider beinahe so erschöpfend gegeben hat, daß es nur Ihre Geduld in Anspruch nehmen hieße, wenn ich dieses Gutachten auch nur auszugsweise wiedergeben wollte.

Ich muß auch wie jeder Referent voraussetzen, daß die Herren sich mit dem Gutachten selbst befaßt und bekannt gemacht haben, und ich erlaube mir nun auch meine Ansicht über die vorliegende Frage auszusprechen.

Sie geht dahin, daß ich mich durch die Gutachten nicht habe bestimmen lassen können, im Allgemeinen für zweckmäßig zu erachten, daß bei einer Subhastation sämmtliche Hypotheken fällig werden.

Es ist zwar unstreitig, daß bei einer zwangsweisen Veräußerung die durch den Kaufpreis nicht gedeckten Forderungen dahin affizirt werden müssen, daß bezüglich ihrer das Pfandrecht an der veräußerten Sache erlischt, ohne daß aber von ihrer Fälligkeit die Rede sein kann. Es liegt dies im Wesen und Zweck des Pfandrechtes, welches dem Gläubiger die Möglichkeit gewähren soll, durch die Veräußerung des Pfandes befriedigt zu werden. Dieser Zweck wird aber nur erreicht, wenn die Veräußerung möglich gemacht wird. Eine Veräußerung ist aber nur dann möglich, wenn die Sache um einen dem Werthe derselben entsprechenden Preis angeboten wird; wird ein höherer Preis verlangt, weil auf der Sache Pfandrechte für Forderungen haften, die sonst nicht gedeckt werden, ein höherer Preis, der diesen Werth übersteigt, so findet sich kein Käufer und das Pfandrecht ist also unrealisirbar.

Es ergiebt sich also aus der Nothwendigkeit und aus dem Wesen des Pfandrechts, daß die Sache, soweit der Kaufpreis nicht reicht, vom Pfandrechte befreit wird. Ich bemerke aber, daß deshalb von einer Fälligkeit nicht die Rede sein kann, weil der Schuldner, obwohl das Pfandrecht erlischt, doch nicht verpflichtet ist, eine solche noch nicht fällige Forderung aus seinem anderweitigen Vermögen zu bezahlen.

Ich halte das nicht für juristisch ausgedrückt, hier von einer Fälligkeit zu sprechen. Die Ausübung des Pfandrechts hat aber nur diese eine nothwendige Wirkung, eine andere Rückwirkung auf die durch den Erlös gedeckten Pfandrechte ist durchaus aus dem Zwecke des Pfandrechtes nicht zu deduziren.

Die im Gutachten des Herrn Dr. Johanny aufgestellte Theorie, daß weil die res pignoris finita est, der Erlös zur Zahlung aller Hypotheken verwendet werden muß, scheint mir nicht stichhaltig, weil sie von der unrichtigen Voraussetzung ausgeht, als wenn alle Pfandgläubiger nur ein Pfandrecht hätten, welches durch die Ausübung von Seiten eines Pfandglaubigers total konsumirt wird, während doch jeder Pfandgläubiger ein eigeres von dem anderen ganz unabhängiges Recht hat, das mit der Ausüburg zwar endet, wodurch aber durchaus nicht die anderen Pfandrechte mehr als nothwendig affizirt werden können.

Es dürfte sonst der betreibende Gläubiger ohne Zustimmung der übrigen nicht die Exekution sistiren oder auflassen.

Ebensowenig haben mich die Gründe in dem Gutachten des Herrn Appellationsgerichtsrath Struckmann überzeugen können, obschon sie ausführlich zeigen, daß die Majorität der Gesetzgebung in Deutschland den Satz so festgestellt hat.

Die Analogie, welche er und mit ihm auch Herr Dr. Idharny aus dem Konkurse nimmt, scheint mir geradezu nicht vorhanden, im Gegentheile geht die moderne Theorie des Konkursrechtes und mit ihr die neuesten Gesetzgebungen, wie z. B. die österreichische Konkurs-Ordnung vom Jahre 1868 im § 111 dahin, daß der Konkurs durchaus nicht die sogenannten Realgläubiger in Mitleidenschaft zieht, deren Forderungen geradezu nicht fällig werden. —

Der Konkurs ist allerdings eine Universalexekution, welche aber nur das eben nicht pfandrechtlich verhaftete Vermögen unter sämmtlich als fällig angenommenen nicht pfandrechtbedeckten Gläubigern zur Vertheilung zu bringen hat und nur deshalb, weil möglicherweise sich bei einer verpfändeten Sache bei dem Verkaufe ein Ueberschuß ergiebt, auch die Veräußerung der Pfandsachen zur Folge hat, aber durchaus nicht einen Einfluß anf die bei den Realitäten pfandrechtlich vorgemerkten Gläubiger haben kann.

Ich habe daher keine juristischen Gründe dafür gefunden, daß die sämmtlichen Hypotheken fällig werden sollen.

Mehr aber als die juristischen Konsequenzen bestimmen mich die wirthschaftlichen Gründe, mich gegen die Fälligkeit sämmtlicher Hypotheken auszusprechen.

Meines Erachtens ist da eine Betrachtung des Realkredits maßgebend.

Demselben werden in der Regel Kapitalien gewidmet, deren Eigenthümer entweder eine solide und dauernde, von den Gefahren und Schwankungen des persönlichen Kredits unberührte und unabhängige Anlage wünschen, oder welche von Anstalten dazu bestimmt sind, um dem besonders in der Zeit einer sich rasch entwickelnden und reichen Gewinn versprechenden Industrie sehr stiefmütterlich bedachten Realbesitze zu Hilfe zu kommen.

Das wirthschaftliche unschädliche Schuldenmachen ist auch besorgt, solche zum langen Liegenlassen bestimmten Kapitalien zu erhalten, um sie nach und nach womöglich durch den Ueberschuß aus den Erträgnissen des Gutes zu bezahlen; es ist deshalb auch die Rückzahlung in Annuitäten, wie sie gewöhnlich die Hypothekenbanken und Sparkassen gestatten, die einzig wirthschaftlich richtige Weise der Kapitalstilgung bei Landgütern, und es ist zu wünschen, daß nach und nach das ganze Realkreditwesen so geordnet würde.

Mehr oder weniger ist es überall so geordnet, und es wäre daher ein gewaltiger Mißgriff von Seite der Gesetzgebung, diese Ordnung des Kredits dadurch zu stören, daß sie bestimmt, weil der Besitzer einer Realität über die Kraft des Gutes hinaus Schulden gemacht hat und daher in Exekution geräth, daß auf einmal alle auf dem Gute haftenden Kapitalien baar gezahlt werden sollen.

Was soll aber mit jenen Hypotheken geschehen, welche für die bei der Uebergabe des Gutes bedungene Naturalleistung bestellt sind?

Sollen auch diese einfach zu Geld gemacht und dadurch bewirkt werden, daß diese für die Volkswirthschaft sehr vortheilhaften Gutsübergaben für die Zukunft unterbleiben und der reine Geldverkauf an deren Stelle tritt?

Diese Uebergaben gegen Naturalleistungen sind deshalb vortheilhaft, weil sie es möglich machen. daß sich die Familie auf dem Gute erhält und daher kleine Güter mit den sicher billigsten Kräften der eigenen Familienglieder recht gut bewirthschaftet werden.

Es hat diese Art Bauern-Fideikommiß auch ihre politische Seite, auf die ich blos vorübergehend aufmerksam mache.

Hat man dann auch wohl überlegt, welche Verluste und Kalamitäten bei einer Krisis, durch Geldmangel herbeigeführt, eintreten müssen, wenn die Fälligkeit aller Hypotheken bei jeder Exekution sofort ausgesprochen wird?

Es ist auch so nicht gleichgiltig und wenig bedeutend, daß die nicht über große Geldmittel disponirende Mittelklasse, welche gerne mit einem kleinen Vermögen durch fleißige Wirthschaft sich auf einem Grundbesitze eine selbstständige Existenz zu verschaffen sucht, aus dem Kreise der Bieter ausgeschlossen wird, und nur reiche Leute, Geldmänner, welche solche Güter aus Spekulation kaufen, oder Schwindler, welche etwas durch Raubausnützung zu erhaschen suchen, als Bieter erscheinen.

Die Lust reicher Kapitalisten, Realbesitz zu erwerben, ist, wie bekannt, überhaupt sehr gering, weil der Ankauf von Industriepapieren eine viel bessere Rente abwirft, und folgt daher, daß solche Güter entweder in die Hände von Schwindlern kommen oder um wahre Spottpreise veräußert werden. —

Es handelt sich daher hier nicht um die kleine Unbequemlichkeit der Gläubiger, welche gezwungen worden, eine andere Verwendung des Geldes zu suchen; es kann übrigens der Verlust der Gläubiger, welcher gewöhnlich allerdings ein nicht sehr großer sein wird und lediglich in dem besteht, daß selbe irgend einen Kostenaufwand machen müssen, um das Geld neu zu placiren, unter Umständen ein sehr bedeutender sein.

Nehmen wir z. B. an, daß Jemand, um eine sichere Rente zu haben, Papiere um einen niedreren Kours verkauft hat, als der gegenwärtige ist, und sich damit ein auf Grund und Boden liegendes Kapital angeschafft hat, für welches er, weil er es auf lange Jahre liegen zu lassen versprochen hat, auch einen großen Zins bezieht.

Derselbe muß nun das Kapital wo anders um einen viel geringeren Zins placiren, und er ist, wenn die Papiere, die er verkauft hat, einstweilen gestiegen sind, um den ganzen Betrag dieser Differenz oder um einen Theil seiner Zinsrente verkürzt worden, der natürlich um so größer ist, je größer das Kapital ist.

Es handelt sich hier auch nicht um den Schuldner, der in der Regel, weil er ohnehin nach einer solchen Exekution nicht mehr zahlungsfähig ist, wenig Interesse daran hat, ob für seine Realität mehr oder weniger geboten wird, es handelt sich auch nicht um die einzelnen Gläubiger, die dabei sicher verlieren, wenn wegen der sogleichen Auszahlung der Schulden ein kleinerer Preis geboten wird, und es sich in der Regel selbst zuzuschreiben haben, wenn sie auf eine stark verschuldete Realität etwas darleihen, die sich gegen verschiedene Verluste selbst schützen können, es würde im Gegentheil jede gesetzliche Bestimmung, welche zur Vorsicht beim Kreditiren zwingt und unwirthschaftliches Schuldenmachen erschwert, vom wirthschaftlichen Standpunkte nur zu billigen sein.

Es kann auch nicht von irgend einer Bedeutung sein, daß der Gläubiger durch den Wechsel der Person des Schuldners unangenehm berührt werden kann, weil bei Benützung des Realkredits weniger auf die Person des Schuldners, als auf die Sicherheit der Hypothek Werth gelegt werden muß. —

Es handelt sich um Alles dieses weniger, als darum, eine gewaltsame Störung des Realkredits — eine schädliche Unterbrechung der Schuldentilgung hinterzuhalten, und insbesondere die kleinen Güter nicht zur Beute von Spekulanten werden zu lassen; es haben auch deshalb, soviel ich weiß, in den Ländern, in welchen der von dem Herrn Gutachter und Referenten gebilligte Grundsatz gilt, die Gesetzgebungen den Gerichten das Recht ertheilt, die Stundung des Kaufpreises auszusprechen, und diese soll sich, wie ich durch Mittheilung von Praktikern aus diesen Ländern weiß, auf viele Jahre hinaus erstrecken, nur um die sofortige Beschaffung sehr großer Geldsummen nicht nothwendig zu machen. Es liegt darin aber sicherlich, wenn während dieser Zeit wirklich die Fälligkeit der Hypothek eintritt, eine Rechtsverletzung, die weniger zu billigen ist, als wenn man die Sache so liegen läßt, wie sie rechtlich liegt.

Wie ich glaube, hat insbesondere dem einen der Herren Gutachter, dem Herrn Dr. Johanny, nur der Zustand vorgeschwebt, welcher sich in einer großen Stadt bezüglich der großen Häuser vorfindet. Da ist immerhin möglich, durch die verschiedenen Kreditinstitute solche Summen aufzubringen, daß der Kaufpreis baar gezahlt wird.

Die Käufer solcher Häuser sind in der Regel auch bemittelt genug und können durch verschiedene Spekulationen, insbesondere Benützung von günstigen Verhältnissen, ein Zinserträgniß erlangen, welches manches Geldopfer möglich macht, das eben bei kleinen Gütern ganz unerschwingbar ist.

Ich komme nun auch noch auf die Schwierigkeit, welche Herr Appellationsrath Struckmann behauptet, wenn der Grundsatz gilt, daß die durch den Kaufpreis gedeckten Forderungen nicht fällig werden. Ich finde diese Schwierigkeiten nicht und kann mich auf eine ziemlich lange praktische Erfahrung in Oesterreich berufen, wo der Grundsatz gilt, indem der § 328 Allgemeiner Gerichts-Ordnung die Ersteher zwangsweise veräußerter Liegenschaften anweist, die Schulden zu übernehmen, wenn die Gläubiger das Geld vor der allenfalls vorgeschriebenen Aufkündigung nicht annehmen wollen.

Wir haben durchaus keine Schwierigkeiten bei Vertheilung des Erlöses und wir haben keine Schwierigkeiten, Käufer zu finden, aber gerade die Erfahrung der letzten Jahre bestätigt uns in Oesterreich, daß eine Feilbietung, bei welcher der ganze Erlös gezahlt werden muß, die übelsten Folgen für die auf ungünstigem Platz stehenden Gläubiger und für die Bewirthschaftung der Realität hat.

Es hat das Gutachten des Herrn Struckmann sich allerdings auch auf die Meinungsäußerung von Gerichtshöfen und landwirthschaftlichen Vereinen berufen; ich vermag aber, wenn ich die Genesis dieser Aeußerungen nicht kenne, auf solche wenig Gewicht zu legen.

Es ist in der Regel die Arbeit eines Einzelnen, welcher beinahe regelmäßig zugestimmt wird, weil es sich eben um die bloße Abgabe einer Meinung handelt, die nicht sofort unmittelbare Wirkung haben kann.

Aus allen diesen Gründen vermag ich daher nicht zuzustimmen, daß es zweckmäßig sei, daß auch die durch den Kaufpreis gedeckten Hypotheken fällig werden, und schlage Ihnen vor, die Frage dahin zu beantworten:

> Der deutsche Juristentag spricht seine Rechtsüberzeugung aus, daß es nicht angemessen sei, daß die bei einer zwangsweisen Veräußerung durch den Kaufpreis gedeckten Hypotheken fällig werden, daß es aber im Wesen des Pfandrechts begründet sei, daß das Pfandrecht

bezüglich der durch den Kaufpreis nicht gedeckten Forderungen erlösche.

Appellationsgerichtsrath **Struckmann** aus Cöln: Meine Herren! Ich habe meine Ansicht eingehend in dem von mir erstatteten Gutachten auseinandergesetzt und würde deshalb nicht das Wort ergriffen haben, wenn nicht die Bemerkungen des Herrn Referenten Dr. v. Kißling mich zu einigen Entgegnungen veranlaßten, zumal, da einige neue Gesichtspunkte, die in meinem Gutachten nicht berührt wurden, von ihm hervorgehoben worden sind. Herr Referent Dr. v. Kißling hat sich nicht auf den Standpunkt der Gegner meiner Ansicht gestellt, welche die an den Juristentag gerichtete Frage vollständig verneinen — er hat, wie Sie gehört haben, eine mittlere Ansicht aufgestellt, wonach die Frage theilweise bejaht, theilweise verneint wird. Ich kann mich deshalb in diesem Stadium der Verhandlung ganz enthalten, auch die Gründe geltend zu machen, welche gegen die weiter gehende Ansicht sprechen, und mich darauf beschränken, lediglich der Ansicht des Herrn Referenten mit einigen Worten entgegen zu treten.

Ich bin mit dem Herrn Referenten darin vollständig einverstanden, daß er in Folge der Subhastation die Konsequenz des Pfandrechts fordert, daß mindestens diejenigen Hypotheken sämmtlich gelöscht werden, welche durch den Kaufpreis nicht gedeckt werden; insofern ist zwischen uns keine Differenz der Ansicht; die Differenz der Ansicht geht dahin, daß nach meiner Auffassung sämmtliche Vorhypotheken zu löschen sind, auch diejenigen, welche nicht gedeckt werden. Der Herr Referent hat nun die Ansicht ausgesprochen, es ließe sich die von mir vertretene Meinung juristisch nicht rechtfertigen, die von mir angezogene Analogie des Konkurses passe nicht. Die Gründe, welche er dafür angeführt hat, haben mich indessen in meiner Meinung nicht erschüttern können. Ich muß das allerdings zugestehen, daß im allgemeinen Konkurs eine besondere Behandlung der Pfandgläubiger nach allen neueren Konkursgesetzen stattfindet; allein diese gesonderte Behandlung schließt doch nicht aus, daß man gleichsam das Spezialverfahren, das eingeleitet wird in Bezug auf die Pfandgläubiger, auch als einen Spezialkonkurs betrachtet, der ganz analog zu behandeln ist, wie der allgemeine Konkurs. In beiden Fällen findet eine Konkurrenz verschiedener Gläubiger statt, die aus gewissen Vermögensobjekten befriedigt sein wollen, und die deshalb in ihren Rechten und Interessen einander gegenübertreten, wenigstens theilweise gegenüber treten.

Bei dem allgemeinen Concurs ist dieses Objekt das ganze Vermögen des Schuldners, welches den Gläubigern zur Befriedigung dienen soll, aber nicht zur Befriedigung hinreicht, weshalb nun eben der Concurs der Gläubiger eintritt. Das Interesse des einen Gläubigers ist, einen Vorzug bei der Befriedigung zu erlangen. Dasselbe Verhältniß tritt aber auch ein bei der Subhastation. Auch hier ist ein bestimmtes Befriedigungsobjekt da, auf das verschiedene Gläubiger einen Angriff machen. Sämmtliche wollen daraus befriedigt sein. Das ist nicht immer möglich und es handelt sich darum, wer zuerst befriedigt sein soll. Die Gläubiger treten eben durch diese Konkurrenz in eine gewisse Gemeinschaft hinein, gerade wie bei dem allgemeinen Konkurs. Ich glaube, es läßt sich daher von diesem Gesichtspunkt aus die Ansicht, daß nun auch, wie bei dem allgemeinen Konkurs, eine allgemeine Fälligkeit der Forderungen die Folge sein muß, ebensowohl rechtfertigen, wie bei dem allgemeinen Konkurs. Ja diese Ansicht hat bereits allgemeine Geltung erlangt und wird nicht angefochten werden, obwohl ich nicht verkennen kann und das auch offen ausgesprochen habe, daß auch die von dem Herrn Referenten vertretene Ansicht juristisch sich durchaus rechtfertigen läßt. Allein meines Erachtens kommt es hier weniger auf den strengen juristischen Standpunkt als auf die wirthschaftlichen Gesichtspunkte an. Es fragt sich von dem Standpunkt der Landwirthschaft und des Realkredites aus, ob die eine oder die andere Ansicht den Vorzug verdient, und deshalb scheint mir hauptsächlich der Schwerpunkt der Verhandlungen auf die Gründe gelegt werden zu müssen, welche der Herr Referent in dieser Beziehung vorgetragen hat. Der Herr Referent sucht aus dem Wesen des Realkredits die Richtigkeit seiner Ansicht herzuleiten. Ich meinestheils glaube nun aber, daß der Realkredit mehr gefördert wird dadurch, daß eine allgemeine Fälligkeit der Hypotheken eintritt. Es ist von dem Herrn Referenten gesagt worden, es widmen sich hauptsächlich solche Kapitalien dem Realkredit, die eine dauernde Anlage wünschten, oder die gegeben würden von Anstalten, die sich gerade die Hebung des Realkredits zur Aufgabe stellen. Das ist richtig. Ich glaube aber, daß es im Interesse solcher Anstalten liegt, wenn in Folge eines Subhastationsverfahrens eine allgemeine Fälligkeit der Hypotheken eintritt. Das läßt sich nicht leugnen, die Kapitalisten können dadurch, daß sie in das Subhastationsverfahren hineingezogen werden, mindestens in eine gar nicht bequeme Lage gebracht werden. Indessen ich glaube doch die Schattenseiten, die in dieser Beziehung hervorgehoben werden, werden wohl zu stark ausgemalt. Es ist unter allen Umständen — mag man die Ansicht des Herrn von Kißling vertreten, oder die meinige für richtig halten — für den Gläubiger immer unangenehm, wenn sein Schuldner in eine Subhastation hineingeräth. Es kann der Gläubiger es gar nicht vermeiden, sich um die Sache zu kümmern, er wird durch das Subhastationsverfahren beunruhigt. Schon allein der rückständigen Zinsen wegen hat er es nöthig, sich um die Sache zu bekümmern. Er kann die Sache nicht gehen lassen, wie er es möchte. Die Unruhe wächst aber nicht in dem Maß, wie wenn er genöthigt wird, sein Kapital zurückzuziehen. Es können allerdings Fälle eintreten, wo ihm dies unangenehm ist. Ich glaube aber, in der bei weitem größten Mehrzahl der Fälle wird diese Unannehmlichkeit nicht eintreten, weil die meisten neuen Ankäufer sich freuen werden, wenn ihnen das Kapital gelassen wird. Alle Anträge, welche darauf ausgehen, die Bestimmungen, die in den meisten deutschen Staaten gelten, abzuändern, gründen sich gerade auf die Kreditnoth des Grundbesitzes, namentlich des Grundbesitzes in den östlichen Theilen Deutschlands. Sie gehen also davon aus, daß es dem neuen Käufer schwer wird, Hypotheken zu finden. Wenn man das aber berücksichtigt, so kann man aber doch unmöglich auf der andern Seite behaupten wollen, es sei für den Gläubiger schwer, sich mit dem Ankäufer des subhastirten Grundstücks über das Stehenbleiben des Kapitals zu verständigen. Es wird ganz sicher dem Gläubiger viel lieber sein, die Möglichkeit zu haben, im Falle einer Subhastation sein Kapital zurückziehen zu können, als es ihm unangenehm sein wird, es zurückerhalten zu müssen, in den vereinzelten Fällen, wo dem Käufer nicht daran gelegen ist, das Kapital zu behalten. Ich glaube daher, daß vom Standpunkte des Gläubigers und des Kapitalisten aus jedenfalls diejenigen Ansichten den Vorzug verdienen, die reine Bahn machen wollen, die den Gläubiger nicht zwingen wollen, ein Kapital einem Schuldner zu lassen, dem er kein Vertrauen schenkt. Es wurde von dem Herrn Referenten hervorgehoben, ja bei dieser Ansicht werde eine ganz unzulässige Rücksicht auf den Personalkredit genommen, das Wesen des Realkredites sei ja gerade, daß lediglich Geld hergegeben wird mit Rücksicht auf die Sicherheit des Grundstücks und ohne Rücksicht auf die Persönlichkeit des Besitzers des Grundstücks. Bei dieser Ansicht ist allerdings so viel richtig, daß dem Realkredit gerade die Sicherheit des Grundstücks vor Allem zu Grunde liegt. Das schließt aber doch nicht aus, daß der Gläubiger auf die Persönlichkeit des Ankäufers, die schon mit Rücksicht auf die Zinszahlung und auf die etwaigen Chikanen, die er ihm entgegensetzen kann, für ihn von Wichtigkeit ist, Rücksicht nimmt, und jedenfalls ist es meines Erachtens eine arge Zumuthung an den Gläubiger, sich das gefallen lassen zu müssen, einen Schuldner anzunehmen, der unter ungünstigen Umständen ein subhastirtes Grundstück angekauft hat und von dem man annehmen kann, daß er dasselbe nicht lang in seinem Besitz wird halten können, daß der einen Subhastation wieder eine andere und vielleicht die Sequestration folgen wird. Soviel vom Standpunkte des Gläubigers.

Ich glaube aber auch, daß vom Standpunkte des Schuldners und namentlich vom Standpunkte der Landwirthschaft aus diejenige Ansicht, die ich für die richtige halte, nicht die Gefahren bietet, die der Herr Referent soeben geschildert hat. Es ist namentlich auch bei den Verhandlungen, die vielfach in den landwirthschaftlichen Vereinen über diese Frage stattgefunden haben, der Gesichtspunkt hervorgehoben worden, der auch heute wieder geltend gemacht worden ist, daß die Zahl der Bieter durch die allgemeine Fälligkeit der Hypotheken in ganz unzulässiger Weise vermindert werde. Daß eine derartige Verminderung eintritt, ist allerdings nicht zu leugnen. Es werden manche Personen, die, wenn sie nur ein geringes Kapital anzuzahlen brauchten, vielleicht mitgeboten haben würden, durch die Nothwendigkeit, sich auf die Zahlung des vollen Kapitals vorbereiten zu müssen, vielleicht vom Bieten abgehalten. Indeß ein so großes Unglück und eine solche Zerstörung des ganzen Realkredits, wie sie der Herr Referent schildert, scheint mir doch nicht darin zu liegen. Die Subhastationen werden nach den Erfahrungen, die man darüber gemacht hat, hauptsächlich hervorgerufen durch den Umstand, daß Leute von unzureichendem Vermögen große Güter gekauft haben und dann zu viele Hypotheken haben aufnehmen müssen. Dieser Uebelstand, in dem meines Erachtens gerade die Kreditnoth des östlichen Deutschlands wurzelt, wird noch bedeutend vermehrt, wenn man die bestehende Subhastationsgesetzgebung in dieser Beziehung abschafft und es Personen mit unzureichendem Vermögen, Spekulanten u. dgl. erleichtern wollte, große Güter mit geringer Anzahlung zu kaufen. Es würde dadurch meines Erachtens die Zahl der Subhastationen noch vermehrt werden, ohne daß der wirklich solide Realkredit irgend welchen Zuwachs dadurch erhielte. Es wurde allerdings gesagt, durch das Verlangen, so große Kapitalien herbeizuschaffen, würde am Ende der Grundbesitz lediglich in die Hände der Geldmänner kommen. Ich glaube aber, diese Furcht ist im höchsten Grade übertrieben. Die Geldmänner werden wohl auf anderen Gebieten ihre Spekulationen suchen, und wenn vielleicht Einzelne dadurch auf billige Weise in den Besitz größerer Güter gelangen, so wird auf der andern Seite doch das in den meisten Staaten geltende Recht verhindern, daß Geldspekulanten mit ganz unzureichendem Vermögen die Güter ausrauben und nachher wieder verschleudern, ein Uebelstand noch viel größer als der, wenn in einzelnen Fällen reiche Kapitalisten in den Besitz größerer Güter gelangen. Endlich ist aber der Herr Referent noch auf die prozessualischen Schwierigkeiten gekommen, die ich in meinem Gutachten erwähnt habe. Er hat erklärt, in Oesterreich, wo das entgegengesetzte Princip bis dahin Geltung gehabt hat, seien niemals derartige Schwierigkeiten entgegengetreten. Ich habe natürlich keine Erfahrung und kann darüber nicht urtheilen. Indeß Dasjenige, was der Herr Referent zur Begründung vorgetragen hat, hat mich doch noch nicht überzeugen können, wie denn die prozessualischen Schwierigkeiten zu heben sind. Er sagt, es würden, nachdem die Veräußerung eingetreten wäre, die Hypothekengläubiger benachrichtigt, es würden deren Ansprüche vorgelegt und ziffermäßig angewiesen. Ja das ist alles leicht geschehen, wenn keine Streitigkeiten unter den Gläubigern eintreten. Wenn aber, wie das in häufigen Fällen vorkommt, über die Schuld selbst, über die Höhe der Verzinsung, über die Vorrechte und dergleichen Streitigkeiten eintreten, so müssen diese doch nothwendig erledigt werden, ehe das Verfahren seinen Abschluß findet, und ehe die eigentliche Subhastation statt hat. Diese Streitigkeiten können aber von erheblicher Dauer sein, sie können sich Jahre lang hinziehen und inzwischen bleibt das ganze Subhastationsverfahren in der Schwebe. Das ist meines Erachtens ein ganz unerträgliches Verhältniß, das auch nicht zur Hebung des Realkredits dienen kann und namentlich nicht die Gläubiger veranlassen wird, ihr Kapital auf ein Grundstück hinzugeben, wenn sie nicht sicher sind, rasch auch im Fall einer Subhastation wieder ihr Geld erhalten zu können.

Schließlich ist dann noch die Rede gewesen von den Gutachten, die ich in dem meinigen angezogen habe. In dieser Beziehung bemerke ich auch, daß dieselben für mich nur von untergeordneter Bedeutung gewesen sind; ich habe dieselben aber hauptsächlich in dem Sinne angeführt, um die Angriffe meiner Gegner damit abzuschlagen, denn gerade die Gegner berufen sich vorzugsweise auf die Gutachten der landwirthschaftlichen Vereine. Gerade von diesen Vereinen ist die Agitation für Abänderung der jetzt in den meisten Ländern Deutschlands geltenden Gesetze ausgegangen. Diese Gutachten der landwirthschaftlichen Vereine haben sich in ganz überwiegendem Sinne für die entgegenstehende Ansicht erklärt und diesen Gutachten steht dann die ganz überwiegende Zahl der Gutachten der höheren und niederen Gerichtshöfe des landrechtlichen Theils des preußischen Staates, der Anwaltskammern und der größeren Hypotheken-Gesellschaften und landwirthschaftlichen Kredit-Vereine gegenüber.

Aus allen diesen Gründen glaube ich die von mir vertretene Ansicht festhalten zu müssen und meinen Antrag dahin formuliren zu sollen:

> „Es ist angemessen, daß durch die Subhastation sämmtliche auf dem subhastirten Grundstücke ruhenden Hypotheken fällig werden.“

Präsident **Drechsler**: Meine Herren! Die Frage, die uns heute beschäftigt, ist eine sehr wichtige; da aber nicht blos juristische Gründe hier einschlagen und zu beantworten sind, sondern besonders auch volkswirthschaftliche, so würde man die Kompetenz unserer Versammlung etwas beanstanden können. Indessen fühle ich mich veranlaßt, in dieser Sache das Wort zu ergreifen, weil ich in meinem früheren Berufsleben Gelegenheit gehabt habe, verschiedene Systeme kennen zu lernen, während wir heute blos von zwei entgegenstehenden Systemen, dem österreichischen — um es kurz zu bezeichnen — und dem preußischen hören. Ich glaube nun zunächst eine Frage ausscheiden zu müssen, nnd ich möchte dem Herrn Referenten beistimmen den Antrag zu modifiziren. Ueber die ausfallenden Hypotheken, glaube ich, brauchen wir uns gar nicht auszusprechen. Das ist selbstverständlich, man mag ein System zu Grunde legen, welches man will, man mag die eingetragenen Forderungen auf Grundstücke betrachten, wie Hypotheken, ähnlich den römischen, oder man mag sie betrachten als Grundschulden, als Forderungen an dem Grundstück nach dem alten deutschen System, das jetzt wieder zu Ehren kömmt, so viel ist gewiß, was das Grundstück allein betrifft, so ist über die Forderung an demselben entschieden, sie ist eben beendigt, sie geht vorbei, sowie sich gezeigt hat, daß im regelmäßigen Wege des zwangsweisen Verkaufs, er mag nun in der Form geschehen sein wie er will, der Anspruch an das Grundstück nicht zu realisiren ist. Es ist gerade so, als bei einem für immer Insolventen, bei Jemand, der ohne Erben gestorben ist und dessen Nachlaß getheilt wurde; da giebt es eben keine Forderung mehr. Also davon zu sprechen daß die ausfallenden Forderungen fällig werden, hat meiner Ansicht nach keinen rechten juristischen Sinn. Eine Seite aber ist nicht in der Weise berührt, wie sie in einer juristischen Versammlung meines Erachtens, verdient, berührt zu werden. Das ist das Verhältniß der Gesetzgebung über das Grund- und Hypothekenwesen zu unserer Frage. Ich will nur einen Blick richten auf die neueste Bildung unserer Gesetzgebung, die jetzt in Preußen zum Abschluß gekommen ist, über die Grund- und Hypothekenbuchsordnung. Man hat in Bezug auf den Erwerb des Eigenthums ausgesprochen, daß für die freiwillige Veräußerung die Auflassung eine Eintragung im Grundbuch erforderlich ist; in Bezug auf die zwangsweise Veräußerung ist man inconsequenter Weise meiner Ansicht nach dabei geblieben zu sagen, der Zuschlag im Subhastationsverfahren gibt das Eigenthum sofort. Als wenn zweierlei Verkäufe stattfinden könnten, als wenn, sage ich, zwangsweise verkauft, etwas anderes wäre in Bezug auf den Abschluß des Kaufkontrakts, als freiwillig! Meiner Ansicht nach kann es unmöglich eine Verschiedenheit herbeiführen, wenn das Gericht im Wege einer Nachlaßtheilung ein Grundstück verkauft, oder im Wege eines Konkurses, oder im Wege einer Subhastation. Im ersten Falle soll der Kauf blos einen Titel geben zur Auflassung; im zweiten Falle hat man nun aber denjenigen, der im Wege der Subhastation ein Grundstück erstanden hat, zum Eigenthümer gemacht. Zahlt er nun nicht bedingungsmäßig aus, so wird weiter subhastirt, was sich unter Umständen 6, 7, 8mal wiederholen kann und da ist es natürlich nothwendig, zu sagen, das ganze Kaufgeld muß gezahlt werden. Und, meine Herren! Dies ist eigentlich die Pointe der Sache; die andere Frage ergibt sich ja von selbst. Wenn Sie sich zu dem System entschließen, zu sagen, das ganze Kaufgeld muß gezahlt werden vom neuen Erwerber, nun, da ist es mir völlig gleichgültig, ob Sie sagen, es werden die Hypotheken fällig, oder nicht. Derjenige, der weiß, daß, wenn geboten ist — und er ist kein Schwindler, der es versucht, durch eine möglicher Weise günstige Conjunctur, durch inzwischen erfolgtes Steigen der Grundstücke etwas zu erreichen, ich sage, der reelle Käufer wird sich vorsehen und, meine Herren, Sie verkaufen noch immer sehr langsam, auch in Preußen; man hat monatelang Zeit, sich zu orientiren, — der wird vorher schon mit dem bekannten Gläubiger ein Abkommen zu treffen suchen; er wird, wenn er ein solches Abkommen trifft, sagen: ich zahle die und die Summe, u. s. w. Ein solches Abkommen ist für einen reellen Mann nicht schwer; mit Hülfe der Bankinstitute, durch Zahlung von Annuitäten kann er sich Geld verschaffen; oder wenn der Mann einigermaßen solvent ist, wird der Gläubiger dem Manne die Hypothek lieber stehen lassen, als dem andern, der zum Concurs oder zur Subhastation gekommen ist. Aber mir scheint, es ist nicht im Interesse der Gläubiger, insbesondere nicht im Interesse der nachfolgenden Gläubiger eine Bedingung zu machen, die meiner Ansicht nach nicht zu rechtfertigen ist, nämlich die Bedingung der vollständigen Auszahlung des Kaufpreises. Ich will Sie mit einer anderen Einrichtung bekannt machen, die vielleicht einigen Herren bekannt ist, und die sich erhalten hat nach dem altdeutschen Rechte; z. B. nach dem Lübeckschen Rechte verhält sich die Sache so: Jeder Gläubiger hat an dem Grundstücke den Anspruch auf prompte Zahlung der fälligen Zinsen und des Kapitals, wenn die Forderung gekündigt ist, und jeder Gläubiger hat das Recht, wenn er in dieser Beziehung irgendwie eine Forderung zu erhalten hat, wenn also der Besitzer des Grundstücks in irgend welchem Verzuge sich befindet, sich an das Gericht zu wenden. Es wird dann dem Besitzer des Grundstückes aufgegeben, binnen 14 Tagen den Anspruch zu befriedigen, widrigenfalls der Gläubiger in das Grundstück eingewiesen wird. Erfolgt die Befriedigung nicht, so wird der Gläubiger eingewiesen und er hat als ein sorgsamer Hausvater das Grundstück für sich zu verwalten, und die übrigen etwa eingetragenen Gläubiger, wenn sie Befriedigung begehren, müssen das Grundstück verkaufen lassen, jetzt unter Anrufung des Gerichtes, früher im Wege eines öffentlichen Verkaufs durch notariellen Act. Bei dieser Gelegenheit wird besonders Rücksicht genommen auf das Interesse der nachstehenden Gläubiger; es kann ja möglich sein, daß der Anspruch vorhergehender Gläubiger vorerst ganz gedeckt ist und es wird das Grundstück aufgeboten, nachdem die Rechnung gemacht ist an Kapital und sämmtlichen rückständigen Zinsen, zu dem Preise, der sich da ergibt, damit Alles gedeckt wird, einschließlich der Kosten. Findet sich ein Käufer, hat vielleicht der Schuldner durch Verwandte oder sonst Mittel und Wege einen Käufer aufzustellen, der Alle befriedigt, dann kommt es nicht zum gerichtlichen Verfahren, es wird bezahlt, die Gläubiger sind befriedigt und die Sache hat ihr Ende. Findet sich aber ein Käufer nicht, so müssen sich die verschiedenen Gläubiger einigen, um sich ihre Hypothekansprüche selbst zu ordnen, sie müssen sich alliiren mit Jemand, der da sagt: ich erstehe das Grundstück, ich befriedige diejenigen Personen, die an Kapital und Zinsen zn fordern haben. Die haben, wenn sie befriedigt sind, gar keinen Anspruch mehr zu erheben, er ist Besitzer geworden, und ihm wird die Auflassung ertheilt. Nun sehe ich nicht ein, wie das Schwierigkeiten haben könnte. Ich habe das vor Kurzem gesehen. College Struckmann erhebt freilich Bedenken, es könnten Streitigkeiten unter den Gläubigern entstehen über Zinsenrückstände, Priorität u. s. w. Ja, meine Herren, wenn Ihr Hypothekenwesen sich noch in der Unordnung befindet, daß es sogar zweifelhaft sein kann, in welcher Ordnung die Gläubiger zu befriedigen sind, dann dürfen Sie allerdings einen Grundsatz, wie ich ihn vertheidige, nicht vertheidigen und die Länder, wo das noch nicht geregelt ist, müssen natürlich darauf verzichten, den Fortschritten in dieser Beziehung schon jetzt folgen zu können. Sie müssen sich erst auf diese Stufe bringen und nicht verlangen einen Vorschlag machen zu dürfen für zurückgebliebene Zustände.

Wir haben einfach Zustände vor Augen, in denen es ganz klar ist, wie viel höchstens die Summe betragen kann mit den Zinsen. Wenn ich z. B. eine Gesetzgebung nennen soll, so ist es die von Mecklenburg. Man kann sagen, es können höchstens anderthalbjährige Zinsen rückständig sein. Das ist das Aeußerste und die übrigen verlieren die Priorität. Also es ist einfach zu berechnen. Selbst im ungünstigsten Falle rechnet man die Kapitalien mit den Zinsen, wie sie eingetragen sind, und die 1½jährigen Zinsen dazu, da hat man die Summe, die ausreichen muß. Die Kosten der Prozedur sind so bestimmt normirt, daß darüber ein Streit gar nicht vorkommen kann. Sie sehen also, meine Herren, das Bedenken, daß wegen etwaiger Streitigkeiten zwischen den Gläubigern ein gerichtliches Verfahren nothwendig wäre, kann ich hier nicht theilen..

Nun aber komme ich auf den Zustand, den ich als den normalen ansehe. Ich muß Ihnen da ein Land nennen, was sonst einen normalen Zustand nach meiner Ansicht nicht hat. Das ist nämlich die mecklenburgische Gesetzgebung, die indeß über das Grundbuch- und Hypothekenwesen in neuerer Zeit ziemlich bekannt geworden ist. Die mecklenburgische Subhastationsordnung regulirt dieses Verhältniß genau. Als die neuere Subhastationsordung in Preußen gegeben wurde, habe ich das sehr lange Gesetz genau studirt. Ich suchte etwas über diesen Punkt, der ja in dieser Frage die Hauptsache ist. Ich fand aber in dem Gesetz gar nichts. Ich suchte etwas über die Art des Vertheilungsverfahrens in der Subhastationsprozedur, fand aber in der Subhastationsordnung wiederum Nichts. In ersterer Beziehung wurde ich verwiesen auf das preußische Landrecht, welches nichts weiter über diese Frage sagt, als daß, wenn nichts anderes ausgemacht ist, der Kaufpreis sofort baar gezahlt werden muß. Da nun die Gerichte gar nicht in der Lage sind, etwas Anderes auszumachen, so muß der Kaufpreis bezahlt werden. In anderer Beziehung wurde ich verwiesen auf die Konkursordnung, indem das ganze System der Vertheilung darin geregelt ist. Meine Herren, in letzterer Beziehung ergiebt sich, daß man nun in Preußen durchaus sprechen muß von einem Partikular- oder Spezialkonkurs, und da hat allerdings Herr Struckmann Recht, wenn er sagt, die Frage muß in dieser Weise gelöst werden; aber daraus folgt immer noch nicht, daß es unnöthig ist, alle Grundsätze, die vom Konkurs der Gläubiger herrühren, auf den Konkurs des Grundstücks anzuwenden. Meine Herren! weshalb werden im Konkurs der Gläubiger die Forderungen fällig? Weil die Gläubiger ihre Befriedigung haben wollen. Wollen sie diese nicht haben, so nehmen sie an dem Konkurs nicht Theil. Ist es denn wahr, daß die Gläubiger, die intabulirt sind, ihre Befriedigung haben wollen? Meine Herren! Es ist ja eine große Konfusion entstanden, als man in der Entwickelung des gemeinschaftlichen Konkursverfahrens die Hypothekare zwang, an dem Konkurs Theil zu nehmen. Es ist ja das als ein großer Fehler angesehen worden, der nur gemacht werden mußte, weil eben Prioritätsstreitigkeiten nach dem System des römischen Pfandrechts unausbleiblich waren. Wenn Sie keine Prioritätsstreitigkeiten unter den Gläubigern mehr haben, bedarf es auch keines Erkenntnisses über die Priorität, und dann sind Sie auch nicht berechtigt, einen Gläubiger, der kein Geld haben will, zu zwingen, es zu nehmen.

Meine Herren! In Betreff dieses Grundes hat die mecklenburgische Gesetzgebung, die große Erfahrungen hat, namentlich, weil sich in Mecklenburg der größte, werthvollste Grundbesitz befindet, weil es sich da um Güterkomplexe handelt, die Millionen werth sind, weil unter den vielen großen Gütern wenige einen Werth unter 100,000 Thalern haben, weil es außerdem viel schwieriger ist, die Verhältnisse zu reguliren, bei dem Verkauf solcher Grundstücke mit landwirthschaftlichem und häufig auch industriellem Betrieb, als bei süddeutschen Grundstücken — ich sage, die mecklenburgische Gesetzgebung hat das Verhältniß dahin geregelt, daß sie ausspricht: Es ist ein Spezialkonkurs über das Grundstück ausgesprochen, und sie schließt daraus ohne weiteres, das Grundstück darf um der Gläubiger willen schon im Interesse der Intraden, die daraus zu gewinnen sind, nicht in den Händen des insolvent gewordenen Besitzers bleiben. — Das mecklenburger Hypothekenrecht kennt bekanntlich nur Grundschulden. Es wird also sofort mit der Erkennung der Exekution die Bestellung eines Sequesters oder Administrators angeordnet. Damit ist also das Interesse der Gläubiger und der Schuldner gesichert. Nun kommt es zum Verkaufe. Es würde vollständig irrationell sein, zu sagen, es soll nun der ganze Kaufpreis erlegt werden müssen. Was geschieht? Es sind die Bedingungen in der Subhastationsordnung ganz genau festgesetzt, die die Norm geben. Falls die Gläubiger, welche nunmehr als Successores des Schuldners gelten, und die das Dispositionsrecht erhalten, sich nicht über die Bedingungen des Verkaufs einigen, die günstiger und den Verhältnissen entsprechender wären, so sind Normativbedingungen im Gesetz angeordnet in der Art, daß auftreten darf und den Zuschlag nur erhalten kann als Bieter, wer bei Grundstücken etwa 10 pCt. des Meistgebots baar zu bezahlen oder durch gehörige Papiere nachzuweisen im Stande ist. Dann erhält der Bieter den Zuschlag. Aber, meine Herren, der Bieter wird durch den Zuschlag nicht Eigenthümer. Er ist gerade so anzusehen, als der Käufer, der durch den Kaufkontrakt mit dem bisherigen Eigenthümer als Bedingung des Konsenses 10 pCt. auf den Kaufpreis gezahlt hat. Die Normen sind dann geregelt nach den Verhältnissen der Gegend und des Landes. Im Jahre 1867 fiel es in Folge der Geldkrisis den Gläubigern die durch die Wirthschaft des Sequesters in den laufenden Zinsen gedeckt waren, nicht ein, irgendwie Termine kurz zu stellen. Man sagte sich: wir wollen die nächste Ernte abwarten. Es ist besser geworden; es sind viele Gläubiger mit ihrem Kapital zur Hebung gekommen und manche Schuldner sind gerettet. — Also nach einem Vierteljahr heißt es, es ist nun wieder $^1/_{10}$ zu bezahlen und darauf später noch $^1/_{10}$. Und nun kann man es schon riskiren, dem Käufer Tradition des Gutes ganz zu geben, weil man dabei die Bedingung hat, daß, wenn er nicht weiter zahlt, diese Zahlungen sämmtlich zum Nutzen der Gläubiger verfallen sind. Er wird noch nicht Eigenthümer, sondern dies geschieht erst, wenn er das fünfte Zehntel bezahlt hat. Soweit kommt es aber nie. Es wird ja ein solider Käufer sich stets mit den Gläubigern geeinigt haben, und schon in kurzer Zeit in der Regel bekommt er nicht blos den Besitz, sondern das Gut zur eigenen Disposition. Damit, glaube ich, ist nach allen Seiten hin Alles gedeckt. Es ist namentlich das beachtet, daß den nachstehenden Gläubigern die Möglichkeit gewährt ist, selbst als Bieter aufzutreten. Es sind erfahrungsmäßig die letzten Gelder gewöhnlich Gelder der Familie. Wenn der Ankauf eines großen Gutes gemacht wird, so ist die erste Hälfte durch Bankhäuser leicht zu schaffen, aber das letzte Geld ist gewöhnlich das der Familie und das Resultat ist häufig, daß auf diese Weise das Gut von selbst von anderen Verwandten acquirirt wird. —

Nun, meine Herren, ist noch ein Punkt, auf den ich noch aufmerksam machen will, der bisher nicht erwähnt wurde und der allerdings für mich von untergeordneter Natur ist, der aber bei der neuen preußischen Gesetzgebung sehr stark betont wurde. Das ist der Punkt der Kosten, der Punkt der Gerichtsgebühren nicht blos, denn diese werden sich vermeiden lassen, obgleich sie anderswo nicht so hoch sind, als in Preußen, der Punkt des Geschäfts vor der Hypotheken- und Grundbuchbehörde. Wenn Sie das System aufstellen, daß sämmtliche Hypotheken fällig werden, so müssen Sie selbst in dem Fall, daß ein Arrangement mit den bisherigen Gläubigern stattfindet, weil ja alle Forderungen gelöscht sind, neue Eintragungen schaffen. Der Käufer muß sich berechnen, daß er demnächst diese Kosten zu tragen hat, wovon ihn Niemand entbinden kann, er wird also das sofort auf den Kaufpreis schlagen und es ist also eigentlich nur eine Art Konfiskation. Das sind nicht unbedeutende Summen, ich glaube, es ist immer noch $^1/_4$ pCt., früher war es $^1/_2$, sogar 1 pCt.

(Mehrfacher Widerspruch.)

Meine Herren! Ich weiß nur, daß bei Gelegenheit der neuen Hypothekenordnung ausdrücklich Schwierigkeiten erhoben wurden, die bisherigen Gebühren herunterzusetzen, und daß man sich jetzt erst dazu entschlossen hat. Ich meine, das ist auch ein Punkt, der immer zur Beschwerde gereicht hat, daß man gesagt hat, der Verkehr mit Grundstücken ist schon jetzt unnöthig belastet. Meine Herren! Wenn aber die Möglichkeit vorhanden ist, ein einfaches und klares System, was zu demselben Resultat hinführt, zu schaffen, wenn wir sehen, daß es sich anderwärts schon bewährt hat, so glaube ich, daß man immer mehr davon abgehen kann, das festzuhalten, was ich nur deshalb festgehalten sehe, weil man vom Prinzip nicht abgehen will in Preußen. Und ich irre mich darin nicht, ich habe den Verhandlungen in der ersten Zeit über die Hypothekengesetzgebung ziemlich nahe gestanden — daß man von dem System nicht abgehen will, daß durch die Zwangsversteigerung eine sofortige Eigenthumsüberweisung stattfindet. Sowie man das System festhält, ist allerdings die Regulirung der Sache sehr erschwert. Das ist aber meiner Ansicht nach eine Inkonsequenz gegenüber der freiwilligen Veräußerung und Zwangsveräußerung.

Ich habe noch Eins zu erwähnen zum Beweis dafür, wie wenig diese Frage mit dem Konkurswesen zusammenhängt. Die Stadt Bremen hat ein alt bewährtes System der Handvesten au porteur. Diese bremische Grund- und Handvestenordnung bestimmt nun, daß die Sicherheit derjenigen, deren Handvesten aufgelassen sind an einem Grundstück, in aller Weise beobachtet werden muß. Bei jedem Verkauf also, bei dem freiwilligen Verkauf, werden alle Handvesten eingerufen und neu ausgefertigt, und die Zahlungen dürfen nur an das Handvestenamt geleistet werden. Das ist eine große Sorgfalt. Ich führe letzteres nur als Beispiel an, daß das System des Fälligwerdens gar nicht im Zusammenhange steht mit dem Systeme des zwangsweisen Verkaufs.

Ich beantrage also den ersten Theil des Satzes des Herrn Referenten auszunehmen, würde aber, wenn es Anklang findet, noch sagen: „Bei richtiger Regulirung des Verkaufs im Wege der Zwangssubhastation und richtigen Normativbedingungen, die das Interesse nach allen Seiten hin wahren.“

Landesgerichtsrath **Stieve** aus Zabern: Meine Herren! Ich erlaube mir, Ihrer Beschlußfassung folgende Anträge zu unterbreiten:

I. Die vorliegende Frage (C.):

Ist es angemessen, daß durch die Subhastation sämmtliche auf dem subhastirten Grundstück ruhenden Hypotheken fällig werden?

kann gegenwärtig nach der Verschiedenheit der bestehenden Partikulargesetzgebungen verschieden beantwortet werden.

II. Der Deutsche Juristentag erklärt aber:

Es ist kein Grund vorhanden, das Subhastationsverfahren von der deutschen Civilprozeß-Ordnung auszuschließen. Die für eine solche Ausschließung in den deutschen Civilprozeß-Motiven (S. 470) vorgebrachten Gründe sind nicht stichhaltig.

III. Für das künftige deutsche Subhastationsverfahren ist die Frage ad I zu bejahen.

Sie werden einsehen, daß der zweite Antrag eigentlich über die vorliegende Frage hinausgeht; ich glaube aber, er ist hauptsächlich durch die heutige Diskussion gerechtfertigt. Denn jeder meiner geehrten Herren Vorredner hat von seinem Partikularrecht gesprochen. Der Herr Referent hat vom österreichischen Prozeß und Recht gesprochen; der Herr Appellationsgerichtsrath Struckmann hat von dem altpreußischen Verfahren gesprochen und der Herr Präsident Dr. Drechsler von dem lübeckischen und mecklenburgischen Prozeßverfahren, und Jeder beurtheilte die vorliegende Frage nach seinem partikularen Standpunkte. Deshalb bin ich der Meinung, daß wir, da doch wahrscheinlich kein Einziger unter uns ist, der die sämmtlichen Partikularrechte Deutschlands kennt, und nicht der Eine den Andern majorisiren kann und will, aussprechen müssen, die Frage muß nach der gegenwärtigen Verschiedenheit der Partikulargesetze verschieden beantwortet werden. Ich kenne wenigstens altländisch-preußisches Verfahren und Recht, und französisches Recht und Verfahren; ich bin nach beiden der entschiedenen Ansicht, daß es sogar unmöglich ist, mit unseren Verfahren durchzukommen, wenn nicht alle Hypotheken fällig werden, und ich schließe mich in der Beziehung lediglich den Ausführungen des Herrn Appellationsgerichtsraths Struckmann an. Das ist die prozessualische Seite der Sache. — Was die national-ökonomische Seite der Sache betrifft, so bin ich da ebenfalls ganz einverstanden mit den Ausführungen des Herrn Struckmann, die auch von Seiten der preußischen Gerichte in zahlreichen Gutachten, die vor etwa zwei Jahren von dem Justizminister Grafen Lippe eingefordert worden sind, durchweg getheilt wurden, daß national-ökonomisch nicht der mindeste Vortheil für die Landwirthschaft resp. für die Realkreditnoth, die in den östlichen Provinzen Preußens herrschte und daselbst theilweise noch herrscht, daß also kein Vortheil zu ersehen ist, wenn nicht die Hypotheken sämmtlich fällig werden.

Ich will mir deshalb nur noch einige Worte erlauben über den eigentlichen Kern meines Antrags sub Nr. 2. — Sie wissen, daß Preußen noch im Jahre 1860 mit einer Partikular-Subhastationsordnung vorgegangen ist und auch in dem Entwurfe der deutschen Civilprozeßordnung von 1871 kein Subhastationsverfahren enthalten ist, obwohl doch das Subhastationsverfahren ein Theil des Civilprozeßverfahrens ist. Die dafür vorgebrachten Gründe sind folgende. In den Motiven zur preußischen Subhastationsordnung ist gesagt, das Subhastationsverfahren stehe weniger als jede andere prozessuale Materie mit den allgemeinen Prozeßgrundsätzen im Zusammenhang und habe vielmehr seine Prinzipien in sich selbst; und zweitens sei das Grundbuchs- und Hypothekenwesen, sowie das materielle Immobilarrecht in den verschiedenen deutschen Ländern zu verschieden, deshalb müsse partikular vorgegangen werden. Die deutschen Civilprozeß-Motive führen dagegen nur den letztgedachten Grund an; daß die Subhastation mit dem Eigenthums- und Hypothekenrecht so zusammenhänge, daß die erforderlichen Bestimmungen darüber, welche Sachen und Rechte zum unbeweglichen Vermögen gehören, ob und in welcher Weise eine Eintragung der vollstreckbaren Forderung in das Hypothekenbuch zulässig und in welcher Weise die Beschlagnahme der Immobilien auszuführen, der Lansesgesetzgebung überlassen werden m ü ß t e n.

Sie sehen also, daß schon beide Verfasser der Motive das Bedürfniß gefühlt haben, ihre partikularistischen Tendenzen in dieser Materie zu rechtfertigen und ich bin der Meinung, daß die Gründe nicht stichhaltig sind. Ich bemerke, was den ersten Punkt betrifft, gerade weil das Subhastationsverfahren eine Materie ist, welche mit den allgemeinen Prozeßgrundsätzen nicht im Zusammenhange steht und vielmehr ihre Prinzipien in sich selbst trägt, gerade deshalb eignet sie sich ganz vorzüglich und vor allen andern zur gemeinsamen deutschen Kodifikation; denn die sogenannten Prinzipien der Subhastationsordnung bestehen ja einfach darin, daß es sich gerade so wie bei der Mobiliarexekution um einen zwangsweisen Verkauf handelt; mit demselben Rechte also, mit dem man Immobiliarexekutionen in den Partikulargesetzgebungen beseitigt hat, müßte man auch Mobiliarexekutionen aus dem deutschen Civilprozeß ausscheiden.

Was sodann die Verschiedenheit des Grundbuchs- und Hypothekenwesens und des materiellen Immobiliarrechts betrifft, so ist ja diese Verschiedenheit nicht zu leugnen; aber das prozessuale Verfahren wird dabei nicht wesentlich berührt. Hat man doch in Preußen kürzlich das Grundbuchs- und Hypothekenwesen und auch das materielle Immobiliarrecht einer gründlichen Reform unterworfen, ohne deshalb das Subhastationsverfahren zu ändern; und man hat in der Rheinprovinz allmälig ein neues Subhastationsverfahren zugelassen, ohne das materielle Immobiliarrecht zu ändern, Beweis genug, daß eben beide nur in einem losen Zusammenhange stehen. Man muß sich eben darüber klar werden, wo die beiden Gebiete zusammenhängen.

Zunächst ist die Frage, welche Sachen und Rechte zum unbeweglichen Vermögen gehören, rein materiellen Rechtes, sie gehört gar nicht in das Subhastationsverfahren. Das Kaufgelder-Belegungsverfahren oder, nach französischem Verfahren, das Ordre-Verfahren ist ein für sich bestehender Theil des Prozesses, der auch allerdings nach den Grundsätzen der deutschen Civilprozeßordnung in Uebereinstimmung mit den Prinzipien derselben geordnet werden müßte; aber das eigentliche Subhastationsverfahren hat sein Ende mit der Adjudikation, das wird nicht bestritten werden können und ist ein Grundsatz, der klar hervortritt im code de procédure, und den auch das altpreußische Verfahren befolgt hat bis zum Jahre 1834. Erst 1834 ist man auf die Idee gekommen, ein Kaufgelder-Belegungsverfahren ex officio eintreten zu lassen; bis dahin war es von dem Antrage eines Interessenten abhängig, wie es ja in der Natur der Sache liegt; wenn verschiedene Interessenten, die Pfandgläuber also, unter einander einig sind, so hat der Richter nichts in der Sache zu thun; der Richter hat nicht den Parteien ihr Geld zuzuzählen, sondern seine Thätigkeit tritt erst wieder ein, wenn incidente Zwischenfälle eintreten. Was sodann das Grundbuch- und Hypothekenwesen betrifft, so steht dasselbe mit der Subhastationsordnung in sofern in Verbindung, als der Gläubiger (Extrahent) nachweisen muß, daß der Schuldner (Subhastat) wirklich Eigenthümer des Grundstücks ist, und als nach Beendigung der Subhastation der Besitztitel berichtigt wird. Aber in dieser Beziehung sind alle mir bekannten prozessualen Vorschriften im wesentlichen übereinstimmend in den verschiedenen Rechtsgebieten, wenn auch freilich die Einrichtung der Grundbücher eine sehr verschiedene ist. In Frankreich kennt man kein eigentliches Grundbuch, doch wird der Subhastationsvermerk eingetragen; ein Auszug aus den Immobiliarbüchern muß beigebracht werden dafür, daß Subhastat Eigenthümer ist u. s. w.

Endlich kommen die Kataster-Einrichtungen noch insofern in Betracht, als nach landrechtlicher Gesetzgebung ein Kataster-Auszug beigebracht werden muß, aus welchem sich die Größe, Lage und Beschaffenheit des Grundstücks ergiebt. Aber auch da, wo keine Kataster-Einrichtung besteht, ist das kein Grund, der einer allgemeinen deutschen Gesetzgebung entgegen stehen würde, weil ja die Kataster-Auszüge überhaupt nur zur Information dienen und diese Information auch auf andere Weise gegeben werden kann.

Ich bitte Sie deshalb, meine Anträge, namentlich den ad 2 anzunehmen, und für die Zukunft, also für den Fall, daß wir ein deutsches Subhastationsverfahren bekommen, muß ich anheim stellen, auf welche Seite sich die Majorität neigen wird; es wird das gegenwärtig von dem partikularen Standpunkte abhängen, auf dem der Einzelne steht, ob er die vorliegende Frage nach der Fälligkeit der Hypotheken bejahen oder verneinen kann.

Vizepräsident Oberstaatsanwalt **Schmieden** (Frankfurt a. M.) übernimmt den Vorsitz.

Präsident **Kühne** (Celle): Meine Herren! Ich habe nicht die Absicht, nochmals einen Vortrag über eine Frage zu halten, über die ich Jahre lang im höchsten Grade zweifelhaft gewesen bin und bei der ich mich allerdings schon längere Zeit auf die Seite des Herrn Referenten gestellt habe, obgleich mit großem Widerstreben. Denn an sich erkenne ich an, daß die juristische Konsequenz gegen uns ist; die Hypothek des prior creditor kann durch den Verkauf dennoch nicht fällig werden, obgleich meines Erachtens das römische Recht sehr wohl auch die gegentheilige Auffassung möglich macht. Meine Absicht ist nur, an Herrn Präsidenten Drechsler einige Fragen zu richten, die mir seine Ausführungen bedenklich machen. Ich will auch nicht davon reden, daß es eine Inkonsequenz ist, nach dem Grundbuchswesen mit der Adjudikation den Uebergang des Eigenthums zu verbinden. Ich bin Richter in vier verschiedenen Rechtsgebieten gewesen. Ich bin am Rhein gewesen; ich habe in landrechtlichen Gebieten gearbeitet; ich bin zwölf Jahre lang gemeinrechtlicher Jurist in Neuvorpommern gewesen; ich bin jetzt in Hannover, wo beiläufig gesagt, meines Erachtens durch eine falsche Praxis ins gemeine Recht der Grundsatz übergegangen, daß durch die Adjudikation das Eigenthum übergeht. Gemeinrechtlich ist dieser Grundsatz nicht zu rechtfertigen. Er wird in Hannover gerechtfertigt dadurch, daß in der Untergerichtsordnung der Lapsus sich eingeschlichen hatte, daß darin bestimmt war, das Grundstück solle dem Adjudikatar durch eine Sentenz (oder Adjudikations-Bescheid) eigenthümlich überwiesen werden. Dieser Satz ist in die hannöver'sche Prozeßordnung übergegangen, und daraus leitet die hannöver'sche Praxis ganz allein den Satz ab, die Adjudikation überträgt das Eigenthum. Das ist von dem Oberappellationsgericht in Celle in neuester Zeit noch erkannt worden. Auf diese Einzelheiten will ich nicht eingehen, sondern nur gegen dasjenige, was Herr Präsident Drechsler gesagt hat, einige Bedenken geltend machen. Meines Erachtens ist das Hauptrequisit eines guten Subhastationsverfahrens schleunige Rechtshülfe, namentlich die Möglichkeit für Bieter, für den Adjudikatar, daß er möglichst bald in den gesicherten Besitz kommt, und daß die Gläubiger, die nicht im Streit befangen sind, möglichst bald zu ihrem Gelde kommen. Nun macht aber die prozessualische Behandlung der Sache eine große Schwierigkeit. Herr Präsident Drechsler hat gesagt, er begreife nicht, wie die prozessualische Behandlung der Sache bei einem geordneten Hypothekenwesen überhaupt Schwierigkeiten herbeiführen könne. Ich muß sagen, ich begreife nicht, wie das Gegentheil der Fall sein soll. Mag das Hypothekenwesen noch so geordnet sein, so müssen die Fälle stets vorkommen können, daß der posterior creditor die Hypothek des prior creditor anfechten kann, was z. B. in Hannover toto die vorkommt. Der posterior creditor ficht die Hypothek des prior creditor mit der actio pauliana an. — Dieser Fall muß meines Erachtens auch bei einem geordneten Hypothekenwesen vorkommen können. Nun dauert eine solche Klage meist sehr lange.

Bei dem geordnetsten Hypothekenwesen tritt also die Schwierigkeit ein, daß die Sache manchmal in suspenso bleibt.

Das Zweite, was ich erreichen wollte, betrifft lediglich eine praktische Erfahrung. Ich glaube nämlich, daß diese Frage wesentlich vom Standpunkt der Praxis aus zu behandeln sei, so sehr ich geneigt bin, die juristischen Grundsätze zu berücksichtigen. Da muß ich gegen den Herrn Referenten sagen, daß dasjenige, was er angeführt hat, dafür, daß ein solcher Zustand, durch den sämmtliche Hypotheken fällig werden, den Ruin des Grundbesitzes herbeiführt durch die Praxis des großen Landes Preußen nicht bestätigt wird. Ich bin ziemlich lange preußischer Richter gewesen und habe Gelegenheit genug gehabt, Subhastationssachen kennen zu lernen. Ich muß nun sagen, alle die Subhastationen, die ich kennen gelernt habe, mit Ausnahme eines einzigen Jahres, 1848, führten zu diesem Ende nicht. Im Jahre 1848 war ich in Berlin; und da ging allerdings die Sache häufig sehr schlimm; es wurden da durch die Geldkrisis große Kapitalien verloren. Der Grundkredit in Preußen ist meines Erachtens, und das bestätigt die Praxis, durch den Grundsatz, die Hypotheken werden sofort fällig, entschieden unterstützt worden. Ich glaube nicht, daß irgend Jemand, wenn jetzt ein anderer Grundsatz eingeführt werden würde, sein Geld noch so gern auf Hypotheken gäbe, wie es jetzt ist. Und nun sehen Sie sich an, was daraus gekommen ist. Sie können es sehen aus dem statistischen Material, welches das preußische Justiz-Ministerium in Tabellen mitgetheilt, welche dem Landtage bei Gelegenheit der Verhandlungen über die neue Grundbuchs-Gesetzgebung zugegangen sind; ich habe diese Tabellen zur Hand und lege sie hier zu Ihrer Einsicht nieder. Diese Tabellen widerlegen meines Erachtens den Grundsatz des Herrn Referenten, nach dem er behauptet, es würde der Realkredit durch das Prinzip der sofortigen Fälligkeit der Hypotheken gefährdet werden.

Reichsoberhandelsgerichtspräsident Dr. **Drechsler**: Ich glaube, daß ich im Allgemeinen nicht so mißverstanden werden könnte, wie es Herr Präsident Kühne gethan hat. Ich habe ja gesagt, daß nach dem Beispiel, wie ich es angeführt, ein Spezialkonkurs erkannt wird, daß damit sofort ein Sequester bestellt wird. Ich habe gesagt, daß die Zinsen berechnet werden können, soweit sie rückständig sind, sowie zwischen zwei Gläubigern Streit entsteht. Diese Gläubiger werden alsdann nach der Reihenfolge befriedigt. Will der erste Gläubiger sein Geld nicht haben, dann kann der andere ausbezahlt werden. Kommen gar nun zwei Gläubiger, die sich über die Priorität streiten, — was übrigens selten der Fall ist, denn was in's Grundbuch eingetragen ist, ist unumstößlich; es wäre der Dolus zu beweisen, und das ist ein Fall, der selten vorkommt — dann zahlt der Käufer an das Gericht und die Gläubiger mögen prozessiren. Im Uebrigen interessirt es den Käufer gar nicht, wenn dieselben hundert Jahre lang prozessiren. Damit ist die Sache erledigt.

Präsident **Kühne**: Sie haben mich mißverstanden. Die Sache ist die: ich setze den Fall: die priores creditores haben nicht verkauft. Wenn die priores creditores nicht verpflichtet sind, Zahlung anzunehmen, auch der Käufer nicht verpflichtet ist, diese Forderungen — da sie ja nach dem von dem Herrn Gegner vertheidigten Grundsatze nicht fällig werden — zu bezahlen, so kann die Frage: ob eine eingetragene Hypothek giltig ist oder welche Priorität ihr zusteht, längere Zeit zweifelhaft bleiben in der Art, daß nun der Käufer nicht weiß, an wen er zu zahlen hat, und die event. ausfallenden Gläubiger nicht, ob sie zur Hebung gelangen oder nicht. Meines Erachtens ist das ein Uebelstand, welcher den Realkredit benachtheiligen muß.

Präsident Dr. **Drechsler** (unterbrechend): Sie bringen Personen hinein! Der Käufer hat mit den Personen gar nichts zu thun, sondern bloß mit der Sache.

Präsident **Kühne** (fortfahrend): Endlich, meine Herren, führt mich dasjenige, was Herr Dr. Drechsler noch über die Einführung des mecklenburgischen Systems in anderen Ländern gesagt hat, zu Bedenken. Ich glaube' es wäre unmöglich, dieses oder ein ähnliches System in einem Lande einzuführen, wo nicht der Grundbesitz so wenig zertheilt ist, wie in Mecklenburg. Wollen Sie dieses System einführen in denjenigen Theilen von Westfalen oder der Provinz Sachsen, wo der Grundbesitz in der Weise getheilt ist, daß ganze große Feldmarken, ja sogar Regierungsbezirke aus sogenannten Wandelgrundstücken bestehen, dann würden Sie sehen, wo Sie hinkämen. Dann würde der Prozeß durch die Sequestration u. s. w. so theuer, daß er das ganze Grundstück auffrißt.

Oberappellationsrath **Bähr** (Berlin): Meine Herren! Wenn in einer

Frage der Laienstand vorwiegend eine so entscheidene Stellung nach einer bestimmten, der bisherigen Gesetzgebung in Deutschland entgegengesetzten Richtung angenommen hat, wie dies in der vorliegenden Frage geschehen, dann, meine ich, ist es für den Juristenstand, der um sein endgültiges Urtheil gefragt wird, noch mehr als in anderen Fällen Pflicht, mit besonderer Vorsicht und Besonnenheit zu Werke zu gehen. Freilich glaube ich, daß der Juristentag auch den Muth haben muß, verirrten Anschauungen des Laienstandes entgegenzutreten. Aber der Juristenstand sollte denn doch sehr ernstlich prüfen, ob wirklich nur eine Verirrung vorhanden sei. Daß aber in dieser Frage die Sache so liegt, dafür spricht die Thatsache, daß in Preußen nicht allein die große Mehrzahl der landwirthschaftlichen Vereine sich für die Beantwortung der Frage entgegengesetzt zu der Ansicht des Herrn Referenten entschieden hat, sondern auch die beiden Häuser des preußischen Landtags, mit großer Majorität sich in gleichem Sinne ausgesprochen haben. Uebrigens sind ja auch in diesem Landtag die juristischen Elemente in reichem Maaße vertreten und gerade sie waren es, welche in diesem Sinne sich für die Frage interessirt haben. Unter diesen Umständen betrachte ich es als einen ungünstigen Zufall, daß beide Herren Begutachter zu demselben Resultate gelangt sind und die Frage nur nach einer Richtung hin beantwortet haben. Nicht, als ob ich nicht anerkennte, daß diese Gutachten außerordentlich gründlich ausgefallen seien. Ich glaube aber, daß die Sache so schwierig und verwickelt ist, daß sie doch auch einige andere Seiten darbietet und deswegen, glaube ich, kann die mündliche Verhandlung das kaum ersetzen. Unter diesen Umständen würde ich am liebsten sehen, wenn wir die Entscheidung der Frage heute aussetzten. Die Reihen der Abtheilungen haben sich ohnehin seit gestern sehr gelichtet. Ich glaube, es würde kaum in die Wagschaale fallen, wenn wir in der geringen Zahl, in der wir hier versammelt sind, ein Urtheil abgeben würden. Ich möchte vorschlagen mit Rücksicht auf die Schwierigkeiten der Frage zu beschließen, die Beschlußnahme über diese Frage bei dem diesjährigen Juristentag auszusetzen und die ständige Deputation zu ersuchen, für den nächsten Juristentag noch einige weitere Gutachten über die Frage zu veranlassen.

Ich will aber eventuell auch meine Stellung zu der Frage mittheilen. Ich stehe im Wesentlichen auch auf dem Standpunkt, daß ich den Stand der bisherigen Gesetzgebung nicht für den richtigen halte. Ich würde der Ansicht sein, daß es sich legislatorisch empfehle, zu sagen: Der vorstehende Gläubiger ist zwar berechtigt in der Zwangsversteigerung, die durch den späteren Gläubiger betrieben wird, seine Kapitalien zu fordern, aber nicht verpflichtet, wie das jetzt nach den meisten Gesetzgebungen ihm aufgenöthigt wird; er kann vielmehr sein Kapital stehen lassen; und der nachfolgende

Gläubiger kann alsdann das Grundstück nur unter Beibehaltung der darauf ruhenden Hypothek des ersten Gläubigers zum Verkauf bringen.

Wenn Freund Struckmann sich zunächst darauf berufen hat, daß in fast sämmtlichen Gesetzgebungen die unbedingte Fälligkeit aller vorausgehenden Hypotheken bei der Zwangsversteigerung vorgeschrieben sei, so muß ich die Thatsache anerkennen; aber Herr Präsident Drechsler hat mit vollem Recht schon bemerkt, es hängt das zusammen mit dem bisherigen Zustand der Hypotheken-Gesetzgebung dieser Länder. Zwar ist mir der von ihm angeführte Gesichtspunkt, daß es mit der Frage zusammenhinge, ob mit dem Zuschlage sofort das Eigenthum übergehe, oder nicht, nicht ganz verständlich gewesen. Ich bin einverstanden, daß die neue preußische Gesetzgebung in Bezug auf die Entstehung des Eigenthums-Ueberganges in sich nicht ganz konsequent ist. Das ist aber eine Frage für sich, die mit unserer Frage nichts zu thun hat. Dagegen glaube ich, daß man unbedingt zu dem Prinzip der absoluten Fälligkeit der vorausgehenden Forderungen gelangt, sobald ein unvollkommenes Hypotheken-System besteht, wo man nicht mit Sicherheit weiß, wie viel Gläubiger vorgehen. So lange man ein solches unsicheres Hypothekenrecht hat, muß man entweder zu dem römischen Rechte zurückgehen, welches den ersten Gläubigern ein unbedingtes Verbietungrecht gegen den Verkauf gewährt, oder man muß zu dem System kommen, daß man sagt: bei dem Verkauf werden sämmtliche Forderungen fällig, und jeder Hypothekengläubiger hat nur ein Recht auf den aus der Hypothek erlösten Preis. Wo man aber zu einem genügend geordneten Hypotheken-System vorgeschritten ist, da glaube ich, ist der Grundsatz, den Herr Präsident Drechsler vertreten hat, und den ich vertrete, daß nicht die vorausgehenden Forderungen mit Nothwendigkeit fällig werden, durchaus durchführbar, wenn es auch vielleicht mit einigen prozeßualischen Schwierigkeiten verknüpft ist, die aber nicht unüberwindlich sind.

Ich will mir auch erlauben, auf die Worte des Herrn Präsidenten Kühne einiges zu bemerken. Ich glaube allerdings, was er anführte, hat einige Berechtigung, und was Herr Präsident Drechsler erwidert, beruht auf einem Mißverständniß seiner Worte. Es handelt sich, wenn ich Herrn Kühne recht verstanden, um den Fall, daß ein nacheingetragener Gläubiger das Vorrecht oder die Existenz der Forderung eines voreingetragenen Gläubigers bestreitet. Wie soll das nun werden, wenn der voreingetragene Gläubiger seine Forderung gar nicht anmeldet, sondern stehen lassen will? In diesem Falle muß allerdings dieser Streit meiner Ansicht nach ausgetragen werden, ehe es zum Verkauf kommt, namentlich ehe das Grundstück ausgeboten wird damit der Bieter genau weiß, was er als Hypothekenschuld mit übernimmt. Das ist aber eine Folge, die sich der zweite Gläubiger gefallen lassen muß; er muß eben das Verhältniß, wie es im Buche steht, insoweit gegen sich gelten lassen. Wenn dadurch das Verfahren etwas verzögert wird, so ist das ein Unglück für ihn, das sich nicht vermeiden läßt. Aber es liegt darin keine unüberwindliche Schwierigkeit.

Ich will nun auf die Frage selbst eingehen. Ich bin der Ansicht, wie gesagt, daß man den ersten Gläubiger berechtigt erklären muß, seine Hypothek einzufordern, auch wenn ein zweiter Gläubiger das Verfahren betreibt. In dieser Beziehung billige ich ganz die Gründe, die Kollege Struckmann in dieser Richtung angeführt hat. Ich glaube in der That, daß durch die zwangsweise Versteigerung die Sachlage sich derart ändert, daß man dem ersten Gläubiger nicht wohl zumuthen kann, sein Geld unter allen Umständen stehen zu lassen. Es ist sehr richtig, wenn in dem Struckmann'schen Gutachten gesagt wird, es würde das nur die Folge haben, daß man in allen Schuldverschreibungen die Klausel aufnähme, daß bei eintretender Zwangsversteigerung der Gläubiger berechtigt sein solle, die Forderung einzuklagen. Man creditirt nicht allein dem Grundstück, sondern stets zugleich der Person und es ist dem Gläubiger nicht einerlei, wer der Hypotheken-Besitzer ist. Nun gebe ich zu, wenn der Schuldner freiwillig sein Grundstück verkauft, so muß sich der Gläubiger gefallen lassen, daß ein Anderer sein Hypothek-Schuldner wird. Aber die Sachlage ist doch etwas anders, wo Zwangs-Versteigerung stattfindet und jeder Beliebige bieten und kaufen kann. Ich glaube kaum, daß für den Realkredit am Besten gesorgt ist, wenn man dem Gläubiger für diesen Fall das Recht zugesteht, seine Forderung einzutreiben, und zwar liegt dies nicht nur im Interesse des Gläubigers, sondern auch im wohlverstandenen Interesse des Schuldners; denn Alles, was die Gläubiger sicher stellt, kommt indirekt auch den Schuldnern zu statten.

Ganz anders aber ist die Frage, ob der Gläubiger sich gefallen lassen muß, daß sein Geld bei jeder Zwangsversteigerung fällig werde. Hierfür weiß ich in der That keinen Grund. Wenn ein Gläubiger sein Geld stehen lassen will, was soll ihn nöthigen, wenn ihm das Grundstück auch in den Händen jedes neuen Erstehers genügende Sicherheit gewährt, sein Geld zurückzufordern? Es kann unter Umständen für den Gläubiger ein großes Interesse bestehen, das Geld stehen zu lassen. Und wenn dies seinem Interesse entspricht, mit welchem Recht kann man ihn nöthigen, sein Recht aufzugeben und sich der Last und den Gefahren einer Theilnahme am Zwangsversteigerungsverfahren zu unterziehen? Vor solchen Störungen muß der Realkredit gesichert sein.

Es kommt aber noch eine weitere Frage in Betracht, die gewöhnlich, weil sie etwas im Hintergrunde steht, übergangen wird, und in der doch ein für die Beurtheilung der ganzen Sachlage sehr wesentliches Moment liegt, auf welches ich deshalb aufmerksam machen möchte. Das ist nämlich die

Frage: ob denn der erste Gläubiger in dem von einem zweiten Gläubiger betriebenen Zwangsverkauf unter allen Umständen sich den Zuschlag gefallen lassen muß, selbst dann, wenn nicht einmal so viel auf das Grundstück geboten wird, daß der erste Gläubiger mit seinem Gelde herauskommt. Nehmen wir also ein Beispiel: ein erster Gläubiger hat 10,000 Thlr. zu fordern, hinter ihm kommt ein Gläubiger von 1000 Thlr.; von diesem letzteren wird der Zwangsverkauf betrieben. Es ist eine geldarme Zeit; Niemand will kaufen und nur 5000 Thlr. werden geboten. Dann entsteht die Frage: muß denn nun das Grundstück auf Betreiben des zweiten Gläubigers für 5000 Thlr. zugeschlagen werden? Der erste Gläubiger schreit vielleicht Ach und Weh, er will sich natürlich nicht mit 5000 Thlr. begnügen und würde gern mit dem Verkauf bis zu einer bessern Zeit warten. Aber nichtsdestoweniger sagt man, muß der Zuschlag ertheilt werden, trotzdem daß der zweite Gläubiger auf seine Forderung natürlich auch nichts bekommt.

Nun ist das meiner Ansicht nach an sich schon ein ganz falscher Grundsatz. Erste Bedingung für die Ausübung jedes Rechtes ist die, daß man ein Interesse hat. Was hat aber der zweite Gläubiger als solcher für ein Interesse, daß der Zuschlag ertheilt wird, wenn dadurch seine Forderung doch nicht zur Befriedigung gelangt? Er hat alsdann als Gläubiger gar kein Interesse. Nun werden Sie vielleicht fragen, wie kommt der zweite Gläubiger dazu, wenn er kein Interesse hat, den Zuschlag zu fordern? Da steckt dann in der Regel noch etwas anderes dahinter: Er ist der Bieter oder der gute Freund des Bieters, und er hofft in dieser Weise sich zu erholen. Das ist aber kein rechtliches Interesse.

(Widerspruch.)

Das ist falsch, sagen Sie. Ich halte es aber für ein unbedingtes legislatorisches Gebot, daß dem Bieter als solchem kein Recht zusteht, den Zuschlag auf eigene Hand und in Widerspruch mit den betheiligten Gläubigern zu fordern.

Darin finde ich nun das größte Unrecht wider den ersten Gläubiger, daß er sich gefallen lassen soll, daß zu jeder Zeit seine Hypothek verkauft wird auf Grund einer Forderung, die doch gar nicht zur Befriedigung gelangt. Dieser Grundsatz vor Allem benachtheiligt den Realkredit. Ich muß bemerken, daß gerade diese Frage auch in den erstatteten Gutachten meiner Ansicht nach nicht genügend berücksichtigt ist, während sie doch gewiß einige Berücksichtigung verdient, und ich komme deßwegen wieder anf meinen ersten Antrag zurück, daß wir die Beschlußfassung über diese Frage aussetzen und dieselbe für den nächsten Juristentag ersparen. Unserer heutigen Verhandlung wird, wie ich glaube, das Verdienst bleiben, daß sie das Interesse für diese

Frage allgemeiner gemacht und vielleicht auch Einiges zur Aufklärung der verschiedenen Gesichtspunkte beigetragen hat.

Regierungsrath **Hornbostel** (Gotha): Meine Herren! Ich könnte eigentlich auf das Wort verzichten, da die Hauptsache, die ich mir zu sagen erlauben wollte, von dem letzten Herrn Redner schon erwähnt worden ist. Ich werde mir nur über einige praktische Gesichtspunkte noch eine Bemerkung erlauben. Mir sind sehr viele Statuten von Kreditanstalten in Deutschland bekannt und ich glaube, sie enthalten alle die Bestimmung, daß bei Zwangsverkäufen das Darlehensgeschäft rückgängig wird. Es spricht das mit der größten Entschiedenheit für die Ansicht des Herrn Struckmann. Denn wenn auch die Gesetzgebung das Gegentheil ausspricht, bei den bei weitem vorwiegenden Fällen würde dann vertragsmäßig dasselbe geschaffen und deßwegen glaube ich, daß eine solche Bestimmung der Gesetzgebung gar nicht das Resultat erreichen wird, was man wünscht. Mir ist auch noch sehr zweifelhaft gewesen, daß wenn man wirklich den Grundsatz so ausspricht, wie er hier in Frage gestellt worden ist, es damit wirklich der Fall wäre, daß die Hypotheken ohne Weiteres erlöschen. Fälligkeit der Hypotheken und Erlöschen der Hypothek fällt doch nicht ohne Weiteres zusammen.

Dr. **Drechsler** (unterbrechend): Das ist aber nach der preußischen Gesetzgebung die Meinung!

Hornbostel (fortfahrend): Dann möchte ich befürworten, daß wenn der Antrag des Herrn Bähr angenommen wird, bei der weiteren Begutachtung dieser Frage darauf Rücksicht genommen werden möchte, daß die Fassung so gewählt wird, daß wir, die wir Nichtpreußen sind, unter dem Wort „fällig“ nicht etwas Anderes verstehen, als in Preußen.

Ein Antrag auf Schluß der Debatte wird angenommen.

Referent Dr. **Kießling** (Linz): Meine Herren! Es hat Herr Oberappellationsgerichtsrath Bähr den Antrag auf Vertagung und Ueberweisung der vorliegenden Frage an den nächsten Juristentag gestellt. Ich kann mich von meinem Standpunkt als Referent nur dagegen aussprechen. Die Gründe, die er vorgebracht hat, scheinen mir nicht vorhanden. Er meint nämlich, die Frage sei unvorbereitet. Nun hat Herr Struckmann ein so eingehendes Gutachten mit Hervorhebung aller Standpunkte und Momente geliefert, daß es kaum möglich ist, die Frage noch erschöpfender zu behandeln. Der Herr Oberappellationsgerichtsrath hat allerdings ein Moment hervorgehoben, welches in dem Gutachten nicht berührt sein soll, nämlich die Frage, ob der Nachgläubiger berechtigt sei, auch dann die Veräußerung der Hypothek oder des Grundstücks zu beantragen, wenn er gar kein rechtliches oder praktisches Interesse habe. Ich glaube, dieses Moment ist deshalb nicht hervorgehoben, weil es eine ganz andere Frage ist, als sie hier vorliegt.

Ein Grund scheint allerdings für die Vertagung zu sprechen, und das ist der, daß wir eine ziemlich kleine Versammlung sind und daher die Entscheidung darüber nicht sehr viel Gewicht haben kann. Allein, meine Herren, ich habe bisher die Erfahrung an den Juristentagen gemacht, daß es gewisse Fragen giebt, die das allgemeine Interesse absorbiren, und wenn solche Fragen vorkommen so werden solche blos Einzelne interessirende Fragen immer nur ein schwaches Auditorium haben. Ich bin überzeugt, daß wir im nächsten Jahr auch keine größere Zuhörerschaft bekommen werden, und ich möchte daher bitten, daß wir vielleicht noch die beiden anderen Redner hören.

Vicepräsident Oberstaatsanwalt **Schmieden** (Frankfurt a. M.): Der Schluß der Debatte ist ja beschlossen.

Der Antrag Bähr gelangt sodann zur Annahme, und die Versammlung betraut den Referenten Dr. Kießling mit dem Referat im Plenum. — Präsident Kühne theilt sodann mit, daß die Sitzung der Vertrauensmänner Nachmittag 5 Uhr stattfindet und beraumt die nächste Abtheilungssitzung auf $3^1/_2$ Uhr Nachmittags an.

(Schluß der Sitzung 12 Uhr.)

Vierte Sitzung der vierten Abtheilung am 30. August 1872.

(Beginn: 3½ Uhr Nachmittags.)

Präsident **Kühne**: Ich ersuche den Herrn Referenten, uns seinen Bericht zu erstatten.

Referent Oberhofgerichtsrath **Wielandt** aus Mannheim: Meine Herren! Die Frage, über welche der Juristentag mich zum Referenten ernannt hat, lautet dahin:

1. Welche Stellung und Kompetenz ist dem Einzelrichter in Civilsachen zu ertheilen?
2. Welches Verfahren erscheint für die den Einzelrichtern zugewiesenen Bagatellstreitigkeiten das zweckmäßigste?

Die geehrten Leser des Gutachtens über diese Frage, welches in ausführlicher Weise von dem Kreisgerichtsrath Roos erstattet worden ist, werden aus demselben entnommen haben, daß der Stoff ein sehr umfassender ist, ein zu umfassender eigentlich für unseren Juristentag. Sie werden mich daher entschuldigen, wenn ich gerade bei der vorgerückten Zeit, einerseits, da ich die Sätze des Gutachten nicht ignoriren darf, Ihnen vielleicht etwas zu ausführlich vortrage in dem, was ich beantrage, und andererseits in der Begründung nur sehr kurz, beziehungsweise fast, möchte ich sagen, oberflächlich sein kann. — Ich werde mit der Berichterstattung über diese Frage, abweichend von der Fragestellung, zuerst erörtern die Kompetenz des Civilrichters, dann erst seine Stellung, dann die Frage der Gebiete des Verfahrens des Einzelrichters.

Ich schicke voraus, es bedarf keiner weiteren Auseinandersetzung, daß — und davon gehen alle unsere Prozeßordnungen und alle unsere Entwürfe, ältere wie neuere, aus — Kollegialgerichte für die erste Instanz die Regel zu bilden haben. Andererseits aber läßt sich nicht verkennen, daß trotz dieses Gebots und trotz dieser Regel eine Abweichung hiervon für die erste Instanz nothwendig ist, eine Abweichung, die sich eben darstellt als das Institut der Einzelrichter. Ich erörtere hier auch nicht weiter die Bedeutung der Einzelrichter bezüglich der Frage, ob es wünschenswerth sei, Friedensrichter als Einzelrichter zu bestellen. Ich betrachte die Bedeutung der Frage, wie sie hier gestellt ist, wesentlich als die der Einzelrichter in der Eigenschaft als rechtsgelehrte Richter mit Verneinung ihrer Eigenschaft als Friedensrichter, oder — wie sich die meisten Entwürfe ausdrücken — Einzelrichter als Amtsrichter. Ich schließe mich in dieser Hinsicht an das an, was voraussichtlich doch Rechtens werden wird, wie es die neuesten Entwürfe, insbesondere der Entwurf von 1871 und — wie ich gleich hinzufüge, obwohl ich officiell über diesen Entwurf nicht reden darf, da er noch nicht zum Druck gelangt ist — auch der revidirte Entwurf von 1872 unterstellen.

Ich prüfe zunächst, wie auch das Gutachten, die Frage der Kompetenz des Einzelrichters oder, anders genannt, Amtsrichters im Allgemeinen. Hier sind es zwei Hauptfragen, die uns beschäftigen werden: Die Summe, also die Frage, welche Kompetenz hat der Einzelrichter der Regel nach? — und dann die weitere Frage: Giebt es bezüglich dieser Kompetenz des Einzelrichters im Allgemeinen nach dem Stoff gewisse Gegenstände, welche auch über diese Summe hinaus die Behandlung durch den Einzelrichter vorschreiben?

Was die Summe betrifft, meine Herren, so werden Sie mich entschuldigen, wenn ich nicht in eingehende Erörterung der verschiedenen Punkte mich einlasse; es handelt sich im Wesentlichen mehr um eine Frage der praktischen Erfahrung, als eigentlich um eine Frage des juristischen Wesens und des juristischen Theoretisirens. Ich werde aber so frei sein, Ihnen anzugeben, wie die einzelnen Gesetzgebungen in dieser Hinsicht bis jetzt verfahren sind.

Der erste Entwurf, beziehungsweise die erste Prozeßordnung, welche den anderen Prozeßordnungen wesentlich zum Vorbild gedient hat, ist die hannöverische. In dieser Richtung hat bekanntlich Hannover zuerst 100 Thaler für die Kompetenz der Amtsrichter gehabt, später aber ist, wiewohl widersprechend und unangenehm, die Kompetenz erhöht worden auf die Summe von 150 Thalern. In dieser Weise ist gegenwärtig die Kompetenz in Hannover festgesetzt. Württemberg hat als die Summe den Betrag von 200 Fl., Baden den Betrag von 200 Fl., Baiern den Betrag von 150 Fl., der norddeutsche Entwurf — wie ich den Entwurf nenne, der für den norddeutschen Bund bestimmt war — den Betrag von 150 Thalern; der deutsche

Entwurf von 1871, wie er von dem preußischen Justizministerium ausgearbeitet wurde, hat, wie Ihnen wohl bekannt, darüber noch nichts fixirt, setzt aber in seinen Motiven die Festsetzung der Kompetenz auf die Summe von 100 Thalern voraus. Ich konnte nicht ersehen, ob etwa die berathende Kommission in dieser Richtung von anderen Ideen ausgegangen ist. Oesterreich — um das noch anzuführen — hat in seinem neuesten, mir durch die Güte des Herrn Kollegen Kießling zugegangenen Entwurf einen Betrag von 500 Fl. ö. W. ausgesetzt.

Sie sehen, meine Herren, abgesehen von diesem letztgenannten Entwurf, ist die Verschiedenheit sowohl in den Entwürfen, als in den Prozeßordnungen nicht so groß. Im Ganzen, dürfen wir sagen, werden wir nicht viel darüber, nicht viel darunter zu gehen haben. Wir müssen einerseits wohl bedenken, es ist eine Ausnahme-Gerichtsbarkeit, wenn auch eine Ausnahme-Gerichtsbarkeit von weitestem Umfang, wenn wir sie auch eine regelmäßige nennen können, nämlich eben für kleinere Sachen; es muß aber andererseits bedacht werden: all zu niedrig darf die Summe auch nicht gesetzt werden, weil sonst das Interesse des rechtsgelehrten Richters an der Behandluug der Gegenstände nicht ein so eifriges sein kann und weil andererseits der Umfang der Materie, welcher das Landesgericht, oder wie Sie es nennen mögen, belastet, ein zu großer sein wird, namentlich wenn man unterstellt, wie auch die Motive des neuesten Entwurfs unterstellen, daß die Landgerichte nicht erkennen werden in Verhandlungen von drei Mitgliedern, sondern in Verhandluugen von fünf Mitgliedern, sodaß also die räumliche Kompetenz eine ziemlich große sein wird. Es hängt das bekanntlich zusammen mit der Lehre der Behandlung der Rechtsmittel, und was in dieser Frage bereits beschlossen worden ist und was in Aussicht steht, brauche ich den Herren ins Gedächtniß nicht zurückzuführen. Meine Ansicht wäre die — und ich wiederhole, es ist das ungefähr wohl das Resultat einer praktisch statistischen Erfahrung — daß als Summe etwa festzusetzen wäre — und das ist auch etwas, was voraussichtlich zu erreichen ist — was der Entwurf feststellt: die Summe von 100 Thalern. Das ist eine Summe, die im Ganzen niedriger ist, als die der bisherigen Prozeßordnungen und Entwürfe, sie ist aber die Summe, welche der neueste Entwurf voraussetzt; sie ist um eine Kleinigkeit größer als sie die baierische Prozeßordnung bestimmt, wobei nur erwähnt werden darf, daß seitdem die Werthverhältnisse bekanntlich in ziemlicher Weise sich erhöht haben, sodaß was wir jetzt 100 Thaler nennen, im Jahre 1860 oder noch später einen kleineren Betrag reproduzirt haben mag, und es wird nicht verkannt werden können, daß noch eine Steigerung eintreten wird. Eine Summe von 100 Thalern wird uns das auch besser darstellen, als etwa eine Summe im Guldenfuß, weil wir doch voraussichtlich zukünftig nach dem neuen Münzfuß mit jenen Summen mehr werden zu rechnen haben, als einem Betrag, der sich im Leben als etwas, womit wir werden zu rechnen haben, darstellt. Hier erscheint der Betrag von 100 Thalern als die Summe, mit welcher sich diejenigen befreunden werden können, welche vielleicht noch eine niedrigere Summe festsetzen wollen, und andererseits auch die befreunden müssen, welche glauben, es müßte eine größere Kompetenzsumme festgesetzt werden, um die Gerichte nicht andererseits zu sehr zu belasten. In dieser Richtung möchte ich Ihnen insbesondere ins Gedächtniß zurückrufen, was ich bereits erwähnt habe, daß der österreichische Entwurf den Betrag von 500 Fl. ö. W. festsetzt.

Meine Herren! Es darf wohl nicht verkannt werden, eine solche Einzelrichterkompetenz ist ganz unhaltbar; eine Summe von 500 Fl. ö. W., zumal noch in Gebieten Oesterreichs, die wohl bezüglich ihrer Geldverhältnisse zu den billigeren gerechnet werden dürfen, als wir im Allgemeinen gewohnt sind, ist etwas, was in das Gebiet eines wirklichen Vermögens gehört. Das dem Einzelrichter zuzuweisen, geht meines Erachtens nicht an, da proklamirt man einerseits wohl Kollegialgerichte, allein da macht man sie nicht zur Regel, sondern da macht man sie meines Erachtens zu Ausnahmegerichten. Ich glaube, es ist auch eine verkehrte Furcht, die man vielleicht dem österreichischen Entwurf unterlegt, wenn man glaubt, die Schwierigkeiten, die Ausgaben seien zu groß, wenn man die Summe etwas kleiner mache als der Entwurf will. Die Herren der Praxis wissen sehr wohl, und ich habe das auch mitgemacht und kann es Ihnen bestätigen: viele Prozesse bei den Einzelrichtern, wie sie einmal beginnen in der That ein größeres Interesse zu haben und sichtlich etwas verwickelter zu werden, werden viel länger, viel umständlicher, ich darf auch sagen, kostspieliger, nach Umständen sogar viel kostspieliger behandelt als Prozesse, welche vor den Kollegialgerichten behandelt werden, und werden trotz dieser Mängel nicht besser behandelt, sondern jedenfalls schlechter als bei den Kollegialgerichten. Ich möchte dies dem österreichischen Entwurf gewidmet haben, unterstelle aber, daß Oesterreich, wenn andererseits der befreundete deutsche Staat 100 Thaler annimmt, sich nicht so weit entfernen wird von dem, was meines Erachtens vorzuschlagen ist, wenn es sich in der That der Gefahr nicht aussetzen will, etwas anderes zu schaffen.

Ich möchte bei dieser Frage noch einen Gesichtspunkt hervorheben. Es scheint mir nicht wünschenswerth, daß man bezüglich des Verfahrens vor dem Amtsrichter zweierlei Verfahren einführt. Es scheint mir deshalb nicht wünschenswerth — ich werde darauf vielleicht noch mit einigen Worten zurückkommen — bei dem Verfahren vor dem Amtsrichter, weil man darin der Verfahren etwas zu viel hat. Es ist im Interesse des Publikums, im Interesse der Anwälte, im Interesse der Richter nicht, wenn man zu vielerlei Verfahren, wenn man zu viel Nuancirungen einführt. Es mag das ein schönes Gebiet für den Jünger der Prozeßordnung sein, wo er sich herumtummelt in den verschiedenen Prozeßordnungen, für den Praktiker ist aber Einfachheit, Klarheit und möglichste Gleichförmigkeit das Wünschenswerthere. Wenn aber die Summe zu hoch gesetzt wird, so ist es ganz und gar unthunlich, daß man zweierlei Verfahren einführt; denn es läßt sich zweifellos nicht verkennen, daß man eine Summe, die als ein Vermögen bezeichnet werden kann, nicht in den sog. Bagatellformen oder nicht mit der Kürze und Larheit prozessualisch behandeln und festsetzen kann, als Sachen, die in der That nur als sog. Bagatellfälle bezeichnet werden können. In dieser Hinsicht möchte ich Ihnen also einen Ausspruch dahin proponiren, daß im Allgemeinen als Summe der Betrag von 100 Thalern festgehalten wird. Ich werde Ihnen am Ende noch meinen Vorschlag besonders vorlesen.

Nach Behandlung dieser Frage prüfe ich die weitere, ob etwa eine Ausnahme von dieser Summe in der Weise zu machen sei, daß bei gewissen Gattungen von Sachen eine kollegiale Kompetenz anzunehmen sei auch bei kleineren Beträgen. Ich habe nicht erörtert — weil ich glaube, es versteht sich das von selbst — daß es sich da nur um vermögensrechtliche Fragen handelt. Bei Fragen über Trennung der Ehe, über Standessachen versteht es sich von selbst, daß die nicht vor den Einzelrichter zu weisen sind, das bedarf meines Erachtens keiner nähern Erörterung; es hat auch jede vollständige Prozeßordnung dergleichen immer in die Kategorie der Sachen gerechnet, die sogar die oberste Instanz, wo eine solche besteht, beschreiten können. Es sollen also nur vermögensrechtliche Streitigkeiten sein. Gleichwohl aber nehmen einzelne Prozeßordnungen oder Prozeßordnungsentwürfe eine ganze Reihe oder doch wenigstens einzelne Gegenstände auf, welche sie auch bei niedriger Summe den Kollegialgerichten zuweisen.

Glücklicherweise sind es aber doch nur wenige Gegenstände und nach den positiven Prozeßordnungen hebe ich hervor, daß in dieser Richtung auch mit kleineren Summen der Kompetenz des Kollegialgerichts zugewiesen werden Streitigkeiten aus Dienstvergehen und Versehen öffentlicher Diener; oder wie die englische Prozeßordnung sich ausdrückt, sogenannte Syndikatsklagen. Es darf nicht verkannt werden, daß da in der Regel Fragen vorkommen werden, welche vielleicht geeigneter vor dem Kollegialgericht verhandelt werden könnten und daß nach Umständen Verhältnisse zur Erörterung gelangen, welche sich weniger für die Cognition des Einzelrichters eignen. Gleichwohl ist das Interesse, auch in dieser Hinsicht möglich wenig Ausnahmen zu gestatten, meines Erachtens überwiegend und andererseits die Nothwendigkeit, diese Gegenstände auch bei kleineren Beträgen der Competenz des Einzelrichters zu entziehen, nicht so dringend, daß ich eine Ausnahme in dieser Richtung befürworten möchte.

Was dagegen die andere Frage betrifft, ob gewisse Gegenstände trotz höheren Betrags noch vor den Einzelrichter zu verweisen seien, so muß, glaube ich, hier eine Bejahung eintreten. Der Herr Berichterstatter glaubt, es könne das entbehrt werden; ich glaube das nicht ganz, wenn es auch wünschenswerth ist, die Zahl und Gattungen solcher Fälle möglichst zu beschränken. Es bestimmt in dieser Richtung die Hannöversche Gesetzgebung, daß auch über den von ihr als regelmäßigen Competenzbetrag angenommenen Betrag von 150 Thalern angenommen werden zur Kompetenz der Amtsgerichte, Injurien-, Vermögensansprüche aus außerehelichem Beischlaf, Dienstbotenverhältnisse, Wohnungsverhältnisse. Aehnliche Bestimmungen hat das badische Recht, jedoch nicht ganz soweit gehend und andrerseits wieder etwas Neues in der Richtung, daß Wandelklagen oder Währschaftsklagen aus Viehhändeln noch hereingezogen werden. Dem schließt sich die Württembergische Prozeßordnung an, indem sie unehelichen Beischlaf, Wohnungsklagen und Klagen aus Ansprüchen aus Messen und Märkten hereinzieht. Weiter geht die bayerische Gesetzgebung, indem sie noch 4 Kategorien hineinzieht. Der Norddeutsche Entwurf hat hereingezogen nur die Beziehungen zwischen Miether und Vermiether über Räumung oder Ueberlassung eines Lokals; dann Ansprüche aus unehelicher Schwängerung, und Ansprüche aus Viehhändeln. Weitere und zum Theil ganz eigenthümliche Bestimmungen enthält der österreichische Entwurf, doch liegt uns dies immerhin etwas fern. Ich glaube, einige Ausdehnung muß noch gestattet werden, ich möchte sie aber möglichst beschränken.

Es scheint mir nothwendig, die Kompetenz des Einzelrichters auch festzusetzen auf Streitigkeiten über 100 Thaler zwischen Vermiether und Miether wegen Räumung oder Ueberlassung eines Lokals. Es wird Ihnen sofort der Grund dieser Ausnahmsmaßregel einleuchten. Es sind das in der Regel eilende Sachen und wo der Mann als Einzelrichter besser, ich möchte sagen verständiger wirkt, als der Kollegialrichter. Ich glaube, wir können das nicht entbehren und die Gefahr ist andererseits nicht so groß, daß auch andere Verhältnisse, z. B. andere Miethfragen hineingezogen würden. In dieser Hinsicht harmoniren die bestehenden Prozeßordnungen vollständig. Es schließt sich also dieser Vorschlag an das bestehende Recht und an den Norddeutschen Entwurf an.

Eine zweite Ausnahme möchte ich Ihnen vorschlagen bezüglich vermögensrechtlicher Ansprüche aus außerehelichem Beischlaf. Hier ist ein ähnliches Interesse; es ist die Ernährungsfrage, die rascher Erledigung bedarf und anderseits kann man nicht sagen, es handle sich um kleine Beträge, denn es wird ja sofort nicht etwa ein einmaliger Betrag festgestellt, sondern dte Verpflichtung des Beischläfers, bis zum 14. Jahre zur Ernährung eine Summe beizutragen, die häufig 100 Thaler übersteigt. Kommt nun ein solches Verfahren vor ein Kollegialgericht, so muß es, da solche Leute meistens nichts haben, mit der Bestellung eines Armen-Anwalts beginnen. Das führt zur Verschleppung und es kommt auch sachlich nicht viel dabei heraus. Dann ist auch andererseits die Frage so einfach, daß ich nicht glaube, daß ein Einzelrichter, wenn ihm das Zeugenmaterial vorgelegt wird, in seinen Schlüssen über die Frage, ob Jemand unehelichen Beischlaf gepflogen hat, sich groß irren wird. Meine Erfahrung ist die, daß diese Sachen besser vor den Einzelrichter gehören, insbesondere auch deshalb, weil die Person dann selber erscheinen wird oder ein Vormund uud von dem Richter über Einzelnes mehr gefragt werden, unter Umständen auch belehrt werden kann, daß, weil sie eben kein Beweismittel habe, sie nichts machen könne.

Das sind also die zwei Kategorien, welche ich Ihnen vorschlagen möchte Es handelt sich noch um eine dritte, wo es etwas zweifelhaft sein könnte, nämlich um streitige Viehhändel. Auch diese werden von dem norddeutschen Entwurfe hereingezogen und die meisten süddeutschen Prozeßordnungen gehen den gleichen Weg. Hier ist die Materie regelmäßig verwickelter, weil es sich häufig um große Beträge handelt, denn ein Stück Vieh ist schon ein Gegenstand eines größeren Werthes, so daß es nach dieser Richtung wünschenswerth sein mag, die Sache vor den Kollegialrichter zu bringen; allein es darf auch nicht verkannt werden, hier ist gewöhnlich die Sache so eilend, und ist insbesondere die Sicherung des Beweises so eilend, daß, wenn jene Sachen vor den Kollegial-Richter als Klage gebracht werden, doch vorher fürsorgende Maßregeln nothwendig sind, und daß damit das Verfahren eigentlich beginnt. Also praktisch und zweckmäßig wäre es, auch diese Streitigkeiten mit hineinzubringen, allein nicht in der Ausdehnung, wie manche Prozeß-Ordnungen festsetzen und viele Entwürfe es wollen, wie auch Herr Justizrath Grobbeck, der noch weiter gehen möchte; ich möchte umgekehrt eine engere Fassung als der norddeutsche Entwurf vorschlägt, vorschlagen, nämlich, nicht Streitigkeiten aus Viehhändeln überhaupt, sondern nur das, was wir in Süddeutschland — ich weiß nicht, ob man in Norddeutschland gleiche Ausdrücke hat — Währschaft- oder Wandelklagen aus Viehmängeln nennt, also nicht Streitigkeiten wegen Ueberlieferung, Abholung ꝛc. eines Stückes Vieh, das kann ins Große gehen, da ist die Sache etwas dringender als wenn es sich lediglich um die Bezahlung handelt. Also bei Währschaftsklagen, wo die Fristen knapp sind, 28 Tage, 35 Tage ꝛc., da, meine Herren, müssen wir das Verfahren haben. Ich möchte Ihnen also die drei Ausnahmen vorschlagen von welchen zwar die letztere vorerst noch meines Erachtens weggelassen werden könnte.

Nachdem ich Ihnen hier die Kompetenz des Einzelrichters zu erörtern versucht habe, möchte ich, wie das Gutachten des Herrn Roos auch lautet, die Zuständigkeit nach einzelnen Arten des Verfahrens erörtern, nachdem ich noch anschließend an die Zuständigkeit im Allgemeinen einen Blick auf die Prorogation geworfen habe. Ich glaube, was die Prorogation betrifft, so sollten wir die Minderung der Gerichtsbarkeit ohne weitere Beschränkung zulassen. Es gibt auch Vertheidiger der Ansicht, welche sagen, in all den kleinen Sachen soll nicht prorogirt werden an das Kollegialgericht, das schwächt das Ansehen. Ich glaube nicht, daß der Fall so häufig eintritt; in meiner Praxis ist mir das bis jetzt nicht vorgekommen; wenn die Herren andere Erfahrungen gemacht haben, so würde mir von Interesse sein, das zu hören. Gleichwohl kann ich nicht verschweigen, daß mein eigenes Heimathsland eine Bestimmung enthält, welche eine Prorogation an das Kollegialgericht nur dann zuläßt, wenn der Betrag 15 fl. erreicht. Ich glaube aber, es ist das nicht nöthig; wir sollten, meines Erachtens, hier mit dem neuesten Entwurfe möglichste Freiheit gestatten. Kommt ein Kläger in die Lage, das höhere Gericht anzurufen, warum sollten wir nicht auch über einige Silbergroschen erlauben, vielleicht einen interessanten Prozeß vor dem Kollegialgericht zu führen! Ein Prozeß kann auch interessant werden, auch wenn es sich nicht um eine bedeutende Summe handelt; die Frage aber kann eine große sein; ich erinnere Sie nur an die Diätenfrage im Reichstage 2c. In dieser Beziehung möchte ich Ihnen vorschlagen — ich kann leider nicht die einzelnen Bestimmungen der Prozeßordnung zergliedern, sie geht aber von dem Satze aus, daß möglichste Freiheit bezüglich der Prorogation zulässig sei, so daß alsdann was immer festgestellt wird, nicht mehr einseitig geändert werden kann und daß andererseits das Gericht Sachen nicht von sich abweisen darf — ich möchte ihnen vorschlagen, sich den Bestimmungen des Entwurfs von 1871 anzuschließen.

Ich gehe weiter zur Prüfung der Kompetenz des Einzelrichters, bezüglich auf die Arten des Verfahrens, wie auch der Herr Berichterstatter gethan hat. In dieser Beziehung, glaube ich, dürfen wir beitreten den Bestimmungen des neuesten Entwurfs über das Verhältniß der Zuständigkeit in Arrestsachen, in einstweiligen Verfügungen bezüglich Sicherung des Beweises, hinsichtlich des Mahnverfahrens und hinsichtlich der Zwangs-Vollstreckung.

Es kann nicht umgangen werden, daß Arrest beantragt und erkannt wird, auch weil die Eile der Sache es oft gebietet, bei einem Gericht, das sonst dem Namen nach die Zuständigkeit hätte, also bei einem Amtsgericht. In dieser Hinsicht sind mit kleineren Abweichungen im Ausdruck nach Unständen nun in der redaktionellen Fassung, auch die Prozeßordnungen ziemlich gleichförmig. Ich unterlasse bei der vorgerückten Zeit Ihnen die Einzelheiten der Verschiedenheiten der deutschen Länder näher vorzuführen.

Das Gleiche gilt bezüglich der einstweiligen Verfügungen. Aehnliche Gründe sind bezüglich der Sicherung des Beweises, oder wie andere Prozeßordnungen es nennen, des Beweises zum ewigen Gedächtniß; und das gleiche gilt bezüglich des Mahnverfahrens. Das Mahnverfahren ist ein Institut, das einzelne Prozeßordnungen nicht kennen; es ist das Verfahren, auf einseitigen Antrag einer Partei, die voraussieht oder glauben will, daß ein Widerspruch nicht eintrete, gegen einen Schuldner, dem es der Regel nach nur darum zu thun ist die Sache hinauszuziehen, der aber eigentlich rechtliche Gründe des Widerspruchs nicht hat, einen bedingten Zahlungsbefehl zu erhalten. Es ist hier die hannöverische Prozeßordnung schon vorausgegangen, es sind ihr andere Prozeßordnungen gefolgt. In Hannover hat man das Verfahren in der Weise durchgemacht, daß man zuerst mit kleineren Beträgen begann, später zu größeren hinaufstieg, daß es im späteren hannöverschen Entwurf ganz allgemein ausgedehnt wurde. Wir in Baden haben es schon längst ausgedehnt auf Tausende und Millionen. Im Jahre 1840 sind Zahlungsbefehle auf 3 Millionen gegen Hochverräther ausgewirkt worden. Ich glaube, es sollte eine Beschränkung nicht eintreten. Das Verfahren ist ein äußerst rasches, äußerst abgekürztes und die Prozeßordnung von 1871 geht auch von diesem Gedanken aus. Dieses Verfahren kann natürlich nur eintreten, wenn es sich handelt um Forderungen im engsten Sinne des Wortes auf Geld oder andere vertretbare Sachen.

Ich habe Ihnen vorhin noch genannt Zwangsvollstreckung. Unsere Prozeß-Ordnungen statuiren bekanntlich verschiedene Arten, wie das Zwangsverfahren geleitet wird, verschiedene Personen, welche das Zwangsverfahren vollziehen oder anordnen. Die deutsche Prozeß-Ordnung von 1871 unterstellt, daß dort, wo den Amtsgerichten noch eine Zuständigkeit belassen ist, wo also nicht Gerichtsvollzieher allein eintreten, den Gerichten vielmehr die Zuständigkeit überlassen ist, es durch dies Amtsgericht geschehen soll. Es ist dies das Einfachste. Die Fragen, die da zu prüfen sind, sind nicht solche, die vor das Collegialgericht zu treten haben. Sie treten nur dann vor das Collegialgericht, wenn es sich um Interventionsansprüche handelt, also um Ansprüche, die eine dritte Person hat auf den Gegenstand, welcher zum Objekt der Vollstreckung gemacht werden soll, wenn sie z. B. Eigenthumsrechte geltend macht.

Ich gehe weiter, indem ich Ihnen vorschlagen würde, die Bestimmungen des genannten Entwurfs von 1871 zu billigen über die Zuständigkeit der Einzelrichter in Folge von Beauftragung und Ersuchen. Auch da erwächst die Kompetenz des Einzelrichters. Es kann der Kollegialrichter der Hilfe des Einzelrichters auch in denjenigen Sachen, die er sonst behandelt und entscheidet, nicht immer entrathen. Die eine Gruppe, wo er diese Hilfe nöthig hat, ist die Erörterung für einen Vergleich, und die andere die Beweisaufnahme. Beides wird Regelung in unserer Prozeßordnung erhalten, im Allgemeinen nach dem gleichen Gedanken. Ich glaube, wir dürfen dem Satze folgen, daß wir auch die Beauftragung bezüglich eines Vergleichsversuchs nochzulassen. In dieser Hinsicht sind zwar manche Widersacher vorhanden. Sie meinen, es solle da überhaupt nicht ein drittes Gericht, das ja nicht instruirt sei, eintreten, und wollen einen derartigen Zwang nicht ausüben. —

Meine Herren! Nach meiner Praxis kann häufig das Dazwischentreten des Einzelrichters auch in dieser Hinsicht nicht entbehrt werden. Einen vernünftigen und weisen Gebrauch von dieser Bestimmung zu machen, müssen Sie dem Collegialgericht überlassen; ich möchte aber das Kollegialgericht nicht hindern, nach Umständen von einer solchen-Bestimmung Gebrauch zu machen. Ich bin andererseits mit dem Herrn Berichterstatter Roos einverstanden, wenn er nach dem norddeutschen Entwurf befürwortet den Wegfall des § 360 des Regierungsentwurfes, der gebietet, daß, wenn der beklagte Theil nicht erscheint, vorgeladen zu einem solchen Versuch, er die Kosten zu tragen habe. Das hat der Prozeßordnungsentwurf von 1871 auch ausgemerzt; wir können es also freudig begrüßen, daß die Worte des Herrn Referenten, die schon gedruckt waren, Eingang gefunden haben.

Bezüglich der Beweisaufnahme habe ich schon berührt, daß auch das nicht gut entbehrt werden kann, und es ist das nöthig bezüglich aller einzelnen Beweismittel; es läßt sich beim Augenschein, beim Urkundenbeweis, beim Zeugenbeweis und bei der Abnahme von Eiden nicht ganz entbehren. Die Einzelheiten glaube ich nicht anführen zu dürfen. Die Bestimmungen der Prozeßordnung sind meines Erachtens zweckmäßige, nicht allzugroßer Latitüde Raum gebende und andererseits einen genügenden und zweckmäßigen Spielraum dem Kollegialrichter gewährende.

Ich gehe über, Ihnen vorzuschlagen, bezüglich des Provokationsverfahrens auch Bestimmungen zu befürworten. Das Provokations- oder Aufgebotsverfahren ist auch ein solches, welches nicht ganz der Bestimmung entbehren kann, einzelne Sachen an den Amtsrichter zu weisen, weil Manches hier fast in das Gebiet der Rechtspolizei einschlagende vorkommt oder der Gegenstand ein solcher ist, der nicht Erörterungen oder Belästigungen verlangt; es ist nur ein einseitiges Verfahren, ein einseitiges Anrufen, und dann würde es unbedenklich sein, auch für Beträge über 100 Thlr. die Kompetenz des Einzelrichters anzunehmen. Ich würde Ihnen vorschlagen die

Uebertragung der Provokationen gegen unbestimmte Gegner an den Einzelrichter. In diesem Sinne äußern sich manche Prozeßordnungen; sie gehen sogar noch weiter, indem sie in manchen Fällen die Provokationen gegen bestimmte Gegner auch ohne Rücksicht auf die bestimmte Summe dem Einzelrichter überweisen wollen. Ich möchte Ihnen eine so weitgehende Bestimmung nicht vorschlagen.

Etwas Weiteres in dieser Richtung der Zuständigkeit betrifft das schiedsrichterliche Verfahren.

In dieser Hinsicht glaube ich Ihnen vorschlagen zu dürfen, den Amtsgerichten ohne Rücksicht auf den Streitwerth zu übertragen die Hilfeleistung der ordentlichen Gerichte bei den Schiedsgerichten und dann die Vollstreckbarkeitserklärung der Schiedssprüche. Der Schiedsrichter kann bekanntlich nicht alle Handlungen, die er zu seinem Verfahren braucht, vornehmen; wenn er vorladet, wenn er Eide abzunehmen hat, so muß richterliche Hilfe eintreten. Es empfiehlt sich, diese an sich meist einfachen Handlungen nicht an das Kollegialgericht zu übertragen, weil zufällig mehr als 100 Thaler in Rede stehen, sondern sie an das Amtsgericht zu verweisen.

Eine weitere Materie, welche der Regelung bezüglich der Zuständigkeit noch bedarf, ist das Gantverfahren. In dieser Hinsicht, meine Herren, sind die Prozeßordnungen ziemlich mannigfaltig. Ich weiß nicht, welche Stimmung in dieser Richtung herrscht, etwa in den Kommissionen, die noch ernannt werden in Berlin oder wo sonst. Der neueste Entwurf ordnet bekanntlich das Gantverfahren nicht. Ich glaube, es würde folgender Vorschlag am Platze sein: Die Handelsganten den Handelsgerichten zu übertragen ohne Rücksicht auf den Streitwerth — es wird in der Regel ein Betrag über 100 Thaler bei den Sachen, die man als Handelsganten bezeichnen kann, in Rede stehen. Hier ist die Sache so, daß die kaufmännische Mitwirkung sehr gute Dienste leistet, so daß es also zweckmäßig sein wird, diese Sachen unbedingt den Handelsgerichten zu übertragen, nicht dem Einzelrichter, dem rechtsgelehrten Richter, sei es auch eine für ihn bestimmte Kategorie von Prozeßhandlungen. Was dagegen das sonstige Gantverfahren betrifft, so scheint mir, obgleich ich es aus eigener Praxis nicht sagen kann, — wir haben ein anderes Verfahren in Baden — das Richtigste, Ihnen vorzuschlagen, was ungefähr die hannöversche Prozeßordnung enthält, das Verfahren, daß das Nichtstreitige von den Amtsgerichten erledigt wird einschließlich des sogenannten Prioritätsurtheils, worunter aber nicht verstanden wird, was sonst unter Prioritätsurtheil verstanden wird, eine wirkliche richterliche, streitige Ansprüche klassifizirende Rangordnung, sondern eine Festsetzung für die Parteien, welche sich unterwerfen, die als Proposition gilt. Dieses Prioritätsurtheil kann angefochten werden und dann beginnt die Sache erst in die Kategorie des einzelnen und eigentlichen Rechtsstreits überzugehn. Das hannöversche Verfahren weist dann die Spezialprozesse sowohl über die Liquidität als die Priorität den gewöhnlichen Gerichten zu, die auch sonst zuständig gewesen wären sowohl nach der Summe als nach den sonstigen lokalen Zuständigkeitsbegrenzungen. Es müssen dann, wie sofort ersichtlich ist, besondere Bestimmungen in der Beziehung getroffen werden, zu verhüten eine allzugroße Zersplitterung, ein Auseinandergehen der Ansichten, die auf einem und demselben Grund und Boden bauen, und ein solches Verfahren, daß die Akten nicht in aller Welt gleichzeitig gebraucht werden oder herumfahren, um mich eines landläufigen Ausdrucks zu bedienen. Die hannöversche Prozeßordnung enthält solche Bestimmungen, und ich bin wenigstens versichert worden, daß sich keine namhafte Bedenken geboten haben. Die deutschen Prozeßordnungen habe ich bereits berührt; sie sind mannigfaltig: einzelne weisen das ganze Verfahren einschließlich sämmtlicher Prozesse, mögen sie in die Tausende oder Hunderttausende gehen, ganz und gar dem Gantgerichte in der Eigenschaft als Einzelrichter zu, z. B. das badische Recht; wieder andere weisen sie ganz den Bezirksgerichten, den Kollegialgerichten zu, dann wieder mit der Befugniß der Bestellung eines Kommissars für diese Verhandlungen. Es scheint mir das unthunlich, im Allgemeinen anzuordnen, wenn die lokale Kompetenz, wie voraussichtlich, eine so große ist, weil in erster Instanz fünf Männer entscheiden, und je für die Entscheidung in Gantsachen abweichend von dem sonstigen Verfahren eine geringere Zahl von Kollegialrichtern zu bestimmen ist natürlich unthunlich; ich glaube aber, so wie die hannöversche Prozeßordnung es thut, lassen sich die beiden Rücksichten am zweckmäßigsten und ohne allzugroße Bedenken bezüglich der praktischen Ausführbarkeit vereinigen.

Nachdem ich Sie leider gegen Ihren Wunsch — der Gegenstand ist aber sehr umfangreich — in dieser Richtung in Anspruch genommen habe bezüglich der Kompetenz, erlaube ich mir überzugehen zu einer kurzen Besprechung über die Art und Weise, in der die Stellung des Einzelrichters in bürgerlichen Rechtsstreitigkeiten zu regeln sei. In dieser Beziehung möchte ich Ihnen vorschlagen die Errichtung selbstständiger Einzelgerichte als Amtsgerichte, nicht als bloße Beauftragung eines Mitgliedes des Kollegialgerichts. Es besteht auch diese Einrichtung; ich finde aber in solchen Einrichtungen ein Zerrbild, es scheint mir nicht gehauen und gestochen. Ich glaube, es sollte, wo man einen Einzelrichter will, auch ein Mann bestellt werden, der in der That Einzelrichter ist mit einzelner Verantwortlichkeit und einzelner Selbstständigkeit.

Das Gefühl der Selbstständigkeit erhöht den Werth des Mannes; es erhöht aber auch die Bedeutung dessen, was er leistet. Stellen Sie ihn selbstständig hin mit selbstständiger Verantwortlichkeit, so wird er Ihnen auch Besseres leisten. Ich habe schon Eingangs erwähnt, es würde ein solches Einzelgericht meines Erachtens natürlich mindestens mit einem, wo thunlich aber selbst mit zwei Richtern in der Weise zu besetzen sein, daß bei längerer oder kürzerer Verhinderung eine gegenseitige Ergänzung, eine Respiziatversehung eintreten kann, abgesehen von mancher ersprießlichen rechtlichen Unterstützung der Anschauungen des Einzelnen.

Als weiteren Satz, den ich Ihrer Befürwortung unterbreiten würde, bezüglich der Stellung der Einzelrichter, würde ich vorschlagen Oeffentlichkeit des Verfahrens und soweit thunlich, Festsetzung bestimmter Sitzungstage. Der Einzelrichter muß auch mit den Garantien und andererseits mit der äußeren Stellung des Ansehens versehen sein, wie der Kollegialrichter. Es muß sich daran anschließen eine solche äußere Ausstattung des Lokales, daß man ihm auch ansieht, daß es ein Gerichtslokal ist, was leider nicht immer der Fall ist. Es wird ferner zur Erhöhung der Würde der Rechtsprechung beitragen, wenn bestimmte Tage festgesetzt werden; es wird dann auch eher sich ein Publikum einfinden, das nicht nothwendig dabei sein muß, und es wird andererseits die Bedeutung gerade für den Einzelrichter selbst erhöht, gewissermaßen diesen Tag als seinen eigentlichen Amtstag, wo er in der Fülle seiner Machtvollkommenheit erscheint, ihm selbst klar werden zu lassen.

Einen weiteren Vorschlag würde ich ohngefähr dahin ausdrücken, daß Sie die Zulässigkeit einer Berufungs- und Beschwerdeinstanz gegen die Entscheidungen des Einzelrichters zulassen.

Eine solche kann meines Erachtens nicht entbehrt werden. Es sind zwar auch schon Stimmen laut geworden und Herr von Grodbeck hat sich — wenn ich nicht irre, an einer Stelle eines Gutachtens, wo er sich im Allgemeiuen über den norddeutschen Entwurf geäußert hat, dahin ausgesprochen, man könne die Berufungen bezüglich sämmtlicher gerichtlichen Entscheidungen ganz aufgeben. Ich glaube, das geht hier noch weniger. Und dann ist ja der Betrag, den ich proponire, doch immerhin ein solcher, daß es sich lohnt, die Sache auch nöthigenfalls durch ein Kollegialgericht zweiter Instanz einer Prüfung unterzogen zu sehen. Eine Berufungssumme, wiewohl sie im Ganzen in Norddeutschland nicht gerne gesehen wird, wird doch zweckmäßig sein, um die Belastung für die höheren Gerichte nicht allzugroß werden zu lassen. Es könnten in dieser Richtung als Berufungssumme 20 Thaler festgesetzt werden; die meisten Prozeßordnungen setzen eine höhere Summe fest, die badische z. B. 50 fl., die württembergische 100 fl., die baierische 25 fl., der norddeutsche Entwurf hat sogar 50 Thaler festgesetzt, eine Bestimmung, gegen die sich aber alle Berichterstatter, welche sich überhaupt über die norddeutsche Prozeßordnung geäußert haben, ausgesprochen haben.

Was die Frage betrifft, an welches Gericht die Berufungen zu gehen hätten, so kann man sagen: an das ordentliche Kollegialgericht 1. Instanz, oder man kann sagen: es soll das gleich eine Berufungsstelle sein, welche auch bezüglich der Rechtsprüche der Kollegialurtheile vorhanden ist. Ich glaube, wir dürfen es dann an die Kollegialgerichte 1. Instanz weisen, wenn diese mit 5 Mitgliedern besetzt sind; ich würde aber eine solche Verweisung für nicht zweckmäßig halten, wenn sie mit 3 Mitgliedern besetzt sind. Der Grund ist nicht etwa der, daß die Mitgliederzahl mir in dem einen oder anderen Fall zu klein scheint, sondern mehr der, daß ich im Ganzen es nicht liebe, wenn man doch einmal ein Kollegialgericht als erste Instanz festgesetzt hat, es wieder andererseits für eine Berufungsinstanz zu erklären, weil alsdann die Zahl der Berufungsinstanzen und damit auch die Möglichkeit verschiedener Rechtsprüche in gleichem Maße wächst. Wenn aber dieses Kollegialgericht mit 5 Mitgliedern und folgeweise das höhere Gericht noch größer besetzt ist, wenn dann sein Sprengel eine ganze Provinz oder ein ganzes Land umfaßt, dann wird es allerdings nicht am Platze sein, diese amtsgerichtlichen Sachen an ein Kollegialgericht höherer Instanz zu verweisen. Ueberhaupt sollte man in der Gerichtsverfassung möglichst gleichförmige Grundzüge festsetzen.

Ich muß Sie noch belästigen mit Erörterung der Frage über das Verfahren in Bagatellstreitigkeiten. So drückt sich die Frage aus. Ich verstehe unter Bagatallstreitigkeiten eben im Allgemeinen die kleineren Sachen, die den Amtsrichtern zugewiesen sind. Ich habe schon angeführt, ich möchte nicht verschiedene Verfahrungsweisen, obgleich auch solche befürwortet werden, haben. Ist die Summe nicht so groß, dann ist es auch nicht nöthig. Bei dem österreichischen Entwurf wird es in der That nöthig sein; denn bei 500 Fl. ö. W. kann allerdings der Betrag von 5 oder 10 Thalern nicht so behandelt werden, wie Sachen von größerem Werthe. 100 Thaler aber, das ist kein großer Betrag und auch bei jenen Streitigkeiten, für die ich rasche Regelung vorschlage, kann und muß das gleiche Verfahren eintreten. In dieser Beziehung möchte ich vorschlagen, im Allgemeinen einzustimmen in die Vorschläge des neuesten deutschen Entwurfs; ich nenne ihn den neuesten, ich meine damit den 1871er, denn vom 1872er kann ich keinen offiziellen Gebrauch machen. In dieser Richtung, meine Herren, würden zu billigen sein die allgemeinen Bestimmungen. Diese allgemeinen Bestimmungen bezeichne ich kurz dahin: Kein Anwaltszwang und kein Zwang zu Vorbereitungsschriften, aber andererseits die Gestattung von Vorbereitungsschriften. Daß wir bei den Amtsgerichten keinen Anwaltszwang einführen dürfen, wird einer Erörterung nicht bedürfen; daß wir Vorbereitungsschriften nicht gebieten können, ebensowenig. Andererseits hat der norddeutsche Entwurf Vorbereitungsschriften überhaupt ausgeschlossen. Das scheint mir ein Fehler gewesen zu sein. Der Herr Berichterstatter Roos hat auch dagegen opponirt. Ich schließe mich dieser Opposition an. Der neueste Entwurf hat das auch geändert; er gebietet keine Vorbereitungsschriften, er gestattet sie aber, und es scheint mir gerade das ein Mittel, für Sachen, die nach Umständen ein wenig kleiner, oder andererseits überhaupt geringer sind, das gleichmäßige Verfahren eintreten zu lassen. Wo die Sache wichtiger ist, wo es sich mehr als um 100 Thaler handelt, wo es überhaupt einer thatsächlichen, genauen Entgegnung bedarf, da mag von dem Rechte der Vorbereitungsschrift Gebrauch gemacht werden; das mag ein Anwalt thun, oder auch ein anderer, sofern die Partei nicht selbst für sich in der Lage dazu ist.

Ich würde Ihnen weiter vorschlagen, das Einverständniß zu erklären mit den speziellen Bestimmungen des Entwurfs über das Verfahren vor den Amtsgerichten. In dieser Beziehung muß ich Ihnen vielleicht kurz die Grundzüge dieses Entwurfs darlegen. Er sagt, bezüglich dieses Verfahrens gelten die Bestimmungen des Verfahrens vor den Landgerichten. Wo das thunlich ist, bin ich dafür; das Verfahren darf nicht zu viel Verschiedenheiten haben, es wirkt das nur verwirrend auf den Praktiker. Der neueste Entwurf gestattet das. Das Verfahren bei den Landgerichten ist schon ein solches, welches der Raschheit nicht entbehrt, welches einfach und klar ist, und welches genügende Sicherheit dafür giebt, daß eine entsprechende, thatsächliche Feststellung erfolgt. Insbesondere hat, worauf auch der Herr Berichterstatter Roos einen Werth gelegt hat, der Entwurf nicht mehr die Bestimmung des § 641 des norddeutschen Entwurfs, welche geboten hat, daß von der Absicht des selbstständigen Vorbringens Anzeige gemacht werde, und wenn das nicht geschehe, der Betreffende die Kosten zu tragen habe. Der Wegfall dieser Bestimmung empfiehlt sich im Interesse möglichster Freiheit. Und ebenso ist meiner Ansicht nach in glücklicher Weise die engere Bestimmung des norddeutschen Entwurfs über die Ausübung des Fragerechts, und andererseits die Mitwirkung des Richters dahin, in diesen Sachen möglichst materielles Recht zu Tage zu fördern, geregelt. Ich würde also auch vorschlagen, dem beizustimmen.

Ich komme nun aber, meine Herren, zu einem Punkte, der mir wirklich der wichtigste zu sein scheint, und in der Beziehung möchte ich Ihnen befürworten den Wegfall einer Bestimmung des deutschen Entwurfs von 1871, ein Wegfall, der meines Wissens auch bereits in dem revidirten geheimen Entwurfe Berücksichtigung erfahren hat. Der Entwurf von 1871, welcher also die Sachen vor das Amtsgericht stellt, läßt das Verfahren mit einem schriftlichen Verfahren beginnen oder mit einem beiderseitigen Kommen zur mündlichen Verhandlung vor dem Amtsrichter, dann Ladung zu einer Tagfahrt ohne weiteren Schriftwechsel; es kann durch das Protokoll der vollständige Thatbestand festgestellt werden. Unter Thatbestand verstehen die Entwürfe, theilweise auch Prozeßordnungen, die zusammenhängende Feststellung des thatsächlichen Materials des Prozesses; es soll dann nach den Prozeßordnungen, die diesen Ausdruck überhaupt kennen, dieses vollständig dem Urtheil beigefügt werden, so daß also dieses den Thatbestand enthält. Der Entwurf von 1871 läßt also die vollständige Aufnahme des Thatbestandes in das Protokoll zu. Diese Bestimmung, meine Herren, würde meines Erachtens zu einem Verfahren führen, das wir bereits in mehreren Ländern haben, und das von verschiedenen Praktikern nicht freudig begrüßt wird; es würde das, meiner Ansicht nach, zu dem gleichen Verfahren führen, das wir in Baden haben, das in Hannover und auch noch in einigen andern Ländern Deutschlands besteht, welches die Amtsgerichte der Gefahr aussetzt, daß man gegenseitig rezessirt, daß das mündliche Verfahren vor den Amtsgerichten nicht zu einem mündlichen wird, sondern zu einem schriftlichen, zu einem Verfahren, wo einerseits die Laune, oder Unfähigkeit oder die ungenügende Vorbereitung des Richters oder des Anwalts es will, daß ein Prozeß lange herumgeschleift wird, ohne daß er an innerer Güte gewinnt und andererseits doch das wirklich Wichtige vielleicht nicht zu Protokoll genommen wird. Wenn der Richter aber die Vorschrift hat, daß er in das Protokoll nicht aufnehmen darf, so ist er für sich selber genöthigt, weil das Gesetz es so vorschreibt, es nicht zu thun, sondern es im Urtheil zu thun und daher auch ein Urtheil mit dem thatsächlichen Material zu fällen. Er hat andererseits die vollständigste Möglichkeit, den Hinausziehungsversuchen der Parteien oder ihrer Vertreter entgegenzutreten, es sind nicht die langen Rezessirungen herüber und hinüber, wo eine Partei müßig dasteht oder zum Fenster hinaussieht oder ein Glas Bier trinkt, der Richter die Zeitung liest oder etwas anderes treibt. Das ist nicht mehr möglich. Wenn Sie das gebieten, so gebieten Sie nichts anderes, als was die Entwürfe für das landgerichtliche Verfahren wollen. Meine Herren! Wenn Sie es für größere Sachen zulassen, so können Sie es auch für kleinere Sachen zulassen. Ja, wird man sagen, dann ist die Möglichkeit nicht vorhanden, Alles genügend für die zweite Instanz festzustellen. Diese Möglichkeit ist vollständig vorhanden. Der Richter ist ja schon genöthigt, das in den Thatbestand aufzunehmen, und wir müssen uns ja Richter vorstellen, die ihre Pflicht erfüllen. Es hat aber der Anwalt in geringeren Sachen in der Hand, durch vorbereitende Schriften das zu thun; denn wenn er eine vorbereitende Schrift übergeben hat, und andererseits der Thatbestand nichts Gegentheiliges enthält, so wird doch ein vernünftiger Richter zwischen den Zeilen sehen können, was etwa noch vorzutragen ist, und andererseits ist immerhin die Möglichkeit gegeben, und das kennen auch die Prozeßordnungen, einer Berichtigung des Thatbestandes. Ich kann mir nicht erlauben, ins Einzelne einzugehen; es ist aber eine ganz wichtige Bestimmung, und ich würde Ihnen deshalb den Wegfall dieser Bestimmung proponiren. Nun dadurch schaffen Sie ein rasches Verfahren, Sie schaffen ein wirklich mündliches Verfahren, vermeiden den Schlendrian und vermeiden die Folgen, die das sogenannte mündliche Verfahren vor dem Amtsrichter zur Folge hat.

Ich möchte mir schließlich noch erlauben, bezüglich des Verfahrens Folgendes auszusprechen, daß die Ermächtigung des Einzelrichters, einseitige Parteivorträge in diesem Verfahren selbst aufzunehmen, zur Zeit nicht entbehrt werden könne. Sie wissen, meine Herren, daß sowohl Prozeßordnungen als Entwürfe vorschreiben, daß der Gerichtsschreiber die Klage, wie sie mündlich kommt, aufnehme. Die Stellung der Gerichtsschreiber ist nicht immer die, daß sie befähigt genug sind, solche Sachen aufzunehmen, und dann führt es auch zu mancherlei Mißständen. Wenn die Gerichtsschreiber jene werden sollen, welche die Rechtsangelegenheiten der Partei und zwar so, daß sie dann die Grundlage des Prozesses werden, feststellen — ich glaube, wir sind nicht so weit, daß wir die Hilfe des Richters ganz entbehren können in diesem Verfahren. Man sagt freilich: da wird die Unparteilichkeit des Richters getrübt, wenn er gleich Anfangs sich zum Organ der Klage macht. Meine Herren! Die Richter sind meines Erachtens darüber erhaben, sie sind ja genöthigt, Parteien, die keinen Anwalt haben, auch so zu unterstützen, daß sie schließlich wie ein Anwalt von den Parteien angesehen werden. Das Gesetz gestattet es und andererseits schreibt es dies vor. Die Gefahr scheint mir nicht so groß zu sein, während andererseits das Bedürfniß noch vorhanden ist und Sie nach Umständen, wenn Sie das nicht aussprechen, auf Umwegen dasselbe einführen, daß der Gerichtsschreiber, wenn er sich nicht helfen kann, zum Amtsrichter läuft und dieser ihm sagt, was er in die Klage aufnehmen soll, oder es werden vielleicht andererseits Winkelschreibereien befördert, die auch nicht zweckmäßig sind.

Ich kann hier meinen Vortrag schließen, indem ich Ihnen meine leider sehr umfangreichen Anträge vorlese. Ich stelle folgende Anträge:

Der Deutsche Juristentag wolle

I. bezüglich der Kompetenz des Einzelrichters in bürgerlichen Rechtsstreitigkeiten, und zwar

A. bezüglich der Kompetenz des Einzelrichters als Richter erster Instanz im Allgemeinen:

1. befürworten die Zuständigkeit des Einzelrichters (Amtsgerichts):

a. für alle Rechtsstreitigkeiten über vermögensrechtliche Ansprüche, einschließlich der Handelssachen, deren Gegenstand an Geld oder Geldwerth die Summe von 100 Thalern nicht übersteigt — wobei Früchte, Nutzungen, Zinsen, Schaden und Kosten, wenn sie als Nebenforderung geltend gemacht werden, außer Berechnung bleiben —;

b. ohne Rücksicht auf den Werth des Streitgegenstandes:
  α. für Rechtsstreitigkeiten zwischen Miether und Vermiether wegen Ueberlassung oder Räumung eines vermietheten Lokals;
  β. für vermögensrechtliche Ansprüche aus unehelichem Beischlaf;
  γ. für Währschafts- (Wandel-) Klagen wegen Viehmängel;

2. billigen die Bestimmungen des im preußischen Justizministerium bearbeiteten Entwurfs einer deutschen Civilprozeßordnung von 1861 über Prorogation.

B. Bezüglich besonderer Arten des Verfahrens:

1. billigen die Bestimmungen des genannten Entwurfs über Zuständigkeit für:
   a. Arrestsachen,
   b. einstweilige Verfügungen,
   c. Sicherung des Beweises (Beweis zum ewigen Gedächtniß),
   d. das Mahnverfahren,
   e. die Zwangsvollstreckung;

2. billigen die Bestimmungen des genannten Entwurfs über Zuständigkeit der Einzelrichter (Amtsgerichte) in Folge von Beauftragung oder Ersuchen
   a. behufs des Vergleichsversuchs (§ 244),
      sowie den Wegfall des letzten Absatzes des § 360 des Entwurfs einer Prozeßordnung für den norddeutschen Bund,
   b. behufs der Beweisaufnahme sowohl im Allgemeinen (§ 295), als hinsichtlich der einzelnen Beweismittel (§§. 212, 314, 337, 339, 340, 370, 403);

3. befürworten hinsichtlich des Provokationsverfahrens (Aufgabeverfahrens):
   die Uebertragung der Provokation gegen unbestimmte Gegner an die Einzelrichter (Amtsgerichte) ohne Rücksicht auf den Streitwerth;

4. befürworten hinsichtlich des schiedsrichterlichen Verfahrens:

den Einzelrichtern (Amtsgerichten), ohne Rücksicht auf den Streitwerth zu übertragen:

a. die Hilfeleistung der ordentlichen Gerichte beim Verfahren der Schiedsrichter,

b. die Vollstreckbarkeitserklärung der Schiedssprüche;

5. befürworten hinsichtlich des Gantfahrens:

a. die Handelsganten den Handelsgerichten zu übertragen;

b. das sonstige Gantverfahren den Amtsgerichten zu übertragen, soweit die Eröffnung den Gant und das übrige nicht streitige Verfahren als Gegenstand gerichtlicher Thätigkeit erklärt wird, dagegen alle Rechtsstreitigkeiten über Vindikationsansprüche an die Masse, über Forderungen einzelner Gläubiger und über Vorrechte derselben, mit Vorbehalt näherer Vorschriften wegen möglichst gleichzeitiger Verhandlung und Abschneidung nutzloser Verhandlungen, lediglich den allgemeinen Regeln über Zuständigkeit nach dem Streitwerth zu unterwerfen.

II. Bezüglich der Stellung des Einzelrichters in bürgerlichen Streitigkeiten befürworten:

1. Errichtung selbstständiger Einzelgerichte — als Amtsgerichte — (nicht bloße Beauftragung eines Mitglieds des Kollegialgerichts) mit einem oder, wo thunlich, zweien gleich selbstständigen rechtsgelehrten Richtern mit getrenntem Geschäftskreis und der Befugniß gegenseitiger Stellvertretung;

2. Oeffentlichkeit des Verfahrens der Einzelrichter und, soweit thunlich, Festsetzung bestimmter Sitzungstage;

3. Zulässigkeit einer Berufungs- und Beschwerdeinstanz gegen ihre Entscheidungen und Verfügungen, wobei für Berufungen — vorbehaltlich der Kassationsbeschwerde — eine niedere Berufungssumme (etwa 20 Thaler) festgesetzt werden kann; Verweisung dieser Rechtsmittel dann an das ordentliche Kollegialgericht erster Instanz, wenn dieses mit mindestens 5 Mitgliedern entscheidet, andernfalls an das dem ordentlichen Kollegialgericht erster Instanz vorgesetzte Obergericht.

III. Bezüglich des Verfahrens in dem den Einzelrichtern zugewiesenen bürgerlichen Rechtsstreitigkeiten:

1. billigen die allgemeinen Bestimmungen des oben genannten Entwurfs über das amtsgerichtliche Verfahren:

a. keinen Anwaltszwang,

b. keinen Zwang zu vorbereitenden Schriften, aber Gestattung derselben;

2. im Wesentlichen billigen die besonderen Bestimmungen genannten Entwurfs über das Verfahren vor den Amtsgerichten (§. 418—428), insbesondere:

a. den Wegfall des § 641 des norddeutschen Entwurfs (Gebot formloser Anzeige selbstständigen Vorbringens),

b. die Ersetzung des § 643 des norddeutschen Entwurfs durch die weiter gehende Bestimmung des § 125 des deutschen Entwurfs,

jedoch befürworten:

den Wegfall des Abs. 2 des § 245 des deutschen Entwurfs von 1871 (Abs. 2 des § 644 des norddeutschen Entwurfs) über Zulässigkeit der Aufnahme des Thatbestandes in das Protokoll;

3. aussprechen: daß die Ermächtigung des Einzelrichters (Amtsrichters), einseitige Parteiverträge selbst aufzunehmen, in diesem Verfahren zur Zeit nicht entbehrt werden könne.

Vicepräsident des Reichsoberhandelsgerichts Dr. **Drechsler** aus Leipzig: Meine Herren! Wir können den Antrag, so sehr wir die gründliche Arbeit anzuerkennen haben, weder annehmen noch ablehnen. Das Material ist viel zu groß, und insbesondere möchte ich davor warnen, dasjenige zu approbiren, was in Bezug auf den norddeutschen Entwurf gesagt ist in Bezug auf das amtsgerichtliche Verfahren. Da möchte ich doch, damit nicht der Entwurf in den Verdacht kommt, etwas ganz Unerhörtes festgesetzt zu haben, auf ein Mißverständniß hinweisen. Es ist gestattet worden, den Thatbestand in das Protokoll aufzunehmen nach Beendigung des mündlichen Verfahrens vor dem Amtsrichter. Das hat der Herr Referent ganz verschwiegen. Er sagt, das würde kein mündliches Verfahren werden. Meine Herren! Was ist denn mündliches Verfahren, wenn vorher gar kein schriftliches Verfahren gestattet ist und wenn es dem Amtsrichter nicht gestattet ist, dasjenige gleich in das Protokoll zu diktiren, oder richtiger durch den Gerichtschreiber aufnehmen zu lassen, was er demnächst in den Thatbestand des Urtheils aufnimmt? Jetzt würde also das Doppelte herauskommen. Es würde, nachdem mündlich verhandelt ist, der Thatbestand entworfen werden, aber nicht Thatbestand genannt werden, der Richter aber würde sagen können: hinsichtlich des Thatbestandes beziehe ich mich auf dasjenige, was von mir im Protokolle aufgenommen ist; das ist vollständig richtig von mir verhandelt und erschöpft den Thatbestand vollständig. Das Wegfallen dieses Paragraphen hängt wesentlich zusammen mit der Zulässigkeit der Schriftsätze.

Es ist auch außerdem ein Mißverständniß des norddeutschen Entwurfs, daß man annimmt, es seien die Schriftsätze verboten. Nur die Schriftsätze der Nichtanwälte sind verboten, weil man nicht annehmen kann, daß überhaupt ein Nichtanwalt im Stande ist, einen Schriftsatz zu machen; die Schriftsätze, die ihre ganz bestimmten Erfordernisse und sehr schwierige juristische Erfordernisse haben, können nur prozeßordnungsgemäß von Anwälten gefertigt werden. Statt dessen ist geboten und erlaubt worden, dasjenige, was dem Gegner vorgelegt werden soll, in irgend einer beliebigen Form, also als Schriftsatz, in der Form des Schriftsatzes vorzubringen oder in einer anderen freieren Form, damit auch die Parteien im Stande sind, sich ohne Anwalt vor dem Amtsgerichte zu vertheidigen oder ohne Anwalt ihre Ansprüche zu machen. Es ist wesentlich ganz dasselbe. Wenn Sie jetzt sagen, es soll nur in Form von Schriftsätzen vorgebracht werden, dann zwingen Sie die Partei, die etwas vorzubringen hat, es durch einen Anwalt anfertigen zu lassen. Es ist mit anderen Worten das Verfahren des norddeutschen Entwurfs, das altbewährte seit 50 Jahren vollständig durch die Praxis ansgebildete, berühmte mündliche Verfahren vor dem Hamburger Handelsgericht. Wenn die Herren wirklich mündliches Verfahren erleben und kennen lernen wollen, dann ersuche ich Sie sich dorthin zu begeben. Dort geschieht die Aufnahme des Protokolls ohne Zeitaufwand durch den Aktuar; das ist natürlich ein Jurist und es ist dem Richter wohl gestattet, zu sagen, ich gebe mein Urtheil ab auf Grund des Thatbestandes, wie er zu Protokoll erklärt worden ist.

Diese paar Bemerkungen werden genügen, um zu zeigen, daß man jedenfalls nicht theoretische Dinge gemacht hat, als man den norddeutschen Entwurf verfaßte, sondern daß man Beispiele vor Augen hatte, die berühmter sind, als die in Hannover und sonstwo.

Dr. **Kießling** (Linz): Meine Herren! Es ist durch meine Anregung der Antrag wieder auf die heutige Tagesordnung gekommen und es wäre mir sehr daran gelegen, daß die Frage gründlich erörtert wird. Sie haben sich aus der Arbeit des Herrn Referenten überzeugt, daß derselbe so in's Detail gegangen ist, daß es geradezu unmöglich ist, sich darüber jetzt schlüssig zu machen. Ich glaube, wenn wir die bereits verbrauchte Zeit von gestern und heute noch hätten, wir würden uns darüber nicht ganz aussprechen können. Sie haben an dem einen Punkt, den Herr Dr. Drechsler erörtert hat, gesehen, wie schwierig es ist, und ich möchte daher beantragen, daß auch diese Frage dem nächsten Juristentage zur weiteren Vorbereitung übergeben wird. Sie ist wirthschaftlich so besonders wichtig, daß wir sie so im Vorübergehen nicht abmachen können.

Justizrath **Gierse** (Münster): Ich trete dem Antrag des Vorredners bei, über diese Verhandlung unter wiederholter Anerkennung der Verdienste des Herrn Referenten zur Tagesordnung überzugehen, und zwar noch aus dem besonderen Grunde, weil hier im Referat von einer Berufung gegen das Urtheil des Einzelrichters die Rede ist, aber nicht gesagt ist, worin diese eigentlich bestehen soll. Es ist bekannt, daß nach dem neuesten Entwurf für den deutschen Prozeß selbst gegen die Urtheile der Abtheilungen, also der Mittelgerichte eine Berufung nur stattfinden soll in jure, aber es sollen keine neuen Thatsachen und Beweismittel vorgebracht werden. Die Frage müßte doch hier auch voraus entschieden werden, denn wenn keine Berufung in Bezug auf Thatfragen und Beweise stattfindet, so würde ich doch Alles von den Einzelrichtern noch den Abtheilungen zuwenden, was ich ihnen zuwenden kann, dann würde ich also irgend eine Erweiterung der Kompetenz gar nicht zugestehen. Ich bedaure, daß die Frage des Rechtmittels nicht auf diesem Juristentage zur Sprache gekommen ist. Ich glaube, nach den Eindrücken, die wir über den neuesten Entwurf bekommen haben, ist die wichtigste Frage die, welches Rechtsmittel soll überhaupt gegen die Schritte der Einzelrichter und gegen die Schritte der Abtheilungen stattfinden; und diese Frage präjudizirt außerordentlich viel. Ich meine, es ist nur einmal auf dem Juristentage in Dresden, als Waldeck seine Proposition machte, etwas Umfangreiches und Vollständiges vorgelegt worden; später sind immer nur einzelne Sätze herausgerissen worden und ich glaube, daß damit mehr geschadet als genützt worden ist. Wenn wir jetzt zur Tagesordnung übergehen, so wird sich der nächste Juristentag veranlaßt sehen, etwas Zusammenhängendes ein Ganzes zu geben; wenn es nicht zu spät ist, was wir erleben können, wenn der Reichstag im Laufe dieses Jahres zusammenkommt und ihm der neue Entwurf vorgelegt wird.

Dr. **Drechsler**: Noch lange nicht.

Präsident: Wünscht noch Jemand das Wort? —

(Niemand meldet sich.)

Ich frage Herrn Dr. von Kißling, in welcher Weise die Vertagung nach seinem Antrage beschlossen werden soll. Wenn ich recht verstanden habe, geht die Tendenz des Herrn Antragstellers dahin, daß die Abtheilung beschließen möge, über die vorliegende Gesetzgebungsfrage sich auf dem gegenwärtigen Juristentage aus Mangel an Zeit nicht schlüssig zu machen, sondern die Beschlußfassung darüber dem nächsten Juristentag vorzubehalten.

(Zustimmung des Herrn Dr. von Kißling.)

Ich halte es auch für unmöglich, daß wir über die umfangreichen Anträge des Herrn Referenten heute noch schlüssig werden. Entweder thun wir einen Schlag in's Wasser, der gar nichts bedeutet, wenn wir hier abstimmen; wir sind nicht einmal im Stande, heute noch das zu diskutiren, was hier in den Antragen sämmtlich drin steht, schon weil das Material nicht vollständig vorliegt; wir kennen nämlich nicht alle die betreffenden Bestimmungen der zitirten Prozeßordnungen, und ich gestehe auch, daß wohl Vieles sehr zweifelhaft sein wird, was in dem Antrage enthalten ist, und ich möchte die Gefahr von dem Juristentage abwenden, daß derartig übereilte Beschlüsse gefaßt werden.

Referent Oberhofgerichtsrath **Wielandt** aus Mannheim (als Schlußwort): Ich möchte mich zunächst gegen die Bemerkung des Herrn Präsidenten Drechsler etwas verwahren; er scheint einen Theil meiner Bemerkungen mißverstanden zu haben, doch will ich jetzt nicht ins Detail eingehen, da es für jetzt keinen Zweck mehr hat. Auch ich verkenne durchaus nicht, die Anträge sind eben, weil leider der Gegenstand so umfangreich werden mußte, umfänglich ausgefallen; ich habe schon gesagt, der Stoff ist zu groß; ich mußte mich aber daran halten, was der Gutachter für Material geliefert hat; es ist das immer die Form gewesen, in welcher sich die Referenten bewegt haben. Ich habe aber nichts dagegen, wenn die Sache vertagt wird, es hat sich dann eben der Juristentag nicht geäußert; vielleicht wird der nächste sich nicht mehr äußern können, weil bis dahin die Sache erledigt sein kann.

Präsident **Drechsler**: Ich glaube, die Frage ist weiter gefaßt, als sie gemeint war. Man wollte die Frage des Verfahrens des Einzelrichters nicht erörtern, man wollte nur fragen, ob es zweckmäßig sei, in Bagatellsachen Modifikationen eintreten zu lassen, wie es an vielen Orten ist. Bagatellsachen sind solche, in denen kein Rechtsmittel zuläſſig ist, die nicht einmal eine Nichtigkeitsbeschwerde zulassen. Ob es nöthig ist, überall die weitläufigen Thatbestände zu formiren, — z. B. nach dem Verfahren im Lübeck'schen wird bei Sachen bis 30 Mark gar kein Protokoll aufgenommen, da ist bloß ein Gerichtsbuch, worin das kurz eingetragen wird; das, glaube ich, war die Meinung, ob das nicht zweckmäßig wäre. Für kleine Sachen gar kein Apparat! Ich habe wenigstens die Frage Anfangs so verstanden. Darüber könnten wir uns auch rasch schlüssig machen. Da würde es auch nicht anders heißen, als wir approbiren jetzt den neuesten deutschen Entwurf. Ich könnte auch sogar daraus Näheres mittheilen; ich bin nicht gebunden, ein Geheimniß zu machen; wir können ihn ganz gern approbiren, und ich will selbst dasjenige, was ich für Vorzüge des früheren Entwurfs halte, gerne preisgeben. Daneben ist nur die Frage, ob nicht noch eine Lücke bleibt, ob nicht gesagt werden soll: Was sind Bagatellsachen, wie weit will man gehen? — Es sind, glaube ich, 20 Thaler genannt worden! Da bedürfte es gar nichts weiteres, als einer kurzen Notiz des Gerichtsschreibers, daß verhandelt wurde, wie gesprochen ist und daß man sagen kann, die Gerichtsbank war richtig besetzt, das Urtheil ist publizirt und daß es ein weiteres Rechtsmittel nicht giebt.

Präsident: Verlangt noch einer der Herren das Wort über den Vertagungsantrag? —

(Geschieht nicht.)

Da dies nicht geschieht, so stelle ich die Frage dahin:

„Beschließt die Abtheilung, die weitere Erörterung über die vorliegende Gesetzgebungsfrage zu vertagen und der ständigen Deputation anheimzugeben, diese Frage nochmals auf die Tagesordnung und zwar des nächsten Juristentages zu stellen?

(Wird nahezu einstimmig bejaht.)

Ich ersuche den Herrn Referenten, morgen in der Plenarsitzung kurz anzuzeigen, daß aus Mangel an Zeit über diese Frage nicht mehr habe beschlossen werden können.

Ich schließe die Sitzung.

(Schluß der Sitzung: 5¼ Uhr Mittags.)

Zweite Plenar-Sitzung

des

Zehnten Deutschen Juristentages

zu Frankfurt a./M. am 31. August 1872

im Saalbau.

(Beginn: Morgens 9 Uhr.)

Präsident **Gneist**: Meine Herren! Ich habe die Ehre, die zweite Plenarversammlung des 10. Deutschen Juristentages zu eröffnen.

Die Berichterstattung über die Berathungsgegenstände der Abtheilungen folgt nach der Reihenfolge der gedruckten Tagesordnung:

Referent Obertribunals-Direktor **von Kübel** (Stuttgart): Die kombinirte 1. und 2. Abtheilung hat die Frage von der schriftlichen Form der Verträge, wie solche von der ständigen Deputation formulirt war, in Berathung gezogen und den Satz angenommen:

> Die Giltigkeit der Verträge soll auch abgesehen von Handelssachen der Regel nach von der Beobachtung der schriftlichen Form unabhängig sein.

Es hatten sich hierfür schon die erstatteten beiden Gutachten des Herrn Professors Hofraths Dr. Harum zu Wien und des Herrn Hof- und Gerichtsadvokaten von Feistmantel daselbst ausgesprochen, es hat ebenso der Referent sich entschieden gegen den schriftlichen Zwang zur Eingehung von Verträgen erklärt, und auch bei der Berathung in der Abtheilung hat sich kein Widerspruch dagegen erhoben. Eine Differenz bestand nur insofern, als der Referent weiter aussprechen wollte, daß Ausnahmen von der Regel nur aus Gründen der öffentlichen Rechtssicherheit zuzulassen seien, bei dem Zutreffen solcher Gründe aber die einfache Schriftlichkeit nicht genüge, sondern die Errichtung einer gerichtlichen oder notariellen Urkunde vorgeschrieben werden müsse. Dieser weitere Antrag hat die Mehrheit nicht gefunden, in-

18

dem Bedenken erhoben wurden, ob die von der Regel etwa zu machenden Ausnahmen in der angedeuteten Richtung beschränkt werden können und ob nicht für einzelne Ausnahmefälle die Vorschrift der einfachen Schriftlichkeit hinreiche, auch weiter geltend gemacht wurde, daß zu einer eingehenden Berathung über diese Fragen die vorliegenden Gutachten keine genügende Unterlage gewähren, die einzelnen Mitglieder daher zu einer Beschlußfassung nicht genügend vorbereitet seien.

Für den angenommenen Satz wurde insbesondere geltend gemacht, daß schon die Konsequenz der auf dem 5. Deutschen Juristentage ausgesprochenen Verwerfung selbst des indirekten Zwanges zur Schriftlichkeit durch Beschränkung des Zeugenbeweises noch mehr auf die Verwerfung des direkten Zwanges führen müsse, daß ferner die angeblichen Vortheile der Schriftlichkeit: Gewähr des Ernstes des Vertragswillens, Sicherung des Beweises für den ganzen Inhalt des Rechtsgeschäftes nicht in dem behaupteten Maße zutreffen, die Vorschrift der Schriftlichkeit vielmehr überwiegende Nachtheile und Gefahren im Gefolge hat und nach den insbesondere in Preußen und in Württemberg gemachten Erfahrungen anstatt der davon erwarteten Rechtssicherheit vielmehr zahllose Streitigkeiten herbeiführe; daß endlich der Zwang zur Schriftlichkeit der deutschen Sitte und Rechtsanschauung von der Verbindlichkeit des bloßen Wortes widerspreche und eine nicht gerechtfertigte Bevormundung enthalte.

Dies das Resultat der Berathung, welches ich als Berichterstatter der hochgeehrten Versammlung mitzutheilen beauftragt war.

Referent Professor **Marquardsen** (Erlangen): Ich habe im Namen der 1. und 2. Abtheilung einen kurzen Bericht abzustatten in Bezug auf die Frage, ob in dem deutschen Civilprozeß die Jury einzuführen sei. Sie sehen, daß der dilatorische Beschluß der Abtheilung eine doppelte Motivirung erhalten hat. Es ist darauf hingewiesen worden, daß gerade in dem Moment, wo die erste und zweite Abtheilung über diesen Gegenstand zu tagen hatte, die gespannte Aufmerksamkeit des deutschen Juristentages und auch von Kreisen über ihn hinaus auf die eine Haupt- und Kernfrage gerichtet war, ob an Stelle der Schwurgerichte in Strafsachen die sogenannten Schöffengerichte treten sollen. Wenn in dem vorliegenden Beschluß ausgeführt wird, daß dieser das Strafrecht und den Strafprozeß behandelnde Beschluß präjudicirlich sein dürfte für die Frage, ob Sie in bürgerlichen Rechtsstreitigkeiten die Jury einführen wollen, so ging die Abtheilung von der Meinung aus, daß dies ganz entschieden nach einer Seite der Frage hin Platz greifen würde. Wir haben uns gesagt, wenn die Schwurgerichte in Strafsachen, die wir nach einer Erfahrung von ohngefähr 20 Jahren im eigenen Lande bei uns haben, beibehalten werden sollen, so folgt daraus noch keineswegs, daß auch nothwendig in bürgerlichen Rechtsstreitigkeiten in ganz gleicher Weise das Laienregiment zur Theilnahme an der Rechtsprechung herangezogen werden soll. Aber wenn von Seiten des Juristentages erklärt worden wäre, daß man auf Grund eigener Erfahrung das Institut der Jury aus dem Strafprozeß wieder entfernen müsse, so glaube ich, würde keine Beredtsamkeit der Welt es in einer Abtheilung oder im Plenum dahin gebracht haben, daß sich dieselbe Versammlung für eine Ausnahme dieser Institution in den deutschen Civilprozeß entscheiden würde. Insofern also haben wir geglaubt, daß die Entscheidung in der Civiljuryfrage wesentlich abhängen wird von dem Votum, zu welchem, sei es die betreffende Abtheilung, sei es das Plenum des Juristentages in der Frage Schöffengerichte gegen Schwurgerichte gelangt. Aber auch abgesehen von diesem zeitlichen Zusammentreffen der uns zugemutheten Entscheidung über eine Einführung einer Civiljury und über Ausführung — möchte ich sagen — der Jury in Strafsachen, haben wir geglaubt, daß zur Stunde noch eine volle eingehende materielle Würdigung der Frage der Civiljury auf deutschem Boden nicht gegegeben werden kann. Ich kann das um so unbefangener aussprechen, als ich in persönlicher Ueberzeugung der Meinung bin, daß in wohl eingerichteter Weise mit richtiger Benutzung der Erfahrungen, die man seit Jahrhunderten und in neuerer Zeit anderswo mit der Civiljury gemacht hat, für eine ganze Reihe von Fragen des bürgerlichen Prozesses auch in Deutschland die Einführung der Civiljury eine wohlthätige Reform sein würde. Aber diese meine individuelle Meinung hat mich doch nicht blind machen können gegen die Thatsache, daß hier ein Gegenstand vor uns liegt, der nicht in einem beiläufigen Referat einer Juristenversammlung eines Jahres so gründlich gegen die verschiedenen anzuerkennenden Einwürfe vertheidigt werden kann, sich verbinden läßt in der vollen Ueberzeugnng des rechtsuchenden Publikums sowohl als der Juristen selber, mit dem, was wir als Grundlage aus dem bisherigen Prozeß behalten müssen, daß man ein Votum des Juristentages in dieser Frage jetzt schon in bejahendem Sinne provoziren könnte. Ich glaube in der That, daß auch die beiden sehr dankenswerthen Gutachten, welche der gestrigen Behandlung des Gegenstandes in der ersten Abtheilung zu Grunde gelegt worden sind, doch für diese letzte Entscheidung noch nicht genügen. Wer sich mit denselben bekannt gemacht — sie stammen von dem hochverdienten Professor des Strafrechts und Prozesses Dr. von Bar in Breslau und dem ebenfalls zu den tüchtigsten Kräften unserer jüngeren Generation zählenden Professor Brunner, z. Z. in Straßburg, her — wer, sage ich, diese Gutachten näher ins Auge gefaßt hat; wird allerdings der Meinung sein, daß die allgemeinen Gesichtspunkte in scharfsinniger Weise vorgetragen worden sind, daß namentlich auch die historischen Reminiszenzen von einer großen Sachkenntniß zeugen; aber die eigentliche Praxis der ganzen Frage, ist in diesen beiden Gutachten doch noch in keiner eingehenden Weise erörtert worden, und gerade auf dem Gebiete des Prozesses ist die praktische Seite diejenige, die man ins Auge fassen muß, wenn es sich nicht blos um eine ganz abstrakte Resolution handeln, sondern wenn eine so einflußreiche Versammlung wie ein Juristentag über eine Frage der Gesetzgebung und der Reform ihr Votum abgeben soll. Ich habe daher als Referent mir erlaubt, in der Abtheilung den Antrag zu stellen, wie er gegenwärtig Ihnen gedruckt vorliegt und wie er in der Abtheilung zum Beschluß erhoben worden ist.

Ich würde es für höchst wünschenswerth erachten, wenn an die Anregung der Frage, wie sie gestern in der Abtheilung vor sich gegangen ist, vor allen Dingen aber in weiterer Anknüpfung an die Auseinandersetzungen, welche die beiden verdienstvollen Gutachten enthalten, sich in Deutschland wieder eine Civil-Jury-Literatur bilden wollte — mir ganz einerlei, gegen oder für; denn ich bin in der That der Meinung, daß, wie nur aus dem vollen und freien Austausch der Meinungen und Ansichten zuletzt die Wahrheit hervorgeht, so auch in diesem Falle. Aber ich würde es für sehr dankenswerth halten, wenn an das heutige und gestrige Vorgehen sich eine erneute Diskussion der Juryfrage, namentlich nach der praktischen Richtung knüpfen wollte. Und wenn ich mir vergegenwärtige, wie lebendig allmählig das Interesse für eine Betheiligung des Laienelements auch an der Rechtsprechung in bürgerlichen Sachen geworden ist, so glaube ich in der That, daß es sogar den Freunden der Schöffengerichte auf dem bürgerlichen Prozeßgebiete nur erwünscht sein kann, wenn sich auch dort ihnen diejenigen literarisch und wissenschaftlich gegenüberstellen, welche glauben, daß die Juryform auch auf diesem Gebiete die vollkommenere, wenigstens ebenbürtige ist. Ich meine also, es würde im Interesse der deutschen Rechtswissenschaft gelegen sein, daß sich die vor 20 Jahren allerdings aufgenommene und wie ich in der Gegenwart unseres verehrten Herrn Präsidenten sagen darf — namentlich auch von seiner Seite mit so großem Glück aufgenommene Diskussion für und gegen die Civiljury wieder an unser heuriges Vorgehen anknüpfen wollte. Ich kann aber sonst in der That im Namen der Abtheilung, mit der ich nach dieser Seite auch vollständig übereinstimme, nur empfehlen es bei dem Beschlusse beruhen zu lassen, den die Abtheilung selber gefaßt hat und von welchem ich im Auftrage der Abtheilung als Referent Ihnen hiermit Kenntniß zn geben habe.

Präsident: Der dritte Gegenstand: die Frage nach der Möglichkeit eines internationalen Wechselrechts ist von der Abtheilung zur sachlichen Berathung im Pleno gestellt.

Rfeerent Geh. Justizrath **Borchardt** aus Berlin: Die kombinirte I. und II. Abtheilung hat fast einstimmig den Antrag des Herrn Dr. Jaques, dahin gehend, daß der Juristentag als seine Ueberzeugung aussprechen wolle:

> Die Herstellung eines gemeinsamen Wechselrechts aller europäischen Staaten, sowie der Vereinigten Staaten von Nordamerika entspricht dem heutigen Stande der Wissenschaft und ist ein Bedürfniß des internationalen Handelsverkehrs und Kredits.

fast einstimmig angenommen. Sie wollen mir gestatten, mit wenigen Worten Ihnen die Motive der Abtheilung vorlegen zu dürfen.

Der Handelsverkehr verbreitet sich ohne Rücksicht auf die verschiedenen Landesgrenzen über die ganze Erde. Als sein hauptsächlichster Vermittler gilt der Wechsel, der gleich der Münze und dem Gelde von Hand zu Hand, von Land zu Land wandert, leider auch öfter seinen Rücklauf nimmt und bei diesem alsdann vorzugsweise die verschiedenen, in dem Wechsel eingegangenen Verbindlichkeiten der Beurtheiluug der verschiedenen Gesetzgebungen der einzelnen Länder, in welchen eben diese Verbindlichkeiten eingegangen sind, unterwirft.

Schon hierdurch mag wohl das Streben nach einer einheitlichen Gesetzgebung für das Wechselrecht gerechtfertigt sein, eine Verwirklichung desselben ist allerdindings nur erst in einem geringen Maße geschehen.

Für diese Verwirklichung gebührt wohl auch Deutschland der Vorzug, den bedeutsamsten Schritt gethan zu haben, indem es unter Berücksichtigung der politischen Verhältnisse des Jahres 1848 das im Jahre 1847 zu Stande gebrachte deutsche Wechselgesetz zur Einführung in den sämmtlichen Deutschen Staaten gebracht hat und damit nicht weniger als 40 damals in den verschiedenen Staaten geltende Wechselgesetze beseitigt hat.

Ich möchte in Betreff des Auslandes ferner hier noch England erwähnen, welches bestrebt gewesen ist durch seine neueren Gesetze das Schottische und Irländische Wechselrecht mit dem Englischen in Einklang zu bringen.

Ferner Italien, welches nach der Vereinigung zum Italienischen Königreich die in den verschiedenen Staaten bestehenden Wechselgesetze beseitigt hat durch die Einführung eines allgemeinen, in dem Handelgesetzbuch von 1865 enthaltenen Gesetzes und nur noch die beiden Provinzen Mantua und Venedig ausgenommen hat und dort die damals durch die Oesterreichische Regierung eingeführte Deutsche Wechselordnung vorläufig hat bestehen lassen.

Ich möchte ferner die Schweiz erwähnen, in welcher gleichfalls in den verschiedenen Kantonen verschiedene Gesetze bestanden und man sich auch bemüht hat ein gemeinsames Gesetz für alle Kantone auszuarbeiten. Selbiges ist geschehen in dem bekannten Konkordatsentwurf vom Jahre 1856; derselbe ist leider erst in wenigen, nämlich erst in sechs Kantonen zur Annahme gelangt, hat aber dort noch einzelne Modifikationen erhalten.

Schließlich möchte ich erwähnen, daß auch in der Literatur des Inlandes und Auslandes sich gewichtige Stimmen erhoben haben für die Begründuug eines internationalen Wechselrechts. Namentlich ist dies geschehen in England, in Frankreich, in Holland, in Italien und in der Schweiz, und ich darf hinzufügen nach einer mir gestern noch zugegangenen Notiz, daß der erste nordische Juristentag, welcher vorige Woche in Kopenhagen getagt hat, gleichfalls in ähnlichem Sinne einen Beschluß gefaßt hat; daß ferner schon vor zwei Jahren in Ungarn von dem ersten Ungarischen Juristentage in ähnlicher Weise sentirt worden ist.

Wenn vielleicht schon hierdurch der Ausspruch seine Rechtfertigung finden möchte, so dürften die neuesten politischen Verhältnisse ihn vielleicht noch unterstützen.

Als nämlich im Jahre 1870 und 1871 durch die deutschen Krieger ein großer Theil von Frankreich besetzt war und auch die Belagerung von Paris erfolgte, erließ die damalige französische Regiernng die bekannten sogenannten Moratoriengesetze. Dieselben enthielten, soweit es hier in Betracht kommt, eine wiederholte Verlängerung der Verfall- und Protestfristen der Wechsel, und zwar in einem Umfang und in einer Ausdehnung, wie sie wohl früher noch nie dergleichen Gesetzen bei ähnlichen politischen Ereignissen zu Theil geworden ist. Man ist daher wohl auch nicht im Unrecht, wenn man gerade in der langen Ausdehnung, die diese Gesetze den Verfallfristen gewährt haben, mit einen Grund erblickt, daß der Rücklauf des Wechsels — wo also die Zeit eintritt, daß die verschiedenen Gesetzgebungen namentlich die Verbindlichkeiten zu beurtheilen haben, die in dem Wechsel eingegangen sind — sich weniger friedlich gestaltet hat und häufig die Entscheidungen der Gerichte angerufen wurden. Diese Entscheidungen fielen verschieden aus und mußten wohl um so mehr verschieden ausfallen weil dieselbe streitige Frage jetzt den Gesetzen der verschiedenen Länder unterbreitet worden war.

Wenn es mir gelungen ist hiermit darzuthun, daß die Nothwendigkeit und das Bedürfniß nach einem internationalen Wechselrechte vorliegt, so reiht sich daran die zweite Frage, ob es auch möglich ist, dieses Bedürfniß zu befriedigen, ein solches Gesetz zu erlassen. Diese Frage möchte ich gleichfalls bejahen.

Weder die große Anzahl der noch bestehenden Wechselgesetze in den verschiedenen Staaten Europas und Amerikas, noch der materielle Inhalt derselben steht meines Erachtens dem Unternehmen eines internationalen Wechselgesetzes entgegen.

I. Die vorhandenen Wechselgesetze der verschiedenen Staaten lassen sich wohl im Wesentlichen auf drei Gruppen zurückführen, die man vielleicht bezeichnen dürfte, als die französische, die englische und die deutsche.

Das französiche Gesetz hat mit verschiedenen Modifikationen einen sehr bedeutenden Umfang genommen nnd gilt fast in dreißig Staaten.

Das englische Recht, welches allerdings kein vollständiges geschriebenes Handelsgesetz ist, hat einen Umfang, der dem französischen fast gleichkommt, denn es gilt in fast sämmtlichen englischen Colonien und Besitzungen sowie in den nordamerikanischen Freistaaten, wobei allerdings nicht zu übersehen ist daß jeder einzelne Freistaat in Nordamerika gleichfalls selbstständig ist, und dort einzelne untereinander abweichende Gesetze in den verschiedenen Staaten vorhanden sind.

Das kleinste Gebiet nimmt allerdings noch das deutsche Wechselrecht ein, indeß hat es doch so zu sagen auch schon Nachfolger gefunden. Es ist das Musterbild gewesen für die Gesetzgebung von Finnland, Schweden und den genannten Konkordatsentwurf, wie er in einigen Schweizer Kantonen Annahme gefunden hat.

Es existiren allerdings noch einige einzelne Wechselgesetze in den verschiedenen Staaten, indeß deren Zahl ist sehr gering und die Staaten selbst kann man zu den kleineren rechnen mit Ausnahme von Rußland, auf welches ich mir später noch zurückzukommen erlauben werde.

II. Was nun die materiellen Verschiedenheiten der Wechselgesetze selbst betrifft, so möchten sich als wesentliche wohl nur folgende in den Hauptzügen vorführen lassen:

1. Zunächst die Wechselfähigkeit. Die Beschränkungen, welche früher an diese Frage geknüpft waren, sind jetzt fast als allgemein beseitigt anzusehen, indem überall die Dispositionsfähigkeit, die Vertragsfähigkeit als das Moment hingestellt worden ist, welches auch zugleich die Wechselfähigkeit verleiht. Es finden sich jetzt wohl nur noch Differenzen darüber, mit welchem Jahre die Volljährigkeit, die Vertragsfähigkeit eintritt; indeß auch hier ist von den meisten Staaten bereits das 21. Lebensjahr als das der Majorennität angenommen.

2. Das zweite Moment bilden die wesentlichen Bestandtheile, die dazu gehören, die Urkunde eben zum Wechsel zu machen. Die Verschiedenheiten, die sich hier in den Gesetzgebungen finden, möchten sich wohl auf folgende Punkte beschränken:

Erstens, daß der Ausdruck „Wechsel" als solcher ein nothwendiges Erforderniß sei, der auch in dem Context der Urkunde, um sie als solche zu kennzeichnen, enthalten sein muß. Die deutsche Wechselordnung hat dies angenommen, die fremden Wechsel-Gesetzgebungen allerdings im Allgemeinen nicht.

Das zweite Erforderniß, der Valutabekenntniß, ist in der deutschen Wechselordnung nicht mehr als nothwendig erachtet worden, während es allerdings im französischen Rechte noch besteht; allein auch dort ist man im Allgemeinen von der Nutzlosigkeit dieses Erfordernisses überzeugt.

Das dritte Erforderniß würde die Person des Remittenten sein, welche insofern in der Deutschen Wechselordnung eine Beschränkung (formell wenigstens) gefunden hat, daß die Wechsel au porteur, auf den Inhaber ausgeschlossen sind. Indessen ist der Schaden nicht so groß, da die Form dasselbe Ziel zu erreichen, sehr leicht anzunehmen ist. Der Aussteller hat nur an eigene Ordre den Wechsel zu ziehen und mit Blanko-Giro zu versehen.

Die Verfallzeit anlangend, so schließt die Deutsche Wechsel-Ordnung die sogenannten Usowechsel aus. Dies dürfte kein großes Hinderniß gewähren, da im Allgemeinen der Uso-Wechsel selbst im Ausland in Abnahme gekommen ist.

In Betreff der Höhe der Wechselsumme finden sich nur Beschränkungen im englischen und amerikanischen Recht.

Die distantia loci bei dem gezogenen Wechsel, welche die Deutsche Wechsel-Ordnung nur noch bei dem trassirt eigenen Wechsel fordert, während sie das französische Gesetz allgemein fordert, scheint indeß auch nach den dortigen Rechtsanschauungen jetzt nicht mehr als ein Erforderniß des Wechsels angesehen zu werden.

So bliebe denn von diesen Erfordernissen nur noch eins zu erwähnen. Wenn nämlich der Wechsel in mehreren Exemplaren ausgestellt ist, verlangen die fremden Gesetzgebungen fast überall als nothwendig — wenigstens wird es so aufgeführt unter den Essentialien — den Ausdruck der sogenannten kassatorischen Clausel, daß die Bezahlung des einen Wechsels die anderen annullire.

3. Nächst diesen Erfordernissen des Wechses würde die Begebbarkeit desselben zu beachten sein. Indeß auch hier ist das Prinzip, welches die deutsche Wechselordnung angenommen hat, nämlich daß es das Blanko-Giro rechtlich wirksam wie das eigene Giro erachtet, auch im englischen und amerikanischen Recht längst anerkannt. Auch im französischen Recht ist man wohl in der neueren Anschauung dazu gekommen, den früheren Grundsatz, der allerdings gegenwärtig im Gesetz noch besteht, ein solches Blanko-Indossament für unwirksam zu erachten — fallen zu lassen.

In Betreff des Regresses würden die beiden Fragen zur Anwendung kommen: Regreß Mangels Annahme eines nicht fälligen Wechsels und Regreß Mangels Zahlung.

4. Die größte Kontroverse besteht allerdings beim Regreß Mangels

des noch nicht fälligen Wechsels, weil sich hier zwei Systeme schroff gegenüber stehen. Die deutsche Wechselordnung ist dem französischen Prinzip gefolgt und hat für diesen Fall den Regreß nur auf Sicherstellung gestattet, während das englische und amerikanische Recht, auch die dänische Wechselordnung, noch gegenwärtig den Regreß auf Zahlung sofort gestattet. Hierbei möchte ich das noch erwähnen: was die Form der Annahme selbst anlangt, so ist selbst in den neueren Statuten Nordamerikas auch die Schriftlichkeit als nothwendiges Erforderniß erachtet werden.

5. In Betreff des Regresses Mangels Zahlung dürfte nur noch zu erwähnen sein, daß derselbe fast überall jetzt als springender Regreß zugelassen ist und nur Differenzen darüber vorliegen, ob die Notifikation als Essentiale zu erachten ist, von deren Annahme sich auch die Wechselverjährungsfristen, die noch in den verschiedenen Gesetzen verschieden festgesetzt sind, abhängig machen.

6. Schließlich Zahlung, Respekttage und Exequirung anlangend, so ist man im Allgemeinen fast überall der Ansicht, daß es der Respekttage nicht mehr bedarf; die deutsche Wechselordnung hat sie sogar unbedingt abgeschafft, auch das französische Recht. In England und Nordamerika dagegen bestehen sie noch mit Ausschluß vielleicht einiger Staaten in Betreff der Sichtwechsel. Die Realisation durch Exekution anlangend, so geht die neuere Anschauung, wie sie bereits in einigen Staaten zum Gesetz erhoben worden, dahin, namentlich den Personalarrest als unmittelbares Exekutionsmittel nicht mehr zuzulassen. —

Wenn Sie das Angeführte mit mir als die hauptsächlichsten Abweichungen unter den verschiedenen Wechselgesetzen erkennen wollen, so werden Sie mir darin beistimmen, daß sämmtliche Abweichungen weder in dem eigentlichen Wesen des Wechsels begründet noch durch etwanige Verhältnisse nothwendig bedingt erscheinen. Diese Abweichungen sind vielmehr lediglich aus dem jedesmaligen Standpunkte der Rechtswissenschaft zur Zeit des betreffenden Gsetzeserlasses und aus der Rücksicht auf das fortgeschrittene Bedürfniß des zunehmenden und sich weiter ausdehnenden Handelsverkehrs hervorgegangen.

Wenn schon hierdurch die Verwirklichung des dem universellen Charakter des Handels entsprechenden Gedankens und Wunsches eines internationalen Wechselrechts wohl nicht mehr als Unmöglichkeit erscheint, so möchte zur Beseitigung der Schwierigkeiten der Ausführung noch der Umstand dienen, daß in jüngster Zeit das Bedürfniß nach Verbesserung der älteren Wechselgesetze resp. einer Codifikation der vorhandenen in verschiedenen Staaten besteht und auch bereits zum Ausdruck gelangt ist. Es sind z. B. wechselrechtliche Entwürfe ausgearbeitet worden für den Staat von New-York; sie sind ausgearbeitet worden für Rußland, was meines Erachtens von großer Wichtigkeit ist, zumal der Entwurf sich bereits in der zweiten Lesung befindet. Es ist sogar in England der Versuch gemacht worden, ein vollständiges Wechselgesetz wenigstens für Indien von elner Kommission des Parlaments ausarbeiten zu lassen.

Schließlich möchte ich noch wenigestens als Analogon anführen, daß auch rücksichtlich der Havarie grosse ebenfalls bereits die Versuche begonnen haben, eine allgemeine gesetzliche Bestimmung zu erzielen.

Es könnte sich blos noch fragen, wie die Ausführung selbst zu bewirken wäre. Dabei dürfte es doch keinem Zweifel unterliegen, daß es nur durch eine internationale Konferenz, — eine Konferenz, welche von den Vertretern der verschiedenen Staaten Europas und resp. Nordamerikas zu berufen wäre, — geschehen könnte. Es möchte sich vielleicht empfehlen, sich zunächst auf die größeren und bedeutenderen Handelsstaaten zu beschränken; denn wenn es gelingt, unter diesen wenigen Vertretern — dazu wird man doch vielleicht nur 7—8 Staaten rechnen können — eine Einigung zu erzielen, so würde wohl kaum daran zu zweifeln sein, daß ein so gewonnenes Resultat auch in den kleineren und minder umfangreichen Staaten Annahme und Aufnahme finden wird.

Wenn auch allerdings die Schwierigkeiten nicht zu verkennen sind, die einer solchen Arbeit entgegenstehen, so haben wir doch in der Abtheilung um so mehr auf die Zustimmung dieser hohen Versammlung zu dem Antrage gehofft, als es sich hier zu erstenmal für den Juristentag um ein internationales Recht handelt und der Ausspruch der Abtheilung durch die Zustimmung dieser hohen Versammlung, um welche sie nachsucht, nur eine erhöhte Bedeutung für das Inland und Ausland erlangen kann und muß.

(Bravo!)

Rechtsanwalt **Wilke** aus Magdeburg: Meine Herren! Ich bin gegen den Antrag der Abtheilung und halte es nicht für wünschenswerth, daß ihm stattgegeben werde. Ich halte die Erfüllung des Antrags für unmöglich und bin endlich der Meinung, daß der Antrag überhaupt vollständig außerhalb unserer Statuten liegt. Ich wende absichtlich den Ausdruck außerhalb unserer „Kompetenz" nicht an weil dieser Ausdruck etwas anrüchig geworden ist. Es wird nach meiner Meinung durch den Antrag nichts gefördert, wenn es auch wirklich möglich wäre, ein allgemeines Wechselrecht in ganz Europa und Nordamerika herzustellen. Es wird bekanntlich ein Recht nur dann und dadurch allgemeines Recht, wenn es möglich ist, zu seiner einheitlichen Durchführung einen obersten Gerichtshof zu bestellen. Deshalb halte ich es für viel weniger schlimm, wenn in verschiedenen Staaten ein verschiedenes Recht besteht, als wenn ein und dasselbe Recht in verschiedenen Staaten verschieden angewendet wird. Das letztere führt nur zu einer Rechtsunsicherheit. Ich halte es auch für unmöglich, den Inhalt des Antrags auszuführen. Es würde das unendlich viel Zeit erfordern; darüber ist sich jeder klar. Ich führe das nur an, weil ich es nicht für zweckmäßig halte, daß der Juristentag solche Beschlüsse faßt, die an das Unmögliche streifen. Man macht sich damit — **sit venia verbo!** — nur lächerlich. Man erscheint damit als Weltbeglücker, wenn man eine Einigung aller Menschen verlangt, wo die Einigung unmöglich ist.

Unser Statut giebt uns auch gar nicht das Recht, solche Fragen zu entscheiden. Wir sind nicht deshalb zusammen gekommen, um internationale Fragen zu entscheiden, sondern der Zweck des deutschen Juristentags ist die Vereinigung der deutschen Juristen für den lebendigen Meinungsaustausch und den Verkehr unter den deutschen Juristen, um auf den Gebieten des Privat-, Straf- und Prozeßrechtes den einheitlichen Prinzipien immer größere Entwicklung zu verschaffen. Nun ist das aber doch nicht so gemeint, daß wir die Rechtseinheit auf der ganzen Welt und für die ganze Welt anbahnen sollten. Die Einheit ist vielmehr zu beschränken auf Deutschland und Oesterreich. Es kann daher auch von keinem einzigen Mitgliede des Juristentags verlangt werden, daß er über solche Frage mitstimmt. Durch solche Anträge und Beschlüsse wird nicht unser Ansehen gewinnen. Ich meine, wenn wir uns nicht in unseren Schranken halten und auch Außer-Deutschland in Betracht ziehen, so stehen wir in Gefahr, in unserem Ansehen zu sinken. Aus allen diesen Gründen bitte ich Sie, diesen Antrag, der in der That nichts ist, als ein frommer Wunsch, abzulehnen.

Präsident **Dr. Gneist**: Da sich Niemand weiter zum Wort meldet, so bitte ich den Referenten, das Schlußwort zu nehmen.

Referent Geh. Justizrath **Dr. Borchardt** (Berlin): Es sei mir gestattet, das von mir vorhin Geäußerte noch zu ergänzen. Was zunächst den Einwand des Vorredners gegen unsere Kompetenz zur Stellung eines solchen Antrags betrifft, so wird es zur Widerlegung des Gesagten nur einer kurzen Hindeutung auf unsere Statuten bedürfen. § 6 nennt als Gegenstände der Berathung der 2. Abtheilung des Juristentags: „Handels-, Wechsel-, See- und — internationales Recht."

(Bravo! Sehr gut!)

Was den materiellen Einwand aber anlangt, so ist derselbe nur in einer anderen Gestalt erschienen, wie man ihn im Jahre 1846 bereits aufstellte. Es wurde damals ebenso gedacht und gesprochen, wie von dem Vorredner, und es als etwas Unmögliches erklärt, die verschiedenen deutschen Staaten zu einem gemeinsamen Wechselrecht zu vereinigen. Namentlich wurde der Gesichtspunkt geltend gemacht, daß diese Vereinigung ja gar nicht viel nützen würde, wenn wir nicht einen einzigen deutschen Gerichtshof hätten. Diese Voraussetzung ist allerdings gegenwärtig insoweit realisirt worden, als zur Zeit nur noch zwei verschiedene höchste Gerichtshöfe bestehen: der in Leipzig und der in Wien. Aber das ist doch schließlich nur ein Zeitmoment, welches den allerletzten Jahren angehört! Wir haben von den Jahren 1848 und 1849, wo die deutsche Wechselordnung ins Leben trat, bis zum Jahre 1870 auch in Deutschland denselben Zustand gehabt, daß verschiedene oberste Gerichtshöfe fungirten. Wenn nun allerdings nicht zu verkennen ist, daß wohl einmal differirende Meinungen und Erkenntnisse ergangen sind, so hat doch seit 1848/49 der Rechtszustand im Wechselrecht entschieden gewonnen. Jeder weiß und kennt das Recht aus so vielen Ländern wie möglich, und die Kenntniß wird ihm erleichtert, weil es dasselbe Recht ist. Deshalb bitte ich, dem Antrage, den Ihnen die Abtheilung vorgelegt hat, eine möglichst große Unterstützung zu gewähren.

(Lebhafter Beifall.)

Präsident Dr. **Gneist** (leitet die Abstimmung über den Antrag der Abtheilung ein, der mit überwiegender Mehrheit unter großem Beifall der Versammlung zum Beschluß des Plenums erhoben wird).

Es folgen die Anträge der III. Abtheilung. Der erste derselben lautet:

1. Die Hervorbringung und der Verkauf von Erzeugnissen der Presse, die Kolportage und das Anheften von Plakaten haben ausschließlich den Bestimmungen der Reichsgewerbeordnung zu unterliegen; eine Entziehung der Befugnisse zum selbstständigen Betriebe eines Gewerbes durch richterliches Erkenntniß im Falle einer durch die Presse begangenen Zuwiderhandlung, darf nicht stattfinden. Alle weiteren aus den Grundsätzen des Präventivsystems abgeleiteten Beschränkungen, als insbesondere die Kautions-, Konzessions- und Stempelpflicht, zeitweilige oder dauernde Einstellung des Erscheinens bei periodischen Zeitschriften, die Ueberreichung von Pflichtexemplaren, die Entziehung des Postdebits, haben zu entfallen.

Dieser Theil der Abtheilungsbeschlüsse ist nicht weiter in Frage zu stellen.

Der 2. und 3. Abtheilungsbeschluß lautet:

2. Die vorläufige Beschlagnahme von Druckschriften, ebensowohl die richterliche als die administrative, ist unzulässig.
3. Preßdelikte sind nach den allgemeinen strafrechtlichen und strafprozessualischen Grundsätzen zu beurtheilen; außerdem sind Fahrlässigkeitsstrafen im Falle der Vernachlässigung der pflichtmäßigen Obsorge zu bestimmen.

Hierzu liegen schriftliche Anträge vor. Der zuerst eingegangene, vom Advokat Josephsthal aus Nürnberg und Genossen unterzeichnete Antrag geht dahin:

1) „Die Frage der Anwendbarkeit der allgemeinen Strafprozeßgesetze auf Preßdelikte im Plenum zur Erörterug und Entscheidung zu stellen."

2) Nach den Worten im Abtheilungsbeschlusse: „zu beurtheilen" hinzuzufügen:

„Der Frage der Kompetenz der Jury für Preßdelikte ist selbstverständlich hierdurch nicht präjudizirt."

Dieser Antrag ist mit mehr als 10 Unterschriften versehen. Demnächst ist ein weiterer Antrag eingegangen:

„Wir beantragen, den Beschluß der 3. Abtheilung, betreffs der Beschlagnahme von Drucksachen, in der heutigen Plenarversammlung zur Berathung und Entscheidung zu bringen," unterzeichnet Kühne, Albrecht, Schmieden und Genossen (10 Unterschriften).

Noch etwas später ist folgender Antrag eingegangen:

Es wird beantragt, auch den Beschluß der 3. Abtheilung unter F. 2., die Beschlagnahme von Drucksachen betreffend, der Beschlußfassung des Plennms zu unterstellen, unterzeichnet Stenglein und Genossen (mehr als 10 Unterschriften).

Für die geschäftliche Behandlung dieser Anträge tritt § 6 unserer Statuten ein. Wir haben zwar drei Anträge, die beiden letztgenannten sind aber identisch. Wir haben es daher nur mit zwei Anträgen zu thun. Für jeden dieser beiden Anträge hat Einer der Antragsteller das Wort.

(Aus der Versammlung wird der Antrag gestellt, aus Gründen der Zweckmäßigkeit zuerst den Berichterstatter zu hören, und dieser Antrag zur Abstimmung gestellt. Die Mehrheit entscheidet, daß zunächst der Referent zu hören ist.)

Referent Dr. **Jaques**: Meine Herren! Es ist mir der ehrenvolle Auftrag zu Theil geworden, im Namen der 3. Abtheilung über die höchst wichtige Frage der Preßgesetzgebung zu referiren. Die Abtheilung hat geglaubt, Ihnen die gefaßten Beschlüsse nur zur Kenntnißnahme vortragen zu lassen; Sie haben aber jetzt die Anträge gehört, die in anderer Richtung vorliegen. Um so mehr wird es wohl als gerechtfertigt angesehen werden, wenn ich dem Ernste und der Bedeutung des Gegenstandes entsprechend in eingehender Weise die Begründung der gefaßten Beschlüsse versuche. Ich will dabei aber auch gleich erklären, daß ich, so weit es mir immerhin möglich sein wird, bemüht sein werde, das strenge Gebot der Kürze einzuhalten, von welchem unser hochverehrter Herr Präsident wünscht, daß es insbesondere in den Herzen der Berichterstatter mit unauslöschlichen Lettern eingegraben sein möge.

(Bravo!)

Der Ausgangspunkt für die Beschlußfassung der Abtheilung lag darin, daß man als Fundamentalprinzip für die Preßgesetzgebung erkannte: Die unbeirrte Freiheit der Meinungsäußerung, welche ein unerläßliches, ein tiefes Bedürfniß des Einzelnen ebenso sei, als ein tiefes Bedürfniß des Staates zur Erzielung seiner geistigen, ethischen, wirthschaftlichen und politischen Entwickelung.

Von diesem Fundamentalprinzip ausgehend war die Abtheilung der Ueberzeugung, daß die Presse nicht der Präventiv-Polizei des Staates und nicht der Verwaltung (Administration) zu unterwerfen sei, sondern daß sie streng und ausschließlich dem Gesetze und den Gerichten zu unterliegen habe.

Um es kurz mit einem Worte auszudrücken: Die Ueberzeugung der Abtheilung ging dahin, daß das reine Repressiv- oder Justiz-System anzuwenden sei und nicht das Präventivsystem. Diesen Satz nur in einer allgemeinen Formel hinzustellen, konnte sich aber die Abtheilung nicht entschließen und zwar deshalb nicht, weil man sich unter diesem allgemeinen Satze sehr Verschiedenes denken kann und weil im gegenwärtigen Augenblicke, in welchem der Erlaß eines Reichspreßgesetzes nahe bevorsteht, es der Abtheilung wünschenswerth erschien, daß der volle Inhalt des Repressiv-, des reinen Justiz-Systems wenigstens in seinen großen Grundzügen, soweit eben der Juristentag sie in der ihm gegönnten kurzen Frist auszusprechen vermag, zu Tage trete. Deshalb befaßte sich die Abtheilung einerseits mit der Frage, wie die Presse vom reingewerblichen Standpunkte aus zu behandeln sei, und resp. stellte die Ansicht auf, daß rücksichtlich des Betriebs des Preßgewerbes und der damit zusammenhängenden Gewerbe keine anderen Bestimmungen zu gelten haben, als die der Reichsgewerbeordnung; weiter glaubte die Abtheilung rücksichtlich der geistigen Seite der Presse aussprechen zu sollen, daß all dasjenige, was mit dem früheren Polizeisystem im engsten Zusammenhang stehe, ausgeschieden werden müsse.

Was diese erste gewerbliche Seite der Frage anlangt, so war die Angelegenheit sehr rasch zu entscheiden, indem man nur einfach auf die Reichsgewerbe-Ordnung hinwies. Nur in einzelnen Punkten war ein Zusatz nothwendig, und der betrifft den § 143 alinea 3. der Reichsgewerbeordnung, in welcher der Möglichkeit Raum gegeben ist, daß eine Entziehung der Befugniß zum selbstständigen Betrieb eines Gewerbes durch richterliches Erkenntniß im Falle einer durch die Presse begangenen Zuwiderhandlung nach den Landesgesetzen stattfinde. Diese Fakultät wollte die Abtheilung in Zukunft nicht mehr eingeräumt sehen; sondern sie wollte den Grundsatz ausgesprochen wissen, daß unter allen Umständen keine Entziehung der Gewerbeberechtigung platzgreife. Damit erklärten und rechtfertigten sich, wie ich glaube, die ersten zwei Sätze ad Punkt 1 unserer Tagesordnung. In der zweiten Hinsicht war es eben der Abtheilung klar und es trat in dieser Beziehung soviel wie Einstimmigkeit zu Tage, daß ins Besondere die Konzessionen, die Kautionen, die Stempelpflicht, die Ueberreichung von Pflichtexemplaren, die Zulassung einer zeitlichen oder dauernden Einstellung des Erscheinens von periodischen Druckschriften, die Entziehung des Postdebits auf's Allerengste zusammenhängen mit dem Prinzip der Präventiv-Polizei bei der Presse, daß also das entfallen muß — sowie es in den vorgeschrittenen Staaten bereits entfallen ist in dem Augenblicke, da man das reine Repressivsystem als das allein richtige anzuerkennen sich entschlossen hat. So gelangte denn die Abtheilung zu dem zweiten Theil des ersten Antrages, lautend:

> „Alle weiteren aus den Grundsätzen des Präventivsystems abgeleiteten Beschränkungen, als insbesondere die Konzessionen, die Kautions- und Stempelpflicht, zeitweilige oder dauernde Einstellung des Erscheinens bei periodischen Druckschriften, die Ueberreichung von Pflichtexemplaren, die Entziehung des Postdebits, haben zu entfallen."

Damit gelange ich zum zweiten Punkt unseres Gegenstandes, und zwar zu dem wichtigen Satze, der da lautet: Die vorläufige Beschlagnahme von Druckschriften, ebensowohl die richterliche als die administrative, ist unzuläßig.

Ehe ich mir nun erlaube, meine geehrten Herren, die Motive anzugeben, welche die Abtheilung zu diesem Beschlusse bewogen haben, gestatten Sie mir, von vornherein ein Mißverständniß zu beseitigen, von welchem ich glaube, daß es sich auch schon bei der Debatte in der Abtheilung eingeschlichen hatte, ein Mißverständniß ferner, das auch nach Außen hin eine Deutung des Beschlusses veranlaßt hat, welche vielmehr unschwer hätte vermieden werden können. Man hat nämlich die Frage aufgeworfen: wie sollte es denn möglich sein, daß, wenn heute in einer Druckschrift, in einer Zeitung eine Aufforderung zur Begehung eines Verbrechens erscheinen sollte, daß man da dieses Verbrechen ausführen lasse, und nicht sofort die Beschlagnahme der strafbaren Druckschrift eintrete. Ich will annehmen, es würde zur Brandlegung in dem Hause eines verhaßten Ministers oder zur Ermordung desselben aufgefordert, sollte es da etwa nicht möglich sein, alle Exemplare, die man nur immer noch erreichen kann, zu saisiren. Meine Herren! Rücksichtlich dieses Punktes glaube ich, daß bei allen denjenigen, die die Majorität gebildet haben, durch welche die Annahme des Beschlusses erzielt worden ist, ein Zweifel gar nicht bestanden hat. Diese Frage wird von der Resolution, wie wir sie aufgestellt haben, ganz und gar nicht getroffen, und das ergiebt sich, glaube ich, mit voller Bestimmtheit, wenn man nur mit ein Paar Worten näher in die Sache eingeht. Denken wir uns einen solchen Fall, wie ich ihn eben dargestellt habe, so liegt allerdings ein Preßdelikt vor, es liegt aber auch zu gleicher Zeit die Anstiftung, es liegen mindestens die dringendsten Indizien der Anstiftung zu einem gemeinen Verbrechen vor. In diesem Augenblick beginnt selbstverständlich eine zweifache Untersuchung, sowohl die hinsichtlich des Preßdeliktes als die, welche auf das beabsichtigte Verbrechen abzielt. Es ist nun sofort klar, daß die Untersuchung rücksichtlich des in Aussicht genommenen, des vorbereiteten Verbrechens sofort damit eröffnet wird, die Beschlagnahme eintreten zu lassen, weil die Schrift das Werkzeug zur Begehung dieses Verbrechens ist, das aber, meine Herren, ist gar nicht die vorläufige Beschlagnahme bei Preßdelikten, sondern das ist die definitive Beschlagnahme, dort wo die allgemeine Strafprozeßordnung erklärt, daß Beschlagnahmen wegen Verbrechens vorzunehmen seien. Alle Strafprozeßordnungen, und ebenso die Theorie des Strafprozesses, meine Herren, enthalten ja einen Abschnitt über Beschlagnahme, Haussuchung, Saisirung von Papieren, wonach diese Maßregeln da sofort eintreten können, wo die Indizien eines Verbrechens vorliegen, dort also nicht minder, wo eine strafbare Druckschrift sich darstellt, als das Werkzeug zur Begehung eines gemeinen Verbrechens, ich will es kurz ausdrücken, als instrumentum delicti. Hier ist kein Zweifel darüber, daß sofort zur Beschlagnahme geschritten werden müßte; ich wiederhole aber, meine Herren, das ist absolut nicht diejenige vorläufige Beschlagnahme, von der wir bezüglich der Preßgesetzgebung sprechen; sie heißt auch gar nicht vorläufige Beschlagnahme in unserer Theorie und Praxis, es ist auch gar nicht diejenige, die Sie im Preßgesetz finden, sondern es ist diejenige, die Sie in der Strafprozeßordnung finden. Und da wir nun in der dritten Resolution erklärt haben, daß die Preßdelikte nach den allgemeinen strafrechtlichen und strafprozessualen Grundsätzen zu beurtheilen sind, so ist es klar und kann nicht im Entferntesten ein Zweifel darüber bestehen, daß wir an diesen Maßnahmen zu rütteln uns absolut nicht haben einfallen lassen. Das, meine Herren, wird wohl geeignet sein, um die schweren Bedenken, die ich von mancher Seite rücksichtlich dieses Beschlusses gehört habe, als gänzlich illusorisch zu charakterisiren. Die allgemeinen strafrechtlichen und Strafprozeß-Grundsätze gelten, damit scheint mir diese Frage vollständig erledigt; ebenso, wie kein Zweifel bestehen kann, daß man Briefe in Beschlag nehmen dürfe, ich will beispielsweise annehmen, Brandbriefe; ebenso kann kein Zweifel darüber sein, daß man auch Druckschriften als Werkzeuge, womit ein Verbrechen begangen werden soll, mit Beschlag belegen könne und müsse. Diese Beschlagnahme geschieht im Interesse der Untersuchung, im Interesse der Verhinderung der Ausführung des Verbrechens selbst, und selbstverständlich konnte es uns nicht einfallen, die Strafgewalt des Staates, oder auch die polizeiliche Gewalt des Staates, die Durchführung eines Verbrechens unmöglich zu machen, in Frage zu stellen. Deshalb berührt die Frage, die uns hier beschäftigt, resp. unsere Resolution etwas ganz Anderes; sie betrifft diejenigen Fälle, wo das Delikt, welches begangen wird, mit der Veröffentlichung einer strafbaren Druckschrift, vollständig perfekt, vollständig konsumirt ist, wo nicht zwei Delikte vorliegen, ein Preßdelikt und ein in Aussicht genommenes gemeines Verbrechen, eine vorbereitete weitere strafbare Handlung, sondern wo nur ein einziges Delikt und zwar ausschließlich ein Preßdelikt vorliegt, wo die strafbare Druckschrift, also nicht das instrumentum delicti ist, sondern wo sie das corpus delicti, das Objekt des Verbrechens ist, und hier ist die Frage, ob eine Beschlagnahme einzutreten habe oder nicht, erst zu lösen. Meine Herren! Ich erlaube mir das, was ich sage, noch zu illustriren, indem ich auf zwei Paragraphen des Reichsstrafgesetzbuches hinweise. Im § 111 z. B. ist von der Aufforderung zu einer strafbaren Handlung die Rede, ist eine solche durch die Presse ergangen, da tritt der erste Fall ein und es kann kein Zweifel darüber sein, es wird sofort mit der Beschlagnahme vorgegangen werden. In dem Falle des § 131 dagegen, da ist einzig und allein ein Preßdelikt vorhanden; da handelt es sich darum, daß erdichtete oder entstellte Thatsachen veröffentlicht werden mit der Absicht, die Regierung verächtlich zu machen. Hier ist also das Delikt vollständig perfekt konsumirt mit der Verbreitung, mit dem Erscheinen der strafbaren Druckschrift selbst; und da war denn die Abtheilung, das heißt die Majorität der Abtheilung dafür, daß eine vorläufige Beschlagnahme nicht einzutreten habe.

Und nun, meine Herren, gelange ich dazu, Ihnen die Gründe, welche die Abtheilung bewogen haben, diesen ihren Beschluß zu fassen, so kurz als möglich, darzulegen.

Die Abtheilung war zunächst der Ueberzeugung, daß das Mehr oder Minder der Verbreitung einer Druckschrift nur ein Strafabmessungsgrund sei; daß es auf die Begehung des bereits mit dem Beginn der Verbreitung vollkommen perfekten und konsumirten Delikts gar keinen Einfluß mehr habe. Nun kam aber eine Reihe von sehr erheblichen Besorgnissen und Gründen, welche die Abtheilung haben bewegen müssen, die richterliche Beschlagnahme für unzulässig zu erklären. Vor Allem, meine Herren, ist eine solche richterliche Beschlagnahme (immer mit der Limitation verstanden, wie ich sie oben charakterisirt habe,) gar nicht im Interesse der Untersuchung, denn für die Durchführung derselben genügt das eine Exemplar, welches dem Richter vorliegt, vollständig, und es bedarf absolut nicht der Beschlagnahme rücksichtlich der anderen. Zweitens ist die Beschlagnahme in diesem Falle eine höchst gefährliche Maßregel, gefährlich wegen des außerordentlichen Mißbrauchs, der mit derselben getrieben werden kann. Ich will da nicht bei den Erfahrungen verweilen, die in verschiedenen deutschen Ländern gemacht sind; aber daß in den beiden großen Staaten, von denen wir hier gewöhnlich in erster Linie zu sprechen pflegen, sehr traurige Erfahrungen, bis in die neueste Zeit hinein, gemacht worden sind, das scheint außer Zweifel zu sein. Hier war die Abtheilung nun der Ansicht, daß von der Stelle, wo erst durch richterliches Erkenntniß zu bestimmen ist, ob denn wirklich eine strafbare Druckschrift vorliege, ob beispielsweise (um an das früher Erörterte zu erinnern) die Thatsachen in einer incriminirten Druckschrift im Sinne des §. 131 des Strafgesetzbuchs wirklich entstellt seien oder nicht, daß, sage ich, von der Stelle nicht gleich mit Exekutivmaßregeln vorgegangen werden dürfe. Wenn da so vorgegangen wird, so tritt ein richterliches Erkenntniß ohne kontradiktatorisches Verfahren ein, also in eklatantem Widerspruch mit den richterlichen Funktionen. Der Richter fungirt dann nicht als Richter, sondern als Polizeibehörde, er fungirt als Präventivpolizei, um die weitere Verbreitung zu hindern. Die Abtheilung war nun ferner der Ansicht, daß eine solche Beschlagnahme, wenn man sie nicht zu einer vollständig präventiven macht, auch ganz zwecklos sei. Denn wenn man den Grundsatz anerkennt, daß man nicht präventiv vorgehen solle, so vollzieht sich die Verbreitung der strafbaren Druckschrift in einem Momente, in welchem der Richter noch nicht in der Lage war, mit der Beschlagnahme vorzugehen. Er gelangt also zur Kenntniß des angeblichen, des vermeintlichen Preßdelikts erst in dem Augenblicke, da die Verbreitung bereits stattgefunden hat. Unter solchen Umständen ist also die richterliche Beschlagnahme zwecklos, denn im günstigsten Falle findet man bei einem Tagblatte vielleicht noch 4, 5, oder ich will annehmen 100, 1000 Exemplare; es sind aber bereits 10,000 überall hin zerstreut worden, weil der Richter erst nach der Verbreitung die Beschlagnahme vornimmt. Soll er also das nicht, so müßten Sie sagen, man gehe präventiv vor, die Druckschrift müsse erst vorgelegt werden, ehe sie versandt wird. Aber die Abtheilung war der Ansicht, daß dies mit den Grundsätzen des reinen Justizsystems völlig unvereinbar sei, und daß man in Folge dessen nothwendig sagen müsse: gar keine Beschlagnahme. Das letzte Argument, welches die Abtheilung bewogen hat, den Beschluß zu fassen, war, daß eine solche vorläufige Beschlagnahme sich darstellt als eine Strafe vor dem Urtheil. Das Urtheil soll erst gefällt werden und ein Theil der Strafe wird bereits vollzogen, indem man dem Eigenthümer sein Journal entzieht resp. diejenigen Blätter, welche noch ausgegeben werden sollten, konfiszirt. Das konnte die Abtheilung mit den Prinzipien der Gerechtigkeit unmöglich in Einklang stehend erachten und sie glaubte, bei ihrem desfallsigen

Beschluß um so beruhigter sein zu können, weil gerade bei Preßdelikten, wo es einer Voruntersuchung nicht bedarf, wo der objektive Thatbestand sofort vorliegt, eine rasche Durchführung des Prozesses ja möglich ist, weil ferner selbst in dem Falle, daß man eine bestimmte Person nicht verfolgen kann, der § 42 des Reichs-Straf-Gesetz-Buches eintritt, welcher eine objektive Verfolgung möglich macht. Da war also die Abtheilung der Ansicht, daß in einem solchen Falle wenigstens im Wege objektiver Verurtheilung vorgegangen werden könne und daß anstatt präventiver Beschlagnahme das einzutreten habe, was allein mit der Gerechtigkeit im Einklange ist, nämlich eine repressive Konfiskation.

Das sind die Motive gewesen, welche die Abtheilung zu ihrem Beschluß bewogen haben, und die Abtheilung glaubte damit um so weniger etwas Gefährliches und Bedenkliches zu thun, weil sie sich dessen bewußt war, daß in den vorgeschrittensten Staaten, wie z. B. in England, Holland und Nordamerika, von einer vorläufigen Beschlagnahme gar nicht die Rede ist, weil ferner sehr wohldenkende, ruhig gesinnte, nichts weniger als revolutionäre deutsche Schriftsteller über Staatsrecht die Ansicht gänzlicher Unzulässigkeit und Rechtswidrigkeit auch der richterlichen vorläufigen Beschlagnahme in dem angegebenen Sinne längst ausgesprochen haben. So Robert von Mohl in allen Auflagen seiner berühmten Polizeiwissenschaft, und so ein uns zunächst stehender Schriftsteller, Herr Oberappellationsgerichtsrath John in seinem Gutachten. Aus all diesen Erwägungen ergab sich für die Abtheilung die Ueberzeugung, daß sie mit ruhigstem Gewissen dem Juristentag vorschlagen könne, zu erklären: Die vorläufige Beschlagnahme von Druckschriften, ebenso die richterliche als administrative, ist unzulässig.

Ich gelange damit zu dem dritten und letzten Punkt unseres Gegenstandes. Es heißt in unserer Resolution drittens:

> Preßdelikte sind nach den allgemeinen strafrechtlichen und strafprozessualen Grundsätzen zu beurtheilen; außerdem sind Fahrlässigkeitsstrafen im Falle der Vernachlässigung der pflichtmäßigen Obsorge zu bestimmen.

Die Frage der strafrechtlichen Verantwortlichkeit und Haftbarkeit bei Preßdelikten ist eine sehr schwierige, vielleicht eine der schwierigsten unserer ganzen Wissenschaft. Es gibt kaum ein Gebiet, welches so mit Kontroversen besät wäre, wie dieses, kaum ein Gebiet, auf dem man eine solche Verschiedenheit der einzelnen Systeme der Gesetzgebung findet, wie auf diesem. Die Abtheilung war nun, immer geleitet von dem von ihr streng festgehaltenen Prinzip des Repressivsistems in Preßsachen, der Ueberzeugung, daß man unmöglich sich anschließen könne den Versuchen, die in verschiedenen Ländern gemacht worden sind, rücksichtlich der Verantwortlichkeit bei Preßdelikten von den allgemeinen Strafrechtsgrundsätzen abzugehen. Die Abtheilung glaubte das belgische Prinzip verwerfen zu müssen, welches in dem Gedanken der successiv ausschließenden Verantwortlichkeit, der responsabilité successive et isolée, seinen Ausdruck findet. Die Abtheilung glaubte, das Prinzip verwerfen zu müssen, weil sie unmöglich darauf eingehen konnte, daß jene Häufung von Präsumtionen und Fiktionen stattfinde, welche nach dem belgischen Gesetze angewendet werden muß. Die Gesetzgebung bestimmt bekanntlich, daß von Denjenigen, welche zur Herstellung eines strafbaren Preßerzeugnisses mitgewirkt haben, von dem Verbreiter angefangen bis hinauf zum Verfasser in jedem Falle nur Einer und zwar jeder Einzelne nur dann verantwortlich ist, wenn er keinen Vormann, der im Lande wohnt namhaft machen kann. Die Abtheilung war der Ansicht, daß sich hier loszulösen von allgemeinen Strafrechtsgrundsätzen absolut keine Begründung und keine Berechtigung habe, daß man sich nie und nimmer dazu entschließen solle, dem Mitthäter, dem Gehülfen, vielleicht dem Urheber ein Privilegium der Straflosigkeit einzuräumen, weil gerade der Nachmann in dem einzelnen Fall nicht in der Lage oder nicht gewillt ist seinen wirklich strafbaren Vormann namhaft zu machen. Die Abtheilung war der Ansicht, daß mit solchen Präsumtionen nnd Fiktionen die Grundsätze des Strafrechts vollständig umgewandelt werden und daß kein Zweifel darüber obwalten könnne, daß die praesumptio doli absolut keine Berechtigung hat, ebensowenig in der Form, wenn man sie einem vielleicht Schuldigen gegenüber anwendet, als wenn man sie anwendet, um Jemand, der wirklich schuldig ist, straflos zu machen. Die Abtheilung war der Ansicht, daß demnach dieser Grundsatz, welcher seine Anwendung gefunden hat in einer ganzen Reihe von deutschen und außerdeutschen Staaten, z. B. in Thüringen, in Baden so lange es unter dem Preßgesetz von 1868 stand, in mehreren Kantonen der Schweiz, unmöglich von deutschen Juristen acceptirt werden könne.

Die Abtheilung war weiter der Ansicht, daß andere Versuche, die da gemacht sind, für Preßdelikte von den allgemeinen Strafrechtsgrundsätzen abzugehen, Versuche die mehr oder weniger mit dem, was ich eben zu sagen die Ehre hatte, in den Hauptpunkten zusammentreffen, von uns ebensowenig gebilligt werden können. So zum Beispiel nicht der Gedanke unseres Herrn Gutachters John, welcher gemeint hat, der Herausgeber einer Zeitung müsse unter allen Umständen die strafrechtliche Verantwortlichkeit tragen, selbst dann, wenn man den Verfasser kennt, oder wenn der Verfasser als schuldig nachgewiesen werden kann. Diesen Grundsatz konnte die Abtheilung aus den gleichen Gründen wie den zuvor angegebenen nicht acceptiren und ebensowenig konnte sie den Vorschlag meines verehrten Landsmannes, des früheren Professors, jetzigen Ministers Glaser acceptiren, welcher die Ansicht vertreten hat, daß bei dem, was er als sogenannte eigentliche Preßdelikte bezeichnet, gar keine subjektiven Repressiv-Maßregeln angewandt werden sollen, sondern nur objektive. Auch diese Ansicht schien der Abtheilung mit unserm Rechtsbewußtsein im eklatantesten Widerspruch zu stehen. Denn die Abtheilung war der Ansicht, das Rechtsbewußtsein fordere, daß dort, wo ein Delikt vorhanden sei, man auch nach dem Urheber frage und daß man nur dann auf die Verfolgung desselben verzichte, wenn man ihn eben nicht verfolgen **kann**, nicht aber, daß man freiwillig verzichte auf die Bestrafung selbst desjenigen, von dem sich erweisen läßt, daß er die strafbare Handlung begangen. In Folge dessen mußte die Abtheilung den Grundsatz aufstellen, den sie an die Spitze des Punktes drei gestellt hat.

Die Abtheilung glaubte nun aber, sich noch nicht damit begnügen zu können und war der Ueberzeugung, Wissenschaft und Praxis seien darin einig, daß man mit der Anwendung der allgemeinen Strafrechts- und Prozeßgrundsätze ganz allein ohne alle Ergänzung auf dem Gebiete der Preßgesetzgebung das Auslangen noch nicht finden könne. Und zwar war sie dieser Ansicht deshalb, weil die Presse thatsächlich, wenn auch nicht rechtlich, wenn auch nicht durch bestimmte staatliche Institutionen, eine Ausnahmestellung genießt, gewisse Benefizien, wie sie Niemand Anderer in Anspruch nehmen kann. Die Presse genießt in erster Linie den Schutz der Anonymität, weil der Staat im Interesse der Presse selbst nicht verlangt, daß der Einzelne, der da schreibt, immer seinen Namen nenne und weil sich der Staat hierdurch des wichtigsten Vehikels beraubt, welches nothwendig wäre, um darauf zu kommen, wer denn eigentlich im einzelnen Falle der Urheber eines Preßdeliktes gewesen sei. Und die Abtheilung war ferner der Ansicht, daß man auch deshalb mit den allgemeinen strafrechtlichen Grundsätzen allein nicht mehr auskommen könne, weil, auch wieder thatsächlich und nicht etwa durch eine Bestimmung der Gesetzgebung, sich die Unmöglichkeit herausstellt, bei Preßdelikten den Zeugenzwang anzuwenden und zwar deshalb die Unmöglichkeit, weil jede von den einzelnen Personen die auch nur mechanisch bei der Hervorbringung des strafbaren Preßerzeugnisses mitthätig gewesen sind, möglicherweise mitschuldig ist, nur weil von den Grundsätzen des Strafrechts beziehungsweise des Strafprozesses nicht abgegangen werden kann, daß man bezüglich desjenigen der der Mitschuld verdächtig ist, den Zeugenzwang nicht anwenden dürfe. Indem also damit die Abtheilung der Ansicht war, daß beispielsweise gewisse bekannte Bestimmungen des früheren preußischen Criminalrechtes und auch der Strafprozeßordnung von 1867 rücksichtlich der Zeugnißpflicht bei Preßdelikten nicht zur Anwendung kommen können, war die Abtheilung auch der Ansicht, daß die allgemeinen Strafgesetze ergänzt werden müßten durch weitere Bestimmungen, nämlich dadurch, daß ein Delikt der Fahrlässigkeit statuirt wird, ein Delikt der unterlassenen pflichtmäßigen Obsorge, welches dort besteht, wo diejenigen Personen, welche bei Hervorbringung, Drucklegung, Verbreitung der Druckschrift betheiligt waren ohne daß ihnen ein dolus zur Last fällt, sich nicht vergewissert haben über die Person des Urhebers beziehungsweise über die Straflosigkeit des Inhalts. In diesem Punkte begegnete nun die Anschauung der Abtheilung den positiven Legislationen von Preußen aus 1851, von Oesterreich aus 1862 und 1868 und des Königreichs Sachsen aus 1870; die Abtheilung war aber, ich glaube das noch sagen zu dürfen, der Ansicht, daß auch in diesen Gesetzgebungen noch nicht das Richtige getroffen sei und sie hätte den Wunsch und die Absicht gehabt, in dieser Richtung noch etwas mehr in das Detail eingehen zu können, als dies nur nach dem Stande der Resolution, wie sie vorliegt, der Fall gewesen ist. Da wir nun aber bei der Kürze der uns im Ganzen gegönnten Zeit in die Nothwendigkeit versetzt waren, uns dem Umstände fügen zu müssen, daß die Verhandlung der Schöffen- und Schwurgerichtsfrage denn doch das Hauptinteresse des diesjährigen Juristentages für sich in Anspruch nahm, so mußte es uns genügen mindestens das Grundprinzip zum Ausdruck gebracht zu haben, nämlich, daß bei Preßdelikten die allgemeinen Strafrechtsgrundsätze rücksichtlich der Urheberschaft, Mitthäterschaft, Anstiftung und Theilnahme zu gelten haben, ausnahmslos, denen nur noch hinzuzufügen ist, daß Fahrlässigkeitsstrafen in denjenigen Fällen zuzuerkennen sind, wo die einzelnen, bei einer Druckschrift betheiligten Personen das Delikt der Vernachlässigung der pflichtmäßigen Obsorge begangen haben.

Ich bin genöthigt, hier noch einen Punkt insbesondere hervorzuheben. Ich habe bereits bemerkt, daß die Abtheilung an dieser Stelle ihrer Debatten angelangt, sich genöthigt sah, die weitere Verhandlung abzubrechen; das hat denn auch die Folge gehabt, daß der dritte Absatz in einer Form hergestellt worden ist, welche einem Mißverständniß, wenigstens sehr leicht, Raum geben kann, nämlich derjenige Punkt sub 3, worin es heißt:

„Preßdelikte sind nach den allgemeinen strafrechtlichen und strafprozessualen Grundsätzen zu beurtheilen.“

während ich nämlich glaube der Ansicht Ausdruck geben zu dürfen, daß die Abtheilung hier bei den straprozessualen Grundsätzen nur die Anwendbarkeit der Grundsätze der allgemeinen Strafprozeßordnung, deren Anwendung ich an einer früheren Stelle bereits angedeutet habe, gemeint hatte, ist nun dem Mißverständniß Raum gelassen, als wäre über die Frage der Kompetenz der Gerichte rücksichtlich der Preßdelikte damit auch schon implicite entschieden worden. Da bin ich denn nun genöthigt, darauf aufmerksam zu machen, daß die Frage der Kompetenz, also speziell die Frage der Kompetenz der

Schwurgerichte für Preßdelikte gar nicht zur Berathung und Abstimmung gekommen ist, daß also schon aus diesem Grunde wegen mangelnder Information von einem Beschluß, der dahin ginge, daß unter den strafprozessualen Grundsätzen auch etwas zu verstehen sei, was auf die Frage der Kompetenz Bezug hat, nicht wohl die Rede sein kann. Hierzu kommt aber noch insbesondere, daß ja die Frage der Kompetenz der Gerichte rücksichtlich der verschiedenen strafbaren Handlungen denn doch weit mehr der Gerichtsverfassung als der eigentlichen Strafprozeßordnung angehört; so daß mindestens, wenn man nicht bestimmt ausgesprochen hat, daß, wo von strafprozessualen Grundsätzen überhaupt gesprochen wird, auch die Kompetenzbestimmungen gemeint seien, wohl die Präsumtion Platz greifen muß, daß man diese Kompetenz nicht habe einbegreifen wollen. Ich fühle mich aber persönlich in meiner Stellung als Berichterstatter, dem die Pflicht oblag, die von der ständigen Deputation gestellte Frage nach ihrem ganzem Umfange darzustellen, um so mehr zu dieser Aeußerung veranlaßt, als ich die Absicht gehabt hatte, noch zwei weitere Resolutionen, über welche die Abtheilung berathen und beschließen sollte, zur Annahme vorzuschlagen, und zwar die eine dahin gehend, daß Preßdelikte den Schwurgerichten zu unterwerfen seien sowie ferner eine Bestimmung rücksichtlich kurzer Verjährungsfristen für Preßdelikte. Beide wären nothwendig gewesen, wenn man die Frage, wie sie von der ständigen Deputation gestellt worden war, ihrem ganzen Umfange nach zur Erörterung und Entscheidung hätte bringen wollen, die Frage nämlich inwieweit von den allgemeinen Strafgesetzen und Strafrechtsgrundsätzen im Interesse der nothwendigen Freiheit der Presse oder im Interesse der allgemeinen Sicherheit Ausnahmen einzutreten hätten. Ich wiederhole also meine Herren, so weit ich mir erlauben darf, wenigstens eine Interpretation des Beschlusses vorzunehmen, so kann ihm jene Bedeutung nicht gegeben werden und verbleibt die Frage, ob Schwurgerichte in Preßsachen oder nicht, vollkommen außer Betracht.

Meine Herren! Unter diesen Umständen stellen sich die Beschlüsse, über die ich mir erlaubt habe das Referat zu erstatten, in einem gewissen Sinne als ein Torso dar, sie sind nicht vollständig, es fehlt noch Manches, und die Abtheilung hätte gewiß lebhaft gewünscht, auch die berührten anderen Punkte noch zur Erledigung bringen zu können. Wie unvollendet sie nun aber auch vorliegen mögen, so glauben wir doch, daß darin wichtige Bausteine enthalten sind zur Herstellung und zum Aufbau des Rechtsstaates in Deutschland und in Oesterreich. Und wir glauben ferner, daß, wenn die legislativen Körperschaften der beiden Kaiserreiche und wenn die Regierungen derselben diese Sätze als Grundlagen für ihre Preßgesetzgebungen acceptiren, daß wir dann dem Ziele jenes Rechtsstaates um einen wichtigen Schritt näher gekommen sein werden, einem Ziele, zu dessen Erreichung beizutragen der sehnlichste Wunsch des Juristentages im Ganzen, sowie jedes einzelnen deutschen Juristen sein muß.

(Beifall.)

Präsident: Wir kommen zu der Vorfrage, ob die geehrte Versammlung in eine sachliche Debatte und Beschlußfassung der Punkte 2 und theilweise 3 eintreten will.

Rechtsanwalt Dr. **Josephthal** aus Nürnberg, als Antragsteller: Aus dem Referate zu Ziffer 3 haben Sie vernommen, daß die Abtheilung bei dieser Beschlußfassung unter dem Drucke von Rücksichten der Oeconomie der Zeit verhandelt hat und daß nur unter diesem Drucke der Beschluß so wie er vorliegt, nach der Auffassung des Herrn Berichterstatters, zu Stande gekommen ist. Daß dies der Fall, ergibt sich aus der Genesis dieses Beschlusses. Die Fragestellung finden Sie Seite XXIX der Festschrift und wenn Sie diese Frage ansehen, werden Sie sofort finden, daß es der Fragestellung fern gelegen ist, hier ein Moment in Betracht ziehen zu lassen, welches nicht das materielle Strafrecht, nicht die Strafrechtsgrundsätze betrifft, sondern mehr oder weniger ein prozessuales Gepräge hat. Sie finden ferner, wenn Sie weiter dem Referate folgen, sowie der Diskussion, daß von keiner Seite, wenn ich mich recht erinnere, eine Frage des Strafprozesses auch nur andeutungsweise berührt worden ist. Wie es gekommen, daß gleichwohl die Worte „und strafprozessualen" in Ziffer 3 des in Rede stehenden Beschlusses Aufnahme gefunden haben, will ich nur kurz anführen. Es standen diese Worte nicht in dem Referate und nicht in der Resolution, wie der Herr Referent sie vorlegt; sie wurden aufgenommen in Folge eines Antrags des Herrn Collegen Bacher von Stuttgart, und nicht in Folge dieses Antrags, sondern in Folge einer nach Schluß der Debatte geschehenen Fragestellung des Herrn Vorsitzenden der Abtheilung, ob der Antragsteller unter strafrechtlichen Grundsätzen auch die strafprozessualen Grundsätze verstehe, eine Frage, die Herr Bacher bejaht. Wenn man nun von keiner Seite hier daran gedacht hat, eine Frage des Prozesses zu normiren, wenn man ferner Seitens des Referenten das Zugeständniß hörte, daß die Fassung, wie sie vorliegt, allerdings einem Mißverständniß Raum geben kann — und nach meiner Ueberzeugung muß sie diesem Mißverständniß Raum geben — so muß man diesem Mißverständniß nach der Aufklärung des Herrn Referenten wenn auch nicht hier doch außen Raum geben; und deshalb ist die Berechtigung gegeben, diese Frage hier, im Plenum, nochmals zur Erörterung und Entscheidung zu bringen; eine Frage, welche von eminenter Bedeutung, nicht bloß in juristischer, sondern auch in politischer Beziehung ist. Nur das Eine bemerke ich noch: Wir stehen noch in der Vorfrage; die Frage, ob nach positiven Strafprozeßordnungen die Preßdelikte, nicht blos Preßvergehen, sondern auch Preßverbrechen vor die Jury gehören, ist, soweit meine Wissenschaft reicht, in den meisten deutschen Staaten, in den Prozeßordnungen dahin entschieden, daß allerdings die Jury auch über sogenannte Preßvergehen zu judiziren legitimirt ist, und zweiffellos kann der Beschluß mit den Worten „und strafprozessualen" dahin gedeutet werden, wie ich bemerkte, daß Sie mit einem Federstrich, was der Abtheilung und sicherlich auch dem Juristentag und der Würde des Juristentags zuwider wäre, jetzt noch aussprechen wollten: Die Schwurgerichte haben ferner über Preßvergehen nicht zu judiziren. Dies der Grund, warum wir den Antrag gestellt, diese Frage nochmals im Plenum zur Erörterung und Entscheidung zu bringen.

Präsident: Der Herr Vorsitzende der III. Abtheilung bittet um eine kurze Zwischenbemerkung zur Geschäftsordnung.

Generalstaatsanwalt **Schwarze** aus Dresden: Ich muß dem Herrn Vorredner widersprechen in Bezug auf die Geschichte der Einschaltung: „und strafprozessualen". Ich habe nach Motivirung des Antrags, in welchem allerdings die soeben beanstandeten Worte nicht enthalten waren, an den Antragsteller die Frage gerichtet, ob nicht nach der Motivirung, die er gegeben hatte, das Wort „strafrechtlich" zu beschränkt sei, ob nicht vielmehr zu sagen sei „strafrechtlich und strafprozessualisch". Diese Frage habe ich an den Herrn Antragsteller vor Schluß der Debatte gestellt und ich glaube, ich kann mich dafür auf das Zeugniß der anwesenden Herren aus der Abtheilung berufen.

(Ja wohl!)

Ich würde mir eine solche Präsidialsünde nicht haben zu Schulden kommen lassen, und noch weniger glaube ich, daß die Herren in der dritten Abtheilung mir eine solche Sünde hätten hingehen lassen.

(Heiterkeit!)

Es kommt noch hinzu, daß wiederholt über das Wort „strafprozessual" gesprochen und verlangt worden ist, daß die Frage getheilt und auf die Worte „und strafprozessualen" eine besondere Frage gerichtet wurde — ein Antrag, der auch vollständig berechtigt war und dem ich auch nachgekommen bin.

Dies nur zu meiner Rechtfertigung und zur Rechtfertigung der Abtheilung.

Präsident **Kühne** aus Celle als Antragsteller: Wir haben unseren Antrag wesentlich nur deshalb gestellt, weil uns in dem Antrag ad 2. das Wort anstößig ist: Die richterliche vorläufige Beschlagnahme soll nicht zulässig sein. Ich meinestheils würde kein Bedenken haben, dann für den Antrag zu stimmen, wenn blos von der administrativen Beschlagnahme die Rede ist, obgleich ich nicht verkenne, daß auch die Fälle vorkommen müssen, wo der Grundsatz möglicherweise auch noch ein zu weit gehender ist. Indessen als Grundsatz will ich sie anerkennen. Aber als Grundsatz will ich nicht anerkennen, daß die richterliche Beschlagnahme vorher nicht zulässig sein soll. Ich muß sagen, ich habe allerdings den Antrag, wie er hier vorliegt, so verstanden, daß allgemein gesagt ist: jede Beschlagnahme von Druckschriften durch den Richter ist unzulässig vor dem Urtheil: hier liegt ein Verbrechen oder Vergehen vor; — und ich behaupte, daß, wer diesen Antrag liest, ihn auch nicht anders verstehen kann.

(Jawohl! Sehr richtig!)

Deshalb bin ich der Meinung, daß dieser Antrag, wenn er das bedeuten soll, was der Herr Referent gesagt hat, nicht angenommen werden kann. Nun könnte allerdings der Antrag auf die Diskussion, da sich dies erledigt hat, zurückgezogen werden. Ich ziehe ihn aber doch nicht zurück und habe dafür den Grund, daß dasjenige, was der Herr Referent uns hier über seine Auslegung des Beschlusses erklärt hat, ebenfalls noch nicht annehmbar ist. Ich will nur zwei Punkte geltend machen, die meines Erachtens durch die Debatte noch aufgeklärt werden müssen.

Der Herr Referent hat gesagt: Die Abtheilung will diesen Grundsatz nur angewendet haben auf sog. Preßdelikte. Ja, meine Herren, ich habe gehört, daß ein solcher Unterschied zwischen Preß- und anderen Delikten gemacht sei von dem dem jetzigen österreichischen Justizminister Glaser und daß er auch gemacht sein soll von John. Ich muß sagen, ich kenne Preßdelikte in diesem Sinne gar nicht.

(Sehr richtig!)

Besondere Preßdelikte giebt es nicht, sondern blos Delikte, die durch die Presse begangen werden. Und deshalb ist mir die Unterscheidung ganz unverständlich, die der Herr Referent gefunden hat zwischen Preßdelikten, bei denen die vorläufige Beschlagnahme nicht zulässig sein soll, und anderen Delikten, bei denen sie zulässig sein soll. Der Herr Referent hat gesagt, diese scharf gezogene Grenze müsse beobachtet werden. Ja vielleicht bin ich kurzsichtig. Ich kann die scharfe Grenze nicht sehen. Ich sehe überhaupt nicht, wo eine solche Grenze gezogen werden soll. Der Herr Referent hat gesagt, es ist zu unterscheiden — und das ist das Einzige, was ich von dem Unterschied verstanden habe — zwischen solchen Delikten, die sofort mit der Veröffentlichung ganz konsummirt sind. Das ist aber nicht der Fall, wenn die Presse blos mißbraucht wird zur Aufforderung zu Delikten. Ja, meine Herren, das ist eine Unterscheidung, die sich im Cirkel herumdreht. Eben die Aufforderung ist für sich ein Verbrechen,

(Sehr richtig!)

und deshalb kann ich diese Unterscheidung nicht zulassen.

Ich frage aber noch weiter: wie soll denn der Richter davon ausgeschlossen sein und in welchem vernünftigen Rechtsstaat kann er davon ausgeschlossen werden, in solchen Fällen, auch nach der Theorie des Herrn Referenten, wenn das Verbrechen konsummirt ist? Denken Sie einfach an den Fall, daß in einer Stadt durch ein Plakat eine grobe Injurie gegen eine Privatperson veröffentlicht wird. Nach der Wortfassung, die der Herr Referent gegeben hat und nach der Illustration, die von der ersten Nummer abzuziehen ist, wo auch von Plakaten die Rede ist, müssen Sie sagen: Diese Schmähung muß trotzdem, daß sie offenbar in dem Plakat enthalten ist, da stehen bleiben, bis der Richter ausgesprochen hat, ob überhaupt eine Injurie vorliegt oder nicht. Das halte ich rechtlich für unmöglich.

Endlich will ich noch eins sagen. Der Herr Referent hat nämlich noch gesagt, es sei eine Strafe dafür vorher. Ja, meine Herren, ich sehe nicht ein, was das für ein Grund sein soll, eine Strafe vorher in dem Sinn, wie der Herr Referent das gesagt hat. Mir steht die Freiheit der Presse sehr hoch und ich will sie auch für uns in Deutschland als Palladium gewahrt wissen. Aber noch höher steht mir die persönliche Freiheit. Nun bin ich mir wohl bewußt, daß die vorläufige Verhaftung in der Voruntersuchung andere Zwecke verfolgt, als diese Beschlagnahme der Presse, sie kann im Interesse der Sicherung erfolgen. Aber wenn man dem Richter gestattet, daß er Jemand die persönliche Freiheit entzieht, weil nach den vorliegenden Verdachtsgründen ein Verbrechen vorliegt, wenn man ihm also hier gestattet, so präventiv vorzugehen, so sehe ich absolut nicht ein, weshalb man ihm nicht gestatten soll, in einem solchen Falle die anderen Personen gegen die Fortsetzung von Injurien und sonstigen Verbrechen zu schützen. Die persönliche Freiheit müßte mindestens eben so hoch geachtet werden und ebenso gut zu dem Grundsatze führen, daß Niemand verhaftet werden darf, als bis er wirklich verurtheilt worden ist. Ich sehe zwischen beiden Fällen keinen wesentlichen Unterschied.

Aus diesen Gründen kann man nicht annehmen, daß die richterliche Kompetenz zur vorläufigen Beschlagnahme ausgeschlossen sei, und ich glaube auch, daß in der Annahme dieses Grundsatzes ein nicht gerechtfertigtes Mißtrauen gegen den Richterstand liegen würde.

(Zustimmung und Bravo.)

Ich bitte deshalb, diesen ganzen Passus zu streichen, der meines Erachtens vollkommen überflüssig ist; denn wenn der dritte Passus bleibt, so ist darin schon gesagt: der Richter kann es thun. Wollen Sie aber über die administrative Beschlagnahme etwas sagen, so habe ich nichts dagegen, wenn Sie sagen: Die vorläufige administrative Beschlagnahme ist nicht zulässig.

Präsident: Ich ertheile dem Herrn Referenten das Schlußwort über die Vorfrage.

Referent Hof- und Gerichtsadvokat Dr. **Jaques** aus Wien (zum Schluß): Meine Herren! Ich befinde mich in der eigenthümlichen Lage, daß mir eigentlich das Wort nur gegeben ist zu dem Behufe, damit ich mich über die Vorfrage äußere, ob nämlich über die einzelnen Punkte berathen und beschlossen werden soll oder nicht. Dagegen haben die beiden Herren, insbesondere der letzte Herr Vorredner, bereits meritorisch alle die Gründe entwickelt, weshalb sie für die Detailberathung und Beschlußfassung sind.

(Sehr richtig!)

Ich bin mir nicht klar darüber, ob mir nun auch ein so weit reichendes Recht zusteht;

(Nein!)

ich will aber, da darüber ein Zweifel besteht, mir ein solches Recht nicht arrogiren, sondern abwarten, bis die Vorfrage entschieden ist.

Was nun diese selbst anlangt, so möchte ich auf Eins aufmerksam machen. Die Frage rücksichtlich der Beschlagnahme hat die Abtheilung, wie ich glaube, mindestens zwei Stunden beschäftigt; es haben mindestens zehn Redner gesprochen, und es scheint mir ganz unzweifelhaft, daß ganz dasselbe sich auch hier ergeben wird. Vielleicht nicht ganz in demselben aber doch nicht in viel geringerem Umfange würde dasselbe gelten bezüglich des Satzes von der Geltung der strafprozessualen Grundsätze; denn da es außerordentlich schwer ist, von dem einzelnen Herrn Redner bei der Erörterung eines so ganz allgemeinen Themas zu verlangen, daß sie mit der äußersten Scrupulosität sich innerhalb der Grenzen dessen halte, was unmittelbar zur Verhandlung ist, so liegt die Annahme nahe, daß auch darüber eine ausgedehnte Verhandlung stattfinden werde.

Das allein möchte ich der geehrten Versammlung anheimgeben, da es mir als dem Antragsteller und Berichterstatter schon vom Standpunkte der Schicklichkeit nicht wohl zusteht, mich über die Vorfrage noch umständlicher zu äußern.

Präsident: Meine Herren! Ich komme zur Abstimmung und zwar nach der Reihenfolge der Anträge. Will die Versammlung in die materielle Debatte über Nr. 2 eintreten?

(Die Majorität erhebt sich.)

Es ist kein Zweifel, daß dies die sehr erhebliche Majorität ist.

Nun bitte ich diejenigen sich zu erheben, die über die Resolution Nr. 3 mit dem Josephthal'schen Zusatzantrage in die materielle Debatte eintreten wollen.

(Abstimmung und Gegenprobe.)

Nach unserer einstimmigen Meinung ist die Frage verneint; wir beschränken uns also auf Nr. 2.

Rechtsanwalt **Bacher** aus Stuttgart: Meine Herren! Ich habe dem sehr verdienstvollen Referat des Herrn Dr. Jaques nicht angewohnt und zwar deshalb nicht, weil ich mit der größten Aufmerksamkeit den Verhandlungen von gestern und vorgestern unter seinem Referate folgte und ich mir dachte, er werde dieselben Begründungen wiedergeben, und da es mir psychologisch unmöglich ist, dasselbe zweimal zu hören, so glaubte ich mich davon dispensiren zu können. Ich habe in der Abtheilung gegen den Antrag unseres Herrn Referenten einen Gegenantrag gestellt, dahin gehend, daß die vorläufige Beschlagnahme im administrativen Wege überhaupt unzuläßig sein solle, auf richterlichem Wege nur insoweit, als der Zweck der strafrechtlichen Untersuchung es gestattet. Es war, ich gestehe es Ihnen offen, meiner Ansicht nach eine ziemlich falsche Behandlung der Frage über die Preßgesetzgebung. Es wurde in der Weise beliebt die Sache zu behandeln, daß wir unsern Herrn Referenten stückweise die einzelnen Anträge und Resolutionen vortragen ließen, so daß wir absolut nicht wußten, was noch im Schooße der Zukunft unseres Herrn Referenten verborgen liege. Es war das in der That sehr mißlich. Hätte man das Referat zu Ende geführt, dann eine allgemeine Diskussion darüber eröffnet, damit man die Sache hätte übersehen können, dann hätte man, glaube ich, die Sache viel gründlicher und viel sicherer erledigen können. Es ist zwar auch nachträglich das geschehen, ich glaube, daß sämmtliche Beschlüsse, die gefaßt wurden, vollkommen sachgemäß und aufrecht zu erhalten sind, mit Ausnahme des Beschlusses Nr. 2.

(Unruhe.)

Ich komme also zu Punkt 2. Der Herr Referent war der Ansicht, daß der Presse keine Ausnahmestelle zu Theil werden solle. Dieser Ansicht pflichte ich vollkommen bei, und diese Ansicht leitete mich bei allen meinen Abstimmungen, und deshalb habe ich mich gegen den generellen Antrag, daß weder auf administrativem noch auf richterlichem Wege die Beschlagnahme auszusprechen sei, erklärt. Wir dürfen der Presse keine Ausnahmestellung zu ihrem Gunsten geben, sonst bekommen wir auch eine Ausnahmestellung zu Ungunsten derselben. Die Delikte der Presse sind blos die allgemeinen Formen der Verbrechen, verübt durch das Mittel der Presse; aber es sind keine besonderen Delikte, die anerkenne ich nicht und die anerkennt auch Ihr Strafgesetzbuch nicht. Ich sage also von diesem obersten Grundsatz aus, daß der Presse weder im guten, noch im schlimmen Wege eine privilegirte Stellung, eine Ausnahmestellung eingeräumt werden soll; der Herr Referent hat Unrecht, wenn er von uns verlangt, daß wir dem Richter nicht das Recht einräumen, wenn er zum Zweck der strafrechtlichen Verfolgung die vorläufige Beschlagnahme für erforderlich hält, daß er auch die vorläufige Beschlagnahme anordnet. Von diesem Standpunkt sagte ich: ich will keine besondere Stellung für die Presse, und deshalb stellte ich meinen Zusatzantrag, der dahin ging, auf administrativem Wege überhaupt die Beschlagnahme nicht zuzulassen, wie ich überhaupt gegen alle Präventivmaßregeln gegen die Presse bin, weil sie zwecklose, nutzlose Chikanen sind. Also sagte ich: wir müssen dem Richter, was ihm überhaupt bei allen Verbrechen, die zur Anzeige kommen, gestattet ist, auch bei Preßvergehen gestatten: und deshalb bitte ich Sie, gerade von diesem Standpunkte der gleichmäßigen Behandlung der sogenannten Preßdelikte mit den andern Vergehen auf diese strafprozessualische Frage mit mir gleichmäßig zu antworten: Das, was dem Richter bezüglich aller anderen Vergehen zusteht, ist ihm auch bezüglich der vorgenannten Preßvergehen einzuräumen, nnd ich stelle den Antrag, wie schon in der Abtheilung,

Ziffer 2 zu streichen, beziehungsweise sie in der Weise umzuändern: „Die vorläufige Beschlagnahme von Druckschriften ist im administrativen Wege überhaupt unzuläſſig, im richterlichen blos insoweit, als es der Zweck der strafrechtlichen Verfolgung erfordert."

Rechtsanwalt Dr. **Steinfeld** aus Kassel: Meiner Ansicht nach ist der Herr Berichterstatter von seinem ursprünglichen Antrage in der Frage 2 heute zurückgegangen. Er hat ihn gewissermaßen zurückgenommen; denn er hat ihm eine Deutung beigelegt, die in den Worten nicht enthalten ist, wie bereits Präsident Kühne dies ausgeführt hat. Wenn wir die Worte so lesen: „Dem Richter steht das Recht der Beschlagnahme nicht zu", so heißt das mit andern Worten: „Der Richter darf keine Druckschriften mit Beschlag belegen." Heute aber gibt uns der Herr Referent eine Unterscheidung. Er sagt: Ja, wenn Jemand aufgefordert wird zu Mord oder zu Brand oder zu Blasphemie, in solchen Fällen geht das nicht. Aber, meine Herren, kann denn die richterliche Thätigkeit in solcher Weise eingeengt werden? kann man auf solche Weise dem Richter Vorschriften machen, wann und unter welcher Voraussetzung er einschreiten soll? Zur richterlichen Thätigkeit müssen wir wie bereits bemerkt, dasselbe Vertrauen haben, wie wir es zu der Presse haben. Ich bin deshalb mit dem Antrage des Herrn Vorredners vollständig einverstanden dahin, daß diese Worte zu 2 gestrichen werden. Sie können gestrichen werden schon aus dem Grunde, weil die dritte Abtheilung den Satz angenommen hat, daß bei Preßvergehen keine anderen strafrechtlichen Grundsätze gelten sollen als bei anderen Vergehen, sowohl in strafrechtlicher Beziehung bezüglich des materiellen Rechts, als bezüglich der Form.

Obergerichtsanwalt **Götting** aus Hildesheim: Meine Herren! Ich will auch keine Ausnahmestellung der Presse, auch kein Privilegium für sie: ich habe auch nicht irgend ein Mißtrauen gegen den Richterstand, daß dieser eine ihm eingeräumte Beschlagnahmebefugniß in irgend einer Weise mißbrauchen werde. Das sind alles Ausdrücke und Richtungen, die der Frage gegeben werden, welche den Kernpunkt gar nicht treffen. Ich muß dabei bleiben daß die Auseinandersetzung unseres Herrn Berichterstatters die richtige ist, und ich glaube, daß unsere juristischen scharfen Trennungen vollständig genügen, um den gefaßten Beschluß zu rechtfertigen. Ich finde auch den Beschluß nicht zweifelhaft, wenn wir nur eben die juristisch scharfen Begriffe anwenden. Dazu scheint mir vollständig zu genügen der Unterschied den der Herr Referent gemacht hat zwischen solchen Vergehen, die mit dem Erscheinen in der Presse konsumirt sind, und solchen, die damit noch nicht vollständig konsumirt sind. Hinsichtlich der ersteren ist eine Beschlagnahme sowie überflüssig, so auch in keiner Weise juristisch zu rechtfertigen. Hinsichtlich der zweiten möchte ich nicht ganz der Ausführung des Herrn Referenten beitreten, sofern er gesagt hat: es sind nach strafprozessualischen Grundsätzen zu beschlagnahmen durch den Richter solche Artikel, wenn die Gefahr droht noch für ein künftiges Verbrechen. Das scheint mir nicht ganz richtig, sondern solche Erzeugnisse, die nicht das Vergehen, das sie involviren, vollständig konsumiren, sind zu saisiren kraft der Befugniß, welche unserer Prohibitivpolizei und dem ganzen Institut unserer Sicherheitspolizei zu Grunde liegt. Herr Präsident Kühne hat nun gesagt, die Grenze ließe sich nicht finden. Ich glaube, meine Herren, die Grenze ist vollständig scharf, wenn wir nur unsere juristischen Begriffe scharf anwenden. Daß in einer Injurie, durch die Presse begangen, in einer Veröffentlichung, die dem sogenannten Verachtungsparagraphen unterliegt, daß damit das Verbrechen vollständig konsumirt ist, wird Niemand leugnen; es hat dann die Beschlagnahme gar keinen Sinn mehr, am allerwenigsten den der prozessualischen Maßregel, sich den Beweis zu sichern oder dergleichen. Es war das Beispiel hier angeführt: wenn aufgefordert wird z. B. zum Hochverrath; das ist schon ein Verbrechen an sich, ist gesagt worden. Ja wohl, soweit es ein Verbrechen an sich ist und in unserem Strafgesetzbuch steht: Aufforderungen zum Hochverrath sind an sich strafbar, auch wenn der Hochverrath nicht folgt, so ist die Aufforderung zum Hochverrath ein konsumirtes Verbrechen. Soweit unterliegt es den allgemeinen Rechtsgrundsätzen, daß der Richter über das vorliegende Verbrechen, Aufforderung zum Hochverrath, zu kognosciren, den Thäter zu bestrafen, auf nachträgliche Vernichtung dieses Preßerzeugnisses zu erkennen hat. Wenn nun aber diese Aufforderung zum Hochverrath eine gefährliche Handlung für die Zukunft enthält — und das wird in diesem Falle stets zutreffen, das sind aber nur faktische Rücksichten, die unsere juristische scharfe Auffassung nie beeinflussen können — dann tritt die Polizeigewalt ein und konfiscirt dasjenige Mittel, womit ein Verbrechen begangen werden soll, wie in irgend einem andern Falle. Wenn in einem Staate, wo Regierung und Volk einmüthig ist, daß auch nicht eine Seele einen Tadel hat, ein Mensch aus einem andern Lande oder der aus einem Irrenhause entsprungen ist, in die Zeitung setzen läßt: Wir wollen heute Alle unsern Regenten ermorden und dergleichen, so wird es der Polizei gar nicht einfallen, solche Schriften zu konfisziren, und doch ist es eine Aufforderung zum Hochverrath. Aber in der Regel wird es die Vorbereitung zu einem andern Verbrechen sein, nämlich zum Hochverrath selbst, und dann tritt unsere Polizei ein. Ich glaube, die Unterscheidung ist so scharf wie sie nur sein kann und sie dient uns dazu, unsere juristischen Grundsätze scharf durchzuführen: daß Verbrechen dadurch, daß sie durch die Presse begangen werden, nicht zu Ausnahmsmaßregeln führen können; — denn wir dürfen nicht solche krasse Fälle voraussetzen, die in der Regel nie vorkommen werden. Ich sage, das darf uns nicht dazu führen, zu Konfiscationen zu schreiten, womit wir nicht nur den treffen, der das Verbrechen begangen hat — vielleicht auch nicht begangen hat, wenn ihn der Richter freispricht, sondern auch das Publikum, den Eigenthümer der Zeitung, den Verleger, den Colporteur u. s. w.

Es ist gesagt worden: ja, wo bleibt aber die Sicherheit des Staates? Anfangs, als dieser Einwand erhoben wurde, litt mein deutsches Gemüth auch noch etwas unter polizeilichen Grundsätzen und es schien mir, als ob die Frage wirklich berechtigt wäre. Zuerst beruhigte ich mich damit, daß unter Zuständen, in denen man in Holland, England und Amerika lebt auch Deutschland wohl nicht zu Grunde gehen würde; als ich mir aber die Sache zurechtzulegen suchte, bin ich auf das gekommen, was ich die Ehre hatte, Ihnen darzulegen, daß der Staat dabei gar nicht gefährdet ist, weil das begonnene Verbrechen, wie jedes begonnene Verbrechen nachträglich bestraft wird und die Verbreitung wie jede Vorbereitnng, durch die Polizei in den Mitteln der Verbreitung vernichtet werden wird, welches Recht der Polizei Niemand abspricht. Es ist darauf hingewiesen worden, wenn ein Plakat mit einer ungeheuren Injurie an die Ecken geklebt würde, ob es wirklich sitzen bleiben solle? Meine Herren! Wenn es abgerissen wird, so wird damit die geschehene Injurie ebensowenig vernichtet, als wenn ich jetzt von der Tribüne herab eine grobe Beleidigung gegen Jemand ausspreche. Mit der gedachten Thatsache tritt die Injurie ins Leben, ob es eine Injurie ist, das entscheidet sich nachher, wenn der Richter darüber entschieden hat; dann wird der, der das Plakat anklebt, gerade so gut und noch härter wegen der Oeffentlichkeit bestraft, als der, welcher eine mündliche Injurie begangen hat. Ich halte die vorgeschlagene Resolution für vollständig richtig, ich möchte aber anheimgeben, nur nach Außen hin über den Sinn der Resolution keinem Zweifel, keiner Mißdeutung Raum zu geben — es liegt mir sehr daran, daß der Juristentag nicht Sprüche in die Welt sendet, die ihm mißdeutet werden und die ihn nach Oben und Unten diskreditiren könnten, ich möchte Ihnen anheimgeben, daß wir dieser Resolution, sowohl die richterliche und administrative Beschlagnahme ist nicht statthaft, hinzusetzen „selbstverständlich die Polizeimacht behufs Vereitelung vorbereiteter Verbrechen."

Herr Hofgerichts-Advokat **Niemeyer** in Darmstadt: Meine Herren! In der Grenzregulirungssache des Herrn Dr. Jaques gegen den Herrn Professor Kühne bin ich der Ansicht des Herrn Dr. Jaques und des eben gehörten Herrn Vorredners. Ich meine, daß es allerdings Preßdelikte giebt, — die Versammlung darf aber nicht ermüdet werden mit einer weiteren Erörterung der Frage. Die Grenze hat damit Herr Dr. Jaques richtig bezeichnet, daß er sagt: die Exemplare dürfen saisirt werden in einem Falle, wenn sie nicht blos das einzige corpus delicti sind, sondern das instrumentum delicti. Ich stelle aber, ein jedes Mißverständniß nicht blos in den Motiven, sondern auch im Texte zu beseitigen, das Amendement dahin zu sagen: „Die Beschlagnahme von Preßerzeugnissen von Seiten des Richters und der Polizei behufs Unterdrückung von Preßdelikten ist unzuläßig."

(Schluß der Debatte.)

Herr v. **Stenglein** als Antragsteller: Nach Fassung der Resolution ist die vorläufige Beschlagnahme von Druckschriften — ebensowohl die richterliche als die administrative — unzuläßig. Man sagt uns: Est distinguendum. Allein davon steht in der Resolution nichts; deshalb müßte sie schon abgeändert werden, das ist auch das Bestreben mehrerer Herren, die Amendements gestellt haben. Nun will ich gern zugeben, es lassen sich Schulbegriffe aufstellen, nach denen zu unterscheiden wäre. Ob aber diese Schulbegriffe greifbar genug sind, um ein praktisches Resultat zu ergeben, das ist noch eine Frage der Erwägung, wenn wir von einer praktischen Gesetzgebung sprechen. Nun glaube ich aber, daß die feinen Unterschiede zwischen Preßdelikten und Delikten, in denen die Presse nur das instrumentum delicti ist, ganz gewiß weder redaktionelle Schärfe in einem Gesetze darstellt, noch viel weniger aber die Organe vollständig zum Bewußtsein bringen läßt, welche mit der Handhabung der Preßverfolgung betraut sind.

(Sehr richtig! Bravo!)

Was haben wir denn gewonnen, wenn wir scharfe Schulbegriffe aufgestellt und begründet haben, und schließlich beschlagnehmen die Gerichte ruhig fort, weil sie finden, daß das, was wir ihnen eingeräumt haben, auch in vorliegendem Falle gegeben ist.

Es ist z. B. der §. 111 des Strafgesetzbuches citirt worden. Dort wird eine Strafe verhängt für die Aufforderung zu einem Verbrechen, und zwar eine strenge Strafe, wenn ein Erfolg vorliegt und in Absatz 2, wenn ein Erfolg nicht gegeben ist. Nun, meine Herren, will ich die Definition anlegen, welche vorhin angelegt wurde. Erscheint die Aufforderung zum Verbrechen ohne Erfolg, so ist es kein Preßdelikt, wie es eben definirt wurde. Ich frage Sie nun, meine Herren, sollen die Gerichte eine solche Aufforderung in die Welt hineinschleudern lassen, um abzuwarten, ob ein Erfolg zum Thatbestand tritt und somit der Thatbestand zu Absatz 1. gegeben ist, und nun hört plötzlich durch den Erfolg die Befugniß zur Beschlagnahme auf. Erlauben Sie mir, daß ich ein vielleicht etwas plumpes, aber dafür um so treffenderes Sprüchwort entgegenhalte. „Wenn die Kuh zum Stall heraus", dann wird die Beschlagnahme allerdings keinen Erfolg mehr haben.

(Beifall.)

Aber, dem Erfolg muß doch vorgebeugt werden. Wir geben dem Richter die schwerwiegendste Befugniß, und wir wollen ihm nicht die Befugniß geben, den Mitbürger davor, daß ein Verbrechen gegen ihn geplant wird, zu wahren. Sie haben ja für die höchsten Güter des Bürgers keinen anderen Schutz als den richterlichen, und Sie wollen diesen nicht genügend finden, wenn eine provisorische Maßregel in den dringendsten Fällen getroffen werden soll. Darin scheint mir ein Widerspruch zu liegen. Ich will den Preßdelikten keine besondere Stellung angewiesen wissen; aber solange Sie in der Prozeßgesetzgebung Vorsichtsmaßregeln nöthig finden, so lange, glaube ich, sollten Sie auch der Presse keine besonderen Privilegien in dieser Richtung anweisen wollen; sie soll keine besondere Cautel verlangen, die nicht in der Prozeßgesetzgebung überhaupt gegeben ist. Und die höchste Cautel ist der Richterspruch. Wenn wir uns also der Ueberzeugung nicht verschließen wollen, daß gewisse Vorsichtsmaßregeln nothwendig sind, daß die Prozeßgesetzgebung dafür Vorkehrung treffen muß, wenn wir wollen, daß die Gesetzgebung keine besonderen Privilegien für die Presse schaffe und wenn für diese Vorsichtsmaßregel die höchste Cautel geschaffen ist, die sich schaffen läßt, dann sind wir nicht veranlaßt, einen solchen Grundsatz auszusprechen, der so außerordentlich schwer in's Leben zu führen ist und den wir uns so mühsam selbst konstruiren. Sie haben gehört, wie scharfsinnige Juristen offen bekannt haben, daß ihnen dieser Unterschied ganz unerfindlich ist. Also möchte ich Ihnen dringend rathen: Stehen Sie von der Resolution in diesem Theil ab. Ob Sie eine besondere Resolution gegen die polizeiliche Beschlagnahme annehmen wollen, das steht Ihnen frei. Ich würde mich mit einem solchen Grundsatze einverstanden erklären können, nur davor möchte ich den Juristentag bewahrt wissen, einen Grundsatz auszusprechen, der meiner Ueberzeugung nach irrig ist, der nicht praktisch durchführbar ist.

(Beifall.)

Präsident Herr Professor **Gneist**: Es liegen jetzt folgende schriftliche Anträge vor:

A. Von dem Herrn Präsidenten Kühne, Albrecht und Gen. ist der Antrag eingegangen:

„die Anträge unter zwei zu streichen."

Sodann:

B. Antrag des Herrn Dr. Bacher, zu sagen:

„Die vorläufige Beschlagnahme von Druckschriften in administrativem Wege ist überhaupt unzulässig und der richterliche nur insoweit, als die Zwecke der strafrechtlichen Verfolgung erfordern."

C. des Herrn Dr. Niemeyer:

„die vorläufige Beschlagnahme von Druckschriften, ebensowohl die richterliche als die administrative, behufs Unterdrückung von Preßdelikten ist unzulässig."

D. des Herrn Dr. Götting:

„Die vorläufige administrative oder richterliche Beschlagnahme von Druckschriften ist auf den Fall von Anstiftung strafbarer Handlungen zulässig."

E. Der Antrag der Abtheilung III.

Ich ertheile nun dem Hrn. Referenten Dr. Jaques darüber das Schlußwort.

Referent Dr. **Jaques**: Meine Herren! Es ist meine Pflicht und mein lebhafter Wunsch, auf die einzelnen Gegenargumente, die wir gehört haben, etwas zu erwidern. Zunächst hege ich im Vereine mit Herrn v. Stenglein den aufrichtigsten Wunsch, daß der Juristentag keine irrigen Resolutionen fasse. Ob aber der Beschluß der Aufhebung einer vorläufigen Beschlagnahme durchführbar sei oder nicht, darauf haben am Ende schon die Staaten geantwortet, die ohne solche vorläufige Beschlagnahme bestehen und von denen ich nie gehört habe, daß sie sich dabei schlecht befunden haben. So Holland, England und Nordamerika. Dieses Bedenken scheint mir also durch eine sehr entscheidende und eklatante Praxis erledigt.

Herr v. Stenglein hat die Unterscheidungen des §. 111 geltend gemacht, in der Richtung, welche Straffanktionen eintreten, wenn bei der Aufforderung zu einer strafbaren Handlung ein Erfolg vorliegt oder aber kein Erfolg; die Argumentation, welche diese Trennung auf unseren Fall anzuwenden sucht, ist außerordentlich fein. Aber die Argumentation trifft nach meinem Erachten denn doch nicht zu. Denn in beiden Fällen, ob ein Erfolg eingetreten oder nicht, ist nach dem, was ich eingangs erwähnte, durch die Strafprozeßordnung natürlich das Recht der Beschlagnahme zugestanden. Der Untersuchungsrichter oder der Staatsanwalt wartet ja nicht, bis sich's herausgestellt hat, ob ein Erfolg oder kein Erfolg vorliegt, sondern sowie ein Verbrechen durch eine Druckschrift vorbereitet wird, sowie es publik wird, daß in einer Druckschrift die Aufforderung zu einer strafbaren Handlung enthalten sei, wird die Druckschrift nach unserem Grundsatz mit vollem Recht mit Beschlag belegt. Diese Unterscheidung hat also keinen praktischen Werth. —

Damit komme ich sogleich auf einen anderen Punkt, den sowohl Herr von Stenglein, als Herr Bacher angeführt haben. Es wird immer gesagt: „Keine Ausnahmestellung für die Presse; wir wollen die Presse den strafprozessualen Grundsätzen unterordnen!" Meine Herren! Das ist mein Grundsatz, und von diesem aus komme ich zu dem Resultate: also keine vorläufige Beschlagnahme! Denn ich bitte: Die vorläufige Beschlagnahme von Druckschriften wegen Preßdelikten steht ja nicht in der Strafprozeßordnung, sondern sie steht in den Preßgesetzen, und wozu stünde sie in denselben, wenn sie sich schon aus der Strafprozeßordnung deduziren ließe? Man hat sie aber erst in die Preßgesetze hinein gethan und damit gesagt: Die Bestimmungen der Strafprozeßordnung reichen nicht aus, nun machen wir für die Presse neue Bestimmungen, wir schaffen für sie ein privilegium odiosum. Ich bitte, verehrte Herren, Ihre Aufmerksamkeit wohl darauf zu richten; diejenigen Herren, welche gegen die Aufhebung der vorläufigen Beschlagnahme sind, die statuiren eine Ausnahme von der Strafprozeßordnung, und wir, die wir sagen: es soll keine vorläufige Beschlagnahme von Druckschriften stattfinden, wir stehen auf dem Boden der Strafprozeßordnung. Der Juristentag braucht nur auszusprechen: rücksichtlich der Beschlagnahme hat nichts Anderes zu gelten, als was in der Strafprozeßordnung steht — dann bin ich vollständig zufrieden, dann kann keine vorläufige Beschlagnahme vorgenommen werden, sondern nur diejenige Beschlagnahme, welche nach den Grundsätzen der Strafprozeßordnung stattfindet und bezüglich deren ich soeben gesagt habe, daß sie stattfinden müsse. Die verehrten Mitglieder des Juristentages werden mir doch gewiß zugeben, daß, wenn die Gesetzgebungen nicht die Nothwendigkeit gefunden hätten, die Strafprozeßordnung noch in irgend einer Richtung auszudehnen, sie die Preßgesetze gar nicht zu machen gebraucht hätten. Es ist niemals ein Zweifel darüber gewesen, daß, wenn ein Verbrechen verhütet werden soll, man eine Beschlagnahme vollziehen kann. Hier aber soll eine Beschlagnahme verfügt werden nicht im Interesse dee Untersuchung, sondern zu einem ganz speziellen Zwecke, zu dem Zwecke der Verhütung der Weiterverbreitung einer Schrift, bezüglich deren es noch nicht festgestellt ist, ob sie strafbar sei und ehe der richterliche Ausspruch ergeht. Also im Widerspruche mit den Grundsätzen des Strafgesetzes wird auf Grund der Ausnahmestellung, welche die Presse zu ihren Ungunsten in den Preßgesetzen bekommt, die vorläufige Beschlagnahme verfügt. Wenn also die Herren die Güte haben wollen, sich dazu zu entschließen, den Grundsatz auszusprechen: rücksichtlich der Beschlagnahme haben alle Bestimmungen der Strafprozeßordnung zu gelten, und wir wollen keine Ausnahmestellung für die Presse haben, dann — ich wiederhole — sind alle meine Wünsche unbedingt erreicht; denn dann kann der Presse nicht geschehen, was ich nicht wünsche, daß ihr geschehen soll.

Soeben ruft mir Herr Bacher zu: das sei der Inhalt seines Antrags. Wenn das wahr ist, dann macht die Form, in der er gestellt ist, ihn vollkommen überflüssig; das braucht man sogar nicht erst zu sagen. Es ist ja selbstverständlich, daß man die strafprozessuale Beschlagnahme nur zur Sicherung der Zwecke der Untersuchung vorzunehmen hat und zu keinem anderen Zwecke. Aber die jetzige vorläufige Beschlagnahme bei Preßdelikten wird vorgenommen zur Verhütung der Weiterverbreitung der Druckschrift, rücksichtlich deren man annimmt, daß darin ein Delikt ist, was man aber noch nicht bestimmt weiß.

Ich habe mich weiter mit den Argumenten zu beschäftigen, die der verehrte Herr Präsident Kühne vorgebracht hat. Ich muß gestehen, es hat mich befrembet, daß man rücksichtlich der Frage der Grenze, die ich aufgestellt habe, von subtilen Unterscheidungen gesprochen hat, die vielleicht Sache der Schule und nicht der Praxis seien. Ich möchte denn doch glauben, daß der Unterschied zwischen einer strafbaren Handlung bei der mit der Verbreitung einer Schrift die Sache vollständig zu Ende ist, und einer solchen, bei der etwas Weiteres vorbereitet wird, ein so palbabler und kräftiger ist, daß man dazu feine, kasuistische Unterscheidungen gar nicht erst braucht. Der Unterschied ist gerade so stark und schwach, wie der Unterschied zwischen einer Schmähung und zwischen der Aufforderung zu einer strafbaren Handlung. Die stärkste Schmähung enthält noch keine Aufforderung, eine strafbare Handlung zu begehen, und wenn die Schmähung in einer Druckschrift ausgesprochen worden ist, so ist das Delikt vollständig fertig. Aber die Aufforderung zu einer strafbaren Handlung ist mit der Publikation noch nicht zu Ende, denn nun soll erst noch die strafbare Handlung kommen. Es wird erst eine strafbare Handlung vorbereitet, zu ihr angestiftet. Es ist also die Grenze zwischen beiden Delikten eine sehr starke und greifbare.

Das zweite, was Herr Referent Kühne hervorgehoben hat, ist die Gefahr, daß ein Plakat lange hänge bleibt, weil man es nicht herunterreißen kann. Ich muß gestehen, ich kann dieses Argument als ein irgendwie gewichtiges für diese Frage anzusehen mich nicht entschließen, weil ich nicht gehört habe, daß Jemand ein jus quaesitum darauf hat, daß sein Plakat lange hängen bleibt. Wenn irgend ein anderer Privatmann sein Plakat darüber heftet, so hat der erste Anhefter sein Plakat verloren.

(Unruhe.)

Endlich die Frage der Untersuchungshaft. Erlauben Sie . . .

(Unterbrechung. Einige Schlußrufe.)

Ich bin gleich zu Ende, meine Herren! Zwischen der Frage der Untersuchungshaft und der Frage der Beschlagnahme besteht nach meinem Erachten gar kein Zusammenhang. Denn die Untersuchungshaft wird deshalb verhängt, um sich der Person des wahrscheinlichen Thäters einer strafbaren Handlung versichern zu können. Eine Druckschrift aber hat man mit dem ersten Exemplar, das man überhaupt in die Hand bekommt, schon für die Verfolgung gesichert.

Da kann also von einer Analogie der Untersuchungshaft, die sich ja auf das Subjet des Delikts bezieht, mit der Beschlagnahme, die das Objekt des Delikts zum Gegenstande hat, unmöglich die Rede sein.

Ich möchte nun glauben, meine Herren, wir werden am besten über die Frage hinauskommen, wenn wir dem Antrage unter Nr. 2, wie er von der Abtheilung gestellt ist, einen kurzen Passus hinzufügen, welcher darauf hinweist, daß die Beschlagnahme, soweit sie durch die Strafprozeßordnung normirt ist, nicht im Allerentferntesten berührt wird. Damit würde meines Erachtens jeder beunruhigende Zweifel behoben sein. Ich erlaube mir, dafür Ihnen den Zusatz vorzuschlagen:

„Die Beschlagnahme, soweit sie durch die Strafprozeßordnung normirt ist, wird hierdurch nicht berührt."

Präsident Dr. **Gneist** wiederholt seinen Vorschlag wegen der Reihenfolge der Abstimmung mit dem Bemerken, daß es nicht nöthig sei, nach dem Antrag Kühne-Albrecht über die Streichung des Abtheilungsbeschlusses besonders abzustimmen, da dieser Erfolg von selbst herbeigeführt werde, wenn alle anderen Anträge nicht die Majorität erhielten.

Generalstaatsanwalt Dr. **Schwarze** (Dresden): Ich möchte an den Herrn Präsidenten die Frage richten, ob er nicht glaubt, daß möglicherweise eine nicht ganz zutreffende Abstimmung dadurch herbeigeführt wird, daß wir nicht über den ganzen Antrag Kühne abstimmen. Es ist nicht blos eine Negative, die sich von selbst ergiebt, wenn die einzelnen Anträge abgelehnt werden. Es liegt darin auch ein positives Element. Ich halte es daher für nothwendig, daß vorerst über den von der Abtheilung selbst vorgelegten Beschluß abgestimmt werde. Zum Schluß möchte ich noch die Frage stellen, ob es zulässig ist, daß der Referent in seinem Schlußworte einen Antrag stellt, über den die Versammlung gar nicht disputiren kann?

Präsident Dr. **Gneist**: Die Zweckmäßigkeitsgründe, die Herr Dr. Schwarze eben entwickelt, sprechen meines Erachtens dafür, daß wir zunächst über den negativen Autrag Kühne auf Streichung des Abtheilungsbeschlusses abstimmen. Den neuen Antrag des Herrn Referenten halte ich formell nicht für zuläßig. Sachlich enthält er eine Deklaration der schon im Anfang ausgesprochenen Erklärung des Herrn Referenten. Es hängt von der Versammluug ab, ob sie denselben zulassen will.

(Die Majorität der Versammlung ist für die Zulassung.)

In der hierauf erfolgten Abstimmung erhält der zuerst zur Abstimmuung gestellte Antrag Albrecht-Kühne die Majorität.

Die übrigen Anträge erscheinen damit als erledigt.

Es folgt das Referat über die Schöffengerichtsfrage.

Berichterstatter Appellationsrath v. **Stenglein** (München): Meine Herren! Ich habe die Ehre, zu Ihrer Kenntniß zu bringen, daß die 3. Abtheilung folgenden Beschluß gefaßt hat:

> Der Juristentag spricht seine Ueberzeugung dahin aus:
>
> es liegt kein Bedürfniß vor, die Schwurgerichte aufzuheben und durch Einführung der Schöffengerichte zu ersetzen.

Die Gründe, welche die Abtheilung zu diesem Beschluß bestimmt haben, sind folgende: Die Abtheilung konnte nicht erkennen, daß in der Institution der Schöffengerichte, in der Vereinigung von Juristen und Laien zu einem richterlichen Kollegium eine volle Garantie der Unabhängigkeit liege. Man hat angenommen, daß man durch die äußerliche Vereinigung kein einheitliches Kolleg schaffe, welches wirklich auf einer einheitlichen Grundlage zu berathen im Stande sei. Die Abtheilung besorgt, daß dem Schöffengericht das öffentliche Vertrauen nicht in demselben Maße entgegenkomme, wie dem Geschworenengerichte. Es wurde ferner die Besorgniß aufgestellt, daß bei gemeinsamer Berathung die volle Berechtigung der Schöffen ein unabweisbares Postulat sei, daß aber dennoch rechtsgelehrte Richter eine gewisse Bevormundung der Schöffen eintreten lassen müßten in der Berathung der Rechtsfrage sowie der Strafausmessung, und daß hierdurch eine Gewohnheit der Bevormundung bei den Schöffen eintrete, die ihren Nachtheil auch auf die Berathung der Schuldfrage erstrecken wird. Ferner wurde geltend gemacht, daß das Institut der Schöffen ein so junges sei, daß noch nicht genügende Erfahrungen gewonnen seien, um es jetzt schon an die Stelle der Geschworenengerichte treten zu lassen, während die Geschworenengerichte eine lange Geschichte hinter sich haben, in der sie sich das Vertrauen einer richtigen Rechtsprechung erworben haben, — eine Geschichte, wodurch sie als das Palladium richtiger Rechtsprechung und der Volksfreiheit erscheinen. Unter diesen Umständen schien es der 3. Abtheilung nicht angemessen, sich dahin auszusprechen, die Schöffengerichte an Stelle der Geschworenengerichte treten zu lassen.

In Bezug auf das Festhalten der Schwurgerichte traten aber einige Differenzen ein. Es lagen verschiedene Anträge vor, von denen der eine, der Antrag Thudichum, nicht zur Berathung und Beschlußfassung kam. Der Antragsteller hat mich aber gebeten, um Mißverständnisse zu vermeiden, der hohen Versammlung diesen Antrag anzugeben. Er lautet:

„Bei der Feststellung der Strafprozeßordnung für das deutsche Reich ist ein Schwurgericht festzusetzen, dasselbe aber auf Grund der bisherigen Erfahrungen zu verbessern."

Ein zweiter Antrag, der viel Anklang fand, war der unseres verehrten Herrn Präsidenten, welcher dahin ging:

„Das Schwurgericht ist als die angemessene Form der Strafgerichte höchster Ordnung beizubehalten, jedoch mit vereinfachtem Verfahren und einer Fragestellung auf die gesammte Schuldfrage."

Ein dritter Antrag, der des Herrn Oberstaatsanwalts von Lauhn, fand endlich die Annahme der Versammlung und trat hierbei in einen gewissen Gegensatz zu dem Antrag des Herrn Referenten, welcher dahin ging, es sei zur Zeit auf einen Ersatz der Schwurgerichte durch Schöffengerichte nicht einzugehen. Es sprach sich darin ein gewisser Unterschied aus, ob die Abtheilung einen ganz bestimmten prinzipiellen Beschluß ohne irgend eine weitere Bestimmung fassen wolle, oder ob eine Zeit beizusetzen sei. Nun haben aber auch die Vertheidiger des Beisatzes „zur Zeit" nicht beabsichtigt, die Frage schon nächstens wieder auf die Tagesordnung zu setzen, sondern es wurde ausdrücklich betont, daß die Erfahrungen über die Schöffengerichte in den Mittelgerichten, für welche der Juristentag sich ausgesprochen hat, eine so lang andauernde sein müsse, daß sie einigermaßen mit den Erfahrungen, die man über die Schwurgerichte hat, in Widerstreit, in eine gewisse Abwägung treten könnte. Mithin, da ja auch der jetzt gefaßte Beschluß kein für alle Zeiten bindender sein kann, liegt eine gewisse Vereinigung vor, und ich glaube deshalb der hohen Versammlung nun aus vollstem Herzen vorschlagen zu können, dem Antrag der 3. Abtheilung ihre stillschweigende Billigung zu geben.

Präsident Dr. **Gneist**: Es folgt der Beschluß der 4. Abtheilung über die Frage der Stellung des künftigen Reichsgerichts.

Berichterstatter Kreisgerichtsgerath v. **Stößer** (Lörrach): Der erste Verhandlungsgegenstand in der 4. Abtheilung war die Frage:

Soll die Entscheidung über die richtige Anwendung der Landesgesetze den obersten Landesgerichten überlassen und nur die Entscheidung über die richtige Anwendung der Reichsgesetze dem höchsten Reichsgerichte zugewiesen werden? oder in welcher Weise soll die Kompetenz des höchsten Reichsgerichts sonst begrenzt werden?

Im Hinblick auf den Inhalt der verdienstlichen Gutachten der Herren Oberappellationsrath Becker (Oldenburg), Staatsrath Zachariä (Göttingen), Oberappellationsgerichtsrath Bähr (Berlin) und Justizrath von Grodbeck (Bromberg) glaubte der Referent die Antwort in drei zergliederten, sich gegenseitig erläuternden und ergänzenden Sätzen vorschlagen zu dürfen, und zwar in folgenden:

1. Es soll ein höchstes Reichsgericht in Deutschland bestehen.
2. Das Rechtsmittel, welches die Thätigkeit des höchsten Reichsgerichts eröffnet, bezweckt dessen Entscheidung über die richtige Anwendung des Gesetzes.

Sie wissen, daß dies die Grundsätze sind auf Grund der Anträge von Bornemann und Waldeck seit den ersten beiden Juristentagen. Ferner war vorgeschlagen, zur Unterscheidung zwischen Reichs- und Landesgesetzen zu beschließen:

Ueber die richtige Anwendung von Reichsgesetzen, soweit solche auf den Gebieten des Privat-, Prozeß- und Strafrechts erfolgen, entscheidet in letzter Instanz das höchste Reichsgericht.

Und viertens:

Das höchste Reichsgericht entscheidet über die richtige Anwendung auch solcher das Privatrecht betreffenden Landesgesetze, welche, vermöge ihres Geltungsbereichs und wegen der Wichtigkeit ihres Inhalts, durch ein Reichsgesetz demselben zugewiesen sind.

Im Wesentlichen von der gleichen Anschauung ging der Herr Correferent, Herr Präsident Gneist aus, welcher glaubte, im Interesse der Vereinfachung der Fragestellung die beiden letzten Sätze 3 und 4 dahin zusammenschmelzen zu sollen:

Dem deutschen Reichsgericht ist die Entscheidung letzter Instanz zu übertragen nicht nur über die Reichsgesetze, sondern auch über die Landesrechte.

Während nun über Satz 1 und 2 Einstimmigkeit herrschte und eben so auch bezüglich der einheitlichen Rechtsprechung wegen der Reichsgesetze, traten wegen der Landesgesetze, unter welchen vorzugsweise aber nicht ausschließlich das sog. gemeine deutsche Recht, das allgemeine preußische Landrecht und der Code civil verstanden sind, drei verschiedene Ansichten hervor. Nach der einen Ansicht, vertreten durch den Herrn Gutachter v. Grodbeck, sollten nur Reichsgesetze zur Kompetenz des obersten deutschen Reichsgerichts verwiesen werden. In der Mitte stand also die Anschauung der beiden Herren Referenten und die der Herren Bähr, Becker und Reuling. Nach einer weitergehenden Anschauung, vertreten durch die Herren Drechsler, Puchelt, Mayersohn, Silberschlag, Herz, Hainz, Hornbostel und Thudichum, sollten aber zwischen Landesgesetzen keinerlei Unterschiede gemacht werden, und dieser Ansicht trat die überwiegende Mehrheit der 4. Abtheilung bei. Ich glaube Ihrer Ansicht entgegenzukommen, wenn ohne Ausführung der Gründe ich mich darauf beschränke, mitzutheilen, daß die 4. Abtheilung beschlossen hat, diese Erklärung nur zur Kenntniß der hohen Versammlung zu bringen.

Präsident: So wichtig der Gegenstand ist, so dürfen wir wohl vertrauen, daß die ausführlicheren Mittheilungen in den gedruckten Verhandlungen auch in weiteren Kreisen Beachtung finden werden.

Referent Hof- und Gerichtsadvokat v. **Kießling** aus Linz: Meine Herren! Die ständige Deputation hatte folgenden Satz aufgestellt:

> „Ist es angemessen, daß durch die Subhastation sämmtliche auf dem subhastirten Grundstücke ruhenden Hypotheken fällig werden?"

Es wurden darüber Gutachten eingezogen und es sind zwei sehr dankenswerthe Arbeiten durch Herrn Appellationsrath Struckmann in Cöln und Herrn Advokat Dr. Johanny in Wien erstattet worden. Es wurde als Referent Herr Präsident Kühne in Celle und ich als Correferent bestimmt; wir haben aber mit Ihrer Zustimmung die Stellen getauscht und ich habe das Referat übernommen. In den Gutachten der beiden Herren, die ich genannt habe, ist die Frage bejaht worden; ich habe jedoch aus Gründen, die ich Ihnen nicht näher hier vielleicht zu entwickeln brauche, verneint, habe jedoch eine Unterscheidung gemacht, indem ich sie nur hinsichtlich derjenigen Hypotheken verneint habe, welche durch den Erstehungspreis gedeckt sind. Es hat nun bei der Verhandlung der Herr Appellationsrath Struckmann seine frühere Ansicht aufrecht erhalten, dagegen hat meiner Ansicht, wenigstens der Hauptsache nach, der Herr Präsident Drechsler beigestimmt und zur Begründung derselben sich besonders auf das mecklenburgische Subhastationsverfahren bezogen. Es hat sich nun aus den Darlegungen des Herrn Präsidenten Drechsler, dann aus den weiteren Anträgen des Herrn Landgerichtsraths Stieve zu Zabern im Elsaß und endlich aus einer eingehenden Erörterung des Herrn Oberappellationsgerichtsraths Dr. Bähr in Berlin gezeigt, daß die Frage, so sehr dankenswerth die Ausführung des Herrn Struckmann dieselbe auch behandelt hat, doch nicht ganz erschöpft ist, so daß es nöthig sein wird, die einzelnen Partikulargesetzgebungen noch etwas gründlicher in Erwägung zu ziehen, und es hat deshalb der Herr Oberappellationsgerichtsrath Bähr den Antrag gestellt, daß die Abtheilung den Beschluß fasse, die Entscheidung über die Frage auszusetzen und die ständige Deputation zu veranlassen, für die Beschaffung noch weiterer Gutachten zu sorgen. Dieser Antrag wurde denn auch angenommen, und ich habe solches hiermit Ihnen im Auftrag der Abtheilung zur Kenntniß gebracht.

Referent Oberhofgerichtsrath **Wielandt** aus Mannheim: Ich habe lediglich der Versammlung anzuzeigen Namens der IV. Abtheilung, daß derselben über die Frage der Stellung, Kompetenz und Verfahren bei dem Einzelrichter Bericht erstattet wurde, daß nach einem umfassenden Antrag und Vortrag dagegen bei dem Umfange der Sache und der vorgerückten Zeit der Antrag zur Annahme gelangte, diese Frage zu vertagen und der ständigen Deputation anheim zu geben, ob sie die Frage nochmals auf die Tagesordnung des nächsten Juristentages stellen wolle.

Präsident: Wir treten nun noch in ein wichtiges Geschäft ein, nämlich in die Bestellung der ständigen Deputation für die Geschäfte des nächsten Jahres. Die Vertrauensmänner haben gestern ihre Sitzung gehalten und schlagen Ihnen folgende Namen vor:

1. Appellationsgerichts-Rath Dr. Eckhard.
2. Fiskal Dr. Jung.
3. Justizrath Dr. Euler.
4. Geheimrath Prof. Dr. von Wächter.
5. Generalstaatsanwalt Dr. Schwarze.
6. Oberlandesgerichtsrath v. Keller.
7. Hof- und Gerichtsadvokat Dr. Theodor Kratky.
8. Hof- und Gerichtsadvokat Dr. v. Kießling.
9. Appellations-Gerichts-Rath v. Stenglein.
10. Bezirksgerichtsrath Hauser.
11. Obertribunals-Direktor v. Kübel.
12. Oberappellations-Gerichts-Rath. Dr. Becker.
13. Präses Dr. Albrecht.
14. Präsident Kühne.
15. Justizrath Dr. Meyer (Thorn).
16. Obertribunalsrath v. Kunowski.
17. Professor Dr. Gneist als Ehrenpräsident.
18. Rechtsanwalt Makower als Schriftführer.
19. Geh. Justizrath Dr. Borchardt als Rendant.

Erlauben Sie mir dabei noch eines bedauerlichen Umstandes zu gedenken. Wir waren nämlich zu unserem tiefen Schmerze genöthigt, die Resignation unseres Mitgliedes des Herrn Präsidenten Dr. Drechsler anzunehmen, der sich anbot auszuscheiden, da ein Mitglied zu viel auf der Liste war, was dadurch entstand, daß Frankfurt neu eintritt. Ich kann diesem Bedauern nur den lebhaften Wunsch hinzufügen, daß die nächste Gelegenheit diese bewährte Kraft unserer Deputation wieder zurückführen wird.

(Die vorgeschlagene Liste wird durch Acclamation angenommen.)

Präsident Dr. **Gneist**: Wenn sonst keine Gegenstände für die Plenarsitzung in Antrag gestellt werden, so gestatten Sie mir noch folgende Schlußbemerkungen.

Wer unsern Verhandlungen gefolgt ist, wird den Eindruck gehabt haben, daß ein gewaltiger Zug der Zeit auf Centralisation der Gesetzgebung und der Gerichtsverfassung geht. Er ist so lebhaft und so sichtbar, daß bereits Bedenken dagegen laut werden. Ich glaube, daß dies noch etwas zu früh ist. Ich glaube, ein Billigdenkender, der die Lage der deutschen Verhältnisse übersieht, wird uns deshalb noch lange nicht schelten. Welche Nation Europas ist in der Lage gewesen, das nothwendige Element einer einheitlichen Gesetzgebung so lange zu entbehren wie wir? Seit dem jüngsten Reichsabschiede ist nichts Großes geschaffen auf dem Wege einheitlicher Privatrechtsgesetzgebung in Deutschland. Der Deutsche Bund hat mit der Unbeholfenheit und Entwicklungsunfähigkeit seiner Verfassung dem vorhandenen Bedürfniß entgegenkommen wollen und hat es nicht gekonnt. Das Juristen-Recht hat dadurch bei uns eine anomale Stellung bekommen, über die noch viele unserer Berufsgenossen theils streiten theils klagen. Wenn man so lange hat warten müssen und solche Bedürfnisse so aufgehäuft sind, so soll Niemand uns tadeln, wenn endlich das Bedürfniß sich mit einer gewissen Lebendigkeit und nach vielen Seiten hin geltend macht.

Sodann, meine Herren, können wir nicht verkennen, daß die heutige Entwickelung unserer Erwerbs- und Besitzverhältnisse in viel höherem Maße eine Gleichförmigkeit der Rechtsgrundsätze bedingt, wie das ältere, noch isolirte Leben von Stadt und Land. Es sind das sachliche Bedürfnisse, die in allen Theilen der civilisirten Welt zu Consolidationen der Gesetzgebung hinführen und die sich am stärksten für das Handelsrecht und seine konnexen Gebiete geltend machen. Dieser Grundfaktor ist es, der immer vorangeht und nachzieht, der natürlich auch gemeinsame Grundsätze des Sachenrechts, des Familienrechts, des Erbrechts mittelbar bedingt. Freilich sind das Verhältnisse, bei denen man sich besinnen muß, ehe man allzu rasch Schritte zu einheitlichen Schöpfungen thut.

Ich begreife sehr wohl das Mißtrauen, welches man hegen kann, gegen die einzelnen Faktoren — einmal gegen eine einheitliche Kaisergewalt in Deutschland — gegen die Gefahr einer übermächtigen Centralisation im Bundesrath — gegen die Gefahr einer Centralisation durch eine Volksvertretung, die auf einer so breiten Basis gewählt wird. Aber schwer ist es mir zu begreifen, wie man gegen das nothwendige Zusammenwirken aller dieser Faktoren ein so entsetzliches Mißtrauen hegen kann, als ob diese Gesammtheit den Einzelstaaten wie ein Feind gegenüberstände!

Unser ehrwürdiger Kaiser, mit seiner moralischen Autorität im Lande, wie groß sind denn im Augenblicke seine wirklichen Befugnisse als regierendes Oberhaupt des Reichs? und wie klein ist der Generalstab von Beamten im Reiche, von welchen man die Centralisation fürchtet? Freilich als der Kaiser aus dem Reiche 13,000 Gulden jährlich einnahm und außer den nominellen Reservatrechten so gut wie nichts hatte, damals hatten die Zeitgenossen auch schon die allergewaltigsten Bedenken, ob dem Kaiser nicht allzuviel Befugnisse im heiligen und römischen Reiche eingeräumt seien.

Was den Bundesrath betrifft, so hat er noch immer sehr bedeutende Elemente des ehemaligen deutschen Bundestages an sich, und wir wissen Alle, daß das der Natur der Sache nach centrifugale Elemente sind. Sie werden zusammengehalten, wenn einmal ein beherrschender Geist sie zusammenfaßt; aber wir wissen Alle, die großen beherrschenden Geister sind nicht die Regel im Völkerleben.

Was die Centralisation der aus allgemeinen Volkswahlen hervorgehenden Reichsversammlung betrifft, so liegt auch da ein natürliches Correctiv in der Ueberhäufung der Geschäfte. Ich kann versichern, wenn man seine langen und schweren Stunden und Monate in den Reichsversammlungen zubringt, so legt sich bald die Passion, zu viel Gesetze zu machen. Man gewinnt allmälig einen erzwungenen Maßstab für Groß und Klein, und der Fanatismus, zu uniformiren und zu verbessern, macht sehr bald Platz dem Wunsche des Lebens und Lebenlassens, wenn nicht wirklich ein sehr dringendes Bedürfniß die Uniformirung fordert.

Bedenken wir aber, daß die drei Faktoren einstimmig zusammenwirken müssen, daß gegen jede Reichskompetenzerweiterung 14 Stimmen, also die drei Königreiche ein Veto einlegen können, dann rechtfertigt sich die Bitte, daß die Herren, die jede Reichsthätigkeit mit so großem Mißtrauen ansehen, einen Theil ihres Mißtrauens doch auch einmal ihrer eigenen Thätigkeit zuwenden und sich fragen mögen, ob denn ihre eigne Landesgesetzgebung, ihre Parteien und Ministerien, größere Garantien darbieten, etwas Besseres und Unbefangeneres zu leisten — daß sie nicht immer blos mißtrauisch sein mögen gegen unsere Wünsche, etwas Gemeinsames zu haben, dessen wir so unendlich lange entbehrt haben, sondern auch einmal mißtrauisch gegen sich, ob ihr eigenes Bestreben nicht etwas von Sonderinteressen an sich hat, — ob es nicht die Parteien, die Stände, die streitenden Klassen sind, die im engeren Kreise sich am stärksten geltend machen, während sie im weiteren Kreise des Reichs unbefangener, unpartheiischer, sachlicher werden? Werfen wir einen Blick auf unsere ganze Geschichte. Sollten wir Deutsche unser Wesen so absolut verleugnen, daß wir jetzt in die Gefahr des Einheitsstaates kopfüber hineingerathen, wie man in **servitium ruit**? So lange die deutsche Nation lebt, hat nicht ein Menschenalter bestanden, wo sie nicht unter der Uebermacht der centrifugalen Kräfte gelitten hätte; es hat vielleicht nicht ein Jahrzent bestanden, wo wir uns in der Gefahr der Uebercentralisation befunden hätten. Der Grundschade, den wir seit 2000 Jahren noch nie gehabt haben, wird doch nicht durch ein seltenes „Mißverständniß“ auf einmal hereinbrechen? Das Wort „Einheitsstaat“, das uns immer vorgehalten wird, ist wenig mehr als eine conventionelle Formel gegen Dinge, die augenblicklich nicht gefallen.

Das Eine muß ich zugestehen: unsere Beschlüsse mögen manchmal so aussehen, als ob wir rücksichtslos uniformiren wollten. Wir sind nicht im Stande, wir können und wollen nicht formulirte Gesetzentwürfe machen, sondern wir wollen nur Hauptrichtungen der Gesetzgebung hier andeuten und aussprechen: Die herrschende Richtung erkennt hier ein Bedürfniß der einheitlichen Reform an. Ueber Klauseln, die durch praktische Bedürfnisse, durch lokale Verschiedenheiten bedingt sind, uns schlüssig zu machen, sind wir bei der wechselnd zusammengesetzten, unvollständig vorbereiteten Weise unserer Versammlung nicht im Stande. Wie heute bereits von mehreren Rednern deklarirt worden ist, meinen wir mit den Sätzen, die wir annehmen kein durchschneidendes absolutes Gebot, sondern nur eine unter vielerlei Vorbehalten des praktischen Bedürfnisses angedeutete allgemeine Richtung der Gesetzgebung. In diesem Sinne dürfen wir eine wohlmeinende Auffassung der Beschlüsse außerhalb dieses Kreises wohl erwarten, — nicht nach dem bloßen Buchstaben unserer Resolutionen, sondern im Zusammenhange mit den materiellen Debatten in den Abtheilungen.

Zum Schluß, meine Herren, bleibt uns nur noch ein Rückblick auf unser Leben und Sein in diesem engeren Kreise der guten alten Stadt Frankfurt. Es bleibt uns die angenehme Pflicht, den Dank auszusprechen, den wir hier nach so vielen Seiten schuldig geworden sind. Die gute alte Stadt Frankfurt hat gerade in ihrer Verbindung mit Zusammenkünften und Konferenzen großer und bedeutender Art ihre eigene Geschichte. Ich glaube, man könnte ein gutes Stück deutscher Geschichte anknüpfen an die Versammlungen, die an diesem Orte getagt haben seit Jahrhunderten — und an die wunderbar mannigfaltige Zusammensetzung der hier tagenden Versammlungen. Diese Mannigfaltigkeit ist selbst ein treuer Ausdruck des deutschen Charakters dieser Stadt: daß sie in deutscher Weise zugänglich gewesen ist allen geistigen, allen staatlichen Strömungen der Zeit, daß sie allen deutschen Richtungen mit offenem Verständniß und den Personen mit herzlicher Gastfreundschaft entgegengekommen ist. Der Werth des uns hier gewordenen Entgegenkommens wird erhöht durch die Freiwilligkeit, — ebendadurch, daß es ein freundliches Entgegenkommen aus der eigenen spontanen Gastfreundschaft der Frankfurter Bürgerschaft war. Die alte Stadt Frankfurt hat sich auch uns gegenüber in dem alten Ruhm bewährt, daß sie ein befestigter Sitz des guten Geschmacks, des geistigen und künstlerischen Verständnisses ist, vor dem wir allen Respekt mit uns nehmen. Es gab eine Zeit, wo man in die deutschen Reichsgesetze hineinschrieb, das deutsche Reichsgericht sollte seinen Sitz haben „in Frankfurt oder in einer anderen Stadt des Reichs.“ Ich weiß nicht, ob das Reichsgericht, über das wir heute Vortrag gehabt haben, eine ähnliche Bestimmung erhalten wird. Aber sollte es geschehen, so werden wir keinen Zweifel darüber haben, daß es sich hier recht gut befinden würde, wie das Reichskammergericht, dem einst dies gute Quartier bestellt war.

Zu ganz besonderem Danke sind wir dann dem Lokalkomité verpflichtet.

Für mich selbst habe ich meinen Dank zu sagen für die freundliche Nachsicht, die Sie mir bei der Leitung der Geschäfte geschenkt haben. Wer von einer so hochansehnlichen Versammlung zum Vorsitzenden gewählt wird, ist nur das Organ, so zu sagen der Diener der Versammlung, und kann als solcher nur danken für die gute Behandlung, auf welche man an erster Stelle zu sehen pflegt.

(Heiterkeit. Auf Antrag des Dr. von Kießling wird dem Vorsitzenden der Dank der Versammlung votirt.)

(Schluß der Sitzung Mittags 1 Uhr.)

Druck von G. Jansen in Berlin, Jüdenstraße 28.

Kolibri 360 GmbH
Ferdinand-Jühlke-Straße 7
99095 Erfurt, Deutschland
produktsicherheit@kolibri360.de